JN418408

위험관리

Risk Management

강성안

도서출판 두남

서 문

「불확실성하 의사결정」을 출간하면서 느낀 것이 특히 경영과학 분야에서 응용 내지 실무에 속하는 책은 있는데 원론에 속하는 책이 너무 없구나 하는 것이었다. 세월호 사건으로 온 세상이 위험이라는 단어를 매일 어디서나 읽거나 듣고 살았던 지난 수년간 위험이란 무엇인가를 다룬 책이 나왔던가.

위험관리라는 용어가 들어간 책이 수십 권 출판되어 있다. 그러나 위험과 마찬가지로 위험관리를 원론적으로 다룬 책이 있었던가. 없다고 생각하는 것이 견문이 짧아서일까?

여기에 이 책을 쓴 의도와 목적이 있다. 모든 학문이 튼튼한 원론 위에서 실무와 응용을 위한 현실적 발전을 기할 수 있을 것이다. 그런 의미에서 위험관리를 공부하려는, 하는 사람에게 우선 필요한 책이 원론적인 위험관리가 아닐까 생각하게 되어 이 책을 쓰기 시작하였다.

「불확실성하 의사결정」을 쓸 때도 비슷하게 생각하였는데 이번에도 역시 수학 및 과학에 연계된 설명을 어떻게 해야 할지가 정말로 어려운 일이었다. 기초 대수학, 통계학 및 집합론을 이해하는 사람들은 받아들일 수 있으리라고 믿고 책을 쓰기로 하였다.

여기서도 학술용어의 통일이 있어야 한다고 다시 한 번 깨달았지만 필자 개인의 용어일 수도 있는 단어를 쓸 수밖에 없었음을 밝히고 가능한 한 한글과 한자 및 영어를 병기하여 이해를 돕기로 하였다.

내용은 크게 위험과 위험관리로 나누어 서술하였으며 제1편 위험에서는 위험의 이론적 배경, 위험과 불확실성 및 합리성과의 관계, 위험의 인식, 측정 및 사정, 지연적 재해와 기술적 위험요소 및 비용이득 분석, 그리고 수용가능 위험에 대하여 다루었다. 그리고 위험관리 대상으로서의 위험의 의의 및 개념, 위험의 분류 및 형태, 개별적 위험들을 다루었다.

제2편 위험관리에서는 위험관리의 간략한 역사, 위험관리의 실제, 실무적 측면에서의 위험 측정하기, 관리하기 및 보고하기, 그리고 위험관리 기법을 다루었다.

「불확실성하 의사결정」 때와 마찬가지로 위험에 대한 기록, 데이터 및 문헌을 구할 수 없어 외국문헌 및 데이터를 사용하지 않을 수 없었음을 밝혀야 하겠다. 필자의 이 작은 공부의 결과가 앞으로 우리나라 위험관리 연구에 조금이나마 도움이 되기를 기원한다.

2019. 5.

저자 씀

차　　례

제2편 위험관리

표 차 례

그 림 차 례

제1편 위험(危險; risk)

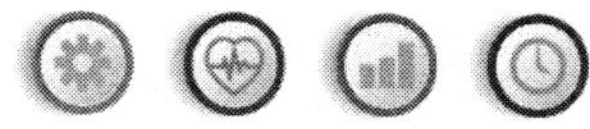

제1장 위험의 이론적 배경

1 위험의 개념

위험(危險; risk)과 불확실성(不確實性; uncertainty)이 흔히 서로 바뀌어 사용되지만 같은 것은 아니다. 위험은 "프로젝트 목표(project objectives)에 긍정적으로 또는 부정적으로 영향을 주는 불확실한 사건 확률의 누적 결과"로 정의된다. 위험은 불확실성과 다르며 오직 사건만 고려하는 반면에 불확실성은 확률을 전혀 모른다. 전통적 관점에서 하나의 사건이 일어날 수도 있는 상황에서의 사건의 확률은 과거 사건들의 확률분포나 환경적 고려사항을 바탕으로 하여 사정될 수 있다. 효용이 프로젝트 관리에 한정되는 것처럼 보이지만 그것은 위험과 불확실성을 구별한다. 위험에는 사건 확률의 상대적 수준이라는 의미가 있다. 그러나 불확실성에서 확률은 전혀 알려지지 않는다. Pritchard(2015), pp.7-21을 빌려서 위험의 개념을 정리해보기로 한다.

어떤 사건이 위험한지 이해하기 위하여 프로젝트 매니저는 그 사건의 일어남 또는 안 일어남에서 오는 잠재적 결과를 이해해야 한다. 이런 식으로 위험을 결정하려면 판단이 필요하다. 예를 들면 사건이 일어날 공산(公算; likelihood)이 작을 수도 있지만 일어났을 때의 결말은 큰 재앙일 수 있다. 상업적 항공편이 이런 유형의 상황을 설명해 준다. 추락사고의 확률은 낮지만 그 결말은 일반적으로 심각하다. 많은 사람이 고장의 결말 때문에 비행기 타기에 관하여 불안한 느낌을 가지지만 대부분의 사람들은 비행기 타기를 높은 위험으로 생각하지 않는다. 이 예 역시 위험이 크게 개인의 인식에 좌우 된다는 원칙을 강조한다.

어떤 주어진 위험의 특성은 세 기본적 요소 즉 사건, 확률 및 격렬함(severity)(또는 영향)으로 이루어진다. 사건은 일어날 수 있는 대로 위험을 서술한 것이다. 사건서술은 매우 중요하다. 탑승구에서의 비행기 충돌은 10,000피트 고도에서의 확률 및 영향과 아주 다르다. 따라서 위험 매니저는 그들이 위험 확률 및 영향을 조사하기 시작할 수 있기 전에 위험 사건 자체의 특성을 탐구하여야만 한다. 위험 사건의 분명한 정의(定義; definition) 없이 확률과 영향을 규명하기는 훨씬 더 어렵다. 원칙적으로 위험 사건은 완전한 문장으로 기술되어야 하지만 그 문장은 가능한 한 단순해야 한다. (사건은) 그 프로젝트에 일어날 수도 있으며 (그 프로젝트 목적에 영향을) 줄 수도 있다.

위험사건이 정의된 뒤에 우리는 그 영향의 잠재적 격렬함을 규명하여야 한다. 그것이 얼마나 심하게 목적에 피해를 주는가? 오직 우리가 고려중인 영향의 정도에 대한 감이 있을 때만 확률을 사정할 수 있다. 통계적 자료와 확률이론이 이 변수를 결정하는데 중요한 역할을 한다. 그러나 전통적인 프로젝트 환경에서의 프로젝트는 특이하기 때문에 때로는 이용할 수 있는 비교를 위한 역사적 기록이 존재하는지 여부를 알아내기 어렵다.

대부분의 조직에서 대부분의 프로젝트에 대해 변수들이 다음과 같이 분류된다면 위험 수준에 관해 이견은 거의 없을 것이다.

- 낮은 확률과 작은 영향은 아주 낮은 위험과 같다.
- 높은 확률과 큰 영향은 높은 위험과 같다.
- 높은 확률과 작은 영향은 낮은 위험과 같다.

그러나 우리가 그 모습의 낮은 확률/높은 영향의 영역에 가까워지면 위험 수준을 정하는 것이 더 주관적이 되고 가이드라인(guidelines)을 필요로 한다. 많은 보통 위험 항목(項目; items)이 따르는 프로젝트는 높은 위험으로 생각될 수도 있는 반면에 얼마 안되는 높은 위험 항목이 따르는 프로젝트는 더 낮은 전반적 위험 순위를 가질 수도 있다. 따라서 이 주관적 위험평가를 수학적으로 모델화하기 위하여 많은 시도가 이루어졌다. 일부 통계학자와 프로젝트 매니저는 확률 분포를 이용할 수도 있는 반면에 다른 사람들은 그렇지 않을 수도 있다.

이해 당사자들이 위험을 평가할 때 의견충돌이 있을 수 있다. 프로젝트 매니저는 때때로 위험관리 과정에서 전문가에 의지해야 할 경우도 생기지만 그들은 역시 마지막 판단을 내릴 준비를 갖추어야 한다. 위험 평가를 위해서는 손실에 대해 정량화할 수 있는 확률을 조사하는 것이 중요하다. 이에 추가해서 고려해야 할 항목이 기회(機會; opportunity)이다. 실재 기회가 존재하지 않는다면 위험한 활동을 추구할 이유가 없다. 그러나 잠재적 이득이 증가함에 따라 위험을 받아들이기가 쉬어질 것이다.

1) 위험 태도 및 성향(性向; appetites)

지난 수년간 위험 태도 및 성향은 많은 프로젝트 논의에서 표면화되었다. 이해 당사자의 등위 매김과 평가는 이들 두 고려사항에 근거를 둔 많은 방식 중 하나이다. 어떤 위험에 맞서려는(또는 맞서지 않으려는) 환경에 대한 의향(意向; willingness)을 반영한다. 성향(性向; appetite)은 조직, 프로젝트 팀 및 개인들이 위험의 유형 또는 수준을 "참거나" 견뎌내는 정도이다.

성향이 어떤 위험을 떠맡으려는 조직 행동 및 전반적 의향이란 면에서 추진력일 수 있지만 궁극적 결정요인은 위험태도이다. 모든 개인은 위험 태도를 가지고 있다. 어떤 사람은 스카이다이빙(skydiving)을 결코 꿈꾸지 않을 것이다. 다른 사람은 그것을 스릴만점(thrilling)의 기회로 받아들인다. 밖으로부터의 압력이나 그들 주위 사람들의 성향이 어떻든 간에 태도가 이긴다. 이상적으로 조직의 위험 성향과 개인의 위험태도 사이에 일부 조정(調整; alignment)이 있어야 한다.

2) 위험 구분하기(classifying risk)

프로젝트 매니저에게 위험은 기본적으로 특정된 비용으로 특정된 시간에 특정된 제품이나 서비스를 출하하려는 과정에 뿌리를 두고 있다. 적절하게 계획된 프로젝트는 프로젝트 매니저에게 예상되지 않은 문제를 피해 일하기 위한 그리고 당초의 비용, 스케줄(schedule) 및 성능 목표에 맞추기 위한 일부 예비자금을 가지고 있다. 그러나 광범위한 여러 가지 문제 때문에 매니저가 프로젝트의 목적을 이루지 못할 수 있다. 즉 제품은 특정된 성능 수준을 달성하지 못할 수도 있거나 실제 비용이 너무 높을 수도 있고 또는 출하가 너무 늦을 수도 있다. (물론 당초의 비용, 스케줄 및 성능 목표가 달성할 수 없거나, 비현실적이거나 상반될 수 있는 위험도 있다.)

그것을 관리할 수 있게 만들기 위해 위험은 분류되어야 한다. 그런 분류를 위하여 위험 명세구조(明細構造; breakdown structure)를 구체화하고 위험을 부류(部類; classes) 및 하위부류(下位部類; subclasses)로 분해하여야 한다. 그 위에 중요한 것이 하나의 특정한 구도(構圖; scheme)를 선정하는 것이 아니라 오히려 한 조직의 위험 필요성을 반영하는 접근을 선택하는 것이다.

3) 위험명세 구조(risk breakdown structure)

위험 분류의 중요성뿐만 아니라 위험이 환경과 문화에 근거를 둔 조직-특유(組織特有; organization-specific) 및 프로젝트-특유라는 개념도 조사 탐구되어야 한다. 위험명세 구조가 앞으로 아주 더 깊게 다루어지겠지만 여기서는 그것의 존재가 주목할 만큼 중요하다고 강조하여 둔다. 왜냐하면 그것이 위험관리 실무(危險管理實務; risk management practice)에서 포괄적 구분으로부터 주어진 프로젝트에 더 맞추어진 구분으로 이동함을 반영하기 때문이다. 이들 구분은 궁극적으로 프로젝트에서 또는 프로젝트 조직에서 위험의 출처를 반영하므로 효과적 위험관리에 매우 중요하다.

4) 위험 측면(側面; facets)

Risk Management: Concepts and Guidance(Defence Systems Management College 1986)는 위험을 다섯 국면으로 분류하였다.

- 기술적(技術的; technical) 측면: 설계 구조(構造; architecture), 성능(性能; performance), 기타 필요사항 및 프로젝트 제약조건이 주어진 프로젝트에 대해 알려지게 되면, 더 상세한 위험 리스트가 프로젝트-특유의 정보를 근거로 하여 마련되어야 한다.
- 프로그램에 따른(programmatic) 성능 관련 측면: 프로그램에 따른 위험은 프로젝트의 방향에 영향을 줄 수 있는, 프로젝트 매니저의 통

제 밖에 있을 수도 있는 해당 자원 및 활동의 획득 및 사용과 관련되는 위험이다. 일반적으로 프로그램에 따른 위험은 프로젝트의 실행(實行; implementation) 계획을 혼란시킬 가능성이 있는 요인들의 특성과 원천에 근거를 둔 카테고리들로 분류된다. 그것들은

- 그 프로젝트에 직접 관계되는 보다 높은 레벨의 관련 책임부서(authority)에서 내려진 결정에 의해
- 프로젝트에 영향을 주지만 거기에 특정적으로 방향이 잡혀지지 않은 사건이나 활동에 의하여
- 주로 생산-관련 문제를 예견하지 못한 것에 의하여
- 불완전한 능력에 의하여
- 주로 최초 네 카테고리에 포함된 것 이외의 문제를 예견하지 못한 것에 의하여 기인된 혼란을 포함한다.
- (환경 관련) 유지 가능성(維持可能性; supportability)(지탱하는 힘)면 위험은 현재 개발 중이거나 개발된 또는 활용되고 있는 시스템이나 과정을 지키고 유지하는 것과 관련된 위험이다. 유지 가능성 위험은 기술적 및 프로그램에 따르는 측면 모두로 구성된다.
- 비용
- 일정(日程; schedule)

비용과 일정 위험이 프로젝트 상태(狀態; status)의 지표(指標; indicator) 역할을 하므로 이 위험은 다른 것들과 다르게 취급된다. 그것은 자신이 위험 출처일 뿐만 아니라 다른 위험에 영향을 주는 경향이 있기 때문이기도 하다.

순수하게 비용이나 일정에서 오는 위험에서이라고 부를 수 있는 위험은 별로 없다. 그러나 대체로 비용이나 일정 불확실성은 기술적, 프로그램에 따르는, 그리고 유지할 수 있는 위험을 반영한다. 순수한 일정위험의 일부는 종속(從屬; dependencies)(다른 활동들과의 관계)에 의하여 작동되는 것들이다. 많은 경우에 프로젝트 시나리오에서 가장 큰 아픔을 주는 것이 단일 위험 사건이 아니라 일연의 종속된 위험사건들이라는 점을 주목할 만하다. 이는 단 하나의 일정지연이 또 다른 것 그리고 또 다른 것 등등을 몰고

온다는 점; 초기 지연을 바로 잡으려는 서두름에서 훨씬 더 큰 일정위험이 나타난다는 점을 고려하면 “비가 한번 오면 억수로 퍼붓는다.”라는 격언(格言; axiom)에 해당된다 하겠다. 마찬가지로 비용여건에서 관계가 다시 (초기의 종속적인 위험에 기인된) 점증적으로 근소해지는 비용 마진(cost margin)을 가지고 일을 수행하려는 노력으로 더 큰 위험을 낳는 그래서 그렇지 않으면 받아들일 수 없을 것으로 여겨질 비용행동을 하게 만들 수도 있다.

어떤 시점에서 비용 및 일정 자료와 함께 프로젝트 조직의 행동에 변화를 가져다 줄 특정한 방아쇠(계기)를 찾아낼 필요가 있다. 방아쇠는 위험사건이 막 일어나려는 또는 일어난 것을 나타내는 조건들이다. 예를 들면 0.05%의 예산초과가 조직 내에서 걱정의 원인이 아닐 수 있고 목전의 문제의 표시가 아닐 수도 있다. 그러나 5%의 예산 초과가 전적으로 받아들일 수 없을 수도 있다. 어느 순간에 위험이 임박하다는 경종을 울리기 위한 방아쇠가 마련되어야 한다.

위험이 대처할 수 없는 상황에서 때로는 위험의 출처보다 위험의 결과를 찾는 데서 대안이 찾을 수 있다. 역시 둘 다를 이해하는 것이 매우 중요하다.

5) 기타 위험 범주들

위험의 출처와 범주를 조사하기 위한 다른 방식이 아직도 있다. 위험 범주에는

- **외적으로 예견할 수 없는 것:** 아무 때나 주어진 프로젝트의 현관(玄關; doorstep)에서 불쑥 나타나는 문제들이 고전적 “불가항력적 천재(天災)(act of God)”에 해당되는 위험이다. 자연재해, 급변하는 정부의 행위, 사회의 격변 또는 환경의 변화가 경고 없이 일어날 수 있으며 프로젝트 전체의 질을 바꿔 버린다.

  근년에 운영계획(運營計劃; operations plans)의 연속성에 대한 강조가 외적인 예견 불가능한 것에 관한 문화적 관심에 변화를 가져왔다. 그런 변화가 조직이 예견할 수 없는 주요 위기들을 어떻게 다룰 것인지를 상세히 계획하게 하지만 그 위기는 기존 구조와 시스템과의 연결을 끊기에 충분할 만큼 무시무시하다.

- **외부적으로 예견할 수 있는 것:** 외적으로 예견할 수 있는 위험은 예견될 수 있게 외적으로 일어나는 문제이다. 비록 전체 영향이 판별하기 어렵거나 불가능할지라도 그 문제를 깊이 있게 다루어 나가고 잠재적인 결과와 잠재적인 기간을 조사할 수 있다.
- **(기술적이 아닌) 내적인 것:** 그것들의 존재에 의하여 조직들이 위험을 만들어 낸다. 관료제도의 수준, 직원채용 정책, 행정절차 및 기초적 내부 절차가 위험을 좌우한다.
- **기술적인 것:** 이름이 시사 하는 대로 기술적 성능이 기술적 위험을 몰고 온다. 아이디어와 접근법의 현재 시장을 전재로 기술적 위험이 어떤 환경이나 산업에서에서도 새로운 기술이 영향을 미치는 만큼 극적으로 증가한다.
- **법적인 것:** 일찍이 법적 위험은 그것들 자체가 범주로 분류될 만한 충분한 무게를 가지고 있다고-그리고 이유를 가지고 있다고 생각되었다. 프로젝트 안에 법적 위험은 많다. 왜냐하면 많은 것이 계약에 근거를 두고 있고, 모두가 많은 이해 당사자들의 몸으로 일하기 때문이다. 법률 소송을 위한 사회적 성향과 함께(특히 미국에서), 프로젝트의 특이한 특성이 소송을 좋아하는 사람들로 하여금 소송을 공개적이고 준비된 목표로 삼게 만든다.
- **기술적, 질(質; quality) 및 성능(性能; performance):** 여기서 우리는 앞에서 나온 기술적 범주에 더하여 질 및 성능의 범주의 중요성을 강조하면서 요구된 질과 시스템의 능력이 추가적인 위험을 몰고 온다는 것을 인정하여야 할 것이다.
- **프로젝트 관리:** 프로젝트 매니저는 프로젝트 관리를 단독으로 책임지지 않지만 그 결과에 대해 책임을 져야만 한다. 프로젝트 관리 위험은 좋지 못한 프로젝트 계획, 좋지 못한 자원 배분, 좋지 못한 예산 계획 및 프로젝트 스케줄이 포함되는데 이들 모두는 다 이해 당사자의 여러 가지 수준의 불만으로 이어진다. 이들 범주의 탄생이 프로젝트 매니저로 하여금 이질적인 이해 당사자들을 과정에서 단합시키고 계획이 어떻게 되어야 하는지에 관한 단일 비전으로 결속시킬 책임을 지게 한다.

- **조직에 관련된 것:** 프로젝트 관리의 전통적인 딜레마는 프로젝트 매니저가 광범위한 책임을 지고 있지만 그것을 수행할 권한(權限)이 없다는 것이다. 조직에 관련된 위험은 조직이 기본적으로 특성상 요식적이기 때문에 그 쟁점을 직접 나타낸다. 그 위험들은 프로젝트를 뒷받침하는데 얼마나 무능한가와 프로젝트가 어떻게 수행되어야 하는 가를 지시하려는 지나친 열의(熱意; zeal) 둘 다에서 태어난다.
- **외부적인 것:** (예견 가능한 그리고 예견불능인) 외부 위험은 언제나 검토의 대상이지만 그것들은 프로젝트 매니저가 그것들의 발생 가능성에서든 그 영향에서든 직접적 영향을 미치는 위험 형태는 아니다.

범주 각각으로부터의 표본 위험 또는 위험출처가 [표 1.1.1]에 있다. 이들 범주들 중 일부를 조금 조정한 결과는 [표 1.1.2]와 같다.

6) 기타 관련 고려사항

위험 개념을 프로젝트 면에서 검토할 때 언급할 가치가 있는 다른 두 영역이 있다. 둘 다 조직의 관리구조를 다룬다.

위험 관리 시각. 프로젝트 위험관리는 다음과 같은 두 개의 입장에서 보아야 한다.

- 단기 시각: 현재 프로젝트 단계와 가까운 장래 다루기
- 장기 시각: 단기간을 넘어서는 어느 것이나 다루기

위험관리의 많은 다른 양상처럼 위의 두 시각 간의 구별은 다소 불분명하며 분리를 정의하고 정당화하기 위해 더 진전된 설명이 필요하다. 단기 시각은 보통 "이것이 내가 오늘 달성해야 할 성과 수준이며 나의 도급업자는 이를 달성하기 위해 어떻게 관리하고 있나?"와 같이 프로젝트의 당장의 요구 충족과 관련된 위험을 관리하는 것을 말한다. 반면에 장기 시각은 "결국 프로젝트가 성공이 될 것임을 보증하기 위하여 나는 오늘 무엇을 할 수 있나?"를 다룬다. 이 시각은 프로젝트의 초기 설계과정에 프로젝트 지원 및 생산과 관련된 엔지니어링 문제들을 도입하는 것을 포함한다.

[표 1.1.1] 위험 범주와 그 출처

위험 범주	표본 위험/위험 출처	
외적인 예견할 수 없는 것	계획되지 않은 규제 변화 홍수 사보타주(sabotage) 사회적 격변(upheaval) 정치적 불안(unrest)	부지 구역선정이나 접근거부 지진 예술문화 파괴(vandalism) 환경 재해(catastrophe) 예견불능 재정 파탄(collapse)
외적인 예견할 수 있는 것	금융 파동(fluctuation) 경쟁의 변화 인플레이션 안전	원자재 수요 제품/서비스 가치 세제(taxation) 보건 법규
내적인 (비기술적)	구매과정 지연 상급자 변동 열악한 인적자원 협동(coordination) 현금흐름 우려	팀 구성원 경험 부족 통합 과오 접촉기회 제한 출하 지연
기술적인 것	기술의 변화 품질요구 변화 생산성 한계 가동상의 요구 변화	설계 부정확 필요조건 변화 부적절한 실행 신뢰성 도전
법적인 것	라이선스 도전 특허소송 고객 고소	계약실패 직원 고소 정부행위

[표 1.1.2] 조정된 위험 범주와 그 출처

위험 범주	표본 위험/위험 출처	
기술적, 질 및 성과	높은 성과 목표 기술 변동	새 산업 표준 복잡한 기술
프로젝트 관리	나쁜 시간 배정 나쁜 예산 계획	나쁜 자원 배정 나쁜 프로젝트 계획
조직 관련	허약한 기반시설 불분명한 조직목적	하위조직의 자원 갈등 자금조달 가능성 변동
외부적인 것	법적 도전 고객목표의 변동	자연 재해 규제의 변동

단기 및 장기 시각은 단기간에서의 원하는 성과 수준 달성하기에 밀접하게 연결되어 있지만 프로젝트 매니저는 장기간 능력을 어쩔 수 없이 희생시킬 수도 있다. 새로운 접근이나 새로운 도구를 필요로 하는 프로젝트는 단기간에서 어려울지 모르지만 장기간에서는 더 높은 생산성과 성과를 가질 수도 있다. 그럼에도 불구하고 어느 좋은 관리 결정에서처럼 단기 및 장기의 영향(影響; implications)은 잘 이해되어야 한다. 프로젝트 매니저는 이들 영향이 알려진 경우에만 위험대응을 일찍 마련할 수 있다.

프로젝트 관리의 실상. 같은 관리팀이 제일 초기 단계에서 마감까지 한 프로젝트를 함께하는 것이 이상적이다. 그러나 이상적 조건이 드물게 존재하기 때문에 주어진 프로젝트는 몇몇 담당관 및 직원 팀을 채용할 공산이 있다. 결과로 프로젝트 관리 인원의 변화가 자주 위험관리 과정에 공백을 만들어낸다. 이들 공백이 결국 지식의 틈(gap)을 만들어내고 그곳에서 프로젝트 초기에 수집된 가치 있는 정보가 소실된다. 따라서 귀한 시간이 자주 그 프로젝트와 친숙해지기 위해 장기 계획 및 위험관리를 희생하며 소모시킬 수밖에 없다. 프로젝트 위험에 대한 기록, 분석 및 활동을 위한 공식적 시스템이 그 인수과정을 쉽게 만들며 적절하게 이루어질 때 장기간 위험관리를 밀고 나갈 수 있다.

장기적 영향을 기반으로 결정을 내리는 것이 바람직하지만 그것이 언제나 실현 가능하지는 않다. 프로젝트 매니저는 자주 단기 고려사항 위에서 활동하지 않을 수 없다. 이에 대한 하나의 이유-인원에서의 변화-는 이미 언급된 바 있다. 또 다른 이유는 프로젝트 옹호이다. 조직의 우선순위에서의 갑작스러운 변동이(그 자체로 위험 영역인) 장기 계획을 엉망진창으로 만든다. 이것이 새로운 우선순위를 조정하기 위한 단기 활동을 가져온다. 자주 이들 결정이 장기 효과가 충분하게 평가될 수 있기 전에 내려진다. 그리고 마지막으로 경우에 따라 장기 효과가 결정이 내려져야 하는 시기가 항상 분명하지는 않다.

그날그날의 운영 상 위험은 프로젝트의 어떤 단계에서든 마무리되도록 다루어져야 한다. 이들 위험을 처리하기 위해 개발된 해결책은 되도록 장기 관점에서 조사되어야 하고 프로젝트 매니저에게 그의 입장을 방어하기 위한 강력하고 구조화(構造化; structured)된 주장을 제공하여야 한다. 많은 연구가 지적한 대로 프로젝트의 전개에서 초기에 취해진 활동이 그 프로젝트 일생에 걸친 전반적인 성과와 비용에 큰 영향을 미친다.

요컨대

- 위험은 확률과 영향을 위험사건의 양상으로 함께 고려한다.
- 위험 등급매기기는 엄격한 지침을 요구하는 주관적 과정이다.
- 위험 범주화에는 여러 길이 있지만 범주는 그 구성과 관계없이 상호 관계가 있다.
- 위험은 장기 및 단기 시각을 함께 가지고 있다.

결국 위험과 확률과는 불가분의 관계가 있으므로 위험을 확률과 연계하여 조금 더 깊이 상찰해 보기로 한다.

2 위험, 불확실성 및 확률[1)]

1) 위험(危險; risk)이란 무엇일까?

이 질문은 하찮은 질문이 아니다; 위험은 꼭 붙잡기 어려운 개념이다. 위험을 정의하기 위하여 우리는 장래의 결과(結果; outcomes)의 불확실성(不確實性; uncertainty)과 이들 결과의 효용(效用; utility) 또는 이득(利得; benefit) 모두를 고려하여야 한다. 누군가가 얼어붙은 호수 위로 위험을 무릅쓰고 들어갈 때 그 사람은 얼음이 깨질 수도 있기 때문 뿐만 아니라 그것이 깨지면 그 결과가 나쁠 수도 있기 때문에 그 사람은 모험을 하는 것이다. 그에 반해 누구도 맨발로 걸어서 그것을 건너가려 하지 않으며 있는 호수에 대해 우리는 얼음 깨지기의 가능성에 관해 말할 것이다; 우리는 얼음 깨지기가 누군가 또는 무엇인가에 영향을 줄 때만 "위험"이라는 용어를 사용한다. 숲 속에서 나무가 넘어질 때 그 나무에 부닥칠 사람이 아무도 없다면 그것이 위험한가?

---

1) Coleman, 2011, pp.12-56 참고

용어 "위험"은 통상 불리한 또는 나쁜 결과에 연계되지만 재무적 위험을 이해하려 할 때 분석을 오직 불리한 것에 한정하는 것은 잘못된 일일 것이다. 재무 위험의 관리가 손실을 피하는 것에 관한 것인 만큼이나 이득을 위한 기회를 활용하는 것에 관한 것이다. 다른 것들이 동일하다면 불규칙성(不規則性; randomness)이 크면 나쁘고 작으면 좋다는 것은 사실이다. 대부분의 위험 측정에 관한 책이 그러는 것처럼 불리한 척도(尺度; measures)(예: 위험 상의 가치; value at risk)에 중점을 두는 것은 분명히 적절하다. 그러나 좋은 면의 위험(upside risk)을 무시할 수 없다. 금융시장에서 모든 것이 언제나 같을 수 없고 이득을 위한 더 많은 기회는 거의 변함없이 더 큰 불확실성에 연계된다. 좋은 면 위험은 "기회(機會; opportunity)"라 표현하는 것이 좋을 것 같지만 불리한 위험과 좋은 기회는 서로 거울 이미지(mirror images)이며 더 높은 위험은 더 높은 기대수익(期待收益; expected returns)으로 보상받는다. 성공적인 금융회사는 모든 위험을 효과적으로 관리하는 회사이다. 즉 불리한 것을 통제하고 상승하는 것을 활용하는 것이다.

위험은 결과(結果; outcomes)의 불확실성 및 결과의 효용 또는 이득 둘이 결합된 것이다. 금융회사에게 장래 결과는 이익이다. 손익계산서는 금전단위(즉 원, 달러, 등 또는 이익률)로 측정된다. 금융회사의 기본 목적이 이익을 극대화하는 것이기 때문에 오직 이익만이 문제라는 전제는 진실에 가깝다. 다른 일들–지위, 회사 순위, 삶을 위한 직업 등–이 문제가 될 수도 있지만 그것들은 이차적이며 여기서는 무시된다.

장래 결과는 손익계산서로 요약되며 이익에서의 불확실성은 분포 또는 밀도함수로 기술된다. 분포와 밀도함수는 때로는 높고 때로는 낮은 이익으로 많은 손익의 있을 수 있는 실상을 보여준다.

밀도함수는 무작위 결과에 관한 모든 "객관적" 정보를 가지고 있지만, 어떤 수준의 이익이나 손실이 제공하는 이득(+ 또는 –)은 투자자의 선호 또는 효용 함수–한 투자자가 각 +의 결과를 얼마로 평가하는지 그리고 그가 얼마나 –의 결과를 싫어하는지–에 달려 있다. 어떤 분포가 다른 분포보다 더 높은 자리를 차지하는지(어떤 결과의 집합이 다른 것보다 더 선호되는지)는 투자자의 선호에 달려 있다.

일반적으로 모든 투자자가 자기가 선호하는 분포를 가지고 있다는 의미에서 분포의 유일무이한 순위는 없을 것이다. 어떤 특정한 경우들에서 분포 F가 분명히 분포 G보다 덜 위험하다고 말할 수 있지만 이들 경우는 사용이 제한된다. 예를 들어 평균은 갖고 분산이 크고 작은 두 분포의 경우 분산이 낮은 분포가 덜 위험하므로 이런 경우는 모든 투자자가 분산이 작은 분포를 선호할 것이다. 그러나 평균과 분산이 각각 다른 경우는 어떤 투자자는 한 분포를 좋아하지만 다른 투자자는 다른 분포를 좋아할 것이다. 즉 유일무이한 순위는 없다.

요컨대 한 분포의 위험성(危險性; riskiness)은 특정한 투자자의 선호(選好; preference)에 달려 있다. 모든 분포와 모든 투자자의 유일무이한 위험 순위(危險順位; risk ranking)는 없다. 분포의 순위 매기기와 위험의 적절한 정의(定義) 내리기에는 선호가 반드시 개입되어있다.

Markowitz(1959)가 이제 우리의 재무적 경제적 유산(遺産; heritage)이 된 평균-분산 포트폴리오 배분(mean-variance portfolio allocation)의 골격(骨格; framework)을 내놓음으로써 그는 암암리에 선호의 모델을 마련하였다. 그는 평균 또는 기대수익에 긍정적 가치를 두고 수익의 분산(또는 표준 편차)에 부정적 가치를 두는 가상적 투자자를 생각하였다. 이 투자자에게 결과 집합들 간의 절충은 단지 평균과 분산에 의해 이루어진다. 분산이 결과가 널리 퍼져 있음으로써 생기는 비효용(非效用; disutility)을 유일하게 측정하기 때문에 [위험]은 대게 분산과 동등하다.

Markowitz의 평균-분산 모델에서 문제는 평균과 분산(기대 수익과 위험) 사이에서 절충하여 결정하는 것으로 압축된다. 정확한 절충은 평균 수익의 이득과 분산의 비용에 대한 투자자들의 상대적 평가에 따라 투자자들 사이에 차이가 생길 것이다. 평균이 같을 경우에는 분산에 의해서 분포 사이의 순위가 정해질 것이고 분산이 같을 경우에는 평균에 의하여 그 순위가 정해질 것이다.

Markowitz의 모델은 투자과정과 포트폴리오 배분 과정에 대한 엄청난 통찰력을 주지만 그러나 그것은 이상화된 모델이다. 수익이 정규적으로 분포되었을 때에만 위험은 표준편차 또는 수익의 변동성에 의하여 유일하게 구별될 수 있다.

위험은 분포와 투자자 선호 둘에 따라 달라지지만 이 책에서는 분포에 집중하고 선호는 대체로 무시될 것이다. 선호는 측정하기 어렵고 사람마다 다르기 때문이다. 여기서 우리가 유의할 것은 선호가 주로 손익에 따른다는 것이다. 그런 의미에서 위험은 무엇을 기대하는지 예상하는지가 아니라 손익의 가능성이다. 위험은 장래 손익의 분포에 의해 측정된 불확실성 또는 불규칙성(不規則性; randomness)이다.

2) 위험척도(危險尺度; risk measures)

위험을 장래 손익의 분포로 봄으로서 생기는 중요한 하나의 결과는 위험은 다면적이어서 단일한 숫자로 정의될 수 없다는 것; 그래서 있을 수 있는 모든 결과들의 분포를 알아야 한다는 것이다. 그러나 실제로 우리는 손익분포의 전체를 거의 알지 못할 것이고 사용하지도 않을 것이다. 통상 전체분포척도들은 측정하기 너무 어렵거나 쉽게 포착하기 너무 복잡하기 때문에 또는 우리가 분포를 요약하기 위한 편리한 방법을 원하기 때문에 우리는 분포에 관한 것들의 요약 척도들을 사용하게 된다.

이들 요약 척도들을 분포의 중요한 특성(위험)을 요약한 숫자: "위험척도"라 부를 수 있다. 요약하기 위한 첫째 또는 가장 중요한 특성은 그 분포의 분산 또는 퍼짐이다. 표준편차가 분포의 퍼짐에 대한 가장 잘 알려진 요약척도이며 대단히 가치 있는 위험척도이다. 비록 그것이 때로는 이론가들로부터 응당 받을 만한 인정을 받지 못 하지만 실제로는 널리 사용되고 있다. 그러나 많은 다른 척도가 우리들에게 분포의 퍼짐, 모양 또는 다른 특징에 관하여 말해 준다.

분포와 밀도함수(密度函數; density function)를 위한 요약 척도는 통계학에서 공통적으로 사용된다. 어느 분포에 대해서든 관심이 있는 첫 번째 두 특성은 한편으로는 위치 그리고 다른 한 편으로는 분산이다. 위치는 어떤 특정한 값의 중앙 집중 경향(中央 集中傾向; central tendency)을 수량화하고 분산은 그 중심 값 주위에 있는 있을 수 있는 값들의 퍼짐을 수량화한다. 요약 척도는 그들이 측정하려고 하는 성질이 어딘가 막연하기 때문에 유용하지만 어딘가 임의적이다. 위험 측정을 위해 손익의 분산이 크기 때문에 분산이 일반적으로 위치에 비해 더 중요하다.

손익 분포가 대칭이고 정규분포에 가깝다고 상상하자. 이 경우 분포의 평균은 이 분포의 중앙 집중 경향을 잘 나타내 주고 있으며 좋은 위치 척도의 역할을 하고 있다. 그 표준편차는 이 분포의 퍼짐이나 분산을 잘 나타내 주고 있으며 분산의 좋은 척도이다.

특정한 척도가 그 역할을 잘 하지만 일반적으로 위치이든 분산이든 어느 쪽의 특징도 잘 나타내는 한 개의 숫자는 있을 수 없다. "위험"을 나타내는 단일 숫자가 있다고 믿는 것은 전적으로 사실을 오해하는 것이며 모든 자산에 대해 그리고 모든 투자자에 대해 모든 경우에서 쓰이는 단일 숫자로 요약될 수 있다고 믿는 것 또한 전적으로 오해이다. 위험은 다면적(多面的; multifaceted)이다. 더 좋은 숫자 또는 더 나쁜 숫자가 있어 특정한 환경에서 어느 것은 좋고 어느 것은 나쁘지만 단일 숫자로 충분한 경우는 거의 있을 수 없다. 정말로 위험을 한 숫자로 축소하려는 너무도 흔한 경향은 "확실성(確實性; certainty)의 환상(幻想; illusion)"(Gigerenzer, 2002)의 일부분이며 불확실성에 관한 생각의 어려움을 전형적으로 보여준다.

3) 불규칙성(不規則性; randomness) 및 확실성의 환상

우리가 모르고 있는 것에 관하여 생각하는 것이 알고 있는 것에 관하여 생각하는 것보다 더 어렵기 때문에 불확실성과 불규칙성에 관하여 생각하는 것은 어렵다. 만일 위험이 단일 숫자로 압축될 수 있다면 삶은 더 쉬어질 것이지만 이는 불가능하다. "확실성의 환상"을 전제로 미래의 불확실성과 비상상태(非常事態; contingency)를 단 하나의 확정된 숫자로 정제하려는 인간의 경향과 강력한 유혹이 생긴다. 그러나 우리가 미래의 비상사태를 무시하고 변할 수 있는 미래를 나타내기 위하여 한 고정된 숫자에 의지할 때 많은 과오와 오해가 뒤따른다. 단일 위험 숫자를 찾는 것은 복잡하고 다면적인 세상을 단 하나의 요인으로 압축하려고 노력하는 인간의 특성이다.

위험을 이해하고 평가하고 작업 대상으로 삼기 위하여 우리는 융통성 없는 고정관념에서 벗어나 우리의 생각을 많은 대안들로 넓혀야 한다. 우리는 이 세상에 확실성이 있다는 환상을 포기하고 미래를 유동적이고 변할 수 있으며 돌발적이라고 받아들여야 한다. Gigerenzer(2002)의 말에 의하면 확실성의 환상을 포기하는 것이 우리들로 하여금 우리가 살고 있는 세상의 복잡성을 즐기고 탐색하게 하여 준다(p.231).

(1) 인간 직관에 따르는 어려움

불규칙성은 우리의 세상에 만연하고 있음에도 불구하고 인간 직관은 불규칙성과 확률을 잘 다루지 못 한다. 경험과 훈련이 우리로 하여금 언제나 불확실성을 이해하고 더불어 편안하게 살도록 대비하게 하여주지 않는다. 실은 전체 산업과 문헌은 사람들이 확률에 관하여 생각하고 판단을 내릴 때 어떻게 과오를 범하는지를 연구하는데 근거를 두고 있다. 1930년대에 "연구인들은 사람들이 [난수(亂數; random numbers)]의 수열을 만들어 내지도 못하고 …… 그 주어진 열이 임의로 만들어졌는지를 확실하게 알지도 못하였다는데 주목하였다(Mlodinov, 2008, p. ix). 이 분야에서의 가장 알려진 학문적 연구는 Daniel Kahneman과 Amos Tversky에 의해서 이루어졌다(예: Kahneman & Tversky, 1973; Tversky & Kahenman, 1974).

Kahneman과 Tversky는 사람들이 불확실성과 불규칙성에 직면하였을 때 체험직감해법(體驗直感解法; heuristics)[2]을 사용한다는 아이디어를 개발하려고 많은 일을 하였다. 그들은 체험직감해법이 예측 가능하고 일관된 과오(인지의 편향; cognitive biases)로 이끈다는 것을 발견하였다. 그들은 오랫동안 함께 일하면서 1970년대에 중요한 연구결과를 출판하였다. Kahneman은 "심리학적 연구를 바탕으로 경제과학을 통합적으로 연구한 것, 특히 인간의 불확실성하 판단 및 의사결정에 관한 연구로 2002년 경제과학에서 노벨상을 수상하였다(Tversly는 1996년에 사망하였으며 노벨상은 사후에는 수여하지 않는다).

불규칙성(randomness)과 확률에 관한 실험의 한 예를 보기로 하자. 이 실험에서 Tversky와 Kahneman은 참가자들에게 31살의 독신이고 노골적이며 아주 똑똑한 Linda에 관하여 묘사한 글을 나누어 주었다. 대학에서 Linda는 철학을 전공하였으며 차별과 사회정의(社會正義; social justice)에 깊은 관심을 가졌으며 반핵(反核) 데모에 참가하였다. 글이 제시된 뒤 실험참가자들은 Linda의 (Linda의 대학생활의 연장선에서 추정되는) 현재 직

---

2) 경험법칙; rule of thumb 또는 복잡한 문제를 풀기 위한 지름길

업과 관심사에 관한 다음과 같은 세 서술의 확률에 순위를 매기도록 요청받았다.

(A) Linda는 은행원이다.
(B) Linda는 여성운동에 적극적이다.
(C) Linda는 은행원이고 여성운동에 적극적이다.

피험자의 87%가 은행원 및 여성 운동가의 확률에 은행원 단독보다 더 높은 순위를 주었다(다른 말로 그들은 (A)와 (B) 둘 다인 (C)에 (A) 단독보다 높은 순위를 주었다). 그러나 이는 수학적으로 불가능하다. Linda의 현재의 직업 및 관심사가 무엇이든 간에 Linda가 은행원이고 여성운동가(다 – 즉 가 및 나 둘 다)일 확률은 그녀가 단지 은행원일 확률보다 높을 수 없다. 어떤 특수한 것일지라도 가와 나 모두의 확률이 가의 확률보다 높을 수 없다. 이 문제를 다르게 보는 방법은 은행원들의 전체 경험세계는 활발한 여성운동가이기도 한 은행원의 부분집합보다 더 클 수 없다는데 유의하는 것이며 그래서 누가 활발한 여성운동가이면서 은행원이기보다 그가 은행원일 가능성이 더 커야만 한다.

그런 과오는 드문 일이 아니다. Kahneman과 Tversky는 대표성(代表性; representativeness), 사례(事例; instances)나 시나리오(scenarios)의 유용성(有用性; availability) 및 정착점(定着點; anchor)로부터의 조절(調節; adjustment)을 사람들이 확률 문제를 풀고 불확실성을 다루기 위해 사용하는 세 가지 체험직감해법(體驗直感解法; heuristics)으로 개발하였다(Tversky & Kahneman, 1974). 이들 체험직감해법이 우리를 자주 Linda의 예에서 보는 것처럼 과오나 편향(偏向; biases)으로 이끈다. 행동 경제학 및 행동 재무관리 분야는 많은 부분에서 그들의 연구에 기반을 두고 있으며 그들의 연구는 학술적 무대에 국한하지 않는다. 많은 책이 인간의 직관이 불규칙성을 다루는데 잘 적응되지 않는다는 것을 널리 알려왔다. Taleb(2004, 2007)이 잘 알려졌지만 Gigerenzer(2002)와 Mlodinow(2008)이 특히 유용한 정보를 준다.

(2) 확률은 직관적이지 않다

불확실성과 불규칙성에 관하여 주의 깊게 생각하기는 어렵지만 정말로 생산적이다. 사실은 확률과 불규칙성을 다루기가 어렵고 때로는 정말 기묘하기도 하다. Mlodinov(2008)은 Linda 실험에서 더 나아가 몇 개의 예를 더 내놓았다. 그러나 하나의 확률 문제가 어떻게 비직관적인지를 보여주는 특히 좋은 예가 고전적 생일문제이다. 그것 역시 확률 문제가 우리의 직관을 바로 잡아주는데 유용한가를 보여준다.

생일 문제는 특히 좋은 설명인 Aczel(2004)의 책과 함께 많은 교과서에서 검토되었다. 간단하게 말해서 문제는 20명이 함께 한 방에 들어갔을 때 이들 20명 중 2명의 생일이 같을(그 해의 같은 날이고 년수는 다른) 확률이 얼마인가이다. 대부분의 사람들은 결국 선택할 날이 365일 있기 때문에 그 확률은 작을 것이라고 말할 것이다. 사실은 그 확률은 44% 조금 넘는데 모두가 놀랍도록 높다는 것을 알게 된다. 그 확률을 99% 이상으로 올리기 위해 56명이 필요하게 된다. Aczel은 다음과 같이 말한다.

56명이 한 방에 나타났을 때 그중 적어도 생일이 같은 두 사람이 있을 확률이 99%이다. 단지 56명만 있고 일 년에 365일이나 있는데 어떻게 그렇게 확실함에 근접할 수 있을까? 우연(偶然; chance)은 불가사의하게 작동하는 것처럼 보인다. 만일 365개의 열린 상자가 있고 그 위에서 56개의 공을 무작위로 떨어뜨렸을 때 한 상자에 두 개의 공이 들어갈 확률이 99%라는 것이다. 어떻게 이런 일이 일어날 수 있을까? 누구도 이런 일에 대한 직관을 가지고 있지 않다. 공이 떨어진 56개의 상자 외에 300개 이상의 상자가 남아 있기 때문에 어떤 두 공도 같은 곳을 함께 할 수 없다. 수학은 다르게 말하며 사실이 그 수학을 따른다. 현실적으로 우리는 - 순수한 불규칙성으로 인해 - 사실과 달리 의심할 수도 있을 것보다. 훨씬 더 집적(集積; aggregation) 되어 있음을 발견한다(pp.71-72).

직관이 어떻게 오도(誤導; mislead)하며 어디서 확률이 직관적이지 않은지 그 좋은 예가 연승이나 연패를 가늠하는 데도 있다. 불규칙한 일연의 연속적인 사건이 무리를 또는 다발(예: 연속적으로 동전을 던질 때 연속적으로 앞면이 나오기)을 이룰 때가 있으며 그런 무리가 자주 우리 직관에 불규칙하지 않은 것으로 비칠 때가 있다.

연승이나 연패가 어떻게 오도하는지를 알아보기 위하여 동전 던지기에서 잇달아 앞면이 열 번 나오는 것을 생각해보자. 연이은 10번 나온다는 것은 1,024번에 한번 또는 0.098의 확률로 불가능에 가깝다. 그러나 모의실험에 의하면 우리가 동전 하나를 200번 던진다면 연속으로 10 앞면 또는 10 뒷면이 나오는 것을 보게 될 가능성이 17%이다.

연승 또는 연패는 실생활에서 일어나며 우리는 그런 연패를 해석하는데 주의해야 한다. 10번 앞면 나오기의 예에서처럼 불가능해 보이는 일이 길게 반복되는 과정에서 일어난다. 위험관리에 관심이 있는 누구와도 관련이 있는 아주 실제적인 예가 Legg Mason Value Trust Fund의 포트폴리오 매니저(portfolio manager) Bill Miller의 사례이다. 2005년 말까지 Bill Miller는 15년 연속으로 S&P 500을 이겼는데 이는 이례적인 성취이었으나 이것이 역량 때문일까 아니면 단순한 행운일까? 우리는 그것이 전적으로 행운 때문일 수 있음을 보게 될 것이다.

15년 동안 연이어 단 한 개의 펀드(fund)가 S&P 500을 이길 공산(公算; likelihood)은 낮다. 우리가 한 특정한 펀드를 선택한다 하자. 그리고 어느 한 해에 지수를 이길 기회가 오직 50/50이라고 하자(그래서 특출한 역량(力量; skill)이 끼어들 일이 없으며 오직 행운만이 있다). 그 펀드가 앞으로 15년간 지수를 이길 확률은 단지 32,768의 1 또는 0.003%로 매우 낮다.

그러나 0.003%는 실제로 적절한 확률이 아니다. 우리는 연승 전에 선택하고 오직 그 한 펀드만 따르지는 않는다. 우리는 뒤돌아보고 연승하고 있는 많은 것으로부터 한 펀드를 선택하고 있다. 연승이 특출한 역량에 기인해 왔을 수도 있지만 그것이 우리의 뒤돌아보기와 특출하게 잘 나갔던 한 운 좋은 펀드를 감안하였기 때문에 왔을 수도 있다. 많은 펀드 중에서 비록 우리가 미리 어느 펀드가 그러리라고 말할 수는 없을지라도 우리는 항상 특별히 운이 좋을 수는 있다.

우리가 많은 펀드를 볼 때 15년간의 연승을 본다는 것이 얼마나 특출한 일일까? 단지 (분명히 너무 낮게 잡은) 1,000펀드만 있고, 각 펀드는 독립적으로 운영되며, 각 펀드는 어느 특정한 해에 지수를 이길 기회가 50/50이라고 하자. 15년에 우리가 그들 1,000펀드 중 적어도 하나가 15년 연승하는 것을 볼 기회는 얼마나 될까? 그것은 32,768에 하나보다 훨씬 커 약 30에 하나 나 3%로 판명 난다. 따라서 펀드 전체에서 15년 연승을 보는 것은 그리 예외적이 아니다.

그러나 아직 끝난 것은 아니다. 해설자(解說者; commentators)들은 2003년(연승의 초기)에 지난 40년 중 연속된 12년 동안 시장을 능가한 다른 펀드는 없었다고 말했다.[3] 우리는 실제로 지난 40년 동안 어떤 펀드가 15 연승을 한 확률을 감안하여야 한다. 40년 기간 중 언제인가 15년 연승을 한 최초 총 1,000펀드 중 하나를 발견하는 확률은 얼마일까? 이 시나리오는 그 연승이 40년 기간의 처음, 중간 및 끝에 있을 수 있기 때문에 아직 여유가 있다. 다른 말로 순전히 우연하게 생길 그런 연승을 볼 확률은 높다.[4]

이 연습문제의 요점은 Bill Miller가 단지 평균적 역량을 가졌다는 것을 증명하려는 것이 아니다. 아마도 그는 비범한 역량을 가지고 있을 것이다. 아니 아마도 그렇지 않을지도 모른다. 요는 15년 연승이 이례적으로 들리지만 그가 비범한 역량을 가지고 있음을 증명하여 주지 않는다. 우리는 세상을 비판적으로 평가하여야 하며 연전연승이나 자연의 기이한 우연에 오도되어서는 안 된다. Bill Miller의 성과와 같은 연승은 비범하게 들린다. 그러나 우리가 자제력을 잃고 비범한 역량을 Bill Miller에게 돌리기 전에 우리는 그런 연승이 순수한 우연에 기인할 가능성이 얼마나 있는지 비판적으로 평가하여야 한다. 그것이 가능성이 있는 일임을 우리는 보았다. Bill Miller가 비범한 역량을 가졌을 수도 있지만 15년 연승이 스스로 그 점을 증명하지 않는다.

(3) 과거/미래의 비대칭

특히 중요한 불확실성과 불규칙성의 측면이 "과거/미래의 비대칭"이라고 불리는 것일 것이다. 과거를 설명하는 것은 흔히 쉽지만 미래를 예측하는 것은 아주 어렵다. 그리고 지나고 보니 미리 운명 지워진 것으로 보이는 사건들이 그때는 자주 불확실하였다. Mlodinow(2008)는 이 주제(主題; topic)를 상당히 자세하게 검토하였다. 그가 그의 책 10장에서 제시한 하나의 좋은 예가 체스(chess)이다.

---

3) Mauboussin & Bartholdson, 2003.
4) Coleman, op. ct. p.22.

카드게임과 달리 체스는 분명한 불규칙 요소가 없다. 그러나 양 선수 모두 상대가 다음에 어떤 수를 둘지 확실하게 모르기 때문에 불확실성이 있다. 만일 선수들이 전문가라면 게임의 대부분의 시점에서 이 프로 둘은 몇 수를 내다 볼 수도 있을 것이다; 만일 당신 이 더욱 더 주의를 기우린다면 불확실성은 더 복잡할 것이며 아무도 그 게임이 어떻게 끝날지 자신 있게 정확하게 말 할 수 없을 것이다. 반면에 뒤 돌아 보면 통상 각 선수가 왜 그 수를 두었는지 말하는 것은 쉽다. 이것이 다시 그 미래를 예측하기 어려운 확률적 과정이지만 그 과거는 이해하기 쉽다(pp.187-198).

우리는 언제나 역사를 뒤돌아보기 때문에 그리고 과거를 설명하기 쉽기 때문에 우리는 미래가 똑같이 설명하고 이해하기 쉽다고 생각하는 함정에 빠질 수 있다. 그렇지 않다. 우리는 미래가 불확실하며 모든 우리의 측정이 단지 무엇이 일어날지 불완전하게 보여줄 뿐이고 미래의 내재하는 불확실성을 결코 제거해 주지 않을 것임을 끊임없이 기억해야 한다.

(4) 인간의 직관에 관하여 너무 걱정하지 말자

불확실성에 관하여 생각하기가 어렵고 인간의 직관이 자주 확률 문제를 푸는데 서투르다는 것은 사실이다. 그렇다 할지라도 우리는 직관에 관하여 지나치게 걱정하지 말아야 한다. 인간의 직관이 불확실성이 포함된 상황에 부적당하다고 해서 어찌하겠는가? 인간의 직관은 양자역학이나 특수 상대성 이론(相對性理論; relativity)이나 평범하고 오래된 전통적 역학이 포함된 상황에 부적당하다. 그러나 그것이 우리로 하여금 (양자 역학에 의한) DVD 플레이어(players)와 MRI 장비 그리고 GPS 장치를 개발하지 못하게, 혹은 (고전 역학을 사용하는) 발사 궤도(發射軌道; projectile tracectories)를 계산하지 못하게 하지는 아니한다. 이들 중 어느 것도 "직관적"이지 않다. 그것들은 옳은 해답에 도달하기 위해 과학과 수학을 요구한다. 그리고 누구도 계량적 분석이 알려주고 인도하고 직관을 바로잡는데 필요하다는 것에 특별히 놀라지 않는다.

만일 우리가 사람들에게 상대성 물리학(relativistic physics)에 관하여 질문하는 실험을 할 때 누구도 옳은 답을 얻지 몰할 것이다. 상대성이론에서 역설(逆說; paradoxes)은 많으며 대학 특수 상대성 이론 과정에서 널리 배우고 있다. 그리고 양자 역학은 훨씬 더 나쁘다. Einstein은 양자 얽힘(quantum entanglement)과 그가 "원격유령작용(遠隔幽靈作用; spooky action at a distance)"이라고 부른 것을 결코 받아들일 수 없었지만 그럼에도 불구하고 그것은 진실이다. 직관의 부족이 상대성 물리학이나 양자역학 또는 그것들의 실용적인 응용의 개발을 멈추게 하지 않는다.

확률의 영역에서 왜 누구나 불확실성을 이해하고 다루기 위해 계량적 분석이 필요하다는 데 놀라야 하나? 우리는 계량적 도구가 얼마나 좋은지 그리고 계량적 분석이 얼마나 유용했는지 물어야 하며 직관이 실패하는 것을 조바심 낼 필요가 없다. "불규칙성과 모든 수학을 이해하기 위한 열쇠가 모든 문제에 대해 즉각적으로 답을 직관하게 할 수 없으며 단지 해답을 생각해 내는 도구를 갖게 할 뿐이다."(Mlodinov, 2008, p.108).

여기서 직관을 과소평가 하려는 것은 아니다. 직관은 귀중하며 모든 문제가 수학적으로 풀리는 것은 아니다. 베스트셀러(best seller)였던 Gladwell(2005)에 의한 Blink는 직관의 장점을 극찬하고 있으며 그자체가 부분적으로 Gigerenzer(2007)에 의하여 수행된 연구에 기초를 두고 있다. 여기서 지적하고자 하는 것은 어떤 상황에서의 직관의 실패가 정식 확률분석의 유용성이나 중요성을 무효화(無效化; invalidate) 하지 않는다는 것이다.

(5) 확률적 수리사고(數理思考; numeracy)를 향한 단계

확률을 이해하고 다룬다는 것이 쉬운 일은 아니다. 위험관리는 인간 행동의 예측불허의 변화를 다루기 때문에 어렵다. 그러나 우리는 불규칙성을 이해하고 위험을 관리하기 위하여 분석적 그리고 수학적 도구들을 이용하여야만 한다. 위험관리 및 위험 측정은 어려우며 과오와 실수 그리고 정확하게 아니 대략적으로라도 풀릴 수 없는 문제들이 있고 앞으로도 계속 있을 것이다. 그러나 문제를 체계화하고 조직화하기 위한 수학이 없이 과업을 수행할 수 없을 것이다.

Kahneman과 Tversky에 비판적 접근 방식을 취한 Gigerenzer(2002)는 불확실성과 더불어 살아가는 문제에 새롭게 접근하였다. Gigerenzer는 건전한 통계적(및 확률적) 사고가 훈련을 통하여 그리고 적절한 도구 및 기법을 사용함으로써 향상될 수 있다고 다음과 같이 주장한다.

많은 사람들이 건전한 통계적 사고는 쉽게 "마음의 습관"으로 되지 않는다고 주장하였다. 나는 마음의 습관 이야기(habit-of-mind story)에 동의하지 않는다. 이 책의 중심과제는 사람들이 숫자들에 관하여 어렵다고 생각할 필요가 없다는 것이다. 왜냐하면 그것들은 극복될 수 있기 때문이다. 그 어려움은 단순한 마음의 잘못이 아니다. 마음의 환경에서 즉 숫자적 정보가 제시되는 방식에서 해법이 발견될 수 있다. 직관적으로 이해될 수 있는 표현의 도움으로 통계적 사고가 마음의 버릇이 될 수 있다(p.245).

Gigerenzer(2002, p.38)는 통계적 수리 무감각을 세 단계를 통하여 극복하려고 한다. 즉

- 확실성의 환상[결과의 확실성 또는 불확실성의 부재(不在; absence)를 믿으려는 인간의 성향(性向; tendency)]을 물리치자.
- 관련된 사건과 행위의 실제 위험에 관하여 학습하자.
- 이해할 수 있는 방식으로 위험을 소통하자.

이 세 단계는 위험관리에 동등하게 적용된다. 위험관리의 대부분 연구가 두 번째-위험에 관한 학습-에 초점을 두지만 첫째와 셋째도 똑같이 중요하다. 불확실성에 대하여 생각하는 것은 어렵지만 일은 벌어지며 미래는 불확실하다는 것을 인식하는 것이 중요하다. 위험을 소통하는 것이야말로 특히 중요하다. 한 회사가 직면한 위험이 복잡하지만 효율적이고 축약된 방식으로 많은 사람들과 공유되어야 할 것이다. 이들 위험을 효과적으로 소통하는 것은 통상 주어지는 것보다 훨씬 더 주의를 받을 만한 어려운 과제이다.

4) 확률과 통계

확률은 불확실성을 연구하고 불규칙성을 체계화하는 과학이다. 어떤 유형(類型; form)의 불확실성을 전제로 할 때 어떤 일이 일어날까? 우리는 무엇을 보게 될까? 좋은 예가 연승, 한 팀이 게임 한 시리즈를 모두 이기는 우연의 분석이다. 이런 유의 문제는 어떤 기초적 확률 교과서에서도 검토되며 Mlodinov(2008)도 이런 유의 문제를 검토하였다.

일연의 세 게임을 하는 두 팀을 생각해보자. 세 게임 중 두 게임을 먼저 이기는 세 게임을 하는 두 팀을 생각해보자. 이 시리즈에서 이기는 길이 네 가지, 지는 길이 네 가지가 있다. 두 팀이 완전히 대적한다면 각 팀이 한 게임을 이기는 확률이 0.5이고 각 개별 시리즈의 확률은 0.125(0.5 × 0.5 × 0.5)이며 이 시리즈를 이기는 확률은 0.5이다. 즉

승리	확률	패배	확률
승승패	0.125	패패승	0.125
승패승	0.125	패승패	0.125
패승승	0.125	승패패	0.125
승승승	0.125	패패패	0.125
	0.500		0.500

이 분석은 정말 뻔해 보인다. 그러나 팀들이 대등하게 겨루는 것이 아니라 한 팀은 열세로 40%의 승률을 그리고 60%의 지는 확률을 가지고 있다고 생각해보자. 그렇다면 열세인 팀은 얼마의 확률로 이 시리즈를 이길 수 있을까? 이제는 결과 확률들이 50%일 때와 다를 것이다. 예를 들어 열세 팀의 승승패의 확률은 0.4 × 0.4 × 0.6 = 0.096일 것이다. 즉

승리	확률	패배	확률
승승패	0.096	패패승	0.144
승패승	0.096	패승패	0.144
패승승	0.096	승패패	0.144
승승승	0.064	패패패	0.216
	0.352		0.648

결과는 열세 팀이 시리즈를 이길 확률이 35%로서 개별 게임을 이길 확률(0.4)보다 그다지 낮지 않다.

더 긴 시리즈를 생각해보면 문제는 더 흥미롭게 된다. World Series의 승자는 7게임 중 4게임의 승자이다. 리그에서의 최강팀은 한 시즌 동안 대

략 게임의 60%를 이긴다. 최약팀은 대략 40%를 이긴다. 그래서 60% 팀 대 40% 팀의 대결은 최상위 팀과 최하위 팀의 대결과 대략 같을 것이다. 그래도 열세 팀이 시리즈에서 우승할 확률은 얼마일까? 우리는 이제 단지 우리가 방금 한 것과 같이 모든 있을 수 있는 길들을 적어 내려가(다만 이번에는 여덟 대신에 128의 있을 수 있는 결과가 있다) 각각의 확률을 계산하여 그것들을 모두 합할 필요가 있다. 결과는 29%이다.

우리에게 그런 열세 팀이 시리즈를 이길 29%의 기회는 놀라울 정도로 높다. 그것은 또한 확률이론이 얼마나 우리들의 직관을 인도할 수 있는지를 보여주는 좋은 예이다. 문제를 풀기 전에는 그 확률이 더 낮을 것으로 훨씬 더 낮을 것으로 생각되었다. 그러나 분석은 우리가 우리의 직관이 틀렸을 뿐만 아니라 우리의 가정들도 틀렸음을 알려준다. 확률 이론과 분석은 우리들의 직관 및 가정들을 비판적으로 평가하고 그 둘 다를 조정하게 도와줌으로써 그것들이 더 경험과 현실에 밀접하게 조정되어 맞추어지게 한다.

승/패의 상황분석이 상당히 가치 있고 많은 문제에 응용될 수 있게 하여준다. 그것은 동전 전지기의 앞면 및 뒷면(꼭 균형 잡힌 50/50 동전을 사용하지 않을지라도)과 같다. 두 개의 결과, 통상(편의상) 하나를 "성공"이라고 또 다른 하나를 "실패"라고 이름 붙이는 과정에서 주어진 이름이 Bernoulli의 실험이다. Bernoulli의 실험이 여러 번 반복될 때 생기는 성공의 수가 이항분포(二項分布; binomial distribution)이다.

Bernoulli 실험과 이항분포는 바로 금융 및 위험관리에 응용된다. 우리는 흔히 어느 금액(예컨대 1억 원)보다 많은 1%의 손실 확률만이 있다고 안다(라고 듣는다). 이것이 우리가 앞으로 위험 측정을 다룰 때 설명될 VaR(Value at Risk)의 본질이다. 우리는 이제 주어진 어느 날의 손실을 Bernoulli 실험으로 즉 99%의 "성공" 기회 그리고 1%의 "실패" 기회(1억보다 큰 손실)로 다룰 수 있다. 100일 동안 연속된 100번의 Bernoulli 실험의 결과이며 성공과 실패의 수는 이항분포가 된다.

우리는 큰 손실이 난 날이 하루 이상일 가능성을 사정하기 위하여 확률이론을 사용할 수 있다. 그리 하여 우리는 불규칙성을 껴안게 되고 이 세상에 어느 정도 확실성이 있다고 생각하는데서 벗어날 수 있게 된다. 1억 원 이상의 손실을 보는 날들의 수가 이항분포로 나타날 것이다, 일반적으로 우리가

100일 중 1일을 볼 것으로 기대하는 100 중 1의 확률을 가지고 있다할지라도 우리는 많은 손실을 보는 100일 중에서 하루를 정확하게 보지 못할 것이다. 100일 동안에 많은 손실을 보는 단 하루를 보는 확률이 단지 0.37이다. 1억보다 많은 손실을 보지 않을 확률이 0.37이고 이틀이 0.19이며 큰 손실을 보는 날이 3일 또는 그 이상일 확률은 0.08이다.[5)]

여기서 말하고자 하는 것은 확률이론을 깊이 다루고자 하는 것이 아니고 그것이 무엇이며 어떻게 사용될 수 있는 것인가이다. Mlodinow(2008), Gigerenzer(2002), Hacking(2001), Kaplan & Kaplan(2006) 및 특히 Aczel(2004)와 같은 책이 아주 유용하다. 확률은 우리가 불확실성과 불규칙성에 관하여 어떻게 생각하는가를 체계화하여 준다. 그것은 우리들에게 세상에서 불규칙성의 어떤 한 모델이나 형식을 전제로 우리가 무엇을 볼 것으로-예를 들면 어떤 팀이 시리즈에서 이길 가능성은 얼마인지 또는 100일 중에서 복수의 나쁜 거래일을 보게 될 가능성이 얼마인지 기대해야 하는가를 말해 준다. 확률적 직관을 구축하는 것은 위험을 관리하기 위해 가치 있고 필요하다고까지 말할 수 있다.

(1) 통계학

확률이론은 불규칙성의 모델을 가지고 시작되었으며 거기에서 우리가 무엇을 관찰할 가능성이 있는지 말하게 하여 준다. 우리는 기본적인 확률모델을 개발하기 위하여 우리가 자연에서 관찰한 것을 사용한다. 예를 들면 확률이론은 1억 원보다 많은 손실을 보는 하루의 확률이 0.01이라는 것을 아는 것부터 시작한다. 연속 된 100일 중에서 우리가 그런 날을 정확하게 1일 또는 정확하게 2일 또는 정확하게 3일 관찰할 확률을 우리에게 말해 준다. 통계학은 일연의 100일에 걸쳐서 우리가 관찰한 실제 손실을 가지고 출발하고 기본적인 과정을 추정하려 한다. 통계학은 또한 확률에 관한 신뢰도를 추정하게 하여 준다. 예컨대 우리가 그것이 1%의 확률이라고 강력하게 믿어

---

5) $p=$ "성공" 확률이고 $q=1-p=$ "실패" 확률인 이항분포에 따르면 n시도에서 k 실패의 확률은 $\left(\frac{n}{k}\right)q^k(1-q)^{n-k}$이며 여기서 $\left(\frac{n}{k}\right)=\frac{n!}{k!(n-k)!}$는 이항계수이다. $q=100,\ n=100$일 때 $p(k=0)=0.366,\ p(k=1)=0.379,\ p(k=2)=0.185,\ p(k\geq 3)=0.079$이다.

야 하는지 또는 (그 대신) 그것이 0.5%에서 1.5% 사이 어딘가에 있다고 믿는다고 느끼는지 우리가 알 수 있게 하여 준다.

위험관리의 전문적 측면을 위해 통계학은 확률이상으로 중요하다. 그러나 위험관리의 응용을 위해, 실제로 위험을 관리하기 위해 확률은 더 중요하다. 불규칙성이 어떻게 미래의 결과에 영향을 미치는지 확실하게 이해하는 것은 그 기본적 모델의 추정이 다른 모델에 의하여 이루어진다고 할지라도 대단히 중요하다. 어떻게 불규칙성이 우리의 세상을 지배하는지를 인정하지 않고 위험을 이해한다는 것은 불가능하다.

(2) 확률이론: 빈도(frequency) 대 믿음(belief)(객관적 대 주관적)

확률의 기초에 관한 깊은 철학적 의문이 있는데 여기에는 무언가 상충하는 두 이론이 있다. 이 두 이론은 빈도(頻度)형 대 믿음(belief)형 이 더 좋은 이름이지만 객관적 확률 대 주관적 확률이란 이름으로 또는 "위험" 대 "불확실성"이란 용어를 사용한다. 다행이 우리는 번갈아 나오는 많은 접근에 대한 다툼을 안전하게 비껴 갈 수 있으며 대부분의 현실적 목적을 위해 그 둘을 교체 사용할 수 있다. 그럼에도 불구하고 구별할 필요가 있을 때가 있다.

객관적 또는 빈도형 확률이론은 제일 이해하기 쉬우며 17세기 확률이론의 시초에 연결된다. 확률이론은 우연과 돈내기 게임으로 시작되었으며 빈도형 확률의 아이디어는 이 맥락에서 가장 잘 입증된다. 앞면과 뒷면이 50%씩 나오는 이상적 동전을 생각해보자. 각각의 동전 던지기는 Bernoulli의 시도이며 우리는 앞면의 확률이 50%임을 안다. 어떻게 알지? 그것은 객관적 사실-우리는 그 동전을 검사함으로써 또는 더 좋게는 많은 수의 시도를 통해 앞면과 뒷면의 빈도를 셈으로써 측정할 수 있다("객관적"과 "빈도"라는 용어는 이 확률 접근이 객관적 사실을 측정하고 반복된 시도의 빈도로 관찰될 수 있기 때문에 정확하게 이 확률빈도에 적용된다).

반복된 동전 던지기는 모범적(模範的; archetypal) 빈도형 확률 시스템을 형성한다. 각각의 동전 던지기는 어떤 다른 것과도 같고 각각은 모든 다른 것과 독립적이며 그 던지기는 우리가 원하는 회수로 원할 때까지 반복될 수 있다. 빈도형 확률은 세상이 어떤지를 반영한다. 그것은 참인지 거짓인지를 말해 준다. 공정한 동전은 각각의 던짐에서 앞면이 나오는 2분의 1의 확률을 갖던지 그렇지 않던지 한다. 그것이 실제로 세상이 어떤지에 관하여 말하여 준다.

빈도형 확률은 대수(大數; large number)의 법칙과 중심극한정리(中心極限整理; central limit theorem)를 근본적인 도구로 사용한다. 대수의 법칙은 우리에게 우리가 시도(동전 던지기)를 반복할 때 앞면의 상대적 빈도는 확률론적 시스템에 의한 객관적 확률에, 공정한 동전던지기의 경우 반에, 자리 잡는다고 말해 준다. 그것뿐만 아니라 대수의 법칙과 중심극한정리는 얼마나 빨리 그리고 얼마나 불확실성을 가지고 빈도가 "올바른" 값에 이르게 하는지를 말해 준다. 이 도구는 믿을 수 없을 정도로 강력하다. 예를 들어 우리는 동전 100번 던지기 실험에서 우리가 40번과 60번 사이의 앞면을 관찰하게 될 것이라고 말하기 위하여 통상적인 중심극한정리를 사용할 수 있다.[6] 빈도형 확률은 우연(偶然; chance)의 게임에 이상적으로 들어맞는데 여기서 게임은 언제나 같은 규칙 하에서 반복된다. 많은 금융업계가 그런 패러다임(paradigm)에 상당히 잘 들어맞는다. 삼성 주식거래가 그것이 내일도_ 주식이 정확하게 어제 오른 만큼 오른다는 의미에서가 아니라 그것이 하면 할수록 오르거나 내릴 가능성 있다는 의미에서 오늘과 같아 보일 것이다. 삼성에 관한 새로운 정보가 들어날 수도 있지만 삼성에 관한 뉴스(news)가 자주 나올 것인데 그것은 주식거래 세계의 반복되는 부분이다. 삼성이 오르느냐 내리느냐는 실제로(비록 주식이 일반적으로 t시간이 흐르면서 커지기 때문에 아마도 편향된 동전일지라도) 동전 던지기처럼 불규칙적이다. 그러나 많은 현실적 목적 때문에 오늘 던져지는 동전은 어제 던져진 동전과 같다고 생각될 수 있다. 우리는 삼성이 내일 오를 것인지 내릴 것인지 모르지만 우리는 통상 그것이 평균적으로 과거에 했던 것보다 내일 오를 가능성이 더 크다고 생각할 어떤 특별한 이유도 갖고 있지 않다.

그러나 많은 문제에 대해 확률에의 빈도형 접근은 잘 듣지 않는다. 내일의 날씨를 생각해보자. 내일 비가 올 확률이 30%라고 하는 것이 무엇을 뜻하는가? 이것은 세상이 어떤지에 관한 참 또는 거짓 언급이 아니다. 오늘의 관점에서 내일은 한 때의 사건이다. 확률이 30%라고 말하는 것은 결과에

---

6) 앞면의 수는 대략 정규로 분포 $[N(\mu = 50, \sigma^2 = 5)]$가 될 것이어서 앞면의 실제 수가 $\mu + 2\sigma$ 또는 50 ± 5안에 있을 확률이 95%일 것이다.

대한 우리의 확신에 관한 또는 우리가 내일 비가 올 것이라고 예측하기 위하여 사용하는 증거의 신뢰성에 관한 언급이다. 우리는 내일을 반복할 수 없기 때문에 빈도를 생각할 수 없다. 소행성(小行星; asteroid) 충돌이 공룡 멸종의 원인일 확률은 어떤가? 또는 다음 세기 동안 기온이 오를(기후변화) 확률은? 이들 어느 것도 우리가 빈도 개념이나 대수의 법칙을 적용할 수 있는 반복할 수 있는 사건이 아니다. 그러나 우리는 적용하여야 하고 통상 적용하며 정말 현명하게 확률적 사고를 이들 분야에 적용할 수 있다.

이들 한 번만 있거나 유일한 또는 비빈도(非頻度; nonfrequency) 상황과 같은 것들에 대해 우리는 믿음형 확률, 흔히 "주관적 확률"이라고 부르는 것에 의지한다. 믿음형 확률은 빈도형 확률과 같은 규칙을 따라야 하지만 아주 다른 출처(出處; source)에서 나온다.

한 번만 있는 사건의 확률 또는 더 정밀하게 우리의 확률에 관한 믿음의 사정(査定; assessment)은 이태리 수학자이고 평균-분산 최적화(平均-分散-最適化; mean-variance-optimization)의 공동-개발자인 Bruno de Finetti에 의하여 개발된 깔끔한 묘책(妙策; trick)을 사용하여 밝힐 수 있다.[7] 그 de Finetti 게임은 어떤 사건을 자루에서 꺼내는 공과 비교하는 가상의 복권 또는 노름인 사고(思考; thought) 실험이다.

우리가 생각하고 있는 사건이 시험에서 만점을 받는 것이라고 하자. 한 친구가 시험을 보고 그는 틀림없이 그 시험에서 만점을 받을 것을 100% 확신한다고 주장한다(그리고 그는 성적을 내일 받을 것이다).[8] Ben Franklin의 유명한 말처럼 죽음과 세금 이외에 확실한 것은 아무것도 없기 때문에 우리는 의심스러우며 특히 시험 점수는 특히 예측하기 어렵다.

우리는 두 개의 잃지 않는 노름 중 하나를 그 친구에게 선택하게 할 수 있다. 첫째는 그 친구가 내일 만점을 받으면 만 원을 받는 것이고 둘째는 그 친구가 100개의 공이 들어있는 자루에서 붉은 볼을 꺼내면 만 원을 받는 것이다. 그 자루에는 99개의 붉은 공과 한 개의 검은 공이 들어 있어 그 친구가 붉은 공을 꺼낼 확률은 99%이다. 대부분의 사람들은 아마도 시험성적을 기다리기보다 자루에서 공을 꺼낼 것이다. 자루에서 공을 꺼내고 만 원을

7) Markowitz(2006) 및 Bernstein(2007)을 보라.
8) Aczel(2004, pp.21-24) 참조

따기는 거의 확실하고 아마도 그 친구가 만점을 받는 데 99% 이상의 확률을 주지는 않을 것이다.

그 친구가 99개의 붉은 공이 든 자루에서 공 하나를 뽑을 것으로 가정하고 우리는 또 다른 잃지 않는 내기를 내놓을 수 있다. 시험성적이 만점이면 만원 따고 자루에서(이것은 80이 붉은 그리고 20이 검은 공이 들어있는) 붉은 공을 꺼내면 만 원을 따는 내기이다. 그 친구가 시험 성적을 택하면 우리는 그의 주관적 확률이 99%와 80% 사이에 있다는 것을 안다. 우리는 이 경계를 만점에 만 원과 90개의 붉은 공과 10개의 검은 공이 든 자루에서 붉은 공을 뽑으면 만원 둘 중 하나 선택을 내놓음으로써 더 개선할 수 있다. 답에 따라 그 확률은 99와 90 사이 또는 90%와 80% 사이에 있다.

그런 수법은 우리 자신의 주관적 확률을 알아내는 데 사용될 수 있다. 그 수법을 순전히 사고(思考; thought) 실험으로 사용하는 것이 지극히 유익할 수 있다. Aczel(2004, p.23)은 사람들이 자주 그들의 확률을 이 게임을 할 때 다르게 말한다고 지적한다. 그것이 우리로 하여금 우리의 주관적 확률을 신중히 생각하고 우리의 주관적 확률을 다른 사건의 사정(assessment)과 일관 되게 만들게 한다. Aczel은 또 흥미롭게도 일기 예보자들은 그들의 사정을 전혀 바꾸려 하지 않으며 아마도 그들의 직업이 그들로 하여금 믿음형 또는 주관적 확률에 관하여 신중히 생각하게 한다고 지적한다.

믿음형 확률 이론에는 개인적 믿음의 정도 이상이 들어 있다는 것을 유의하자. 논리적 확률(즉 증거나 논리적 관계를 조건으로 사건의 확률을 언급하는 것)은 믿음형 확률의 또 다른 형식이다. 논리적 확률 언급의 예가 (Hacking, 2001, p.142에서 가져온) 다음과 같은 것이다. “이리디움(iridium) 매장 층에 관한 최근의 증거에 관련하여 … 한 거대한 소행성이 지구에 충돌하였을 때 공룡의 시대가 마감되었을 확률이 90%이다.” 이것은 증거를 조건으로 하는 어떤 사건의 확률에 관한 언급이다. 이것은 어떤 가설(여기서는 공룡의 멸종)과 관련된 증거(여기서는 소행성에 이리디움(iridium)의 존재와 지구 상의 이리디움 매장 층의 분포) 간의 논리적 관계를 표현하는 것이다. 논리적 확률이론에서 어떤 확률 언급도 언제나 증거와 관련된다.

이 모든 것 안에 있는 좋은 뉴스는 우리가 빈도형(객관적) 확률에 적용하는 확률 법칙이 이들 믿음형(주관적) 확률 상황에 이어진다는 것이다. 사건의 독립성, 사건의 합집합(合集合; unions), 조건부(條件附; conditional) 확률 등등의 법칙들은 모두 동등하게 빈도형 및 믿음형 확률에 적용된다. 실은 대부분의 현실적 목적을 위해 우리의 일상생활과 위험관리 응용프로그램에서 우리는 이들 둘 사이를 뚜렷하게 구별할 필요는 없다. 우리는 확률을 생각하고 그대로 놔둘 수 있다.

(3) Bayes의 이론과 믿음형 확률

빈도형과 믿음형 확률 접근법 사이의 중요한 차이 하나는 대수(大數; large number)의 법칙 대 Bayes 규칙 간의 차이다. 대수의 법칙은 상대 빈도(相對 頻度; relative frequency)와 기타 특성들이 반복되는 시도에 어떻게 안정되는 가를 말해 준다. 그것이 빈도형 확률을 이해하고 사용하는데 가장 중요하다.

그에 반해 Bayes 규칙(또는 정리)은 믿음형 확률에서 가장 중요하다. 너무 중요하여 믿음형 확률 또는 통계를 때로는 "Bayes" 확률 또는 통계라 칭한다. Bayes 규칙은 계념 상 아주 간단하다. 그것은 어떤 새로운 정보 하나가 주어졌을 때 우리의 확률을 어떻게 갱신(更新; update)하는가를 말해 준다. 그러나 Bayes 규칙은 많은 잘못된 확률적 사고나 혼동의 풍부한 출처이기도 하다. Bayes 규칙을 적용하는 것이 가장 반직관적인 규칙을 적용하는 것처럼 보인다.

Bayes 규칙 응용의 전통적인 예가 좋지만 완벽하지 않은 검사에 의한 HIV나 유방암과 같은 병이나 상태를 검사하는 경우이다. 일반 대중에게는 비교적 드문(1,000명 중 5명) 유방암을 생각해보자. 한 여인이 아무런 증상이나 가족력을 조건으로 유방암일 사전 확률이 0.5%이라고 하자. 이제 그 여인이 유방암 검진용 X선 검사(mammogram)를 받는다고 생각하자. 이 검사는(이 검사가 검사 회수의 5%를 잘못되게 암이라는 결과를 낸다는 의미에서) 대략 95% 정확하다. 어떤 환자가 이 X-선 검사에서 암이라는 결과가 나왔을 때 그녀가 진짜 유방암일 확률은 얼마일까? 그 검사가 95% 정확하므로 95%라고 말하고 싶을 것이지만 그 대답은 사전 확률이 아주 낮아서 단지 0.5%라는 사실을 무시하고 있다. Bayes 규칙은 0.5%의 사전 확률과 검사의 95% 정확도를 어떻게 결합하는지를 말해 준다. Bayes 규칙의 수식

체계로 들어가지 전에 Gigerenzer(2002)가 “자연적 빈도”라고 부른 것을 사용하여 답을 생각해내 보자. 1,000명의 수험자 전체 중 대략 5명(1,000 중 5)이 실제로 암일 것이고 대략 50(틀리게 암일 5%, 100 중 5 또는 1,000 중 50)이 암이 아니면서 암의 결과를 받을 것이다. 즉 대략 55의 암 결과가 있을 것이지만 다만 5만이 진짜 암일 것이다. 이것은 암이라는 검사 결과를 조건으로 진짜 암일 확률은 대략 55 중 5 또는 9%이지 100 중 95 또는 95%가 아니다. 이렇게 설명되면 분명해지는 데도 불구하고 이 결과는 항상 우리를 놀라게 한다.

Bayes 규칙의 기초가 한 사건의 조건부 확률(이 경우 암이라는 검사 결과를 조건으로 하는 암일 조건부 확률)이 어떻게 그 역(逆; inverse)(이 경우 암 아님을 조건으로 암이라는 검사가 나올 조건부 확률 또는 잘못된 암 의 비율)에서 발견될 수 있는지를 보여준다. 우리가 두 개의 가설−HY: 암이다와 HN: 암 아니다−을 가지고 있다고 하자. 우리는 각 가설의 사전(무조건부) 확률

$P(HY) = 0.005$과

$P(HN) = 0.995$

를 가지고 있다.

우리는 또한 새로운 증거 또는 정보−EY: 암이라는 증거 또는 검사결과 또는 EN: 암이 아니라는 증거 또는 검사결과− 하나를 가지고 있다. 이 검사는 완전하지 않아서 검사가 암이 아닌데 암이 아니라는 검사결과가 나오는 확률이 95%이고 암이 아닌데 암이라는 결과가 나오는 확률이 5%이다.

$P(EY|HN) = 0.05$

이고

$P(EN|HN) = 0.95$

이다. 단순화를 위해 암이라면 이 검사는 완벽하다(암인데 암이 아니라는 검사결과는 없다)라고 가정하자. 즉

$$P(EY|HY) = 1.00$$

이고

$$P(EN|HY) = 0.00.$$

이다.

이제 암이라는 검사 결과일 때 실제로 암일(증거가 암임을 조건으로 가설이 맞을) 확률은 얼마일까? 즉

$$P(HY|EY)$$

는 얼마일까? Bayes 규칙은

$$P(HT|EY) = \frac{P(EY|HY) \times P(HY)}{P(EY|HY) \times P(HY) + P(EY|HN) \times P(HN)}$$

라고 말한다. 이것은 조건부 확률 규칙으로부터 쉽게 도출될 수 있지만 (Hacking, 2001, ch.7을 보라.) 우리는 단순히 이 규칙을 암이라는 가설에 대한 우리의 사전 확률을 갱신하기 위하여 새 증거(검사 결과가 암이라는 사실)를 포함하기 위한 규칙 – 즉 $P(HY)$에서 $P(HY|EY)$로 가기 위하여 EY를 어떻게 사용할 것인가에 대한 규칙으로 삼을 것이다. 막 주어진 확률을 대입하여 우리는

$$\begin{aligned} P(HY|EY) &= \frac{1.00 \times 0.005}{1.00 \times 0.005 + 0.05 \times 0.995} \\ &= 0.0913 \\ &= 9.13\% \end{aligned}$$

를 구하게 된다.

Bayes 규칙은 위험관리에서뿐만 아니라 우리 일상생활에서 두루 응용된다. 유방암의 예가 우리 직관이 당초 끌려들어간 것–검사 정확도 1–$P(EY|HN)$=95%가 아니라 갱신된 확률–$P(HY|EY)$– 9%를 사용하는 것이 얼마나 중요한 지를 보여준다. Bayes 규칙 사용의 실패는 보통이며 의사

와의 끔찍한 만남과 심각한 오심(誤審; miscarriage of justice)을 불러온다. Mlodinow(2008)은 그가 1,000 중 999 또는 99.9% 확실하게 HIV에 감염되었다고 들었던 그의 개인적 경험에 대하여 이야기하였다. 실제로 그의 감염검사에 Bayes 정리를 적용하여 11 중 1, 즉 9.1%라는 결과가 나왔다(그는 HIV에 걸리지 않았다). 법조계에서는 $P(HY|EY)$를 사용하여야 할 때 1_$P(EY|HN)$를 사용하는 잘못을 검사의 역설(逆說; paradox)이라고 부른다.

Bayes 규칙은 그것이 어떻게 우리의 사전 확률을 갱신하기 위하여 새로운 증거를 일관되게 사용하는지를 우리에게 말해주기 때문에 믿음형 확률에서 제일 중요하다. 때로는 Bayes 확률이론이 말하는 사람이 원하는 어떤 결과에도 도달하는 데 사용될 수 있는 얼빠진 접근법이라고 오해되거나 희화된다. 사전 확률이 말도 안 된다면 그 결과로 나온 사후 확률도 말도 안 된다. Bayes 규칙은 새로운 증거를 논리적이고 일관된 방식으로 사용하기 위한 표준적인 절차와 공식 세트를 제공하며 그런 근거에서 믿을 수 없을 만큼 유용하고 강력하다. 그러나 Bayes 규칙은 당초의 (사전) 확률에 관하여 조심스럽게 그리고 깊이 있게 생각하는 과업에서 벗어나게 하여주지 않는다.

(4) 빈도형 및 믿음형 확률 사용하기

빈도형과 믿음형 확률 사이의 차이를 조금 장황하게 설명한 이유는 재무적 위험이 자주 빈도형과 믿음형 확률 둘을 결합하기 때문이다. 한 예를 든다면 현실 세계에서 미래가 과거와 같을 수 없을 것이고 상세한 면에서 뿐만 아니라 결과(結果; outcomes)의 분포 면에서도 다를 수도 있으며 전적으로 새롭고 기대 외의 사건들이 있을 수 있고 새로운 제품이 우리 업계에 나올 수도 있고 새로운 경쟁자가 등장할 수도 있으며 새로운 규제가 환경을 바꿀 수도 있다.

또 다른 이유가 있는데 그것은 우리가 빈도형과 믿음형 확률 둘을 고려하여야 하기 때문이다. 단 하나의 사건은 언제나 믿음형 확률이 포함된다. 내일의 손실이 5천만 원 이하일 확률은 얼마나 될까? 이는 단 하나의 사건에 관한 질문이고 또한 믿음형 확률에 관한 질문이지 빈도형 확률에 관한 질문이 아니다. 단일 사건에 관한 확률 언급은 본질적으로 믿음형이다. 우리는 믿음형 확률을 빈도형 확률 위에 기초를 둘 수도 있다.

Hacking(2001, p.137)은 우리가 언제 그리고 어떻게 빈도형과 믿음형을 전환하는지를 좌우하는 경험법칙(rule of thumb)인 빈도 원칙(頻度 原則; frequency principle)을 검토하였다. 그는 다음의 예를 검토하였다. 즉 공정한 동전이 던져졌으나 그 결과를 우리가 보기 전에 동전은 덮여졌다. 바로 이 동전 던지기가 앞면일 확률은 얼마일까? 이것은 단 하나의 사건이다. 우리는 이 특정한 실험을 반복할 수는 없다. 그리고 아직 우리가 그 확률이 이성적으로 그리고 객관적으로 2분의 1이라고 말해야 한다는 것은 분명하다. 우리는 공정한 동전이 앞면을 보일 빈도형 확률이 2분의 1이라는 것을 알고 있다. 그리고 우리가 이 단 한 번의 실험에 관하여 더 이상 아는 것은 없기 때문에 우리는 이 빈도형 확률을 사용하여야 한다. 빈도 원칙은 바로 이것이다. 즉 우리가 단 한 번의 실험의 결과에 관하여 빈도형 확률 외에는 아무것도 모를 때 우리는 빈도형 확률을 사용하여야 한다.

빈도원칙과 같은 무언가가 일반적으로 성립한다. 세상사는 고정된 규칙이 적용되는 반복되는 기회의 게임이 아니며 그래서 우리는 언제나 우리의 위험관리에 일부 주관적 또는 믿음형 확률을 적용하지 않을 수 없다. Aczel (2004)은 이 상황을 훌륭하게 요약하였다.

객관적 "빈도형" 확률이 결정될 수 있다면 그것을 사용하여야 한다(예를 들면 누구도 주사위의 어느 면이 나올지를 짐작하기 위하여 주관적 확률을 사용하는 것을 원하지 않을 것이다). 다른 상황에서 우리는 한 사건의 결과에 대한 주관적 "믿음형" 확률을 사정(査定; assess)하려 최선을 다할 것이다(p.24).

(5) "위험" 대 "불확실성" 또는 "모호성."

좋은 소식은 빈도형 확률에 적용되는 확률규칙이 믿음형 확률에도 동등하게 적용된다는 것이다. 우리는 이 둘을 계산에서 서로 교환해서 사용할 수 있으며 많은 목적으로 그들 사이의 어떤 차이도 무시할 수 있다.

여기서 우리는 흔히 빈도형(객관적) 및 믿음형(주관적) 확률 간의 차이를 무시할 수 있다고 주장하고 있지만 많은 저자들은 다르게 주장한다. 이 차이는 통상(대략 빈도형에 해당하는) "위험"을 (숫자로 표현되는 확률이 지정될 수 없는, 통상 믿음형 또는 주관적 확률의 일부 형식에 해당하는) "불확실성(不確實性; uncertainty)"이나 "모호성(模糊性; ambiguity)"에 대비시킴으로써 표현된다. 이런 관점의 한 표현이 Lowenstein(2000)이다. 즉

> 주사위와 달리 시장은 단순하게 산술적 개념의 위험뿐만 아니라 일반적으로 미래를 그림자처럼 따라다니는 더 넓은 불확실성도 겪게 한다. 불행하게도 위험과는 반대로 불확실성은 분명히 규정되지 않은 조건, 수적(數的; numerical)인 구속을 당하지 않는 것이다(p.235).

Lowenstein은 인기있는 작가이지 확률학자나 통계학자가 아니지만 그런 문제에 관하여 깊이 있게 그리고 신중히 생각하는 많은 사람들과 같은 견해를 가지고 있다. 예를 들면 Gigerenzer(2002)는 그것을 다음과 같이 말하였다.

> 이 책에서 나는 그것이 현실적 데이터를 근거로 하는 확률이나 빈도로 표현될 수 있을 때 불확실성을 위험이라고 부른다. .... 실증적 증거가 부족하여 있을 수 있는 대안이 되는 결과에 숫자를 부과하는 것이 불가능하거나 바람직하지 않은 상태에서 나는 위험 대신 "불확실성"이란 용어를 사용한다(p.26).

"위험"과 "불확실성"의 차이는 Knight(1921)에 의해서 처음 설명되었으며 흔히 "Knight의 불확실성(Knightian uncertainty)"이라고 부른다. "불확실성" 또는 "모호성"은 사람들이 계산 가능한 또는 알려진 확률을 만났을 때 행동하는 것이 "모호성"을 만났을 그들이 행동하는 것과 다르다는 의미에서 본질적으로 "위험"과 다르다고들 주장한다. "위험 기피(危險 忌避; risk aversion)"와 별개인 "모호성 기피(ambiguity aversion)"가 있다고들 주장한다.

여러 가지 역설(逆說; paradoxex)이 모호성과 모호성 기피에 유리한 증거를 제시해준다고들 말한다. 아마도 이중 제일 잘 알려진 것이 Ellsberg 역설(Ellsberg, 1961)일 것이다. 이들 역설을 확신할 수는 없지만 빈도형(객관적) 및 믿음형(주관적) 확률은 바꿔서 사용될 수 있고 사용되어야 한다

는 생각에는 변함이 없다.

Coleman(2011, p.51)은 빈도형과 믿음형 확률이 바꿔서 사용될 수 있고 정말 바꿔 사용되어야 한다는 그의 결론을 가볍게 취급하지 않았지만 모든 것을 감안할 때 그는 위험관리에서, 그리고 우리의 일상생활에서 다른 선택의 여지가 없다고 생각한 것이다. 미래는 불확실하여 반복된 게임이 단순하게 되풀이되는 것이 아니라 불규칙한 것이다. 그러나 우리는 의사를 결정하지 않을 수 없고 확률이론이 우리가 사용하여야 할 유용한 도구 세트라는 것을 안다. 빈도형 및 믿음형 확률을 바꿔서 사용할 수 있는 것으로 취급하는 것이 효용(效用; utility)이 있다는 것은 어떤 문제보다 중요하다.

그러나 믿음형 확률을 사용할 때 우리는 특히 조심하여야 한다. 우리는 우리가 확률의 게임에서 빈도형 확률에 의지하는 것과 같은 방식으로 믿음형 확률에 의지할 수 없다. 우리가 항상 확률을 모른다고 정말 알 수 없다고 우리 자신에게 솔직하여야 한다. de Finetti 게임과 Bayes 규칙은 둘 다 우리의 사전(믿음형) 확률을 알아내는데 현실적이고 새로운 증거를 맞이하여 확률을 갱신하는데 일관성이 있다는 의미에서 우리를 늘 솔직하도록 도와준다. 믿음형 확률에 관하여 조심스럽게 생각함으로써 받아들이게 되는 형식주의(形式主義; formalism)는 처음에는 어색하게 느껴질지 모르지만 확률에 관한 조심스러운 생각은 엄청난 보상을 줄 것이다.

5) 과신의 저주

이 장의 대부분이 어떻게 인간의 직관이 불규칙성과 불확실성에 의하여 기만당하는지에 관한 것이었다. 직관적으로 아주 불규칙적이 아닌 것으로 보이는 (불규칙적이고) 연속적인 일을 만들어내기가 쉽다는 것을 알았다. 그러나 인간은 그들의 환경을 통제할 수 있기를 간절히 바라며 우리는 자주 확실성과 순수하게 불규칙한 사건을 통제할 수 있는 것으로 착각한다. 기량(器量; skill)에 운이 따른다고 오판하는 것이 모두 너무 쉽고 모두 너무 솔깃하며 그 결과는 우리 자신의 능력에 대한 과신일 수 있다. 여기에 기본적인 긴장이 있다. 왜냐하면 우리 자신의 능력에 대한 믿음은 삶의 어느 면에서처럼 재무적 분야에서의 성공적인 성과를 위해 필요한 것이지만 과신은 자만심과 안주(安住; complacency)에 빠지게 하고 새로운 환경을 알아차리지 못하게 그리고 적응하지 못하게 한다.

Gladwell(2009)은 금융산업 및 투자은행 운영에서 심리 특히 믿음과 과신의 중요성을 검토한 흥미로운 에세이이다. 그는 특별히 Jimmy와 Cayne 및 2008년 Bear Stearns의 몰락에 집중하였다(Gallipoli의 대실패에 대한 흥미로운 여담과 함께). 돌이켜 보니 Cayne의 말과 행동은 가장 순수한 자만심처럼 보일 수 있다. 그러나 Caldwell은 설득력 있게 그런 자신은 투자은행을 운영하는데 필요 요소라고 주장한다. 만일 그 은행운영이 그런 낙관주의와 자신을 가지고 있지 않다면 어찌하여 고객과 경쟁자들이 그 은행을 믿을 것인가? 그렇다 하더라도 그런 자신은 적응성이 없을 수 있다.

Gladwell(2009)와 Mlodinov(2008)은 심리학자 Ellen Langer의 연구와 우리들의 사건 통제에 대한 바람을 논하였다. Langer는 우리의 무엇이든 할 수 있다는 느낌의 필요성이 우리의 불규칙한 사건의 인식을 흐리게 한다고 하였다. 한 실험에서(Langer, 1975) 피험자들이 경쟁상대와 내기를 한다. 경쟁상대는 "말쑥한 신사"와 "멍청이" 둘 중 하나로 조정되었다. 피험자들은 그 게임이 순수한 우연의 게임이고 다른 조건을 바꾸지 않았음에도 불구하고 멍청이에게 더 공격적으로 내기를 걸었다. 피험자들은 짐작컨대 두 경우에 확률이 같음에도 불구하고 자신감 있는 상대에게 보다 초조해 하고 서투른 상대에게 더 자신감을 가지며 확신에 찬 내기를 하게 한다.

또 다른 실험에서 Langer & Roth(1975)의 Yale대 재학생들에게 30번의 무작위 동전 던지기의 결과를 예측하게 하였다. 사후에 물었을 때 학생들은 무작위 동전 던지기 예측하기가 마치 연습을 통해 향상될 수 있는 기술(技術; skill)인 것처럼 행동하였다. 초기에 연승이 나타나도록(그렇지만 전반적으로는 그때의 반은 올바르게 짐작되도록) 던지기가 조정된 피험자들은 모든 피험자들이 그때의 반이 옳았음에도 불구하고 다른 사람들보다 그들이 더 잘 짐작하였다고 스스로에게 더 좋은 점수를 주었다.

과신(過信; overconfidence)은 자신감이 성공에 필요한 것이기 때문에 위험관리의 모두에서 가장 기본적이고 어려운 문제일 수도 있지만 과신이 재난(災難; disaster)으로 이끌 수 있다. 이 상황은 과거 나쁜 사건을 잊어버리는 인간의 자연적 경향에 의하여 더욱 나빠진다. 그것은 바로 인간의 마음의 부분일지도 모른다. 과거의 손실이 영원히 괴로운 일로 남는다면 살아남기 어려울 것이다.

우리는 과신을 피하기 위한 확실한 방법을 모른다. 아마도 Gladwell(2009)의 가장 통찰력 있는 부분이 마무리 짓는 단락에 있는데 여기서 그는 Cayne의 브리지(bridge) 게임의 전문 기술과 Bear Stearns에서의 일들을 비교하였다(p.7). 이 논의는 빈도형 대 믿음형 확률의 차이를 기억하게 한다. 브리지는 우연의 게임, 대수(大數; large number)의 법칙을 적용할 수 있는 고정되고 변하지 않는 규칙을 가진 반복되는 게임이다. 우리는 브리지 게임을 하는 사람처럼 순간적으로 지나치게 자신할 수 있지만 반복되는 게임은 우리로 하여금 돌아와 근본적인 확률을 상기하도록 하게 한다. 그에 반해서 현실세계는 반복되는 게임이 아니며 때로는 기대하지 않던 일이 일어난다. 더욱 중요한 것은 기대하지 않던 일은 자주 일어나지 않기 때문에 자연이 그러리라는 것을 우리에게 상기시켜주기 전에 장기간 과신하게 된다.

6) 운(運; luck)

운은 삶의 돌이킬 수 없는 우연함(irreducible chanciness)이다. 운은 통제될 수는 없지만 관리될 수는 있다.

"운"과 "위험"에 어떤 차이가 있을까? 위험은 미래 결과의 불확실성과 그들 결과의 이득 및 비용의 상호작용이다. 위험은 연구될 수 있고 조정될 수 있다. 운은 삶의 돌이킬 수 없는 우연함 – 있을 수 있는 미래 결과에 관하여 할 수 있는 모든 것을 알게 된 뒤에도 그리고 현재의 조건과 드러난 것이 미래 결과를 바꿀 가능성이 얼마인지를 이해한 뒤에도, 현재의 조건과 행동을 최적의 통제 비용 및 이득으로 조정한 뒤에도 남아 있는 우연함이다. 어떤 일들은 운에 의하여 정해지며 운을 전적으로 통제하려 하는 것은 바보의 심부름이다.

철학자 Rescher(2001)가 이를 잘 말해 준다. 즉

> 운의 합리적 길들이기는 우리가 아주 한정된 범위 안에서만 달성할 수 있는 "원하는 것(desideratum)"이다. 이 점에 있어 17세기 우연의 철학자들은 분명히 지나치게 낙관적이었다. 확률이론은 미리 지정된 정식 구조와 함께 도박에

관해서는 좋은 안내역이지만 삶의 더 큰 가변성 중에서는 안내역으로 그 용도가 제한된다. 고정된 규칙, 측정과 계산의 합리적 원칙에 잘 따르는 운을 만들 수 있는 범위를 급격하게 제한하는 일 즉, 고정된 규칙에 의하여 우리가 삶을 효과적으로 살아가지 않고 살아갈 수 없기 때문에 삶과 우연의 게임과의 유사성에는 한계가 있다(pp.138-139).

Rescher의 요점은 운이 관리되는 것이지 통제되는 것이 아니라는 것이다. 위험을 감수하느냐-즉 불가피하고 인간 조건의 부분이냐가 아니라 운을 적절하게 관리하고 그 공산(公算; odds)을 우리 편에 있게 하느냐가 문제라는 것이다.

요컨대 불규칙성과 운은 이 세상의 부분이다. 그리고 불규칙성은 알아차리고 이해하기 어렵다는 것이다. 포트폴리오 매니저, 무역 전략 및 회사의 성공 또는 실패는 불규칙성과 운에 의존하며 우리는 그 불규칙성과 운을 알아차리고 더불어 살며 관리할 필요가 있다.

3 결정과정, 합리성 및 자연적 위험요소에 대한 적응[9]

극심한 자연의 사건들에 의하여 생기는 괴로움과 혼란이 우리들로 하여금 경영자가 자연적 위험요소들에 어떻게 대응할지 결정하는 의사결정 과정을 이해하고 향상시키는데 관심을 갖게 하여 주었다. 위험요소들에 대처하는 문제에 대한 기술적(技術的; technological) 해답이 옳은지 여부는 이득과 비용의 계산에 의하여 정해진다. 그러나 기술적 해답은 그 해답이 어떻게 의사결정에 영향을 줄 것인가에 관한 지식이 없이 그것만으로는 부족하다는 것이 분명해졌다. 필리핀의 홍수나 일본의 쓰나미, 노르웨이의 산사태에 대한 대응 과정을 결정할 때 자연을 관리하고 정부의 정책을 수립하는 일이 심리적, 경제적 및 환경적 요인들 간의 상호작용을 보다 잘 이해함이 없이 성공할 수 없을 것이다.

여기서 적응이란 자연의 위험요소에 대처하기 위하여 경영자들이 사용할

---

9) Slovic, Kunreuther & White(2000) 참고.

수 있는 많은 행동 방책(行動方策; courses of action)을 말한다. 예를 들어 홍수의 경우 잠재적 적응에 손실부담, 보험, 땅 높이기, (댐과 같은) 골조공사 및 공공구호(公共救護; public relief) 등이 포함된다.

관리자들은 합리적이라고 국공립기관(國公立機關; public agencies)이 규정한 같은 결정기준들을 따른다고 가정함으로써 위험요소들을 줄이기 위한 정부 프로그램들이 자주 구체화에 실패하였다는 추정에 기반을 두어왔다. 이들 실패가 위험구역 거주자들의 무지와 불합리의 탓으로 돌려져 왔지만 근간의 연구가 위험요소에 대한 대응이 이해할 수 있고 전통적인 최적화 모델들과 다른 의사결정 모델의 틀(framework) 안에서 합리적일 수 있다는 것을 보여준다. 그런 모델이 한정된 합리성(bounded rationality) 모델인데 이 한정된 합리성은 의사결정자의 지각 및 인지능력의 한계를 고려한다. 의사결정 과정의 향상된 이해가 시급하게 되었으며 공공정책의 체계적 향상의 핵심이 되었다. 인간이 자연과정에 더 개입하고 그에 의하여 자연과정의 변화성과 불확실성으로부터의 재해와 친해질 때 그런 향상은 점점 더 중요하게 된다.

여기서 우리는 현대 기술사회에서의 자연 위험요소들에의 적응을 이해하기 위해 위험 하 의사결정의 인지적 요소들을 알아둘 필요가 있음을 알게 된다.

1) 위험 하 의사결정 이론

(1) 기대가치의 극대화[10)]

결정이론의 목적은 위험과 불확실성의 조건 하에서 현명한 결정을 내리기 위한 근거를 마련하는 것이다. 이 이론은 의사결정자 자신의 목표, 기대 및 가치에 가장 잘 맞는 행동 방침을 처방하여주는 것과 관련이 있다.

위험 하 결정은 귀결행렬(歸結行列, payoff matrix)에 의하여 표현할 수 있는데 세로에 결정하는 사람이 선택할 수 있는 행동 대안들을 가로에 있을 수 있는 자연의 상태를 나타낸다. 예컨대 비가 오는지 개는지 라는 자연의 상태와 우산을 가지고 외출할지 안 가지고 나갈지 라는 결정이라는 행동 대

10) 강성안(2013), pp.41-43, pp.484-528 참고.

안을 행렬로 표시하면 다음과 같다.

자연의 상태

행동 대안	갬	비 옴
우산지참 외출	비 안 맞고 우산 짐	비 안 맞고 우산 짐 됨
우산 없이 외출	비 안 맞고 짐 없음	비 맞고 우산 짐 안 됨

어떤 만일의 사태에서도 최상의 결과를 만들어내는 결정을 내린다는 것은 불가능하므로 결정이론은 선택 대안을 노름으로 보고 "최선의 내기"에 걸려고 노력한다. 즉 내기의 기대가치를 극대화하는 결정을 내리려 한다. 위의 날씨와 우산과 관련된 귀결행렬 표에서 보면 비 안 오는 날 우산 없이 외출하는 것이 최선의, 다른 말로 최고의 기대가치를 가진 그리고 비오는 날 우산 없이 외출하는 것이 최악의, 최하의 기대가치를 가진 결정임을 알 수 있다.

기대가치는 확률과 선호가 결합되어 기대 효용으로 발전되면서 기대가치의 극대화는 기대효용의 극대화로 발전된다. 기대효용의 극대화는 짐작컨대 어느 합리적인 사람도 받아들일 공리적(公理的; axiomatic) 원칙에서 연역(演繹; deduce)되었기 때문에 현명한 행동을 위한 지침(指針; guideline)으로 큰 도움을 준다. 그런 원칙 하나가 이행성(移行性; transitivity)의 원칙인데 이 원칙은 통상 결과에 정의되지만 행위와 확률에도 동등하게 잘 적용된다. 그것은 만일 의사결정자가 결과 A를 결과 B보다 선호하고 결과 B를 결과 C보다 선호한다면 그가 결과 C를 결과 A보다 선호하는 것은 불합리하다는 것이다. "나는 당신에게 C를 주겠소. 이제 10원을 위해 C를 갖고 당신에게 B를 주겠소."라고 그에게 말할 수 있다. 그가 C보다 B를 선호하므로 그는 받아들인다. 다음에 당신이 또 십 원을 위해 B를 A로 바꾸자고 제안하면 그는 역시 받아들인다. 이 순환은 또 다른 10원을 위해 A를 C로 바꾸자고 제안함으로써 끝나며 그가 받아들이면 30원 손해를 보고 시작한 곳으로 돌아가 다른 라운드를 준비한다.

두 번째 중요한 합리성 원리는 확장된 당연지사 원칙(extended sure-thing principle)이다. 이는 만일 결과 X_i가 두 위험한 행동에 대해 같은 것이라면 X_i의 가치는 이 두 옵션(option) 간의 선택에서 무시되어야 한다. 다른 말로 하면 우리의 선택에 영향 받지 않는 결과는 우리의 선택에 영향을 주어서는 안 된다는 것이다.

이들 두 원칙이 전문적 중요성이 있는 다른 몇 개의 원칙과 결합하여 이른바 현명한 의사결정자는 기대효용이 제일 큰 행위를 선택한다는 보다 강력한 결론을 시사한다. 이와 다르게 행동하는 것은 하나나 그 이상의 합리성 원리를 위반하는 것이 된다.

응용 결정이론은 합리적 의사결정자가 결과에 대한 그의 기본적 선호 및 이들 결과가 걸려있는 사건의 공산(公算; likelihood)에 관한 그의 느낌과 논리적으로 일치되는 행위를 선택하기를 원한다고 전제한다. 이 전제를 조건으로 했을 때 현실적 문제는 대안들 열거하기 그리고 각 대안에 대한 주관적 기대효용이 계산될 수 있도록 결과들의 주관적 가치 및 그것들의 공산을 척도화하기 둘 중 하나가 된다. 응용에서의 또 다른 문제는 이론적으로 있을 수 있는 대안들의 범위가 상당히 크다는 사실에서 일어난다. 우산을 지니는 일에 더하여 앞에서의 예에서 위험이 따르는 여행자가 비옷(raincoat) 갖고 가기, 차 타기, 비가 멈출 때까지 기다리기 등등의 옵션을 가질 수도 있다. 그러나 결과들은 위의 단순한 예와 달리 상당히 복잡하다. 예를 들면 댐(dam) 건설의 결과는 홍수 가능성에 주는 효과, 수력발전, 레크리에이션(recreation), 지역 생태를 포함하여 대안들의 범위가 넓다는 것을 알게 하여 준다.

(2) 기술적(記述的; descriptive) 결정이론 및 한정된 합리성

위에서 기술된 극대화 이론은 주로 규범적 관심에서 자라났지만 많은 논쟁과 실증적 연구는 이 이론이 실제 의사결정자에 동기를 부여하는 목표 및 그들이 결정을 내릴 때 채용하는 과정 둘 다를 기술할 수 있는지 여부에 집중되어 왔다. 기술적 이론으로서의 효용 극대화의 선도적 비판은 Simon (1959, p.272)이 하였는데 그는 다음과 같이 관찰하였다.

> 고전적 이론은 사람이 고정된 그리고 알려진 대안들 중에서 선택한다는 이론인데 그 대안들 각각에는 알려진 결과(結果; consequences)가 포함되어 있

다. 그러나 지각(知覺; perception)과 인식(認識; cognition)이 의사결정자와 그의 실재 환경 사이에 개입하였을 때 이 모델은 더 이상 적절하지 않음이 증명된다. 우리는 대안들이 주어지는 것이 아니고 찾아져야만 한다는 것을 인정하는 선택과정의 기술(記述; description) 그리고 각각의 대안에 어떤 결과가 뒤따를 것인지를 결정하는 고된 과제를 고려하는 기술이 필요하다.

극대화 가설의 대안으로 Simon은 한정된 합리성 이론을 내놓았는데 이 이론은 의사결정자의 인지한계(認知限界; cognitive limitation)가 세상이 그것을 다루기 위하여 세상의 단순화된 모델을 만들어내게 한다고 강조한다. 한정된 합리성의 핵심 원칙은 "만족 조건 최소화(satisficing)"[11]인데 이에 의하면 유기체는 최고는 아닐지라도 일부 만족한 성취 수준을 이루기 위하여 투쟁한다. Simon(1956)은 아무리 유기체의 행동이 학습 및 선택 상황에 적응한다 할지라도 이 적응성은 경제학 이론에서 상정(想定; postulate)하는 "극대화"의 이상(理想; ideal)에는 훨씬 못 미친다고 추측한다. 분명히 유기체는 "만족 조건 최소화"에 충분하리만큼 잘 적응하지만 그들은 일반적으로 최적화를 못한다(p.129).

Cyert & March(1963)이 제안한 "회사행동이론(behavioral theory of the firm)"은 사업조직에서의 한정된 합리성의 작용을 설명하였다. Cyert와 March는 회사에서의 의사결정을 이해하기 위하여 우리는 여러 가지 목표가 있다는 것을 인정해야 하고 우리는 이들 목표의 전개, 회사가 그것들을 충족시키기 위한 행동방식 및 불확실성의 감축을 위하여 회사가 채용하는 절차를 이해해야 한다고 주장한다. 그들은 또한 그것들이 가능할 때마다 고정된 결정규칙(표준 운용절차)을 따름으로써 그리고 (너무나 불확실한) 미래를 예측하려하기 보다는 오히려 단기간의 피드백에 반응함으로써 어떻게 불확실성을 피하는지를 기술하였다. 회사는 공급자, 경쟁자 및 고객과의 은연중의 그리고 노골적인 합의를 협상함으로써 다른 사람에게 의존함에서 오는 불확실성을 피한다. 회사의 새로운 대안 찾기는 하나나 그 이상의 목표 충족의 실패에 의하여 방아쇠가 당겨진다. 그러므로 위기가 자주 시정조치의 원동력이 된다. Cyert와 March는 이 단기 행동이 환경의 복잡성과 의사

11) 강성안(2013), pp.690-694.

결정자의 인지 한계의 조건하에서 적응성이 있다고 주장한다.

Simon 및 Cyert와 March가 그들의 아이디어를 개발하였던 거의 같은 시기에 Lindblom(1964)은 그의 정부 정책입안 분석을 기반으로 유사한 결론에 도달하였다. Lindblom은 행정관들이 모든 중요한 요인들을 모두 고려하는 그리고 그 요인들의 상대적 장점과 결점을 그가 "연속적 한정 비교법(the method of successive limited comparisons)"이라고 부르는 것을 채용하여 철저하게 저울질하는 어려운 일을 피한다고 주장한다. 이 방법은 이미 시행되고 있는 정책과 비교적 작은 정도의 차이가 있는 정책만을 비교하여 결정을 과감하게 단순화한다. 그러므로 대안과 그 결과에 대해 기본적 조사를 취할 필요가 없으며 단지 현재 상태와 제안된 대안과 그 결과가 다른 점만 조사할 필요가 있을 뿐이다. 한 예로서 Lindblom은 미국에서의 주요 정당간의 유사성을 예로 들었다. 그 정당들은 기본적인 것에서는 합의하고 단지 몇몇 작은 차이점을 제안한다. Lindblom은 이 보수적 방법을 그럭저럭 넘기기(muddling through)라고 칭하고 그가 그것의 사용이 좋은 정책을 간과하게 하는 또는 더 나쁘게 말하면 진술조차 못하게 하는 원인이 된다고 시인하지만 그것이 효율적이고 효과적이라고 옹호한다.

Cyert와 March의 사업 회사들이 단기 피드백을 기반으로 행동하고 반응하는 것처럼 Lindblom의 정책입안자는 정책 이동(政策移動; policy moves) 결과의 예측 과오를 피할 수 없음을 인정한다. 그는 그래서 예상되는 목표를 달성하기보다는 부정적으로 인식된 상황을 바로잡는 쪽으로 방향이 잡혀진 작은 변화를 유지하려고 한다. 즉

> 그의 결정은 하나의 단계, 성공적이면 또 다른 단계가 뒤따르는 것일 뿐이다. 실제로 그는 앞으로 나아가는 각 단계로 넘어가면서 바로 앞의 예측을 검사할 수 있을 뿐이다. 마지막으로 그는 빨리-정책이 시간에서 넓게 떨어진 뚜렷한 단계로 진행되었다면 더 빨리 과거의 과오를 바로잡을 수 있다(Lindblom, 1964, p.166).

(3) 두 이론의 비교

비록 효용이론이 기본적으로 목적에 있어 규범적이고 한정된 합리성은 기술적(記述的; descriptive) 성격을 가지고 있지만 이 차이는 분명하지 않다. 효용이론이 어떻게 결정이 실제로 내려지는지 기술하기 위한 상당한 타당성을 가지고 있다고 주장하는 사람들이 있고 뒤에서 보는 것처럼 한정된 합리성도 규범적 뿐만 아니라 기술적 함의(含意; implications)도 가지고 있다. 효용이론은 확률, 귀결(歸結; payoffs) 및 이들 요인의 결합인 기대(期待; expectation)와 관련이 있다. 한 결과의 가치를 다른 결과의 가치와 비교하려면 바로 둘을 공통된 효용척도로 나타내야 한다. 반면에 한정된 합리성이론은 의사결정자가 확률적으로 생각하지 않는다고 그리고 불확실성에 직접 대면하는 것을 피하려고 한다고 상정(想定; postulate)한다. 마찬가지로 그들은 효용평가와 비교가 잘 안되는 특성 비교를 피하려 한다. 의사결정자의 목표는 최대의 결과보다는 만족하는 결과를 달성하는 것이라고 전제한다. 그가 지각 및 지능의 한계로 제한 받기 때문에 한정적으로 합리적인 의사결정자는 만족스러운 결과를 낳지 않는 계획을 수정하고 실패할 때까지 그런 결과를 낳는 계획들을 유지하면서 시행착오(試行錯誤; trial and error)에 의하여 나아갈 수밖에 없다.

(4) 한정된 합리성과 자연재해에의 적응

자연재해에의 적응이라는 맥락에서 몇몇 증거를 예로 들어 한정된 합리성의 연구실적을 살펴보기로 한다.

한정된 대안의 범위

자원관리자가 결정을 내리기위해 폭 넓은 범위의 대안을 사용하지 못한다는 것은 분명하다(White, 1961, 1964, 1970). 지역 규제나 문화적 전통 때문에 일부 대안이 고려에서 제외되며 인식(認識; awareness)의 부족으로 다른 것들이 제외되기도 한다, 예를 들어 홍수피해 감축에 관한 초기 개인적 및 공적 결정을 보면 미국에서의 홍수지대에 대한 전통적 선택이 단순히 손해를 부담하는 것이었거나 홍수방지를 위해 정부가 엔지니어링(engineering)

작업을 하도록 장려하는 것 정도라는 것을 알 수 있다. 건축에서의 구조변경과 토지사용변경과 같은 적응이 최근까지 비교적 적은 매니저들에 의하여 시행되었으며 특히 공적 행위에서 무시되었다.

위험의 오인(誤認; misperception) 및 불확실성의 부인

자연재해의 위험이 잘못 판단된다는 것을 보여주는 많은 데이터가 있다. 예를 들면 Burton & Kates(1964)는 기술 전문가가 내린 재해의 추정이 자주 동의를 받지 못한다고 지적하였다.

자원 사용자에 의한 재해의 오해의 예는 Kates(1962)에 의하여 홍수인지에 대한 폭넓은 연구에 의하여 발견되었는데 그는 홍수발생의 상세한 기록을 구할 수 있는 장소에 살고 있는 사람들과 면담하였다. 그의 주요 발견은 이들 범람원(汎濫原; floodplain) 거주자들이 그 재해를 확률론적 틀에서 해석하지 못 하는데서 오는 어려움과 관련이 있다. 먼저 홍수가 난 장소에서 반복되는 홍수의 가능성을 완전히 무시하지 않는 기술 담당자와 달리 범람원 거주자 216명 중 84는 그들이 장래에 홍수를 맞을 것이라고 기대하지 않는다고 말하였다.

거주자의 견해에 대한 면밀한 조사를 통하여 불확실성 해소를 위한 체계적 메커니즘(mechanisms)의 몇몇 예를 찾아 볼 수 있다. 이들 중 가장 공통적인 것이 홍수를 반복적 그리고 순환적인 현상으로 보는 것이다. 이 현상을 통해 재해가 불규칙적으로 발생함에도 불구하고 역사에 의해 그 자체가 규칙적 간격으로 반복하는 것으로 볼 수 있게 되었다(Burton & Kates, 1964). 또 다른 공통적 견해는 평균법칙 접근법인데 이는 한 해의 심한 홍수의 발생이 다음 해에 홍수가 날 가능성을 없앤다는 것이다. 이와 같이 여러 방식으로 홍수 발생을 부정함으로써 불확실성을 줄인다. 어떤 이는 새로운 보호 장치가 그들을 100% 안전하게 하여 준다고 생각하였다. 다른 사람들은 먼저의 홍수들을 일어날 가능성이 없는 환경들의 아주 기이한 조합의 탓으로 돌린다. 아직도 일부는 홍수를 높은 수위로 보면서 과거의 사건이 홍수라는 것을 부인한다. 또 다른 메커니즘은 자연현상의 결정능력(決定能力; determinability)을 부정하는 것이다. 이들 사람들에게 모든 것은 더 높은 힘(신 또는 정부)의 손안에 있다. 따라서 그들은 불확실성을 다루는 문제로 고생하려 하지 않는다.

위기의 방향(crisis orientation)

Cyert & March의 사업회사와 Lindblom의 정책 분석가들이 자극제로 불행이 따르는 직접적 경험이 필요하듯이 자원 매니저들도 그러하다. 국가적 재앙이 국가적 대응을 지속적으로 요구하게 이끌어 왔고 입법과정의 시기선택이 파괴적 홍수의 속도(tempo)에 의하여 설정되어 왔다(White, 1945, p.24). Burton & Kates(1964)는 광범위한 정치 및 계획에서의 의식적 및 합리적 시도로 보존운동(保存運動; conservation movement)이 모습을 들어냈음에도 불구하고 대부분의 정책변화가 재앙적 국가재해에 의하여 생긴 위기로 일어났다고 지적하였다. 범람원 거주자들과의 면담 후 Kates(1962)는 주요 정책변화는 경험이 감옥이 아니라 오히려 선생이어 왔다는 반복된 경험에 의하여 정교한 적응이 진화되어 온 지역에서만 있었다고 결론지었다. 그는 "홍수는 크기에서만이 아니라 빈도에 있어서도 경험을 필요로 한다. 반복된 경험 없이 매니저들이 홍수에 대처하는 비상조치를 진전시키기는 어렵다."라고 추가하였다(Kates, 1962, p.140).

개별적 대 집합적 관리

회사나 지역사회 조직과 같은 개인이나 그룹을 모두 포용하는 일반화가 솔깃하기는 하지만 이에 대한 증거는 그리 많지 않다. 상황적 요인들은 변한다. 그리고 정보를 취급하는 방법은 회사 기억과 조직화된 분석을 가진 구릅을 위한 정보취급법과 개인을 위한 취급법이 다를 수도 있다. 그럼에도 불구하고 사업회사, 정치적 정책 입안자의 행동, 스트레스(stress)를 받고 있는 조직의 대응 및 자신들의 환경에서의 재난에 관련된 개인들의 행동 등의 한정된 합리성 간에는 많은 유사점이 있는 것 같다. 특히 이들 모든 환경에서의 의사결정자들은 대안들을 제대로 분간하지 못하는 것 같다. 즉 그들은 확률적 사건을 오인하고 불확실성을 줄이기 위하여 수많은 핑계를 만들어내며 그것을 다루기를 회피하려는 경향이 있다. 마지막으로 단기적 위기 지향의 접근법으로 적응하려 한다.

2) 심리학적 연구: 한정된 합리성의 추가 증거

사업, 정책입안 및 자연재해에의 적응의 맥락에서의 한정된 합리성 이론의 증거를 되새겨 보았다. 이 과정에서 증거의 대부분은 사실상 일화적(逸話的; anecdotal)이었으며 행동의 면밀한 관찰과 자연적 배경에서의 면담에서 나왔다. 이런 형태의 분석이 현실성과 관련성에 장점이 있기는 하지만 준엄함이 부족하다. 더욱이 재해적응에 있어서의 한정된 합리성에 대한 증거의 대부분이 범람원 주민의 연구에서 왔고 이들 결론의 대다수가 충분하게 입증되지 못하였다. (산이나/눈)사태(avalanches), 가뭄, 지진, 서리(frost), 눈, 열대폭풍(熱帶暴風; tropical storms), 화산 및 바람(winds)에 관한 추가적 증거의 상세분석이 진행될 때 현장으로부터의 증거가 어떻게 실험실에서의 증거와 비교될 수 있는지 물어보는 것이 도움이 된다. 이 질문은 사람이 자연에서의 위험이 따르는 조건에 이르는 복잡한 과정을 이해하는데 매우 중요하며 이 질문에는 더 넓은 함의(含意; implication)가 들어 있다. 이 질문을 통해 자연재해의 경험으로부터 다른 행동부문을 어느 정도 추론할 수 있는지 알 수 있다. 비교할 수 있는 증거가 실험실 및 현장 조사연구로부터 얻어진다면 두 노력 모두 향상될 것이다.

사람의 정보처리 한계가 재해적응과 관계가 있을 수도 있으므로 그 한계와 관련이 있는 증거를 위해 과거 심리학 문헌을 조사하여 보았다. Burton & Kates(1964)는 실험실의 인위적 꾸밈이 단지 결정 전략과 확률의 인식에 제한된 통찰만을 제공하는 것처럼 보인다고 주장하였지만 많은 과거 실험실 연구의 결과가 지리학자의 현장 연구에서의 지리학적 관찰과 잘 맞아 떨어졌으며 이들 연구가 한정된 합리성을 더 완전하게 이해하는데 도움을 주었다고 믿어진다.

(1) 확률정보 처리의 연구들

소풍을 계획해 본 사람은 누구나 이해하는 것처럼 자연이 불확실함을 전형적으로 보여준다. 훨씬 긴 기간을 계획해야 할 필요가 있는 자연재해의 불확실성이 더 심각하다. 예를 들면 도시 지역에서의 통상적인 해로운 홍수는 50에서 100년의 되풀이 간격이 있으며 대홍수는 덜 빈번하다.

자연재해에의 효율적 적응은 자연적 사건의 확률적 특성의 이해와 확률적 조건에서 생각하는 능력을 요구한다. 일반적인 의사결정에 대한 확률적 추리의 중요성 때문에 많은 과거 실험적 노력은 어떻게 사람들이 불확실한 사건을 인식하며, 처리하고, 평가하는지 이해하기에 바쳐왔다. 불확실성의 심리에 관한 체계적 이론의 실증적 일반화가 확립되어 왔다. 어쩌면 가장 널리 퍼진 결론은 사람들이 불확실한 사건의 공산(公算; likelihood)을 판단함에 있어 확률이론을 따르지 않는다는 것이다. 정말로 주관적 확률의 왜곡(歪曲; distortions)은 크고 일관되고 제거하기 어렵다. 확률추정을 위한 올바른 규칙을 적용하는 대신에 사람들은 확률의 법칙을 직관적인 체험직감해법(體驗直感解法; heuristic)으로 대체한다. 이것들이 때때로 좋은 추정을 생산하지만 모두가 너무 자주 큰 체계적 편향(偏向; biases)을 만들어낸다. 이들 발견을 조건으로 개인들이 자연재해를 확률적 사건으로 다루기를 거부한다는 Kates의 관찰은 놀라운 일이 아니다. 그렇게 하지 않는 것이 인간의 인지능력을 넘어서는 것일지 모른다.

작은 수의 법칙(the law of small numbers)

일연의 주관적 확률연구가 Tversky & Kahneman(1971)에 의하여 보고되었는데 그들은 심리학자들이 자신들의 과학적 실험을 계획할 때 내리는 결정의 종류를 분석하였다. 폭넓은 정식 통계학 훈련에도 불구하고 심리학자들은 보통 얼마나 큰 데이터의 표본을 모을지 또는 그들이 실험결과가 믿을 수 있는지를 확실히 하기 위하여 실험을 반복할지 여부에 관한 그들의 결정을 내릴 때 자신들의 교육된 직관에 의지한다.

얼마간의 심리학자에게 그의 연구관행에 관하여 질문한 후 그리고 심리학 학술지에 보고된 실험설계를 살펴본 후 Tversky와 Kahneman은 작은 데이터 표본에 내재하는 오류와 불신의 양에 관하여 이들 과학자가 심각하게 부정확한 생각을 가지고 있다고 결론 내렸다. 그들은 첫째 특정한 심리학자가 그가 입수한 결과가 정확하지 않을 가능성이 불합리하게 높음을 알아차리지 못하고 그의 연구가설을 작은 표본에 걸었으며, 둘째로 맨 처음 몇 안 되는 데이터 포인트로부터의 그리고 관찰된 데이터패턴의 안정성에서의 초기 경향에 지나친 자신을 가지고 있었다. 게다가 그들은 통계적으로 유의미한 결과의 반복가능성에 관하여 불합리하게 높은 기대를 가지고 있었다. 마지막으로 그들은 어떤 차이(差異; discrepancy)에 대해서도 인과관계의 설명을 찾아냈으므로 그들은 그들의 기대에서 나온 결과의 편차가 표본추출 변동성(變動性; variability)에서 왔다고 생각하지 않았다.

Tversky와 Kahneman은 사람들의 직관이 “작은 수(mall numbers)의 법칙”을 충족한다고 주장함으로써 이 결과를 요약하였는데 이 법칙은 “대수(大數; large numbers)의 법칙”이 큰 표본뿐만 아니라 작은 표본에도 적용된다는 것을 의미한다. “대수의 법칙”은 아주 큰 표본이 그들이 추출된 모집단을 잘 대표할 것이라고 말한다. 이 연구에서의 과학자들은 작은 표본도 역시 모집단을 잘 대표한다고 기대하였다. 과학자가 논리학이나 확률이론을 알고 있다는 것이 그 과학자를 이들 인지 편향에 덜 민감하게 만들어주지 않았으므로 Tversky와 Kahneman은 유일한 효과적 예방책은 실험을 설계하고 데이터를 평가하기 위하여 직관보다는 정식 통계절차를 사용하는 것이라고 결론 내렸다. 사람들이 데이터의 표본에서 추론을 끌어낼 때 언제나 경솔하지는 않다. 무언가 다른 환경 하에서 그들은 상당히 보수적이 된다(Edward, 1968).

관련된 연구에서 이번에는 Stanford University 재학생을 피험자로 사용하여 Kahneman & Tversky(1972)는 이들 피험자 중 많은 사람이 표본추출의 기본원칙 즉, 표본에서의 오류가 표본의 크기가 커질수록 적어진다는 개념을 이해하지 못하였다. 설명을 위해 이 연구에서 사용된 질문 중 하나를 생각해보자.

어느 한 마을에 두 병원이 있었다. 큰 병원에서는 매일 약 45명의 애가 태어나며 작은 병원에서는 약 15명이 매일 탄생한다. 알고 있는 것처럼 모드 아이들의 약 50%가 남자 아이이다. 정확한 남자아이의 %는 매일 하루하루 변한다. 어느 때는 50%보다 높고 어느 때는 낮다.

일 년의 기간 동안 각 병원은 탄생한 아이들의 60% 이상인 날을 기록하였다. 어느 병원이 더 많이 그런 날을 기록했다고 생각하나?

하나를 체크하시오:

- 큰 병원
- 작은 병원

• 거의 같다.

피험자의 약 24%가 첫째 답을 택했으며 20%가 둘째 답을 택했고 56%가 셋째 답을 선택했다. 올바른 답은 물론 작은 병원이다. 모집단에서의 50%에서 10% 이상의 편차는 표본 크기가 작을 때 클 가능성이 높다.

이것들과 다른 결과로부터 Kahneman & Tversky(1972, pp.444-445)는 표본추출 분산이 표본 크기에 비율에서 감소한다는 개념은 분명히 사람의 직관에서 온 것이 아니다. 사람을 합리적인 직관적 통계전문가로 보기를 원하는 누구에게도 이런 결과는 실망스럽다.

자연재해에의 적응에 대한 이 연구의 함의(含意; implications)는 무엇일까? 우리는 제해의 정도에 관한 추론을 끌어낼 목적을 위한 데이터 수집을 담당한 사람들이 그들의 직관을 억제하기 위하여 정식 통계절차를 채택하지 않으면 연구 심리학자들이 한 것처럼 작은 표본을 근거로 지나치게 일반화하는 오류를 범하게 된다. 극단적 자연사건의 반복간격에 관심이 있는 과학자들이 기록된 데이터의 짧은 기간을 한탄하지만 우리는 일단 계산이 되면 그것이 20년으로부터의 데이터를 근거로 하든 70년으로부터의 데이터를 근거로 하든 결과는 같은 신뢰도로 취급될 것이라고 의심한다. 터무니없이 작은 양의 증거를 근거로 한 지나친 일반화의 극적인 예를 Burton & Kates(1964)가 내놓았는데 그들은 1750년 London에서 있었던, 정확하게 음력으로 한 달(28일) 사이에 두 번째가 첫 번째보다 심하였던 두 지진의 발생이 이 어떻게 세 번째이고 더 심한 지진이 두 번째 이후 28일에 일어날 것이라고 예측하게 만들었는지를 기술한다. 전염성이 있는 공포가 그 도시에 퍼져나갔으며 그 도시는 거의 전적으로 피난을 떠나게 되었다.

불규칙성(不規則性; randomness)의 인식(認識; perception)

얼마간의 실험을 통해 사람들이 불규칙성을 별로 이해하지 못한다는 사실이 충분히 입증된다. 그들은 불규칙성을 보았을 때 그것을 알아보지 못하며 그들이 만들려 해도 그것을 만들어낼 수 없다(Chapanis, 1953; Cohen & Hansel, 1956; Jarvik, 1951). 그 마지막 결론은 Bakan(1960)에 의한 연구에서 설명되는데 여기서 피험자들은 일연의 연속된 동전던지기를 하게 된다. 피험자의 결과 순서는 진짜로 불규칙한 순서에서 기대되는 것보다 더 많이 번갈아 나타났다. 따라서 삼중(三重; triples)의 응답, HHH와 TTT는 기대된 것보다 덜 일어났다; 교호하는 순서, HHT, TTH, HTH 및 THT는 너무 자주 만들어졌다. Ross & Levy(1958)는 피험자들이 그들의 응답에서 나오리라고 기대되는 편향의 형태를 경고 받았을 때조차도 무작위로 행동할 수 없다는 것을 발견하였다. 앞면(H) 또는 연속된 앞면 뒤에 뒷면(T)이 또는 거꾸로 나올 가능성이 크다고 기대하는 경향은 흔한 결과이며 이것은 부정적 신근성(新近性; recency) 효과라고 알려져 있다. 사람들은 그것을 노름꾼의 착각(gambler's fallacy)이라고 부른다. 이 기초적 결과는 Kates(1962)가 인터뷰한 범람원의 일부 주민의 견해에서도 발견된다. 이들 개인은 홍수가 x년에 일어났다면 $x+1$년에 일어날 가능성은 적다고 믿는다.

(2) 상관관계와 인과관계의 판단

또 하나의 중요한 직관적 사고(思考; thinking)의 측면은 확률적으로 연관된 변수들의 쌍 간의 상관관계의 인식이다. 그런 변수 간의 상관관계는 비록 완전한 예측이 불가능할지 모르지만 한 개의 지식이 다른 것의 가치를 예측하는데 도움을 준다는 것을 말해 준다.

자신들이 착각상관(錯覺相關; illusory correlation)이라고 이름 붙인 현상을 연구한 Chapman & Chapman(1969)은 어떻게 우리의 확률관계의 사전(事前; prior) 기대가 한 개인으로 하여금 실제로 상관관계가 존재하지 않는 데이터에서의 관계를 인식하게 할 수 있는지를 보여주었다. 그들은 사전지식이 없는 피험자에게 사람모습의 그림을 보여주었다. 이들 그림 각각은 그 그림을 그렸다고 주장하는 환자의 성격에 관한 서술과 한 짝이 되었다. 그들은 대부분의 피험자들이 그들이 보리라고 기대한 것을 보았다고 알게 되었다는 것을 발견하였다. 실은 이 관계가 실험재료에서 빠져있음에도 불구하고 사전지식이 없는 피험자는 전문 임상의들이 임상실무에서의 관찰을 보고한 그림과 성격 간의 관계를 찾아냈다. 착각상관은 큰 눈을 가진 그림은 수상쩍은 사람이 그렸으며 근육질 모습은 자신의 남자다움을 염려하는 사람이 그린 것이라는 보통 갖는 기대와 일치한다.

두 Chapmans는 임상실무에서 관찰자가 스스로 같은 착각의 작용을 받는 동료 임상의의 보고서에 의하여 착각상관(illusory correlation)의 관찰이 강화된다는데 주목하였다. 전문가 간의 그런 합의가 불행하게도 자주 관찰의 진실에 대한 증거라고 과오를 범한다. 두 Chapmans는 임상의의 인지과제가 인간 지능의 능력을 넘어서는 것인지도 모른다고 결론 내렸다. 그들은 주관적 직관이 예측의 통계적 방법으로 대체되어야 한다고 말한다.

사람들이 확률적 환경에서 인과관계가 나타나는 정도를 잘못 인식하는 경향이 자연재해에 관한 결정을 위해 종요한 의미를 가진다. 예를 들면 Boyd et al.(1971)은 (인공강우용) 구름씨뿌리기(cloud seeding)에 의해 허리케인을 조정하는 결정 검토에서 씨 뿌려진 허리케인에서 관찰된 변화가 씨뿌리기뿐만 아니라 폭풍의 자연적 변동성의 결과에서도 나온다고 지적하였다. 허리케인이 격렬해지고, 방향을 바꾸며, 씨뿌리기 전 분명한 궤도에 없었던 지점에 재해가 생기는 것을 상상해보자. 일반국민이 씨뿌리기가 불행한 결과의 원인이라고 상정함으로써 이 불행한 결과와 씨뿌리기가 함께 발생한 것에 반응할까? 그들은 기상학자가 무책임하다는 결론을 내릴까? 위에서 기술된 연구는 그런 변화가 빈번하게 또는 훨씬 더 빈번하게 인간의 개입이 없이 발생한다 할지라도 구름-씨뿌리기 사업의 창시자는 허리케인에서의 어떤 불리한 변화에 대해 비난 받을 것이라고 강하게 시사한다. Boyd 등이 지적한대로 정부는 씨 뿌려진 허리케인으로 발생하는 피해에 대해 책임을 질 준비를 해야만 할 것이고 이 가능성은 허리케인 조절프로그램의 일반적 타당성에 관한 결정에서 신중하게 평가되어야만 한다. 이것은 일반국민을 나쁜 결과가 나쁜 결정과 일치되지 않도록 그런 환경에 포함된 불확실성에 대해 교육하는 것이 긴요할 상황이다.

유용성(有用性; availability)에 의한 확률의 판단

Tversky & Kahneman(1973a)은 사람들이 확률과 빈도를 몇몇 체험직감해법(體驗直感解法; heuristics)이나 정신전략(精神戰略; mental strategies)을 사용하여 추정하는데 이 해법이나 전략은 사람들이 이들 어려운 과업을 보다 단순하게 판단할 수 있도록 하여 준다고 제안하였다. 그런 체험직감해법 중 하나가 유용성을 사용하는 것인데 그것에 따르면 우리는 한 사건의 확률을 직접 연관된 사례(예: 11월에 눈)를 상상하기 얼마나 쉬운지에 또는 기억에서 손쉽게 다시 생각해낼 수 있는 그런 사례의 수가 많은지에 의하여 판단한다. 우리의 일상경험이 빈번한 사건의 사례가 덜 빈번한 사례보다 상기하기 더 쉽다고 그리고 가망이 있는 사건이 가망 없는 것보다 상상하기 더 쉽다고 우리를 가르쳐 왔다. 그래서 정신적 유용성이 자주 빈도와 확률의 사정(査定; assessment)을 위한 유효한 단서가 된다. 그러나 유효성도 새로움, 감정적 돌출 및 기타 미세한 요인들에 영향을 받는데 이것들은 실제 빈도와 관계가 없을 수도 있다. 만일 유용성 체험직감해법이 적용되면 사례의 유용성을 증가시키는 요인들은 상응해서 고려중인 사건의 인식된 빈도와 주관적 확률을 증가시켜야 한다. 그러므로 유용성 체험직감해법의 사용이 판단에서의 예측 가능한 체계적 편향(偏向; biases)이라는 결과를 가져온다.

예를 들면 영어책에서 (셋 또는 네 글자로 된) 한 단어를 표본 추출하는 예를 생각해보자. *k*로 시작하는 단어 또는 셋째 자리에 *k*가 있는 단어 중 어느 단어가 더 나올 가능성이 클까? 그런 질문에 대답하기 위하여 사람들은 자주 *k*로시작하는 단어(예, key)와 세 번째 자리에 *k*가 있는 단어(예, like)를 생각해보고 빈도 또는 두 형태의 단어 중 어느 쪽이 생각이 떠오르기 쉬운 지를 비교한다. 결과적으로 대다수의 사람들은 영어책에 세 번째 자리에 *k*가 들어있는 단어가 두 배나 많은데도 불구하고 전자가 더 가능성이 크다고 판단한다. 이 예와 많은 다른 예를 Tversky와 Kahneman은 널리 퍼져있는 유용성의 효과를 입증하기 위하여 제시하였다. 유용성의 개념은 어쩌면 우리의 자연재해 인식에서 일어날 가능성이 있는 왜곡(歪曲; distortion)을 이해하게 우리를 도와주는 가장 중요한 아이디어(idea) 중 하나이다. 예를 들어 Kates(1962, p.140)는

> 개선된 홍수 재해정보를 사용하는 인간의 능력에 주요 한계는 기본적으로 경험에 의존하는 것이다. 범람원 사람들은 그들의 경험의 심한 포로인 것 같다... 최근에 경험한 홍수가 매니저가 그들이 관심을 가져야 한다고 믿는 손실 크기의 상한을 설정하게 하는 것 같다.

라고 썼다. 더 나아가 Kates는 더 좋은 홍수통제를 달성하는데 있어서의 많은 어려움을 개인들이 일어난 일이 없는 홍수를 개념화하는 능력이 없는 탓

으로 돌렸다(p.92). 장래 홍수 가능성을 예측하는데 있어 개인들은 미래를 과거의 거울로 보면서 최근의 과거에 의하여 강하게 길들여지며 추정을 단순화된 생각으로 제한한다는 것을 관찰하였다(p.88). 이와 관련하여 흥미로운 것은 지진 보험의 구매가 한 번의 지진 후 날카롭게 증가하지만 그 이후 기억이 점점 잊어지면서 착실하게 줄어든다는 것이다(Steinberg, McClure, & Snow, 1969).

일부 재해는 본래적으로 다른 것에 비해 더 잘 기억될 수도 있다. 예를 들면 가뭄은 점진적으로 시작해서 점진적으로 끝났을 때 덜 기억될 것으로 기대되며 따라서 홍수보다 덜 정확하게 인식된다. Kirkby(1972)는 그녀의 Oxaca 농부 연구에서 이 가설에 대한 약간의 증거를 제시하였다. Kirkby는 역시 아주 두드러진 자연사건의 기억은 심각한 사건과 함께 시작하는데 이런 사건이 초기 사건들의 상기를 완전히 덮어버리고 마지막 포인트들의 눈금을 매기기 위한 고정점 역할을 한다는 것을 발견하였다. 마찬가지 결과를 Parra(1972)는 Yucatan 농부를 연구하면서 얻었다. Parra는 더 심한 가뭄이 뒤따랐다면 더 작은 가뭄의 인식은 모호해진다는 것을 발견하였다. 그는 역시 최근에 있었고 심각한 가뭄이 더 크게 인식된다는 것을 관찰하였다.

특히 자연재앙은 드믄 사건이다. 예를 들면 Holmes(1961)는 주요 홍수에 기인된 피해의 50%는 그 해에 그 장소에서의 홍수발생확률이 0.1보다 낮았던 홍수에 의하여 발생되었다는 것을 발견하였다. Skopje시는 518, 1555, 1963년에 지진으로 무너졌다. Peru, Yungay에서 25,000명의 생명을 앗아간 이류(泥流; mudflow)는 마찬가지로 100년과 10,000년 전 사이에 계곡을 휩쓸었다. 자연재해에 관한 적절한 의사결정은 분명하게 이들 드문 사건의 공산(公算; likelyhood)의 현실을 직시하는 올바른 인식을 필요로 하지만 그와 같은 인식은 정신적 유용성의 효과에 특히 민감할 공산이 크다. 예를 들어 상상의 용이함은 북미(北美; North America) 국립공원에서의 회색곰의 공격에 의한 상해(傷害; injury) 및 사망 위험에 대한 일반국민의 인식에서 중요한 역할을 한다. 이들 곰의 위험성에 대한 널리 퍼진 일반대중의 우려(憂慮; concern)의 관점에서 상해 율은 단지 200만 명의 방문객 중 하나이고 사망률은 훨씬 더 적다는 것은 정말로 놀라운 일이다(Herrero, 1970).

덤벼드는 곰의 발톱에 의한 죽음의 공격을 묘사하는 영화와 신문기사는 과장되는 반면에 일반대중의 수많은 좋은 경험은 알려지지 않는다.

유용성 가설은 – 최근의 참사(慘事; disaster) 또는 생생한 영화나 강연 같은 – 위험(危險; hazard)을 잘 기억에 남게 하거나 상상할 수 있게 하는 어떤 요인도 그 위험을 더 잘 인식하게 만든다는 것을 말해 준다. TVA (Tennessee Valley Authority)는 적어도 직관의 단계에서 명백하게 이것을 알아차렸다. Kates(1962)는 TVA가 잠재 홍수의 생생한 현실을 그대로 전하기 위하여 할 일을 하였다고 지적하였다. TVA는 쉽게 읽을 수 있도록 잠재 홍수를 지도에 표시하고 홍수의 높이를 친근한 빌딩의 사진위에 겹쳐서 보여주었다. 비슷한 맥락에서 "죽음을 기다리는 도시(The City that Waits to Die)"라는 영화는 다음에 있을 심각한 지진에서 일어날 어마어마한 죽음과 파괴를 묘사하였다. 이 영화는 그 도시의 새로운 고층건물의 건축을 방지하려는 한 구릅이 제작한 것이지만 최초에는 공개상영이 금지되었다. Kates가 지적한대로 위험 인식에 대한 그런 도표에 의한 보고의 효과를 조사하는 잘 설계된 연구들의 필요성이 커졌다. Kates의 지적 이후 십 년 그 필요는 충족되지 않은 채 남아있었다.

유용성에 대해 한 가지 더 지적해야 하겠다. 위험을 평가할 때 개인의 정신적 자세의 미묘한 변화가 그의 판단에 강한 영향을 미치는 이미지와 기억을 바꿀 공산이 있다. 예를 들면 크기가 주어진 홍수의 발생가능성을 평가하려는 분석가가 현재의 그것들과 비슷한 수문학적 조건(水文學的 條件; hydrologic conditions)을 상기함으로써 또는 먼젓번의 홍수를 상기함으로써 그렇게 할 수도 있다. 후자는 더 선명하게 정의되었기 때문에 기억되기 더 쉬운 반면에 수문학적 상태는 특징짓기 더 어려우며 따라서 상기하기 더 힘들다. 결과로 나온 확률추정은 분석가가 적용한 이들 두 세트 중 하나에 더 크게 의존할 공산이 더 크다. 질문의 형식도 중요할 수 있다. 다음 질문을 생각해보자.

1. 올 시즌에 홍수가 있을 공산은 얼마일까?
2. 현재의 수문학적 상태를 볼 때 올 시즌에 홍수가 있을 공산은 얼마일까?

첫 번째 질문은 홍수의 과거사례에 주목하고 있을 수도 있다. 반면에 후자는 분석가가 과거의 수문학적 조건에 관하여 생각하도록 할 수도 있다. 두 질문에 대한 대답은 상당히 다를 수도 있다.

불확실성의 수량화에서의 정착(定着; anchoring)과 조절(調節; adjustment)

인간이 어떻게 정보통합의 긴장(緊張; strain)을 완화시키는지를 기술하는데 유용한 것으로 보이는 또 다른 체험직감해법은 정착과 조절이라 불리는 과정이다. 이 과정에서 자연적 출발점이 판단의 최초 어림셈 – 말하자면 닻으로 사용된다. 이 닻은 추가 정보의 영향을 받아 조절된다. 대체로 이 조절은 추가정보의 중요성을 올바르게 평가하는데 실패한 조잡하고 애매한 것이다.

정착과 조절 체험직감해법의 적용은 사람들이 추정이나 예측에 관하여 어느 정도 불확실한지 눈금을 매기려고 할 때 생기는 흥미 있는 편향을 만들어낸다고 가정한다. 구체적으로 Alpert & Raiffa(1968)와 Tversky & Kahneman (1973b)에 의한 연구에서 피험자에게 다음과 같은 질문이 주어졌다.

> 1968년에 미국으로 수입된 외국 승용차는 얼마인가?
> - 당신이 진짜 답이 당신의 추정치를 넘어설 확률이 단지 1%라고 느끼는 그런 높은 추정치를 내라.
> - 당신이 진짜 답이 당신의 추정치의 밑이 될 확률이 단지 1%라고 느끼는 그런 낮은 추정치를 내라.

질문의 본질은 피험자는 그가 진짜 답이 그 구간 안에 들어갈 98%의 확률이 있다고 믿는 구간을 추정하라고 하는 것이다. 높은 그리고 낮은 추정치 사이의 간격은 질문에 있는 수량에 관한 그의 불확실성을 표현한 것이다. 이 단 하나의 추정치 쌍이 옳다 그르다 말할 수 없다. 그러나 만일 피험자가 많은 그런 추정치를 낸다면 또는 많은 사람들이 이 질문에 답한다면_ 주관적 확률이 편향되지 않았다면 우리는 높은 그리고 낮은 추정치 사이의 범위가 진실을 당시의 약 98% 포함한다고 기대해야만 한다. 그러나 Alpert와 Raiffa 및 Tversky와 Kahneman이 대체로 발견한 것은 그 98% 신뢰범위가 이런 많은 종류의 달력 문제에 답한 많은 피험자 전체에서 당시의

40에서 50%의 값조차 포함하는데 실패한다는 것이다. 다른 말로 하면 피험자의 신뢰대(信賴帶; confidence band)는 그의 지식 상태를 전제로 아주 좁다.

이들 연구는 사람들이 그들이 실제로 하는 것보다 진실을 더 잘 설명할 수 있다고 믿는다는 것을 보여준다. 이런 일이 왜 일어나는 가는 전혀 불분명하다. Tversky와 Kahneman은 잠정적으로 사람들은 이 문제에 최선의 추정치를 만들어줄 계산 구도나 알고리즘(algorithm)을 찾는 것으로 접근한다는 가설을 세웠다. 그런 뒤에 사람들은 98%의 신뢰범위를 얻도록 이 추정치를 아래로 위로 조절한다. 예를 들면 위의 질문에 답함에 있어 누구는 다음과 같이 진행할 수도 있을 것이다.

> 나는 1968년 미국에 약 1억 8천만 명이 있었다고 생각한다. 세 명에 한 대꼴로 승용차가 있으므로 6천만 대의 차가 있었을 것이다. 승용차의 수명이 약 10년이다. 이는 일 년에 6백만 대의 새 승용차가 있어야 한다는 것을 말해주지만 인구와 승용차의 수가 증가하므로 1968년에 9백만 대라고 하자. 외국 승용차가 미국시장의 약 10%를 차지하므로 아마도 90만 대의 외국 수입차가 있을 것이다. 나의 98% 신뢰대를 설정하기 위하여 나의 추정치 90만 대에서 몇 십만 대를 더하고 뺄 것이다.

(3) 여러 출처에서의 정보를 통합하는 문제

지금까지의 실험실 연구에 의한 우리 검토는 위험의 사정(査定; assessment) 및 불확실한 수량의 추정에 관한 것이었다. 조금 다른 문제가 다음과 같이 있다. 위험과 이익 모두에 관한 좋은 정보가 있다고 하자. 이들 몇몇 요인들을 균형 잡으려는 그리고 최적의 결정을 찾아내려는 의사결정자가 얼마나 잘할 수 있을까? 최적이란 말이 반드시 잘될 것을 의미하지는 않는다. 일부 좋은 결정이 나쁜 결과를 낳고 그 반대일 때도 있다. 여기서 최적의 결정은 그런 결정이 의사결정자의 개인적 가치와 의견을 충실하게 반영한다는 의미를 가지고 있다.

위험부담 판단(risk-taking judgment)의 정보처리 편향(偏向; biases)

우리가 우리의 편파적인 확률판단 경향에 충분하게 문제의식을 갖지 않았던 것처럼 정보 통합이 어렵기 때문에 우리의 근원적 가치에 맞지 않는 판단을 내리는 일이 있을 수 있다.

위험-이익(危險-利益; risk-benefit) 맥락 안에서의 두 개의 실험이 있었는데(Lichtenstein & Slovic, 1971; 1973) 그 하나는 Las Vegas에 있는 Four Queens Casino의 도박장에서 있었다. Las Vegas에서 사용된 다음 두 개의 도박을 생각해보자.

내기 A
11/12의 확률로 12 칩을 딸 확률
1/12의 확률로 24 칩을 딸 확률

내기 B
2/12의 확률로 79 칩을 딸 확률
10/12의 확률로 5 칩을 잃을 확률

여기서 각 칩의 가치는 사전에 예컨대 25¢로 정해졌다. 내기 A는 따는 확률이 더 높지만 내기 B는 따는 결과가 더 좋다. 피험자들에게 그런 내기의 쌍을 많이 보여준다. 그들에게 쌍 안에 있는 각각의 내기에 얼마를 낼 것인지를 두 가지 방식으로 표시하라고 요구한다. 첫째 단순하게 A냐 B냐를 선택하게 하였다. 또 하나는 그들이 각 내기를 할 수 있는 표(標; ticket)를 가지고 있다고 전제하고 이 표를 팔 제일 낮은 값을 말하라는 것이다.

짐작컨대 이들 판매가와 선택은 둘 다 같은 근원적인 질(質; quality), 각 노름에 주관적으로 끌리는 마음에 지배받을 것이다. 그러므로 피험자는 이 선택상황에서 그가 선호하는 노름에 더 높은 판매가를 말해야 한다. 그러나 결과는 피험자들이 자주한 노름을 선택하였으나 다른 노름에 더 높은 판매가를 말하였다. 위에서 보여준 특정한 한 쌍의 노름에서 내기 A와 내기 B가 거의 동등하게 자주 선택되었다. 그러나 내기 B가 당시의 약 88%가 보다 높은 값을 받았다. 내기 A를 선택한 피험자의 87%가 내기 B에 보다 높은 판매가를 주어서 일관되지 않은 선호양태(選好樣態; preference pattern)를 보여주었다.

어떻게 이 일관되지 않은 선호양태를 설명할 수 있을까? Lichtenstein과

Slovic은 피험자들이 선택하기 위한 인지전략과 다른 인지전략을 가격을 설정하기 위해 사용한다고 결론 내렸다. 피험자들은 내기 A를 좋은 승률 때문에 선택하지만 그들은 따는 금액이 크기 때문에 내기 B보다 높은 금액을 붙인다. 분명히 가격 매기기 판단을 할 때 어떤 노름에 기본적으로 마음이 끌린 사람들은 따는 금액을 자연적인 출발점으로 사용한다. 그 다음 그들은 따는 금액을 따기가 완전하지 않은 것뿐만 아니라 얼마인가 잃을 금액이 있다는 사실을 감안하여 하향 조절한다는 것이 발견되었다. 특히 이 조절은 불충분하며 그것이 사람들로 하여금 그들의 선택과 일치하지 않는 금액을 큰 딸 금액으로 설정하게 하는 이유이다. 가격매기기와 선택대답이 일치하지 않기 때문에 이들 응답 중 적어도 하나는 의사결정자가 노름에서 무엇이 가장 중요한 속성인지를 정확하게 반영하지 않았다는 것이 분명하다.

'친화성(親和性; compatibility' 효과가 여기서 작용하고 있는 것 같다. 판매가는 금전단위로 표시되기 때문에 피험자는 이런 형태의 대답을 하기 위하여 노름의 금전적 측면을 사용하기가 더 쉽다는 것을 발견하였던 것으로 보인다. 한 노름의 속성 각각이 다른 노름의 같은 속성과 직접 비교되기 때문에 그런 편향은 선택에서 존재하지 않는다. 출발점으로 결과손익을 사용할 이유가 없어 피험자는 그들의 선택을 정하기 위한 전략을 얼마든지 자유롭게 사용할 것이다.

친화성 편향(親和性 偏向; compatibility bias)

노름의 값을 매길 때 결과손익 단서에 지나치게 의존하는 것이 정보의 특성과 요구된 대답 사이의 친화성이나 통약성(通約性; commensurability)이 대답을 정함에 있어 그 정보의 중요성에 영향을 준다는 것이 일반적 가설이다. 이 가설은 Slovic과 MacPhillamy(1974)에 의한 실험에서 검사되었는데 그들은 선택상황에서의 각 대안이 공통된 정보가 특정한 대안에의 유일한 정보보다 더 결정에 큰 영향을 줄 것이라고 예측하였다. 그들은 피험자들에게 학생의 쌍들을 비교하여 누가 더 높은 대학 평균 평점(grade-point average)을 받을 것인지를 예측하게 하였다. 피험자들은 그들의 판단의 근거가 되는 두 개의 단서 특성(시험)에서의 각 학생들의 성적을 받았다. 한 특성은 두 학생 모두에 공통이고 다른 하나는 독자적이었다. 예를 들면 학생 A는 "달성욕구(Need for Achievement) 및 양에 관한 능력(Quantitative Ability)"에서의 그의 성적으로 기술될 수도 있고 학생 B는 "달성욕구 및 영어 기량"에서의 그의 성적으로 기술될 수도 있다.

이 예에서 달성욕구는 두 학생에게 공통된 특성이므로 친화성 가설은 그것이 특별히 높게 가중될 것을 시사한다. 이 예측의 근거는 다음과 같다. 같은 특성에 의한 두 학생 간의 비교가 다른 특성 간의 비교보다 인지적으로 더 쉬어야 하며 이 사용의 용이함은 공통된 특성에 더 의존하게 하여야 한다. 데이터가 이 가설을 강력하게 확인하였다. 가설은 독자적일 때보다 공통적일 때 더 무겁게 가중되었다. 실험 후의 피험자의 질문이 대부분의 피험자가 공통된 특성에 더 큰 가중치를 주기를 원하지 않았으며 그들이 그리한 것을 몰랐다는 것을 나타냈다.

이들 실험에서의 메시지는 다른 형태 정보의 융합과 다른 형태의 가치를 전반적인 판단과 결정에 융합하는 것이 다른 인지 과정이다. 그리고 정보처리의 부담을 줄이려는 우리의 시도에서 우리가 우리의 기저가치(基底價値; underlying values)에 불공평한 일을 할 수도 있는 판단전략에 의지한다는 것이다. 다른 말로 위험과 이익이 알려지고 분명해졌을 때조차 노름상황에서처럼 우리가 내려야 하는 결정의 미묘한 측면과 우리의 지적 한계와 결합된 행동이 많은 관련된 속성 간의 균형을 기울게 할 수도 있다.

자연재해에 관한 결정과의 관련성

위에서 기술된 정보통합의 연구는 자연재해에 관한 결정내리기의 부담을 줄이기 위한 단순화된 전략이 전문가와 비전문가 모두에 의해 함께 사용될 수도 있다는 것을 시사한다. 이 가설은 비록 체계적으로 연구되지 않았지만 몇몇 관련된 예가 존재한다. 정보통합의 부담을 최소화하는 가장 단순한 길은 결정내리기를 피하는 것이다. Kates(1962)는 많은 범람원 매니저가 그들의 책임을 회피하고 의사결정을 전문가에게 미루기를 원하였다는 것을 발견하였다. White(1966)는 관심이 범람원을 녹지를 위해 남겨 놓는 가능성으로 옮겨졌을 때 일부 지방자치단체 당국은 어떤 경우에도 대안들을 비교분석해보려는 시도 없이 레크리에이션용으로 계곡 밑을 매점하는 포괄계약을 채택하였다는 것에 주목하였다. 그리고 Kates(1962)는 한 마을의 다른 장소에 있는 세 구조물의 높이가 그 장소 사이의 재해가 다른데도 불구하고 각각 1피트이었다는 것을 관찰하였다. 1피트는 편리한 숫자이며 이들 결정이 이들 근사법(近似法; approximation)이 위에서 기술된 위험부담 연구에서 사용되긴 하였지만 대충의 근사규칙(近似規則; approximation)이 높이를 결정하는데 사용되었음을 시사한다. 이들 관찰을 지나치게 단순한 생각이 어떻게 가장 중요한 결정에조차 영향을 주는지 정말로 흥미로운 일이다. 1.0-메가톤(1백만 톤) 핵탄두를 최초 Atlas 미사일에 장착하는 결정과 관련하여 물리학자 Herbert York(1970, pp.89-90)는 논평하였다:

> 왜 1.0-메가톤? 답은 1백만이 우리 문화에서 아주 특별한 어림수이기 때문에 단지 그 하나 때문이다. 모두가 부자를 백만장자라고 말하고 천만장자라고 말하지 않는다는 이유 때문에 우리는 Atlas 탄두의 핵 출력으로 1-메가톤을 선택하였다. 그것은 진짜로 신비스러운 일이며 나도 그 신비주의자 중 한 사람이다. 따라서 최초 Atlas 탄두의 실제 물리적 크기와 그것이 죽일 사람의 수는 인간이 두 손과 각각 다섯씩의 손가락을 가지고 있고 그러므로 십 단위로 센다는 사실에 의해서 정해졌다.

전문적인 사람일지라도 그의 직무는 의사결정 과정을 도와주는 것이며 극도로 지나치게 단순화된 정보사용으로 비난을 받을 수 있다. 그들의 주된 도구인 비용-이익 분석은 아마도 여러 가지 금전가치가 원으로 손쉽게 측정되고 같은 기준으로 잴 수 있기 때문에 주로 원에 초점을 맞추어 왔다. 이런 경향이 덜 위험한 곳으로 거처를 옮길 때 미적(美的; aesthetic) 및 오락적(娛樂的; recreational) 가치, 친구와 가족 떠나기의 정서적 비용과 같은 비경제적 고려사항을 무시하고 금전적 가치에 치중하는 것으로 나타난다.

문제는 이질적인 고려사항들을 같은 기준으로 비교하려 하지 않고 그런 고려사항들을 결정에 사용하는데 정보의 한 특성만을 고려하는 사전편찬식(辭典編纂式; lexicographic) 결정규칙을 채용한다는 것이다. 이 결정규칙에서는 가장 중요한 특성을 우선 고려하는 것이다. 이 첫 번째 특성이 분명하게 선호하는 대안울 도출하지 못할 때에만 다음으로 제일 중요한 특성이 고려된다. Tversky(1969)는 선호에 있어서 체계적으로 비이행적(非移行的; intransitive)이 되게 하는 사전편찬식 행동의 실험실에서의 예를 내놓았다.

사람들이 시골지역에서 가정용 물을 길으려할 때 어떻게 여러 곳에서 선택하는가의 연구에서 자연적 재해의 예가 제시되었다(White, Bradley, & White, 1972). 물을 사용하는 사람은 물이 나오는 곳이 좋은지 나쁜지를 오직 건강영향에 근거를 두고 분류한다는 것이 발견되었다. 이 기본 특성을 충족하는 곳이 한 곳 이상이라면 나머지 좋은 곳은 그 물을 나르는데 드는 경제적 비용을 근거로 구별한다. 낮은 경제적 비용 때문에 건강상 위험의 수반을 낮은 물의 질과 절충하려는 조짐은 거의 없다. 그 두 특성은 보상적이 아니다.

다양한 정보차원을 처리하는 또 다른 비보상적 관습(慣習; mode)이 하나 또는 그 이상의 이들 정보차원에 기준을 설정하는 것이다. 그 기준에 맞을 가망성이 없는 대안들은 버려진다. 남은 대안들을 위해 다른 특성이 구별을 위한 근거로 채택될 수 있다. 이런 종류의 메커니즘은 Lichtenstein, Slovic & Zink(1969)에 의한 위험부담의 실험실 연구에서 관찰되었다. 자연재해의 예를 Kunreuther(1972)가 내놓았는데 그는 소작농이 위험과 기대소출이 변하는 수확량을 그들의 경작지에 어떻게 할당하는지를 결정할 때 그들은 합당한 생존의 보증을 추구한다는 가설을 세웠다. 생존 욕구가 충족될 가망이 있는 그들 할당 계획을 위해 기대 소출의 극대화가 고려대상이 될 가망이 있다. 의사결정자의 모든 필요조건이 충족되지 않을 때는 어떤 일이 일어날까? 무엇인가는 희생되어야만 하며 Kunreuther(1974)는 이 희생이 사전편찬식 과정에 의하여 일어나는데 거기서 의사결정자는 연속적으로 진행하며 항상 그의 더 중요한 목표를 충족하기 위하여 덜 중요한 것들을 쉬게 한다는 가설을 세웠다.

(4) 현장 환경에서의 한정된 합리성 조사하기

바로 앞에서 우리는 실험실 실험에서 입증된 한정된 합리성의 몇몇 측면을 기술하였다. 그 결과의 일부는 범람원(汎濫原; floodplain) 거주자들의 현장연구로부터 발견한 것과 유사점을 가지고 있다. 그러나 대부분의 현장연구는 인지과정을 위주로 하지 않았으므로 위에서 기술된 현상과 관련된 데이터를 내놓지 못하였다. 누구는 자연재난에 직면한 행동에 미치는 개성, 문화적 또는 기관의 영향을 조사하겠지만 미래 현장조사에서 한정된 합리성의 실례를 찾는 것이 유익할 것이라고 믿어진다. 위에서 기술한 연구의 개요를 현장에서 어떻게 조사하는지를 위주로 아래에서 정리한다.

적은 수의 법칙(the law of small numbers)

개인들은 적은 증거표본을 근거로 지나치게 일반화하는가? 그들은 증거를 평가하거나 결정을 내릴 때 짧은 기간과 긴 기간을 구별하는데 실패하는가? 그들은 결론의 근거가 되는 데이터의 양에 의문을 가지지 않은 채 의심없이 결론을 내리는가?

인과관계(因果關係; causality)와 상관관계(相關關係; correlation)의 판단

사람들은 나쁜 결과를 나쁜 결정의 결과로 그리고 좋은 결과를 좋은 결정의 결과로 보는가? 그들은 그렇지 않을 때 사전에 형성된 가설을 뒷받침하기 위하여 증거를 해석하나(착각상관; 錯覺相關; illusory correlation)? 즉 그들은 그들이 그런 관계가 나타나지도 않았음에도 불구하고 데이터에서 보기를 기대하는 관계로 인식하는가?

유용성(有用性; availability)

상상하기 쉬움과 기억하기 쉬움의 요인들이 재난이나 재난에 관한 행위의 인식에 영향을 줄까? 기억하기 쉽게 하기 위하여 재난의 가망성에 관한 질문을 바꾸어 말하는 것 역시 그 답에 영향을 줄까? 생생한 영화, 강연 또는 신문기사가 보기 드문 사건의 인식에 영향을 주나? 재난은 기억하기 쉬움이나 상상하기 쉬움에 영향을 주는 특성에서 다르다. 일부는 다른 것에 비해 더 자주 갑작스럽게 시작하고 출발한다. 지속기간은 다르다. 예를 들면 돌발적인 홍수를 가뭄과 비교하라. 이들 특성이 재난인식에 체계적으로 영향을 줄까? 사람들은 그들의 경험의 포로이며 미래를 과거의 거울로 보는가? 그들은 과거를 기술함으로써 미래를 예측하는가?

정착(定着; anchoring)과 불충분한 조절(調節; adjustment)

개인들은 수량에 관해 추정할 때 단순한 출발점 및 조절 메커니즘을 사용하나? 그들이 그들의 불확실성 추정치의 신뢰도에 경계를 좁게 설정함으로써 보기 드문 사건이 예상 밖으로 더 자주 일어나는 결과를 가져오게 하나?

정보처리의 지름길

많은 고려사항들의 저울질을 회피하는 단순한 결정 전략에 대한 증거가 있을까? 사람들이 전문가, 권위자, 운명, 관습, 등등에 의존함으로써 결정 내리기를 회피하는가? 조절이 잘 되었는지 평가함에 있어 사전편찬식 과정이나 기타 비보상적인 결정 양식(樣式; mode)의 사용을 위한 증거가 있는가?

3) 어떻게 자연재해에의 적응을 개선할 수 있을까?

이제 우리는 자연 및 실험실 환경에서의 연구가 결정과정이 한정적으로 합리적이라는 관점을 강력하게 뒷받침한다는 것을 알았다. 우리의 인지한계에 대한 이 의식(意識; awareness)을 전제로 우리는 어떻게 자연재해에 관한 지적 결정을 내리기 위한 우리의 능력을 극대화할 것인가?

여기서 이 질문에 대해 두 개의 답이 고려된다. 첫째는 기본적으로 성격상 비분석적이며 한정된 합리성의 얼게 안에서 작동한다. 둘째는 인간이 정보를 처리함에 있어 실수를 할 수 있다는 생각을 받아들이면서 합리적 의사결정의 이상적 구상(構想; conception)에 가능한 한 가깝게 접근하도록 노력하는 분석적 접근법이다.

(1) 한정된 합리성의 함의(含意; implications)

한정된 합리성의 작동 지식이 의사결정 상의 제약조건을 이해하기 위한 기반을 형성하고 의사결정자가 적응시스템을 향상시키도록 도와주기 위한 방법을 제시하여 준다. 예를 들면 Cyert & March(1963)는 어떻게 정책투입이 오랜 적응 습관을 받아들일 수 없게 만드는 제약조건을 도입함으로써 새로운 대안들을 찾는 발단이 되게 하는지를 기술한다. 사업의사 결정의 맥락 안에서 Cyert와 March는 세 방식에 주목하였는데 여기서 회사의 의사결정행동은 정책변경을 통해 바뀔 수 있다. 첫째는 제품규격이나 작업규제에서의 변경이 예시하는 대로 표준 결정규칙에의 입력 자료를 변경하는 것이다. 정책의 두 번째 사용은 비용, 가격, 이익 등등에 명백한 제약조건을 설정함으로써 평가된 목표에 미치지 못하도록 강제하는 것이다. 세 번째 성책의 사용은 그렇게 안하면 받아들여질 수 없는 해결책의 매력을 끌어올리기 위해 문제에의 잠재적 해결책의 결말(結末; consequences)을 수정하는 것이다.

자연재해에의 적응 개선에 한정된 합리성의 지식을 적용할 수 있을까? 문제의 두 핵심측면 – 의사결정자의 재해인식을 더 정확하게 만들기 위한 요구 그리고 그가 대안이 되는 행동방향들의 더 완전한 집합을 알게 만들기 위한 요구를 고려하자.

재해의 확률적 인식을 개선하기 위하여 완전한 역사적 기록들이 이해할 수 있는 형식으로 유지되고 분석되어야 하며 모든 자원 매니저들에게 사용 가능하게 되어야 한다는 것이 절대로 필요하다. 기술자들은 재해를 어떻게 확률적으로 나타내는가를 배워야 하며 그들의 의견은 특별히 확률적 사고에 숙련되지 않은 개인들에게 알기 쉽게 하려는 형식(形式; format)으로 사용 가능하여야 한다. 기록은 계속적으로 갱신되어야 하며 역사적 데이터를 무효로 만드는 새로운 사태가 일어났을 때 기술자들은 재해에 주는 이 변화의 영향을 추정하여야 한다.

자연적 극단(自然的 極端; natural extremes)의 확률을 표현하기 위한 물리적 형식(形式; format)의 약간의 실험이 있었다. 미국지질연구소(USGS; US Geological Survey)와 공병대(工兵隊; Corps of Engineers)가 역사적 기록요약(historical summaries), 반복되는 간격의 그래프(graphs), 목격자 진술(eye-witness accounts), 사진 및 지도 등을 포함하는 몇 가지 방식의 홍수 빈도 나타내기 등이 시도되었다. 지진과 사태(沙汰; landslide)와 같은 지구물리학적(geophysical) 재해에 대한 민감성(敏感性; susceptibility)을 보여주는 정교한 지도 세트가 USGS와 San Francisco 만(灣; bay) 지역을 위한 주택 도시개발부(Department of Housing and Urban Development)에 의하여 제작되었다. 그러나 확률 이해에 효과가 있는 다른 형식들이 만약에 있다면 무엇일까를 찾아내려는 심각한 노력은 별로 없었다. 확률추정을 사용하는 일기예보에 대한 일반대중의 이해와 연결지어 비교 탐색하는 시도가 있었을 뿐이다(Murphy & Winkler, 1971).

물론 확률 정보를 이해하기 위한 우리의 제한된 능력을 전제로 풍부한 기록의 상상력이 충분하게 발표되지 못할 수도 있다. 독창적인 새 계책(計策; devices)이 상상력을 발휘하고 확률적 사고를 속박하는 '경험의 감옥'을 뚫고 나가기 위해 필요할 것이다. 탐구해볼 가치가 있는 절차는 의사결정자에게 그들의 정보의 해석과 사용을 왜곡시킬 가능성이 있는 편향에 대해 알려주는 절차이다. 또 하나의 계책은 표본추출의 변동성(變動性; variability)과 확률의 평가(評價; appreciation)를 전달함에 있어 특히 효과적인 모의실험(模擬實驗; simulation)이다. 빈번히 가뭄으로 고통받는 지역에 사는 한 농민이 가뭄에 강한 옥수수를 심을지 않을지를 결정해야 하는 중요한 현실적 상황을 생각해 보자. 그런 옥수수는 가뭄이 온다면 정상적인 옥수수보다 좋은 수확을 가져다 주겠지만 정상적으로 비가 온다면 결과는 더 나쁠 것이다. 그 농부에게 지난 50년간의 강우기록을 보여줄 수 있지만 우리가 Tversky와 Kahneman의 실험과 Kates의 지리적 조사에서 간접적으로 아는 것으로부터 그가 이 정보를 적절하게 사용할 수 있을 가망은 없다. 그 농부에게 문제는 여러 수확량 수치뿐 만아니라 그것들의 확률의 유용성을 계산에 넣기가 더 어려워진다는 것이다. 여기에 모의실험의 특별한 가치가 있을 수 있다. 영농게임(farming game)이 의사결정자에게 이런 형태의 결정 및 그 결말과 함께 현실적이고 적절한 경험을 하게 해줄 수 있다. 그 농부는 일정한 현금을 가지고 시작한다. 첫해에 그는 그가 심을 옥수수 씨의 몇 %를 가뭄에 강한 것으로 할 것인지를 결정한다. 자연은 그의 방향으로 흘러갈 것이고 그 농부는 적절한 보상을 받을 것이다. 우리의 피험자는 자연과 겨루고 빠르게 통상적으로는 많은 세월에 걸쳐서만 쌓을 수 있을 경험을 얻는다. 이와 같은 모의실험은 이미 고등학교와 대학의 지리과목의 보조교재(補助教材; teaching-aids)로 도입되었다(High & Richards, 1972; Paton, 1970). Kates(1962)는 관찰하였다. 빈번한 경험 없이 학습된 적응은 시간과 함께 시들고 위축된다(p.14). 모의실험은 가장 효과적으로 적응할 수 있게 하여주기 위해 필요한 구체적 경험을 마련하기 위한 빠르고 고통 없는 길일 수 있다.

인식된 대안 범위 넓히기와 관련하여 몇 개의 가능성이 존재한다. 예를 들면 우리가 지각(知覺; perceptions)이 특히 불완전하다는 것을 알았으므로 우리는 가용의 옵션들의 범위를 자원매니저들에게 알려주기 위한 특별한 조치를 취할 수 있다. 사람들이 재해에 대처함에 있어 보다 넓은 범위의 대안들을 고려하도록 권장하라는 호소가 자주 있었지만(National Research Council, 1966) 그리하는 수단은 어쩌다가 탐구되었을 뿐이다. 1969년의 미국 환경보호법은 환경영향평가 보고서가 자원배분을 위한 조치의 대안들을 제시하라고 규정하고 있지만 어떻게 이루어지는지 제시하지 않고 있다. 시도되고 있는 주요 조치는 조사보고서, 공청회, 공개토론회 및 정보제공 책자이다. 공병대의 공개상담(公開相談; public consultation)을 제외하고 이것들이 평가된 일은 없다.

인식된 선택의 범위를 넓히는 또 다른 길은 한 대안의 잠재적 결과들을 수정하기 위한 정책을 채용하는 것이다. 그리하여 전에는 매력적이 아니었던 대안을 고려할만한 것으로 만든다. 강제보험이 재해인식 개선하기와 대안의 범위 넓히기에 한 몫을 할 수 있다. 개인들이 혁신적인 적응을 하는 경우 그들의 최소 수입을 보장함으로써 보험이 그 혁신에 따르는 위험을 줄여줄 것이고 그렇게 함으로써 보험의 매력을 고양시킬 것이다. 아마도 보험이 할 수 있는 가장 의미 있는 역할은 염려하고 있는 개인에게 위험에 솔직하고 의식적인 관심을 갖게 하는 것일 것이다. 그는 연간 보험료로 표현된 위험의 추정치에 직면하게 되며 어떤 경우에는 그의 집에 홍수방지 공사와 같은 일정한 행위를 취하느냐 여부에 따라 할인된 보험료 표를 받을 수도 있을 것이다. 보험료를 위험에 기반을 두도록 하는데 실패한 정부의 제도는 바람직하지 않은 효과를 가져 올 수도 있다(O'Riordan, 1974). 자연재해의 맥락에서 보험의 역할에 관한 더 상세한 검토는 Kunreuther(1974), Kunreuther(1968), Dacy & Kunreuther(1969) 및 Lave(1968)를 보라.

얼마나 안전한 것이 충분하게 안전한 것인가?

변화가 없는 환경을 전제로 시행착오와 이에 뒤따르는 수정행위에 의하여 활동으로부터의 이득과 이에 따르는 위험 간의 차이를 비교하여 배운다고 믿는 사람들이 있다. 그런 개인의 하나가 Starr(1969; 1972)인데 그는 이 믿음에 기초를 두고 어떤 활동에 대한 수용할 수 있는 위험-이득 비율의 수적인 측척(測尺; measure)을 개발하였다. Starr는 역사적 국가 사고기록이 적절하게 위험-이득 비율에서의 일관된 패턴(pattern)을 밝혀준다고 그리고 이들 역사적으로 밝혀진 사회적 선호가 정책을 결정하거나 새로운 기술을 도입할 때 사회가 받아들일 수 있을 위험수준이 얼마인가를 충분히 예측할 수 있게 하여줄 것이라고 가정한다.

Starr는 개인들이 자기 자신의 가치시스템을 통하여 평가할 수 있는 자발적 활동 그리고 평가의 옵션과 기준이 개인들을 위해 어떤 통제하는 단체에 의하여 결정되는 비자발적 활동을 구별하였다. 그의 위험척도는 고려중인 활동에 노출되는 시간당 사망자의 통계적 기대이다. Starr는 자발적 활동에 대한 이득척도는 개인에 의한 활동에 쓰였던 평균적 금액과 대략 동등하다고 가정한다. 그는 비자발적 활동에 대한 이득은 그 활동을 통해 올리려 하는 개인의 연간 수입에 얼마나 기여하는가에 비례한다고 가정한다.

이들 고려사항에 따라 자연 및 인간이 만든 위험의 많은 분석들이 몇몇 중요한 결론을 암시한다.

- 일반 국민은 주어진 이득 수준에서 자발적 위험을 비자발적 위험보다 1,000배 더 크게 받아드리고자 하는 것처럼 보인다.
- 위험의 수용가능성은 대략 진짜 및 인식된 이득에 비례한다.
- 위험의 수용가능 수준은 활동에 참여한 사람들의 수에 역으로 비례한 다.

Starr의 사정기법은 개인들이 직접 최적의 위험-이득을 절충한다고 가정하기보다는 오히려 개인들의 큰 집단 전체에서 그들이 과오로부터 학습할 기회가 있을 때 만족수준이 나온다고 추정되기 때문에 한정된 합리성 접근법의 범위 안에 들어간다.

어떤 활동에 대한 수용가능 위험수준을 안다는 것의 중요성은 과대평가될 수 없다. Starr의 기법은 그래서 자연재해에 관한 결정을 위한 쓸모 있는 보조자가 될 것을 약속한다. 그리고 실은 유사한 접근법이 Long Beach 시의 지진건축법(地震建築法; earthquake building code)의 개발을 이끌어 가는데 이미 사용되었다(Wiggins, 1972). 그러나 아직도 몇 개의 의구심이 남아있다. 첫째, 위에서 기술된 심리학적 연구가 위험부담 결정에서의 체계적 편향이 횡행하고 있음을 암시하였다. 모든 그런 편향이 경험에 의해 제거될 가망은 없다. 그러므로 한 개인의 결정이 그의 '진짜 선호'를 정확하게 반영하지 않을 수도 있는 것처럼 역사적 기록이 사람들 집단의 밑에 깔려있는 선호를 꼭 반영하지 않을 수도 있다. 둘째, 선호의 표시로서의 역사적 기록의 정당성은 일반국민이 넓은 범위의 대안에서 선택할 수 있음을 그리고 더 나아가 이 대안들을 언제나 쓸 수 있다고 인식하고 있다는 것을 전제로 한다. 예를 들어 우리는 진짜로 일반국민이 자신들이 원하는 이득을 구할 수 있다고 전제하고 그들이 원할 만큼 안전한 자동차를 구한다고 가정할 수 있을까? 일반국민이 설계 입장에서 무엇이 가능한지 정말로 알지 못한다면 그리고 자동차산업이 자체의 이익 극대화의 이해관계에 꼭 도움을 주지 않을 수도 있는 유용한 정보를 만들어내는데 협력하지 안 한다면 그 답은 '아니다'일 공산이 크다. 마지막으로 Starr 접근법은 자연재해로 인한 피해의 비용을 누가 부담하여야 할 것인지의 문제를 고려하지 않는다.

(2) 적응개선에의 분석적 접근

한정된 합리성은 단기간의 피드백(feedback)과 위기에 의하여 시작된 적응을 중심으로 일부 환경에서 특히 같은 결정이 반복적으로 내려지고 잘못된 결정의 결과가 너무 처참하지 않은 정적(靜的; static)인 환경에서 만족하게 작동할 수도 있다. 그러나 자연재해가 관련된 곳에서 우리가 경험으로부터 배우는데 의존하는 것을 선호하지 않을 수도 있다. 첫째 직접 연관된 경험이 흔치 않으며 둘째 실수(失手; mistakes)에 너무 많은 돈이 들 가능성이 있다. 너무나도 중대한 일이 걸려 있기 때문에 한정된 합리성의 지지자들이 제시한 "그럭저럭 넘기기(muddling through)"와 "만족조건최소화(滿足條件最小化; satisficing)"의 약삭빠른 방식과는 다른 방법을 찾아보는 것이 중요하다.

그럭저럭 넘기기의 대안은 의사결정의 문제들에 과학적 방법과 정식분석을 적용하는 것이다. 분석적 접근법은 2차 세계대전 기간 중 경험을 취득하는데 큰돈이 들거나 불가능한 상황에서의 전략적 및 전술적 문제를 해결하기 위한 필요성에서 시작되었다. 그것은 처음에는 "작전분석(作戰分析; operations analysis)"이라고 불렸고 뒤에 운영연구(運營硏究; operations research)로 알려지게 되었다. 운영연구는 수학자, 통계학자, 경제학자, 엔지니어 등의 재능(才能; talents)을 망라(網羅; bring together)하는 학제적(學際的; interdisciplinary) 노력이다. 대전 이후 그 응용영역이 주로 사업으로 확장되었지만 그 잠재력은 의사결정의 모든 분야에서 동등하게 크다.

Simon(1960)은 운영연구의 단계를 다음과 같이 요약하였다. 첫째 단계는 관심 상황에서의 중요한 인자(因子; factors)를 반영하는 수학적 모델을 구성하는 것이다. 이 점에서 특히 유용한 수학적 도구 중에 선형계획(線形計劃; linear programming), 동적 계획(動的計劃; dynamic programming) 및 確率理論)이 있다. 둘째 단계는 잠재적 대안들의 상대적 장점을 비교하는 기준함수(基準函數; criterion function)를 정의하는 것이다. 다음은 실증적(實證的; empirical) 추정(推定; estimates)을 통해 연구 중인 특정한 상황을 위한 모델에서의 수적 매개변수(numerical parameters)를 얻는 것이다. 마지막으로 수학적 분석을 기준함수를 극대화하는 행동방향을 정하기 위하여 적용하는 것이다.

근간의 수년 동안 밀접하게 연관된 운영연구의 분파(分派; offshoots)들이 결정문제에 적용되어 왔다. 이들에는 시스템분석과 비용-이득 분석이 포함된다. 시스템분석은 복잡한 시스템의 상호작용 및 동적 행동을 포착하는 것이 목적인 공학(工學; engineering)의 한 부문이다. 비용-이득 분석은 어떤 제안된 행위로부터 예상되는 수익(收益; gains)과 손실을 통상의 금액으로 계량화하려 한다. 만일 어느 행동이나 프로젝트로부터의 계산된 수익이 +라면 이득이 비용보다 크며 받아드릴 만하다고 말한다(예를 들어 Lave & Weber(1970)에 의한 자동차-안전 특성 연구에의 비용-이득 분석의 이용을 보라).

결정분석(decision analysis)

시스템 분석과 운영연구 접근법이 오랫동안 부족했던 것이 세상의 불확실성이나 의사결정자의 가치와 기대의 주관성을 다루기 위한 효과적인 규범적 틀(framework)이었다. 결정이론의 등장이 이들 초기 분석적 접근법에서 빠진 일반적인 규범적 근거를 마련하였다. 같은 이유에서 시스템분석과 운영연구는 응용 결정연구에 제안할 무언가를 가지고 있었다. 결정 이론적 원칙들의 예를 보여주기 위해 보편적으로 사용되는 단순한 결정(예: 우산을 가지고 갈까 말까)과 누군가가 다루고자 하는 복잡한 현실 세상 문제 사이에는 엄청난 간격이 있다. 시스템 분석은 이 간격을 연결하는데 필요한 결정상항의 정교한 모델화를 마련하려 한다. 결정이론과 공학 접근법 사이의 자연적 통합의 결과에 결정분석이라는 라벨이 붙었다. 여기서는 간략하게 검토될 것이지만 더 상세한 것을 위해서는 Howard(1968a; 1968b)와 Matheson(1969, 1970)에 의한 개별논문 그리고 Raiffa(1968)와 Schlaiffer(1969)의 책을 보라.

철저한 결정분석은 많은 시간과 노력을 필요로 하며 따라서 오직 중요한 문제에만 적용되어야 한다. 일반적으로 이들 문제는 서로 관계가 있는 많은 요인들이 결정에 영향을 주는 그리고 불확실성, 장기간에 걸친 영향 및 결과들 간의 절충이 더욱 사태를 복잡하게 만드는 복잡한 구조를 가지고 있다.

결정분석의 기본적인 요소는 결정 문제를 체계화(體系化; structuring)하고 더 기본적인 문제로 분해하는데 주안점을 둔다는 것이다. 이런 의미에서 그것은 결정을 내리는데 필요한 모든 필수적 재료를 모두 유지하는 그리고 그것들이 논리적으로 의사결정자의 기본적 선호와 일관된 방식으로 사용된다는 것을 보장하는 단순화 과정을 원한다.

Raiffa(1968, p.271)는 이 태도를 다음과 같은 언급에서 잘 표현하고 있다.

> **결정분석의 정신은 분할정복:** 복잡한 문제를 보다 단순한 문제로 분해하고, 이들 단순한 문제에서의, 당신의 생각을 명쾌하게 이해하며, 이들 분석을 논리적 풀과 함께 반죽하여 복잡한 문제에 대한 행위를 위한 프로그램을 내놓는다. 전문가는 복잡하고 애매한 질문이 아니고 맑고 투명하고 모호하지 않으며 기본적인 가설적 질문을 받는다.

허리케인 방향수정(hurricane modification)의 결정분석

결정분석의 기법은 특정한 예를 통하여 가장 잘 이해할 수 있다. 다행하게도 미국해양대기관리처(National Oceanic and Atmospheric Administration)를 대신하여 스탠포드 연구소(Stanford Research Institute; SRI)의 결정분석 그룹이 마련한 허리케인 방향수정 분석에서 그 상세한 예를 찾아볼 수 있다(Boyd et al., 1971; Howard, Matheson & North, 1972).

이 분석의 개요는 다음과 같다.

허리케인 수정의 경우 하나의 중요한 결정은 전략적이다: "구름씨 뿌리기(cloud seeding)는 어느 때고 시행되어야 하는가?" 만일 답이 예라면 어느 허리케인이 씨 뿌리기 대상이 될 것인가에 관한 전술적 결정이 중요하게 된다. SRI 분석은 전략적 결정에 집중한다. 기초적 접근은 연안지역으로 돌진하는 심각한 대표적 허리케인을 고려대상으로 하는 것이고 이 허리케인에 씨뿌리기를 하여야 하는지 여부에 관한 결정을 분석하는 것이다. 최대지속표면풍속(maximum sustained surface wind speed)이 폭풍 강도의 척도로 사용된다. 왜냐하면 씨 뿌리기가 영향을 줄 것으로 기대되는 것이 (파괴의 기본적 원인인) 이 (풍속)특성이기 때문이다. 분석은 씨 뿌리기에 대한 결정의 직접적 결과가 허리케인에 기인되는 재산피해(財産被害; property damage)라고 전제한다.

그러나 재산피해만으로는 허리케인 씨 뿌리기의 결과를 기술하기에 불충분하다. 인력 개입으로 일어나는 간접적인 사회적 법적 결과가 있다. 따라서 씨가 뿌려진 허리케인으로부터의 피해에 대한 일부 법적 책임이 정부에 있을 수도 있을 것이다. 씨 뿌리기에 대한 책임을 받아들이는 것과 심각한 재산피해의 더 높은 확률을 받아들이는 것과의 절충(折衷; trade-off)이 이 결정에서의 결정적 문제로 보인다.

SRI분석의 첫째 단계는 최대 표면풍속으로 측정된 대표적 허리케인의 강도변화에 대한 확률분포를 얻기 위하여 현재의 실험증거와 제일 좋은 사전(事前)의 과학적 의견을 통합하는 것이다. 이것은 씨 뿌리기와 안 뿌리기 두 대안 모두에 대해 이루어진다. 그 뒤 과거 허리케인으로 부터의 데이터가 풍속과 재산피해 사이의 관계를 추리하기 위하여 사용된다. 이 정보를 기반으로 하여 재산피해란 면에서의 기대손실이 씨를 뿌리면 안 뿌린 때보다 약 20% 적다고 계산되었다. 분석의 전제를 넓은 범위의 값으로 변화시킴으로써 이 줄어드는 것이 10%에서 30% 사이에서 변동하는 원인이 되었지만 선호되는 대안을 바꾸지는 못하였다.

위의 분석이 씨 뿌리기를 뒷받침하지만 정부 책임의 부정적 효용을 계산에 넣지는 않았다. 책임비용의 부과(賦課; assessment)가 의사결정자 측에게는 상당한 자기 성찰적(自己 省察的) 노력을 필요로 하게 하는데 그 결정자는 '정부가 허리케인 씨 뿌리기 시간과 허리케인 도착시간 사이에 16% 격렬해지는 씨 뿌려진 허리케인과 씨 뿌려진 허리케인의 것보다 $x\%$ 더 피해를 주는 씨 뿌려지지 않은 허리케인 사이에 차이가 나지 않는 그런 x를 추정하라.'와 같은 그런 판단을 내려야 한다.

위와 같은 추정을 기반으로 하여 결정을 바꾸는데 필요한 책임비용은 허리케인에 기인되는 재산피해의 현저한 부분(약 20%)일 것으로 추리되었다. 이것과 그 이상의 분석이 심각한 피해의 확률이 허리케인에 씨를 뿌리면 적어진다는 그리고 씨 뿌리기는 비상시에 허용되어야 하며 실험적으로 장려되어야 한다는 결론에 이르게 한다.

결정이론의 비판

결정이론의 기저(基底; underlying)가 되는 생각과 논리의 깊이를 요약해서 전달하기는 어려운 일이다. 간단한 기술은 필연적으로 분석을 단순화하고 일반적으로 결정분석에의 주요 반대-그것이 상황을 너무 단순화하여 오도(誤導; mislead)한다는 주장을 돋보이게 한다. 그럼에도 불구하고 전체 분석을 읽은 사람들조차도 그 타당성(妥當性; validity)에 대해 염려한다. 그들은 Howard, Matheson & North(1972)이 허리케인에 영향을 받은 지역의 물 균형(均衡; balance)에 대한 그들의 업적에서 허리케인의 유익한 점과 해로운 점이 무시되도록 그들의 분석을 제한했다는 데 주목할 수도 있다. 그 분석은 또한 씨 뿌리기 운영계획의 지식이 주민들에게 나쁜 안전감을 주고 따라서 씨 뿌리기 없이 일어날 피해보다 더 큰 피해를 초래할 가능성을 무시한다. 비평가들은 그런 결정분석이 불가피하게 시간, 노력 및 상상에 의하여 제한되고 체계적으로 많은 고려대상을 제외시킨다고 주장한다. 결정분석에 대한 두 번째 반대는 그 분석이 다른 그리고 아마도 덜 합리적인 근거들 위에 내려진 결정을 정당화시키고 신망(信望; respectability)이라는 허울을 쓰게 하여 주는데 사용될 수도 있을 가능성이다.

결정분석은 그들의 기본적 신조 중 하나_다시 말해 어떤 대안도 다른 대안들의 맥락에서 고려되어야 한다는 것을 원용(援用; invoke)하여 이들 공격에 대응한다. 무엇이 결정분석에의 대안들이며 그 대안들이 위의 비판에 더 이상의 책임을 면하게 하여 주는가 라고 그들은 묻는다. 분석가들은 의사결정의 전통적 방식(方式; modes)도 동등하게 시간, 노력 및 상상의 한계에 의하여 제한 받으며 (앞에서 예시된 대로) 체계적 편향을 유발할 가능성이 훨씬 더 크다고 지적한다. 그런 편향은 결정분석에의 명시적 입력 자료에 있는 결함(缺陷; deficiencies)보다 더 찾아내고 최소화하기 어렵다. 게다가 그들은 주장한다. 만일 일부 요인들이 알려지지 않고 잘못 이해된다면 전통적 방법이라고 결정분석이 하는 것보다 더 적절하게 그것들을 다룰 수 있을까? 전통적 방법들 또한 위에서 지적된 '신망의 허울'이라는 비판을 받기 쉽다. 우리는 자주 전문가들의 판단 밑에 깔려있는 가정과 논리를 실제로 알지 못한 채 우리들의 결정을 뒷받침하기 위하여 전문지식에 의지한다. 결정분석은 이들 가정을 분명히 한다. 그런 분명한 데이터는 많이 아는 사람이 비판하기 쉬우며 명쾌함은 논쟁을 올바른 쟁점에 집중하게 한다.

결정분석은 그들의 재주가 만병통치약이 아니며, 불완전하거나 잘못 설계된 분석은 전혀 분석이 없는 것보다 더 나쁘고 분석이 반대편을 제압하기 위하여 사용될 수도 있다. 그러니 분명히 미래를 위한 주 과제는 결정분석을 비판하기보다는 오히려 그것을 어떻게 가장 적절하게 사용할 수 있는지를 아는 것이 옳은 일 같다.

여기서 결론적으로 정리해보자. 자연 사건의 재해에 대처하기에서 사람들은 그들 사건의 사회적 비용을 키웠으며 극단의 결과에 스스로를 취약하게 만들었다. 가뭄, 지진, 홍수 및 기타 유사한 사건들의 타이밍(timing)과 크기에서의 불확실성에 대한 사람의 대응이 사망자 수와 재산상의 손실을 증가시켜 왔다.

왜 이리 되었는지를 이해하는 것이 새 정책을 현명하게 설계함에 있어 필수적이다. 많은 개선된 정책이 어쩔 수 없이 공공의 제약조건 안에서 개개인의 행위에 의존하게 된다. 여기서 어떻게 사람들이 자연에서 불확실성에도 불구하고 선택을 하는지를 그리고 여러 가지 제약조건하에서 어떻게 대응하는지 알아내는 것이 중요하다.

정미한계수익(正味限界收益; net marginal returns)을 극대화하는 것이 단순한 노력으로 정확하게 기술될 수 없다는 것을 확신하기에 충분할 만큼 선택과정에 관해서 충분하게 알려져 있다. 또한 그것은 단지 의사결정자의 문화나 개성이란 면에서 표현될 수 없다. 그것은 특정한 환경적 및 조직적 조건의 산물로 쉽게 예측되지 않는다. 그것은 복잡하고 다중 결정적 현상이다. 그것의 본질적 요소의 분명한 분석이 시급히 필요하며 공공정책의 체계적 개선의 중심에 있다.

요약하건대

- 심리학, 사업, 정부의 정책입안 및 지리학으로부터 수렴되는 증거가 한정된 합리성의 결정과정을 개념화하기 위한 근거로 유용함을 입증한다.
- 한정된 합리성의 연구실적의 이해가 자연재해에의 적응을 개선하기 위해 이용될 수 있다.
- 결정분석은 사람이 자연재해에 관하여 내려야 할 중요한 결정을 위해 가치 있는 도구이다.

결정과정의 이해를 증진하고 그것을 개선하기 위한 기회를 마련하기 위해 필요한 수단은 이론적, 실험실의, 그리고 실증적 접근의 결합을 요한다. 잘 변하는 자연에 직면하여 최적의 행동을 위한 이유를 결정하는 것은 이론의 발전을 요구한다. 드문 자연 사건의 확률을 사정하는 그리고 결과에 가치를 할당하는 기본적 방식에는 통제된 실험실 실험에서 가장 분명하게 파악될 수도 있는 인지과정이 포함된다. 문화적 및 상황 요인들이 결정에 영향을 미칠 수 있는 길을 알아차리려면 현장에서의 관찰이 필요하다.

4 인지과정과 사회적 위험부담

우리의 세상은 우리가 가장 바라는 물리적 및 물질적 이득에는 재해의 씨가 뿌려지도록 만들어졌다. 예를 들면 비옥한 논밭 찾기가 우리를 자주 홍수범람원(洪水汎濫原; floodplains)으로 이끌고 덜 비옥한 논밭을 소출이 많도록 하려는 우리의 기도가 약간의 위험을 무릅쓰고 비료, 농약 및 살균제에 의존하도록 강요한다. 우리의 건강을 지켜주는 특효약은 그 약의 효능에 비례하여 부작용을 지니고 있으며 에너지의 이득은 오염원 무리로부터의 피해를 무릅써야 누릴 수 있다. 오늘날 사람들은 그들이 직면한 위험의 수준을 어느 정도 통제하지만 위험의 축소가 자주 이득의 감소도 함께 수반한다.

위험의 규제가 사회에 심각한 딜레마(dilemmas)를 제기한다. 정책입안자들은 점점 더 사회적 및 기술적 프로그램에 관하여 결정을 내릴 때 이득과 위험을 비교·검토하지 않을 수 없게 되었다. 이들 개인은 문제에 관한 정보를 수집하기 위해 또는 기술적 해법을 구축하기 위해 마음대로 사용할 수 있는 교묘한 방법들을 가지고 있다. 그러나 결정내리기에 관해서라면 그들은 으레 오래 전부터 의지하여온 기법-직감에 기댄다. 그들의 직관의 질은 전 의사결정 과정의 질에 그리고 아마도 우리의 삶의 질에 상한선을 둔다.

여기서 우리는 결정과정의 심리학적 연구가 사회적 위험부담을 개선하는데 담당할 수 있는 역할을 탐색하려 한다. 지난 40여 년간 위험 하 의사결정에 관한 실증적 및 이론적 연구가 사회적 결정을 이해하고 개선하고자 하는 사람들에게 가치 있는 일련의 지식을 제공하여 왔다. 이 연구의 연관된 측면들을 검토한 후 더 진전된 연구를 요구하는 많은 문제들의 일부에 집중할 것이다. 이를 요약하면 다음과 같다.

1. 사회적 위험에 포함되는 일부 기본적 정책쟁점은 무엇인가?
2. 이들 쟁점에 관련된 의사결정 과제에서 사람들이 어떻게 행동하는가에 관하여 심리학자들이 이미 알고 있는 것은 무엇인가?
3. 우리가 더 알아야 할 것은 무엇이며 이 지식을 우리는 어떻게 얻을 수 있을까?

1) 기본적 정책 쟁점

사회적 위험에 대한 정책 입안에 포함되는 쟁점은 특정 문제의 쟁점의 맥락 안에서 제일 잘 나타낼 수 있다. 여기서는 그런 두 분야, 자연재해와 원자력 분야를 검토해 보자.

(1) 자연재해(自然災害; natural hazards)

자연재해는 거대한 문제들을 만들어낸다. 미국에서 그것들로 인해 평균 100억 달러에 가까운 비용이 발생하였다(Wiggins, 1974). 도시지역에서의 주요 지진 하나가 인간의 곤궁(困窮; misery), 비통(悲痛; anguish), 그리고 죽음을 논하지 않은 재산상 피해만 200억 달러에 이를 수 있을 것이다(Gillette & Walsh, 1971).

정책 입안자들이 직면하는 질문이 '재난에 의하여 야기되는 사회적 경제적 붕괴(崩壞; disruption)를 극소화하면서 동시에 우리 자연환경의 혜택을 극대화하기 위하여 어떤 종류의 수단이 강구되어야 할까?'이다. 홍수의 경우에 강제적 보험, 홍수통제 시스템, 토지사용의 엄격한 규제, 희생자에 대한 대규모 구호 등의 정책 옵션(option)들이 시도되고 고려되어 왔다.

놀랄 것 없이 현대 산업국가들은 댐(dams)과 같은 기술적 해법을 택하였다. 그러나 이들 잘 의도된 프로그램이 자주 문제를 악화시킨다는 것을 알게 되었다. 미국정부가 1936년 이래 홍수통제 구조물에 100억 달러 이상을 지출하였지만 홍수피해 평균 총액은 꾸준히 증가하였다(White, 1964). Hurricane Agnes에 수반된 홍수로 인하여 1972년에 Pennsylvania에 가해진 피해는 66개의 댐에 의하여 그 지역이 보호되었음에도 불구하고 30억 달러가 넘었다. 분명히 댐이 제공하는 부분적 보호가 주민들에게 잘못된 안전감을 주고 범람원의 과도개발을 촉진한다. 이 과도개발의 결과로 드문 홍수가 댐의 용량을 초과할 때 그 피해는 파멸적이 된다. 문제가 영구화되어 특히 그런 재해의 희생자들이 같은 장소로 돌아와 재건한다(Burton, Kates, & White, 1968). 배워야 할 것은 기술적 해법이 위험에 처한 사람의 의사결정에 어떻게 영향을 미치는가의 지식이 없이는 그 해법이 부적절할 가능성이 있다는 것이다.

공공정책에 대한 논쟁은 이제 재해보험이 강제적이어야 하는가 여부에 집중된다. Kunreuther(1973a)는 자연재해의 결과에 대하여 자발적으로 스스로를 보호하는 사람은 많지 않은 반면에 많은 사람들이 손실을 입은 후 연방정부의 도움에 의지한다. 결과로 납세자는 보험을 구매함으로써 자신을 위해 대비할 수 있을 수 있는 사람을 위한 복구에 재정 부담을 지게 된다. Kunreuther와 동료들은 위험에 처한 재산소유자와 정부 모두가 연방 홍수-보험 프로그램 하에 들어가는 것이 재정적으로 더 좋다고 주장한다. 그런 프로그램이 재해의 짐을 일반 납세자루부터 재해가 나기 쉬운 지역에 사는 개인들에게 옮겨주고 따라서 범람원의 사용에 관한 더 현명한 결정을 증진할 것이다. 예를 들면 보험료를 거주자들에게 위험을 알리고 고위험지역의 개발을 단념

하도록 하기 위하여 위험의 크기에 비례하도록 설정할 수 있을 것이다.

그러나 사람들이 어떻게 위험을 인식하고 반응하는가를 이해하지 않고는 어떤 종류의 보험 프로그램이 가장 효과적일지를 알 길이 없다. 다른 예를 들어보면 보험비용을 낮추는 것이 사람들을 보험을 들게 장려할 것처럼 보인다. 그러나 보험료에 높은 보조금이 주어져도 사람들은 자발적으로 스스로 보험을 들지 않는다는 증거가 있다. 그 이유는 알려져 있지 않다. 어떻게 심리적, 경제적 및 환경적 요인들이 보험 구매에 영향을 주는지의 지식이 자발적 구매를 증가시킬-강제적 보험 프로그램에 대한 필요성을 나타낼 길을 제시할 수도 있다.

(2) 원자력(原子力; nuclear power)

우리의 핵에너지에의 의존도를 결정하는 문제는 별로 서론이 필요 없을 만큼 잘 알려져 있다. 정책결정은 관련 경험이 제한되어 기술자가 가용의 데이터를 넘어 멀리 추정해야 하는 기술의 위험과 이득을 알아보아야 한다. 정책입안자들은 또한 사람들이 그들의 분석과 결정에 어떻게 반응할지를 짐작하여야 한다.

원자력 논란에서의 주요 쟁점에는 의사결정 당국의 위치와 시민의견의 특징과 양이다. 한 쪽 끝에 핵 개발에 관한 결정은 기술 전문가에 그리고 정교한 결정분석기법에 훈련된 정책입안자에 맡겨져야 한다고 주장하는 사람이 있다. 이 관점에의 저항으로는 Denenberg(1974)가 전형적인 예인데 그는 "핵 안전은 전문가에게 맡기기에는 너무나 중요하다. 공공의 이익의 관점에서 해결되어야 할 문제로 편협한 기술자의 관점보다 더 넓은 시각을 요한다고 주장한다.

이득 대 위험의 저울질은 냉각수의 누출사고, 사보타주(sabotage), 무기급 물질의 절도 및 폐기물의 장기간 저장에서 오는 위험의 크기에 대한 가열된 논란으로 변질되었다. 일부 전문가는 원자력이 놀라울 만큼 안전하다고 주장한다. 다른 사람들은 결렬하게 반대하며 핵위협에 반대하는 수많은 공공이익단체(公共利益團體; public interest groups)를 동원하여 왔다. 원자력의 반대가 위험에 관하여 옳다면 모든 원자로는 재앙(災殃; catastrophe)이다. 만일 그들이 그르다면 그들의 조언을 따르고 원자로의 건설을 중단하는 것은 사회에 똑같이 손실이 클 수도 있다.

무엇이 인지 심리학자들로 하여금 이 논란을 해결할 수 있도록 방향을 잡게 하는데 기여할 수 있을까? 몇 가지 가능성이 있다. 첫째, 그들은 관련 빈도(頻度; requenstistic) 데이터가 부족한 시스템에 대한 고장(故障; failure) 확률을 엔지니어들이 사정할 수 있도록 판단 기법을 개발하는데 도움을 줄 수 있다. 둘째, 그들은 심리학적 관점에서 위험-이득 평가 수행 및 수용가능 위험수준 결정의 여러 방법의 장단점을 분명하게 하려고 시도할 수 있다. 셋째, 그들은 전문가의 분석이 무엇을 의미하는지 이해하려는 비전문가를 도울 수 있다. 가장 빈틈 없는 기술적 분석조차도 그 전제와 결과가 최종 의사결정 책임을 지고 있는 개인들에게 정확하게 전달되지 않는다면 거의 가치가 없다. 넷째, 확률과 위험에 관하여 합리적으로 생각하기 위한 인간의 능력에 대한 심리학적 연구는 의사결정 과정에서의 전문가와 비전문가의 적절한 역할을 결정하는데 필수적이다. 다섯째, 각각의 연구는 전문가의 주관적 판단에 얼마나 많은 확신이 들어있는지를 국민들이 이해하도록 도울 것이다. 이들 판단이 흔들리기 쉽다는 편향을 전제로 국민들은 때로는 전문가의 가장 훌륭한 짐작이 탐탁하지 않다고 결정할 수도 있다.

2) 사회의 위험부담에 관련된 심리학적 지식[12)]

(1) 초기 연구

사람들의 고급 정신 과정의 전통적 관점은 우리들이 지적으로 타고난 재능을 가진 생물이라는 것이다. 이 호의적 평가를 대표적으로 천명(闡明; state)한 사람이 경제학자 Frank Knight(1921/1963)이다. "우리는 우리에게 사리에 맞는 것처럼 보이는 것이 경험에 의해 확인될 가능성이 있도록 만들어졌으며 그렇지 않다면 우리는 전혀 이 세상에 살 수 없을 것이다." (p.227)

Miller(1956)는 분류와 기호화의 유명한 연구에서 서림들의 감각신호(感覺信號; sensory signals)에 대한 사람들의 능력에 심각한 한계가 있다는 것을 보여주었다. 거의 같은 시기에 개념 형성에서의 면밀한 성능관찰이 Bruner, Goodnow & Austin(1956)로 하여금 그들의 피험자들이 '인지적

12) 특히 편향에 대해서는 강성안(2013), pp.611-630.

중압감(認知的 重壓感)'의 조건을 경험하자 단순화의 전략을 사용하여 그것을 감소시키려 하였다고 결론짓게 하였다. 개념형성의 처리는 현재 제한된 단기간의 기억과 기억의 장기간 저장에 의하여 제약받는 순차적 과정으로 보인다(Newwell & Simon, 1972).

의사결정연구에서도 행동 타당성(行動 妥當性; behavioral adequacy) 또는 합리성의 고전적 관점은 심리학적 근거 위에서 도전받아왔다. 예를 들면 'Simon의 한정된 합리성' 이론은 인지적 한계가 의사결정자로 하여금 세상을 다루기 위하여 단순화된 모델을 구성하도록 강요한다고 주장한다. Simon(1957, p.198)은 의사결정자가

> … 이 [단순화된] 모델에 대하여 합리적으로 행동하며 그런 행동은 현실사회에 대하여 전혀 근사적(近似的; approximately)으로도 최적이지 않다. 그의 행동을 예측하기 위하여 우리는 이 단순화된 모델이 구성되는 방식을 이해해야 하고 그 구성결과를 인식하고 생각하고 학습하는 동물로서의 그의 심리적 성질과 확실하게 관련될 것이다.

라고 주장한다. 한정된 합리성에 관하여 앞에서 검토되었지만 특히 한정된 합리성 개념을 실증적으로 뒷받침하는 연구가 다음에서 검토된다.

(2) 최근의 확률정보처리 연구

의사결정에 확률적 추리(推理; reasoning)가 갖는 중요성 때문에 많은 최근 실험연구가 사람들이 불확실한 사건의 확률을 어떻게 인식하고 사용하는지 이해하는데 집중되었다. 대체로 이 연구는 Simon의 한정된 합리성 개념을 획기적으로 뒷받침한다. 실험결과는 사람들이 확률을 판단할 때 예측할 때 또는 아니면 확률적 과업에 대처하려 할 때 합리적 의사결정 원칙을 체계적으로 위반한다는 것을 보여준다. 빈번하게 이들 위반은 판단의 체험직감해법(體驗直感解法; heuristics)의 사용이나 단순화 전략을 따라 설명될 수 있다. 이들 체험직감해법은 어떤 환경에서 타당할 수도 있지만 다른 데서는 이 해법들이 의사결정에 대한 그것들의 영향에서 크고 집요하고 심각한 편향으로 이끈다. 이 연구는 Slovic, et al.(1974), Tversky & Kahneman(1974)에 맡기고, 여기서는 이 정도로 줄이도록 하자.

표본내용(標本內容; sample implications)의 잘못 판단하기(misjudging)

많은 심리학자들에게 그들의 연구 관행(慣行; practices)에 관하여 질문하고 심리학 학술지에 보고된 실험 설계를 조사한 뒤에 Tversky & Kahneman (1971)은 이들 과학자들이 데이터의 작은 표본에 내재하는 오류와 신뢰할 수 없음(unreliability)을 심각하게 과소평가하고 있다고 결론 내렸다. 그 결과로 그들은

- 단일 표본으로부터의 결과의 반복 가능성에 관하여 불합리하게 높은 기대를 가졌다.
- 몇 명의 피험자로 부터의 결과에 과도한 믿음을 가졌다.
- 조사되고 있는 결과(結果; effects)를 발견할 가능성이 극도로 낮다는 것을 알아차리지 못하고 그들의 연구가설을 작은 표본에 너무 크게 내기를 걸었다.
- 그들이 모든 관찰된 결과에 대한 인과관계를 설명하였기 때문에 어떤 기대하지 않은 결과를 표본추출의 가변성에 탓으로 돌리기 어려웠다.

전혀 다른 맥락에서의 유사한 결과들을 Berkson, Magath & Hurn(1940)과 Brehmer(1974)에서 찾아냈다. 그러나 사람들은 데이터의 표본으로부터 추론을 끌어낼 때 항상 경솔하지는 않다. 어떤 환경 하에서 그들은 지극히 보수적이 되어 데이터가 진짜보다 훨씬 진단적이지 못하다고 생각하고 대응한다(Edwards, 1968).

Stanford 대학 재학생을 피험자로 쓴 연구에서 Kahneman & Tversky (1972)는 이들 중 많은 사람들이 표본의 크기가 커짐에 따라 표본의 분산(分散; variance)이 감소된다는 표본추출(標本抽出; sampling)의 기본원칙을 이해하지 못하고 있다는 것을 발견하였다. 그들은 "사람들을 합리적인 직관적 통계전문가로 보기를 원하는 누구에게도 그런 결과는 실망스럽다."라고 결론을 내렸다(p.445).

예측의 오류(Errors of prediction)

Kahneman & Tversky(1973)는 사람들의 직관적 예측을 결정한 규칙과 통계적 예측의 규범적 원칙으로 대비하였다. 목전의 경우에 특정된 증거가

규범적으로 입수되기 전에 우리가 알고 있던 것을 요약한 사전확률 또는 기본 비율이 특정한 증거가 얻어진 후에도 의미가 있다. 그러나 사실 사람들은 거의 배타적으로 특정한 정보에 의지하고 사전 정보를 무시하는 것처럼 보인다. Hammerton(1973), Lyon & Slovic(1976) 및 Nisbett, Borgida, Clandall & Reed(1976)가 유사한 결과를 보여준다.

또 다른 규범적 원칙은 우리의 예측 분산(分散; variance)이 그 예측이 근거로 하는 정보의 타당성에 민감하여야 한다는 것이다. 타당성이 완벽하지 않다면 그 예측은 어떤 중앙값으로 회귀(回歸; regressed)되어야 한다. 더 나아가 예측이 근거로 삼고 있는 정보의 타당성이 낮을수록 그 회귀의 정도가 더 커야 한다. Kahneman & Tversky(1973)는 그렇지 않다면 지적인 사람들이 회귀 개념에 대한 직관적 이해가 별로 없거나 전혀 가지고 있지 않다는 것을 발견하였다. 그들은 회귀가 틀림없이 일어나야 할 많은 상황에서 그것을 기대하지 못하였다. 그리고 그것을 관찰하였을 때 그들은 일반적으로 복잡하지만 겉으로만 그럴싸한 설명을 만들어낸다. 사람들은 그들이 스스로 타당성이 낮다고 생각하는 정보를 사용하고 있을 때조차 그들의 예측을 중앙값으로 회귀시키지 못한다.

예측의 세 번째 원칙은 천명된 타당성의 입력 변수를 전제조건으로 예측의 정확도는 반복(反復; redundancy)이 많아짐에 따라 감소한다고 주장한다. Kahneman & Tversky(1973)는 그러나 사람들이 저주 반복되거나 상관관계가 있는 예측변수에 근거를 둔 예측에 더 큰 자신감을 가진다는 것을 발견하였다.

가용성 편향(可用性 偏向; availability bias)

판단 편향의 또 다른 형태는 가용성 체험직감해법(heuristic)의 사용에서 나온다(kahneman & Tversky, 1973). 이 체험직감해법에는 확률이나 빈도(頻度; frequency)를 관련된 사례를 상상하기 얼마나 쉬운지에 또는 기억에서 쉽게 생각해 낼 수 있는 그런 사례의 수가 얼마나 많은지에 의하여 판단하는 것이 들어있다. 삶에서 빈번한 사건의 경우가 일반적으로 덜 빈번한 사건의 경우보다 기억하기 더 쉬우며 발생가능성이 큰 사건이 그렇지 않은 사건보다 상상하기 더 쉽다. 따라서 정신적 가용성이 자주 빈도와 확률의 사정(査定; assessment)을 위한 유효한 단서가 된다. 그러나 가용성은 새로움과 정서적 돌출성(突出性; saliency)과 같은 실제 빈도와 관련이 없는 미묘한 요인들에 의하여도 영향을 받으며 그것에의 의지가 심각한 오류를 가져올 수도 있다.

가용성 편향은 사람들의 낮은 확률의 그리고 좋은 결과의 사건에 대한 인식을 위한 연구에서 그 예를 찾을 수 있다. Slovic(2000)은 질병, 사고, 살인, 자살 및 자연재해를 포함하여 41개의 사망원인들을 실험수단으로 사용한 실험의 결과는 다음과 같다.

- 피험자들은 사망원인에 대한 상대 빈도의 일관된 주관적 눈금을 가지고 있다.
- 주관적 눈금(scale)은 자주 진짜 눈금보다 두드러지게 벗어났다.
- 피험자들은 높은 빈도 대 낮은 빈도의 진짜 비율이 2.1보다 더 클 때만 쌍을 이루고 있는 사건의 어느 것이 더 빈번한 사망원인이라는 것을 식별하였다.

진짜 비율이 2.1 이하일 때는 구별이 좋지 못하였다. 상세결과 중 일부가 [표 1.1.3]에 있다.

가용성 가설에 의하면 사건의 발생을 상상하기 쉽게 만드는 어떤 일도 그것의 인식된 빈도를 높일 개연성이 있다. 예를 들면 누구의 치명적 사건의 직접경험은 확실하게 누구의 판단에 영향을 준다. 사건, TV, 신문광고 등에서의 누구의 간접적 노출이 그러하다. 가장 심각하게 잘못 판단된 사건의 조사가 이 가설을 간접적으로 뒷받침하게 한다. 모두 매스컴의 보도의 집중조명을 받는 사고, 암, 보툴리누스 중독, 회오리바람(tornados)의 빈도는 대단히 크게 과대평가 된다. 빈도가 가장 과소평가된 사건 중에는 천식과 당뇨병이 있다. 이들 사건 둘 다 비치명적 형태가 공통적이고 매스컴에서 사망의 원인으로 취급되는 일은 드물다. 마찬가지로 극적인(spectacular) 사건으로 자주 다수의 희생자를 내고 매스컴의 집중조명을 받는 화재는 덜 극적인 단일 희생사건인 익사보다 두 사건이 실제 빈도 면에서 거의 같음에도 불구하고 상당히 더 빈번한 것으로 인식되었다.

가용성 편향을 입증하는데 추가하여 이 연구는 일부 정책입안자의 전제와 반대로 지적인 개인들이 그들에게 노출된 재난사고의 빈도에 관하여 타당한 인식을 가지고 있지 않을 수도 있음을 시사한다.

정착 편향(anchoring biases)

판단인이 정착과 조절이라는 체험직감적인 도구를 따름으로써 정보처리의 긴장을 풀려할 때도 편향이 일어난다. 이 과정에서 자연적 시작점이나 닻(anchor)은 판단의 첫째 어림값(approximation)으로 사용된다. 이 닻은 추가

[표 1.1.3] 선택된 치명적 사건의 쌍에 대한 상대비교판단

낮은 공산	높은 공산	진짜 비율	옳은 구별 (%)	판단비율의 기하평균
천식	화기사고	1.20	80	11.00
유방암	당뇨병	1.25	23	0.13
폐암	위암	1.25	25	0.31
백혈병	폐기종	1.49	47	0.58
뇌졸중	모든 암	1.57	83	21.00
모든 사고	뇌졸중	1.85	20	0.04
임신	맹장염	2.00	17	0.10
폐결핵	화재와 화염	2.00	81	10.50
폐기종	모든 사고	5.19	88	269.00
소아마비	회오리바람	5.30	71	4.26
익사	자살	9.60	70	5.50
모든 사고	모든 질병	15.50	57	1.62
당뇨병	심장병	18.90	97	127.00
회오리바람	천식	20.90	42	0.36
매독	살인	46.00	86	31.70
보툴리눔 식중독	번개	52.00	37	0.30
홍수	살인	92.00	91	81.70
매독	당뇨병	95.00	64	2.36
보툴리움 식중독	천식	920.00	59	1.50
지나친 추위	모든 암	982.00	95	1490.00
보툴리움 식중독	폐기종	10,600.00	86	24.00

되는 정보의 영향(影響; implication)을 받아들이기 위하여 조절된다. 일반적으로 이 조절은 조잡하고 부정확하며 추가 정보의 중요성을 충분히 평가하지 못한다. Tversky & Kahneman(1974)는 조절이 충분하지 못한 경향을 증거를 들어 보여주었다. 그들은 피험자에게 "미국에서의 55세 이상인 사람의 백분율은 얼마인가?"와 같은 질문을 하였다. 그들은 피험자에게 무작위로 선택된 시작 백분율을 주고 이 백분율을 피험자의 최선의 추정치에 도달할 때까지 조절하도록 하였다. 불충분한 조절 때문에 시작점이 높은 피험자는 낮은 값으로 시작한 사람보다 더 높은 추정치로 끝냈다. 정착 및 조절에 기인된 다른 편향이 Slovic(1972)에 의하여 기술된 바 있다.

사후 판단 편향(事後 判斷 偏向; hindsight biases)

Fischhoff(1974, 1975), Fischhoff & Beyth(1975)는 사후 판단 현상을 조사하였다. Fischhoff는 일어난 어떤 사건을 들은 것이 그 사건이 불가피하다는 느낌을 증가시킨다는 것을 발견하였다. 그러나 우리는 이 효과를 알아채지 못하고 우리가 무엇이 일어났는지를 알기 전에 이 불가피성이 이미 예견되었다고 믿는 경향이 있다. 회상(回想; retrospect)에서 사람들은 일어나려는 것을 실제로 알고 있었던 것보다 훨씬 더 잘 알고 있었다고 믿는 경향이 있다. Fischhoff(1974)는 어떻게 그런 잘못된 인식이 심각하게 과거에 내려진 결정의 평가에 편견을 가질 수 있는지 그리고 경험에서 학습된 것을 제한할 수 있는지를 보여주었다.

3) 뒤돌아보기

이들 실험결과가 우리들의 인간 지적능력의 전통적 이미지와 모순되기 때문에 의사결정자가 그들 자신과 다른 사람들에게 중요한 결정을 내리기 위하여 친숙한 정보원을 사용하는 상황에서 이들 확률적 사고에 결함이 존재하는지 여부를 묻는 것은 합리적이다.

많은 증거가 실험실 결과가 일반화될 것이라는 것을 시사한다. 인지한계(認知限界; Cognitive Limitations)가 총명(聰明; pintelligent)한 개인들이 동기부여(動機附輿; motivation)와 개입(介入; involvement)을 극대화하는 조건들 하에서 자주 의사결정자로 역할을 하는 아주 다양한 과제들에 만연(蔓延; pervade)하는 것 같다. 예를 들면 Tversky & Kahneman(1971)이 연구한 피험자들은 그들 자신의 연구에서 부닥친 문제들과 유사한 것들을 평가하는, 통계학에서 고도로 훈련된 과학자들이었다. 특정한 증거에의 과도한 의존과 기저율(基底率; base rate)의 무시가 심리 검사의 개발과 사용에 책임이 있는 계량심리학자 중에서 관찰되었다(Meehl & Rosen, 1955). Lichtenstein & Slovic(1971)은 피험자의 도박평가에서 닻 내리기 편향을 발견하였을 때 그들은 Las Vegas 카지노 도박장에서 동일한 결과를 가진 연구를 반복하였다(Lichtenstein & Slovic, 1973). 자연 재해에 대처하려고 하는 개인들에 있어서의 이런 유의 편향을 잘 보여주는 증거가 특히 이 장과 관련이 있다. 예를 들면 범람원 주민들의 행동에서 가용성 편향이 두드러진다. Kates(1962, p.140)는 다음과 같이 썼다.

> 향상된 수재해 정보를 사용하기 위한 인간 능력의 주요 제약은 기본적 경험에의 의존이다. 범람원에 사는 사람들이 대단한 경험의 포로인 것 같다. 근간에 경험한 홍수들이 관리자들이 관심을 받아야 할 것이라고 믿는 손실크기의 상향 한계를 정하는 것 같다.

Kates는 더 나아가 홍수를 잘 통제하는데 있어서의 대부분의 어려움이 '일어난 일이 없는 홍수를 개인들이 개념화하지 못하는데' 기인한다고 하였다(p.88). 그는 장래 홍수 가능성을 예측하는데 있어 개인들이 '바로 최근 홍수에 강하게 영향 받으며 장래를 그 과거의 거울로 보면서 그들의 추정을 단순화된 구성개념에 한정한다는 것을 발견하였다(p.88). Slovic et al.(1974)은 심리연구, 한정된 합리성 및 자연재해에 직면한 행동을 보다 상세하게 연결하였다.

사람들의 확률정보를 처리하는 제한된 능력에 대한 연구의 추가 결과도 보기로 하자. 문제 해결 및 개념형성 연구에서 파생된 '인지부담(認知負擔; cognitive strain)'과 '제한된 능력'의 검토 대부분은 사람을 옳은 프로그램을 가졌지만 중앙 처리기(處理器; processor)가 너무 작기 때문에 그것들을 적절하게 실행할 수 없는 컴퓨터로 묘사한다. 가용성과 닻 내리기의 편향은 확실히 이 비유(比喩; analogy)에 해당된다. 그러나 표본추출의 가변성(可

變性; variability) 오판 및 예측의 오류가 더 심각한 결함임을 보여준다. 여기서 우리는 사람들의 중요한 확률현상 판단이 단지 편향만 되는 것이 아니고 근본적인 규범적 규칙을 위반한다는 것을 본다. 컴퓨터 비유를 다시 사용하면 사람들에게 중요한 판단 과제들을 위한 올바른 프로그램이 부족한 듯하다.

어떻게 우리에게 확률적 사고를 위한 적절한 프로그램이 부족할 수 있을까? Sinsheimer(1971)는 인간의 뇌가 당장의 외부세상에서의 확실한 아주 현실적 문제들에 대처하도록 진화하였으며 그래서 많은 개념적 현상을 아우르는 틀이 부족하다고 주장한다. Sinsheimer의 추론(推論; reasoning)에 따라가다 보면 우리가 불확실성을 개념적으로 다룰 수 있는 지능을 발달시킬 기회가 없었다고 주장할 수도 있다. 우리는 본질적으로 시행착오로 배우는 존재로서 불확실성을 무시하고 습관이나 단순한 결정논적 규칙에 대부분 의존한다. 우리가 원자력시대에 오류가 파멸적일 때 우리의 길을 바꿀 수 있는지를 보는 일이 남아있다.

4) 위험-이득 분석에서의 심리학적 고려사항

우리사회는 점증하는 의사결정 문제에 정식 분석방법을 적용하는데 훈련된 기술전문가로부터의 도움을 찾아왔다. 경험이 값비싸거나 획득할 수 없는 상황에서 전략적 전술적 문제 해결이 필요하므로 2차 세계대전 기간 중에 과학적 접근이 시작되었다. 이들 초기 작업의 분파 중 하나가 비용-이득 분석이라 불리는 기법으로 어떤 제안된 행위로부터의 기대 이익과 손실을 통상의 금전가치로 계량화하려고 한다. 행동이나 프로젝트(project)로부터의 계산된 이득이 +일 때 다른 어떤 대안도 더 좋은 비용-이득 비율을 내지 못한다면 이득이 비용보다 더 크므로 그것을 받아들이는 것이다. 이 좋은 예가 Lave & Weber(1970)에 의한 자동차-안전 특성의 분석이다. 위험-이득분석은 비용-이득 분석의 특별한 경우로 여기서는 재난사건의 확률 사정과 생명이나 사지의 잃음이나 고통 및 비통(悲痛; anguish)의 비용을 계량화하는데 주목하여야 한다.

많은 연구개발이 이루어지고 있는 위험-이득 분석이 사회적 위험-부담 결정을 위한 방법론적 도구를 마련하여 줄 것으로 기대된다.

(1) 저 확률 고 결과 사건 평가하기

가장 중요한 공공 재해는 극도로 낮은 확률과 극도로 높은 결과를 가진 사건이다. 예를 들면 Holmes(1961)는 주요 홍수피해의 50%는 어느 해이든 0.1%보다 낮은 발생확률을 가진 홍수에 기인된다는 것을 발견하였다. Yugoslavia의 Skopje 시는 AD 518년, 1555년 및 1963년에 지진으로 완전히 무너졌으며 Peru의 Yungay에서 25,000명의 목숨을 앗아간 이류(泥流; mudflow)는 1,000년 전과 10,000년 전 사이에 같은 계곡을 휩쓸었다. 동력용 원자로(동력용 원자로; nuclear power reactor)로부터의 심각한 방사능 방출의 확률은 원자로 당 일 년에 10^{-4}와 10^{-9} 사이로 추정되어 왔다. 어떻게 (그리고 얼마나 잘) 전문가와 비전문가가 그런 사건의 확률을 추정하는지 이해하는 것이 분명히 의미 있음에도 불구하고 이문제의 체계적 연구가 Selvidge(1975)에 의한 것과 위에서 기술된 '죽음의 원인' 이외에는 별로 없었다.

여기서 드문 재해의 확률을 평가하기 위한 두 개의 고도의 기술: 사고결과 계통도(事故結果系統圖; fault tree) 분석과 시나리오(scenario) 구성을 요하는 분석기법을 사용하여 심리분석이 기술자를 도와줄 수도 있는 방식을 검토해 보자.

사고결과 계통도(fault tree) 분석

복잡한 시스템의 고장률(故障率; failure rates)에 관한 빈도의(frequentistic) 데이터를 쓸 수 없을 때 사고결과 계통도를 이용하여 분석적으로 추정치(推定値; estimates)를 얻을 수 있다. 계통도의 구성은 고장에 이르는 모든 있을 수 있는 경로를 나열하고, 그 뒤 이들 경로에 이르는 모든 있을 수 있는 경로를 나열함으로써 시작된다. 원하는 상세 정도를 얻었을 때 구성 경로 각각에 확률이 할당되고 나서 전체 고장률을 마련하기 위하여 결합된다. 예를 들면 자동차 시동불능 확률을 평가하기 위하여 설계된 사고결과 계통도의 주요 경로에는 배터리(battery), 시동 시스템, 연료 시스템, 점화(點火; ignition) 시스템 및 기타 등등이 포함될 것이다. 그 뒤 배터리 결함은 빠진 전극단자나 약한 배터리 충전까지 추적할 수 있을 것이다. 후자는 켜논 라이트, 추운 날씨 또는 결함이 있는 발전기와 같은 부품 원인으로 더 분석될 수 있을 것이다. 이들 서로 다른 사건의 공산(公算; likelihood)은 시동불능의 전체 확률 추정치를 산출하기 위하여 결합된다.

사고결과 계통도 분석의 중요성이 동력용 원자로(nuclear power reactor)에서의 파멸적 냉각재 상실 사고(catastrophic loss of coolant accident)의 확률을 사정하는 연구에서 기본적인 방법론적 도구로서의 그것의 역할에 의하여 입증되었다(Rasmussen, 1974). 원자력위원회가 200만 불의 비용으로 후원한 이 연구는 그런 사고의 공산(likelihood)은 (10명의 죽음을 가져오는 사고에 대한) 10^{-5}과 (1,000명 사망사고에 대한) 10^{-9}사이라고 결론을 내렸다. 그러나 사고결과 계통도 분석은 근간에 그것이 큰 결과의 결정의 근거로 사용되기에 충분할 만큼 타당한지 여부를 묻는 비평가들로부터 비난을 받아왔다

심리학자들은 사고결과 계통도의 유효성(有效性; effectiveness)을 사고결과 계통도 사용자를 괴롭힐 수도 있는 편향을 식별함으로써 개선할 수도 있다. 심리학자들이 확실히 처리할 수 있는 하나의 방법론적 문제는 어떤 기법(예: 직접 추정, 쌍 지워 비교, Delphi 방법)에 의하여 부품에 대한 고장률이 추정되어야 하는가를 결정하는 것이다. 조사해 볼만한 하나의 있을 수 있는 편향의 출처는 우리가 복잡한 시스템의 모든 부품의 경험에 의한 완전한 고장률을 드물게 가지고 있다는 사실에서 나온다. 사용된 비율은 일반적으로 약간 다른 부품에서 혹은 다른 목적으로 개발된 부품에서 추정된다. 닻 내리기와 조절이 여기서 잘 역할을 하여 문제가 되는 것보다는 어쩌면 당초의 부품 또는 당초의 상황에 더 적합한 추정치에 이르게 할 수도 있다.

있을만한 또 다른 편향은 고장이나 재난에 관련된 경로의 누락에서 생길 것이다. 예를 들면 자동차 시동고장을 추정하는데 사용된 계통도가 만일 안전벨트(seat belt) 시스템, 필수부품의 도난 또는 다른 고의적 파괴행위의 문제들을 포함하지 못한다면 심각한 결함이 될 수 있을 것이다. 재난에 이르는 관련 경로 누락의 위험을 과소평가하여서는 안 된다. 근간의 보고에 의하면 태양복사(太陽輻射; solar radiation)로부터 지구를 보호하는 오존(ozone)층이 연무제(演霧劑; aerosol) 제품으로부터 방출되는 탄화불소(炭化弗素; fluorocarbons)에 의하여 손상될 수도 있다. 인간에의 기술의 주요위험을 평가하기 위하여 만들어진 셀 수 없이 많은 시나리오(scenarios)에서

누가 이 발견 전에 헤어스프레이(hair spray)와 탈취제(奪取劑; deodorant)를 치사 작용제(致死作用劑; lethal agents)로 포함하려 생각했겠는가?

우리는 전문가들이 일반적으로 무지, 건망증 또는 상상력 부족 때문에 그들이 생각하지 못했던 재난에 적절하게 대응하지 못한다고 의심한다. 그들 자신의 생략을 모르는 사람들이 진짜 고장률을 심각하게 과소평가할 가능성이 있다. 이 가설은 확실하게 실험적으로 검사될 수 있다.

기술자들이 더 좋은 추정을 할 수 있도록 도움을 받을 수 있어도 사고결과 계통도에 따르는 문제는 끝나지 않을 것이다. 대부분의 사회적 결정에 대한 궁극적 책임은 일반대중이나 정치적 정책입안자에 있다. 제일 훌륭한 분석도 그것이 이들 사람들과 소통될 수 없다면 별 가치가 없다. 가용성의 고려를 통해 사고결과 계통도는 그 결과가 특별히 오해(誤解; misconception)를 불러일으키는 경향이 있는 기법이라는 것을 알게 된다. 예를 들면 사고결과 계통도의 경험이 없는 관찰자는 재난에의 있을만한 경로의 다양성에 놀랄 수도 있는데 그 중 일부는 새롭거나 놀라운 것일 가능성이 있다. 그들이 가능성이 희박한 경로를 적절하게 도외시하지 않음으로써 재난경로가 증가될 것이라고 상상하지 않도록 하지 않으면 그들은 과잉 반응하여 위험을 실제 이상으로 크게 인식하게 된다. 게다가 계통도가 더 크고 가지가 많을수록-각각의 주요 경로의 특정한 부품을 나타내는 상세함에서-오인은 더 커질 수 있다. 따라서 의사결정자의 인식을 분명히 하려는 의도의 분석은 오히려 그것들을 왜곡(歪曲; distort)할 수도 있다. 원자력발전의 비판은 흔히 이들 성향을 이용하는 것처럼 보인다. 핵분열(核分裂; fission)은 다수의 불가결한 장치들이 예정대로 작동하고, 핵심적인 자리에 있는 다수의 사람들이 모두 그들의 지시를 따르고 사보타주(sabotage)나 운송의 장악 … 등이 없어야만 안전하다. 어떤 천재(天災; acts of God)도 허용될 수 없다.

이와 같은 극단적인 상황에서 원자력 위험의 계속된 논의가 왜 이 기술에의 저항을 증가시켜왔는지를 설명할 수도 있다. 궁극적으로 새로운 고위험 기술의 대중적 수용이 기술자의 의견에 의해서보다 심리적 고려에 의해서 정해질 수도 있다.

시나리오 평가하기

시나리오는 실화형식(實話形式; narrative form)으로 연결된 사건의 시리즈로 구성된다. 멀티 이벤트(multi-event) 시나리오의 발생 확률은 규범적으로 개별 이야기 고리(links) 확률의 곱셈함수(multiplicative function)이다. 시나리오 안에 더 많은 이야기 고리가 있을수록 전체 시나리오의 발생확률은 더 낮아진다. 가장 약한 이야기 고리의 확률이 전체 이야기 고리의 상한을 정한다.

인간의 판단은 이들 규범적 규칙에 따라 시나리오를 평가하지 않는 것 같다. 많은 이야기 고리 시나리오의 확률이 모든 이야기 고리들의 평균 공산(公算; likelihood)을 근거로 판단되는 것이 발견되었다. 뒤에 나올 시나리오의 강력한 이야기고리들은 앞에 있는 약한 이야기 고리를 고르게 하거나 보상하는 것 같으며, 그것들이 더 길어지고, 더 자세하게 되고, 규범적으로 덜 개연성이 있게 됨에 따라 인식된 확률이 증가하는 시나리오를 구성할 수 있게 만들어 준다. 자 우리들의 경험에서 뽑은 그런 시나리오 예를 다음 시나리오에서 보기로 하자.

> Tom은 진정한 창조성이 부족하긴 하지만 머리가 비상한 사람이다. 그는 정리와 명확성이 필요하며 모든 세부사항은 적절한 자리를 찾는 정돈되고 깔끔한 시스템을 요구한다. 그의 글은 좀 지루하고 기계적이며 때로는 무언가 진부한 말장난으로 그리고 공상과학소설(空想科學小說; sci-fi)의 눈부신 상상력으로 사람들을 즐겁게 해준다. 그는 경쟁에 이기려는 강력한 욕구를 가지고 있다. 그는 다른 사람에 대해 별 느낌도 별 정(情; sympathy)도 가지고 있지 않은 것 같으며 다른 사람과의 교류도 즐기지 않는 것 같다.
>
> 이들 데이터에 비추어 (a) Tom이 대학전공으로 저널리즘을 선택할 것이지만 (b) 곧 그의 선택에 만족하지 못하고 (c) 공학(工學; engineering)으로 바꿀 확률은 얼마일까?

피험자들에게 첫 단락(段落; paragraph)에 들어있는 처음 조건들을 주고 뒤에 나오는 사건 (a)의 확률을 추정하라고 요청하였을 때 대학전공으로 Tom의 저널리즘 선택은 평균 추정치로 0.21이었다. 같은 최초 조건으로 진술 a와 b의 복확률(複確率; compound probability)을 추정하라고 요청하였을 때 평균 확률은 0.39이었다. 진술 a, b, c로 구성된 복합 사건을 추정하라고 요청하였을 때 그 평균 확률은 0.41로 올라간다. 이 결과는 논리 정연한 많은 세부사항들에 있는 약한 이야기 고리를 묻어버림으로써 '좋은 이야기'를 하는 시나리오가 마땅히 받을 만한 것 이상으로 신뢰를 받는다는 것을 말해 준다.

시나리오가 타당한지를 결정하는 인지과정을 분명하게 하기 위하여, 시나리오 평가에서 편향을 찾아내기 위하여, 그리고 그런 편향을 방지하기 위한 기법을 개발하기 위하여 실험이 필요하다. 분명한 탈편향(脫偏向; debiasing)을 향한 첫 단계는 단순하게 판단 인에게 문제에 관하여 교육하고 경고하는 것이다. 만일 이것이 실패하거나 그들의 판단에 단순히 잡음과 혼란을 추가할 뿐이라면 더 정교한 기법이 고안되어야 한다. 예를 들면 시나리오를 구성요소 사건들로 분해하고, 선행하는 전개 국면을 조건으로 하는 개별 사건에 대한 조건부 확률을 추정하며, 전반적 평가를 위해 이들 조건부 확률을 수학적으로 결합하는 것이 필요할 수도 있다. 그 대신에 누군가는 아무 주어진 토픽(topic)에 대한 몇 개의 대안이 되는 시나리오를 만들어낼 것을 요구하고 각각의 장단점을 논의하는 상대적 접근법을 사용할 수 있다.

(2) 얼마나 안전해야 충분히 안전하나?

어떤 위험-이득 분석도 궁극적으로 얼마나 안전해야 안전한 건가라는 질문에 대답하여야 한다. Star(1969)는 사회가 어떤 움직임에든 관련된 위험과 이득 간의 합리적으로 적정한 균형에 시행착오로 도달한다는 가정을 근거로 이 질문에 대답하기 위한 정량기법(定量技法; quantitative technique)을 제안하였다. 그러므로 누군가가 '수용 가능한' 위험-이득 비율을 나타내기 위하여 역사적 사고(事故; accident) 및 참사(慘事; fatality) 기록을 사용할 수도 있다. 새로운 기술에 대한 수용 가능 위험이 이 기술과 유사한 이득이 있는 진행 중인 활동에 관련된 안전의 수준이 된다.

Starr는 몇몇 통상의 활동 전부의 위험과 이득의 관계를 조사함으로써 그의 기법을 예시한다. 이들 위험한 움직임에 대한 위험의 척도는 고려중인 활동에 노출된 시간당 참사의 통계적 기대이다. 이득은 개별 참가자가 한 활동에 지불한 돈의 평균 금액이거나 그렇지 않으면 그 활동이 한 개인의 연간 소득에 보태준 평균 기여(寄與; contribution)와 같다고 전제된다.

이런 형태의 분석으로부터 Starr는 다음과 같이 결론냈다.

1. 위험의 수용가능성(受容可能性; acceptability)은 대략 실제 및 인식된 이득에 비례한다.
2. 일반국민은 자원하는 위험(예: 스키 타기)을 같은 수준의 이득을 제공하는 자원하지 않는 위험(예: 자연재해)을 견뎌내는 것보다 대략 1,000배 더 기꺼이 받아들이는 것 같다.
3. 위험의 수용가능 수준은 한 활동에 참여하는 사람 수에 역비례의 관계가 있다.

자발적으로 받아들여진 위험과 질병의 위험 간의 유사성(類似性; similarity)에 주목하면서 Starr(1969)는 질병에 의한 사망률이 심리적으로 자발성 기준에 의한 위험의 수용가능성을 결정하는데 척도역할을 하는 것 같다고 추측한다(p.1235).

Starr의 접근은 모든 위험-이득 분석에 직면한 문제에 매력적인 해법을 제공하여 준다. 그리고 유사한 접근이 이미 California, Long Beach에서 지진 위험을 규제하는 건축법규를 개발하기 위하여 사용되었다(Wiggins, 1972). 그러나 이 방법에는 몇몇 심각한 문제점이 있다. 첫째, 그것은 과거 행동이 현재의 선호에 타당한 지표(指標; indicator)라고 전제하였다. 둘째, 그것은 개인이 정확하게 그의 '진짜 선호'를 정확하게 반영하는 의사결정을 하지 못하게 할 수 있는 체계적 편향에 관한 근간의 심리학적 연구를 무시하였다(예: Lichtenstein & Slovic, 1971, 1973; Slovic & MacPhilamy, 1974). 셋째, Starr 접근은 일반국민이 선택할 넓은 범위의 대안들을 가지고 있다고 전제하였다. 예를 들어 일반국민의 자동차 구매 행동이 정확하게 안전과 다른 이득 간의 절충에 관한 그의 선호를 반영한다고 전제하는 것이 합리적일까? 일반국민이 실제로 설계의 관점에서 무엇이 가능한지를 모르면 그리고 자동차 산업이 자체의 이익 극대화라는 관심사에 반드시 도움을 주지 않을 수도 있는 가용정보를 만드는데 협력하지 않으면 그 답은 아니다일 것 같다. 마지막으로 위에서 기술된 '죽음의 원인' 연구에서 관찰된 것과 같은 위험의 오인(誤認; misperception)이 발병율의 '판단기준 역할'에 관한 Starr의 가설을 의심하게 한다. 그것은 또한 밝혀진 역사상 있었던 선호가 충분하고 정확한 정보를 근거로 하는 위험 및 이득의 의식적인 비교평가보다는 시장의 힘을 반영한다는 것을 시사한다. 그렇다면 그것들을 미래를 위한 지표로 사용하기 위한 정당화가 '이것이 사람들이 원하는 것'이 아니라 '이것이 사람들이 받아들이게 된 것'일 것이다.

이들 어려움을 피해가게 도와줄 연구의 길은 판단기법을 통해 위험-이득 절충을 조사하는 것이다. 인식된 위험과 인식된 이득의 심리학적 척도는 주요 계층의 활동들을 위해 개발될 수 있을 것이다. 바랐던 위험의 판단이 실제 위험에 추가하여 도출될 수 있을 것이다. 이들 데이터의 분석은 판단된 위험과 이득이 이들 요인의 실증적 계산을 얼마나 받아들이는지의 정도에 초점을 맞출 것이다. 이에 더하여 본의 하닌 활동이 아닌 자발적인 활동, 인식된 이득의 수준 및 활동에 참가한 사람의 수에 관한 Starr의 결과는 판단된 위험-이득 공간 안에서 그의 분석을 반복함으로써 재조사될 수 있을 것이다.

인식된 위험(perceived risk)

단순한 노름을 자극물로 사용한 약간의 연구를 예외로 하고 인식된 위험의 결정요인은 조금 더 탐구되어야 한다. 그러나 진지한 심리학적 연구로 관심을 받을 만한 몇몇 위험현상의 일화적(逸話的; anecdotal)이고 경험에 의거한 증거가 있다. 하나는 통계적 인명을 구제하기보다 위험에 있는 알려진 인명을 구제하기 위해 사회가 더 많이 지출하는데 명백하게 지지의향을 가지고 있다는 것이다. 이는 정말로 사실인가? 그렇다면 왜? 두 번째는 반복된 평범한 위험요소(危險要素; hazard)의 경험이 인식된 위험을 지나치게 감소시킨다는 추측이다. 이 문제의 연구가 왜 일반국민이 일부 피해(예: 의료용 X-선에서 나오는 방사능)로부터의 위험수준을 용인하면서 원자력 발전소로부터의 방사능은 용인하지 않는지에 대해 통찰하게 하여줄 수도 있다. 세 번째 검사되지 않은 개념은 결말이 뒤늦게 나타나는 위험(예: 흡연)이 무시된다는 것이다. 마지막으로 인식된 위험은 관련 정보가 제시되는 방식에 크게 좌우된다는 것이다. 예를 들면 방사능으로부터의 위험이 원자력 발전소의 평균 반경 안에 사는 사람들에 대한 기대수명이란 면에서 기술될 때 무시될 수도 있다. 그러나 이 숫자가 '연간 추가되는 암 사망'에 맞먹는 수로 바뀔 때 위험은 그 관점이 전적으로 바뀔 수도 있다.

이들 현상에 대한 연구는 또한 우리들이 어떻게 일반국민이 위험에 대한 과학적 정보에 반응하는지를 이해하는데 도움을 줄 수도 있다. 환경에 의한 위험에 대한 점증하는 관심이 제초제, 비료, 공해(公害; pollution) 및 방사능과 같은 위험요소의 영향에 대한 과학적 연구를 증가시켰다. 이들 위험요소에 관한 과학적 정보의 출판이 적절한 대중의 활동을 끌어내는데 충분하다. 사실 때로는 과학적 정보가 성급한 대중 활동으로 이끌기도 하지만 그것이 흔히 무시된다(Lawless, 1977). 사회적 반응의 결정요인은 의심할 여지없이 복잡하지만 정보의 소통과 인식된 위험에 관한 인지적 요인들이 중요한 역할을 할 가능성은 높다.

삶의 가치

재산 위험요소, 생산 차질, 의료지출 또는 소득손실로부터 생기는 경제적 비용은 추정될 수 있지만 인간 삶의 사회에 대한 가치를 평가하기 위한 마땅한 안은 가지고 있지 않다. 경제적 용어로 삶에 관해 생각하기 싫어함에도 불구하고 우리의 활동에 의하여 우리의 삶에 일정한 가치를 건다는 사실을 피할 수는 없다. 안전장치를 설치하려는, 생명보험을 사려는 또는 가외 봉급을 위해 위험한 일을 받아들이려는 결정은 모두 삶을 위한 잠재가치를 지니고 있다.

경제학자들은 삶의 가치를 어떻게 가장 잘 계량화하느냐 하는 문제로 오랫동안 논쟁해왔다(예를 들면 Mishan, 1971). 전통적 경제적 접근은 삶의 가치를 한 사람의 기대미래소득과 같다는 것이다. 이 지표에 따르는 많은 문제는 이의 없이 분명하다. 그 하나로 그것이 낮은 대우를 받는 사람을 저평가하며 소득-수입 자리에 있지 않은 사람들에 전혀 가치를 부여하지 않는다는 것이다. 그에 더하여 그것이 다른 사람의 죽음에 의하여 생긴 손실이 그 죽은 이에 기인된 금전상의 손실과 관계가 없는 대인관계에 관련된 결과를 무시한다. 두 번째 접근인 삶의 가치를 법정(法廷; court) 보상금 액수와 같다는 것(Holmes, 1970; Kidner & Richards, 1974)은 더 만족스럽지 않다.

Thaler & Rosen(1976)은 급료를 직업상 위험의 함수로 연구하였고 위험한 직에 있는 사람들(예: 석탄광부)을 연간 0.001의 사고사확률을 받아들이도록 설득하기 위하여 일 년에 약 200불의 할증금(割增金; premium)이 필요하다는 것을 발견하였으며 이로부터 그들은 생명의 가치가 약 $200,000과 같다고 추리하였다. 앞서 Starr 접근에 가해진 같은 비판이 이 방법에도 적용된다. 그 비판들은 개인들의 선호가 그들의 가치의 정당한 지표이므로 그들은 충분한 선택의 자유 및 위험의 분별력(分別力; perceptiveness)을 가지고 있다고 가정한다.

이 문제는 심리학자들이 무시하기에는 너무나 중요하다. 심리학자들은 경제적 척도(尺度; measuresa)들에 기반을 두고 있는 인지적 전제들을 검사함으로써 그리고 직접 질문이나 다른 정신물리학적 기법과 같은 대안이 되는 방법을 제공함으로써 기여할 수 있다. Acton(1973)과 Torrance(1970)에 의한 이 예비적 시도가 '시간과 행위가 주장과 모순된다는 것이 발견되었다.

조사는 언제나 어느 정도의 전략적 행동(그들이 내게 말하기를 원하는 것이 무엇일까?)을 끌어내기 때문에 우리는 실제 조건하에서 사람들이 선택하는 것을 관찰하는 것이 현명할 것이다.'라는 것을 근거로 경제학자들에 의하여 격하되어 왔다(Rappaport, 1974, p.4). 심리학은 태도나 행동이 사람들의 가치를 더 정확하게 반영하는지 여부를 더 넓은 대국적 관점과 전문적 지식을 활용하여 조사할 필요가 있다.

정당하다는 증거(justification)

의사결정자는 그들이 그 도구가 좋은 결정으로 이끌어줄 것이라고 믿는 범위 안에서 새로운 위험-이득 분석 도구를 채용한다. Tversky(1972)와 Slovic(1975)은 의사결정자가 그들 자신에게 그리고 다른 사람들에게 설명하기 쉽고 정당화하기 쉬운 과정에 의지한다는 증거를 발견하였다. 만일 이것이 일반적으로 정당하다면 결정이 좋은 정당화 근거, 풀리지 않는 의문을 최소화하고 어떤 결말이 생기더라도 방어될 수 있는 근거를 찾아냄으로써 또는 구성함으로써 내려진다는 것일 수 있다. 그런 정당화 근거에 의지하는데 익숙해진 사람들에게 위험-이득 분석은 만족스럽지 않을 수도 있다. 문제의 구조화와 대안들 및 그것들의 속성들 열거하기가 포함되는 그런 기법의 초기 단계는 의가결정자가 그의 문제에 관하여 깊이 적절한 방법으로 생각하게 도와주기 위한 유용한 장치일 수 있다. 그러나 정량화가 포함된 그 뒤 단계는 사람들이 존재하지 않는 수준에서의 정보를 만들도록 강제하고 있을 수도 있다.

이런 짐작들이 자연스럽게 다음과 같은 질문을 하게 한다. 당위성(當爲性; justifiability)의 구성요소는 무엇들일까? 무엇이 좋은 정당화 근가인가? 확고한 답도 아니면서 적절한 정당화 근거로도 보이지 않을 수도 있는 요인들에 관한 약간의 가설이 있다. 주관적 요인들이-절충 함수나 빈도자료(頻度資料; frequentistic data)에 의하여 뒷받침되지 않은 확률판단과 같은 기교에 치우친 결정지원(決定支援; decision aids)을 위한 주관적 요인들이 위험에 직면한 결정을 위한 정당화 근거로 인식되는 경우가 많다. 예를 들면 주관적 확률이 누군가를 추측에 취약하게 방치한다.

사람들은 피상적이지만 듣기 좋은 이론적 설명(rationales)(상투적 문구; cliches, 보편적 진리; universal truths, 격언; adages)을 근거로 하는 결정을 복잡하고 빈틈없는 결정-분석적 기법에 근거한 결정보다 더 좋은 결정으로 볼까? 이 질문에의 대답에는 분명히 기술적 위험에 관련되는 정보에 대한 일반 의사결정자의 반응을 이해하고 예견하기 위한 중요한 함의(含意; implications)가 들어있다.

이상에서 위험 하 의사결정에 관한 심리학적 지식의 모습을 간략하게 요약하였다. 또한 인지 심리학의 이 분야의 기초지식 및 사회적 복리(福利; well-being)에의 잠재적 기여에 관하여 검토하였다.

위험부담 결정에 포함된 심리학적 과정의 우리 지식은 근간에 크게 증가하였다. 그러나 아직 우리는 한정된 합리성이 스스로를 분명하게 보여주는 방식의 가장 기본적인 이해만을 가졌을 뿐이다. 우리는 일정한 형태의 결함과 편향에 관하여 알고 있다. 그러나 과업 전반에서의 그리고 가지각색의 전문지식의 개인들 전반에서의 그것들의 보편성 전 범위를 모르고 있다. 또한 우리는 이들 편향들과 어떻게 싸울지를 모르고 있다. 우리는 아직 가치의 심리학적 구성요소와 그것들이 어떻게 결정되는지 또는 결정에 의지하는지를 이해하지 못하고 있다. 우리는 인식된 위험, 위협에의 사회적 대응의 결정요인, 위험에 관한 정보의 소통 방식 또는 결정과정에서의 정당성 근거의 역할에 관하여 별로 아는 것이 없다. 이들 문제 분야의 연구는 한계를 수용하고 이들 분석을 수행하고 소비할 수 있는 사람들의 전공을 활용할 수 있는 사회적 의사결정 방법론의 개발에 필요불가결하다.

H. G. Wells는 한 때 말한바 있다. '통계적 사고는 어느 날 읽고 쓰는 능력처럼 훌륭한 시민의 자질을 위해 중요할 것이다.' 그날이 왔다. 기술적 전문가와 일반대중 모두는 통계적 사고의 교묘함에 관한 교육이 필요하게 되었다. 그런 교육은 아마도 낮은 학년에서 가능한 한 빨리 학교 교과과정에 편입되어야 할 것이다. 우리는 사람들이 불확실성의 존재를 명확하게 인정하고 그것을 어떻게 합리적으로 다루어야 하는지를 가르쳐야 할 필요가 있다. 우리는 일관성을 위해 우리의 결정을 추적 관찰하는데 익숙해져야 한다. 우리는 결정의 질이 오로지 그것의 결과의 질에 의해서만 측정될 수 없다는 것을 이해할 필요가 있다. 우리는 우리가 과거를 평가할 때 뒷 궁리(hindsight)의 왜곡을 알아차려야 한다.

한정된 합리성 개념이 인지심리학의 주류 안에서 일어났지만(예: Miller의 그리고 Simon의 연구), 결정과정에 대한 연구는 비확률적 정보처리 연구와 같은 밀접하게 연관된 분야와의 접촉조차도 별로 이루지지 않았다. 그래야 한다. 확실히 여기서 기술된 현상은 그것들의 기초를 이루는 인지메커니즘의 고려 없이 충분히 이해될 수 없다. 마찬가지로 이들 현상의 일부가 일반적 인지이론을 위한 고무적(鼓舞的; stimulating) 입력자료를 제공할 수도 있다. 예를 들면 뒷 궁리의 결과가 어의적(語義的; semantic) 기억이 새로운 정보를 받아들이기 위하여 재구성되는 길을 보여준다. 여기서 '가용성'이라 불리는 편향은 제약된 연상개념(聯想槪念; associates)의 산출과정을 더 잘 이해하여야 할 필요성을 말해 준다. 어떤 인지 개발 이론도 여기서 개념화된 것처럼 판단 편향이나 체험직관해법의 획득과 연관되는 것 같지 않다. 그런 지식 없이 우리는 아이들에게 확률적으로 생각하도록 가르치는 것이 언제 제일 좋은지 언제가 가능한지도 잘 모른다.

이 장이 심리학자들이 사회적 의사결정을 영위하가 위하여 할 수 있는 것이 무엇인지를 강조하였지만 분명히 물리학자, 경제학자, 엔지니어, 지리학자 및–아마도 가장 중요하게–의사결정자와 함께하는 협력적 노력이 포함된 여러 학문영역에 걸친 접근이 필요하다. 오직 의사결정자들과 손잡은 작업에 의하여만 우리는 그들의 문제가 무엇인지-그들이 인식한 것들과 그렇지 못한 것 둘 다를 배울 수 있다. 오직 계속되는 여러 학문 영역에 걸친 상호 작용이 우리 자신의 시각의 좁음을 깨닫게 하고 우리가 의사결정자를 위한 현실적 도구를 개발할 수 있게 한다.

5 위험의 인식(認識; perception)[13]

해로운 환경조건을 감지하고 피하는 능력은 모든 살아있는 유기체의 생존을 위해 필요하다. 생존은 또한 과거의 경험으로부터 체계화하고 학습하는 능력에 의하여 도움을 받는다. 인간들은 그들의 환경에 대응할 뿐만 아니라 바꾸게 하는 추가적 능력을 가지고 있다. 이 기량은 위험을 만들어내기도 하고 줄이기도 한다.

지난 수십 년간 화학 및 핵기술의 엄청난 발전이 지구와 거기에 살고 있는 생물형태에 파멸적이고 오래 지속되는 위해를 일으킬 잠재력을 함께하여 왔다. 이들 복잡한 기술 밑에 깔려 있는 메커니즘(mechanism)은 대부분의 시민들에게 잘 알려져 있지도 않고 이해할 수도 없다. 그것들의 가장 해로운 결말은 드물고 자주 지연되며 따라서 통계적 분석으로 평가하기 어렵고 경영자가 시행착오 학습으로 잘 적응되지 못한다. 오늘날의 위해의 질을 관리하기 어려움이 위험 식별하기 특징짓기 정량화하기에 도움을 주기위해 설계된 위험평가라고 불리는 지적 분야를 만들게 하였다(위험사정에 대한 포괄적 참고 문헌으로 Covello & Abernith(1984)를 보라).

기술적으로 정교한 분석가들이 위해를 평가하기 위하여 위험 사정(査定; assessment)을 적용하는 반면에 대다수의 시민들은 '위험인식'이라 불리는 직관적 위험판단에 의지한다. 이들을 위해 위해와 함께한 경험이 뉴스미디어(news media)로부터 오는 경향이 있는데 이들 미디어는 오히려 철저하게 전 세계에 두루 일어나고 있는 불상사(不祥事; mishaps)와 위협을 다 다룬다. Harris(1980)에 의하면 대부분의 미국사람에 대한 지배적 인식(과 전문적 위험 사정인의 견해와 첨예하게 대조되는 것)은 그들이 오늘날 과거보

13) Slovic, P.(2000) 참고.

다 더 많은 위험에 직면한다는 것과 미래의 위험이 오늘의 위험보다 한층 더 클 것이라는 것이다. 유사한 견해들을 많은 다른 산업화된 국가의 시민들이 가지고 있는 것으로 나타났다. 이들 인식과 이들을 동반하는 기술에의 반대가 기업가들과 규제자들을 어쩔 줄 모르게 하였고 좌절시켰으며 수많은 관찰자들이 미국의 대중들의 '제로-위험(zero-risk)사회' 추구가 국가의 정치적 경제적 안정을 위협한다는 주장을 이끌어 왔다. Wildavsky(1979, p. 32)는 이 일의 상태를 다음과 같이 언급하였다. 즉

> 얼마나 이상한가! 가장 부유하고, 제일 오래 살며 가장 잘 보호 받고 가장 지력이 있는 문명이 자기 자신의 기술에 대한 최고도의 통찰력을 가지고 가장 겁먹은 존재가 되는 길에 들어섰다.
>
> 바뀐 것이 우리 환경인가 아니면 우리 자신인가? 우리와 같은 사람들이 과거에 이런 류의 걱정을 했었을까? … 오늘날 핵 반응기들로 부터의 위험을 훨씬 뛰어넘는 수많은 작은 댐으로부터의 위험이 있다. 왜 하나는 두려움을 주고 다른 것은 그렇지 않을까? 우리가 늙은이였거나 우리 중 일부가 근본적으로 같은 종류의 경험을 다르게 보고 있었을 뿐이었던 것이 아닐까?

지난 수십 년 간 일부 연구가들은 사람들이 위험한 활동, 물질 및 기술을 여러 가지 방법으로 평가하도록 요청받았을 때 그들이 표현하는 의견을 조사함으로써 그런 질문에 답하려 하여왔다. 이 연구는 사람들이 위험에 관하여 가지고 있는 복잡하고 미묘한 의견을 평가하기 위한 기법을 개발하려 하였다. 이들 기법을 가지고 연구가들은 사람들이 어떤 것이 위험하다고 (또는 하지 않다고) 말할 때 무엇을 의미하는지를 발견하려고 그리고 그들 인식 밑에 어떤 요인들이 깔려 있는지를 정하려고 기도하였다. 이들 노력 밑에 깔려 있는 기본적 전제는 건강과 안전을 장려하는 것이고 규제하는 사람들이 위험에 관하여 생각하고 그에 대응하는 방식을 이해할 필요가 있다는 것이다.

정책입안자와 대중 사이의 소통을 향상시킴으로써, 교육적 노력을 지휘함으로써 그리고 새로운 기술(예: 유전 공학), 사건(예: 좋은 안전기록 또는 사고) 및 새로운 위험관리전략(예: 경고 라벨, 규제, 대체 제품)에의 대중의 반응을 예측함으로써 정책입안자들을 지원하는 연구를 기대한다.

1) 위험인식 연구

우리의 위험인식 연구에서의 중요한 공헌은 지리, 사회학, 정치학, 인류 및 심리학에서 왔다. 지리학적 연구는 당초 자연재해에 직면한 인간행동을 이해하는데 초점을 맞추었지만 그 이후 기술적 재해도 함께 포함되게 확장되었다.[14] 사회학적[15] 및 인류학적[16] 연구는 위험의 인식과 수용의 근거가 사회적 및 문화적 요인들에 있다는 것을 보여주었다. Short(1984)는 재난에의 대응은 친구, 가족, 동료 및 존경받는 사회 인사들에 의하여 전달되는 사회적 영향에 의하여 조정된다고 주장하였다. 많은 경우에서 위험인식은 누구 자신의 행동에 대한 사후 근거(ex-post facto rationale)의 부분으로 나중에 형성될 수도 있다. Douglas & Wildavsky(1982)는 사회적 그룹 내에서 활약하고 있는 사람들이 일정한 위험은 경시하고 나머지 것들은 그 그룹을 장악하고 통제하는 수단으로 강조한다고 주장한다.

위험인식에 대한 심리학적 연구는 확률사정, 효용사정 및 의사결정 과정의 실증적 연구에서 비롯되었다(Edwards, 1961). 이 분야에서의 주요 발전은 일습의 정신적 전략 또는 체험직감해법(體驗直感解法; heuristics)의 발견이었는데 이것들을 사람들은 불확실한 세상을 이해하는데 사용한다.[17] 이들 규칙이 일부 환경에서 유효하다 할지라도 다른 데서는 그것들이 위험사정에 심각한 영향을 주면서 크고 지속적인 편향을 만들어 낸다. 특히 지각(知覺; perception) 및 인지(認知; cognition)에 대한 실험실 연구가 확률과정 이해의 어려움, 편향된 매스컴의 보도, 오도하는 개인적인 경험 및 인생의 도박에 의해 생성되는 근심이 부정될 불확실성, 잘못 판단될(때로는 과도하게 추정될 그리고 때로는 과소하게 추정될) 위험 및 옳다고 인정되지 않은 자신감을 가지고 이루어진 사실 판단의 원인이 된다. 전문가의 판단이 특히 전문가가 억지로 가용의 데이터의 한계를 뛰어넘으려 그리고 직관에 의지하려할 때 많은 일반 대중의 것들과 같은 편향에 빠지기 쉬운 것 같다.[18]

연구는 더 나아가 위험에 관한 의견 차이가 증거가 있을 때에는 사라지기

14) Burton et al.(1972)
15) Short(1984) pp.711-725.
16) Douglas & Wildavsky(1982)
17) Kahneman, Slovic & Tversky(1982)
18) Henrion & Fischhoff(1986), pp.791-798; Kahneman et al.(1982)

를 기대해서는 안 된다는 것을 보여준다. 강력한 최초 견해가 뒤따르는 정보가 해석되는 방식에 영향을 주기 때문에 그것들은 변화에 저항한다. 새로운 증거가 누구의 최초 믿음과 일치한다면 그 증거는 믿을만하고 유용한 정보를 주는 것으로 보인다. 반대되는 증거는 믿을 수 없고, 잘못되었으며 대표적인 것이 못 된다고 묵살되는 경향이 있다.[19] 사람들이 강력한 사전 의견이 부족할 때 반대 상황이 존재한다. 그것들은 문제공식화(問題公式化; problem formulation)에 속수무책이 된다. 위험에 관한 같은 정보를 다른 방식으로 제시하는 것이(예: 생존율에 반대로 치사율) 사람들의 시각과 행위를 바꾼다.[20]

2) 심리측정(心理測定; psychometric)의 전형적인 예(paradigm)

인식된 위험 연구를 위한 하나의 넓은 전략은 재해의 위험에의 대응을 이해하고 예측하는데 사용될 수 있는 그 재해에 대한 분류법을 개발하는 것이다. 예를 들면 분류 도식(圖式; scheme)을 개발함으로서 사람들의 일부 재해에 대한 극심한 혐오감, 무관심 및 이들 반응과 전문가의 의견 사이의 불일치를 설명할 수 있을 것이다. 이 목표를 달성하기 위한 가장 공통된 접근법은 심리측정의 전형적인 예를 이용하는 것인데[21] 이 방법은 위험 태도 및 인식의 양적 표현(量的 表現; quantitative representations) 또는 인지 지도(認知 地圖; cognitive maps)를 만들어 내기 위하여 정신물리학의 크기조정(scaling)과 다변량(多變量; multi-variate) 분석기법을 사용한다. 심리측정의 전형적인 예 안에서 사람들은 다양한 재해의 현재 및 바라는 위험성과 그 재해 각각의 바라는 규제수준에 관하여 양적 판단을 내린다. 그 후에 이들 판단은 다음과 같은 특성에 관한 판단과 연관된다.

- 위험인식 및 태도(예: 자발성(自發性; voluntariness), 두려움, 지식, 통제가능성)에 대해 설명하기 위하여 가설로 세웠던 특성상의 재해의 상태

---

19) Nisbett & Ross(1980)
20) Tversky & Kahneman(1981), pp.453-458
21) Fischhoff, Slovic, & Lichtenstein, et al.(1978) pp.127-152; Slovic, et al.(1984) pp.183-203.

- 각 재해가 사회에 제공하는 이득
- 평년에 그 재해에 의하여 발생하는 죽음의 수
- 재해가 있는 해에 재해에 의하여 발생하는 죽음의 수

이제부터 위험인식의 심리측정 연구로부터 얻어진 결과의 일부를 간략하게 재검토하고 위험소통 및 위험관리를 위한 이들 결과의 일부 의미를 요약하고자 한다.

3) 드러난 그리고 표현된 선호(選好; preference)

심리분석의 전형적인 예를 위한 최초의 기동력(起動力; impetus)은 "얼마나 안전해야 충분히 안전한가?" 라는 근본적 의문에 답하기 위하여 기술적 위험을 이득과 비교 검토하기 위한 방법을 개발하려는 Starr(1969)의 선구적 노력에서 비롯되었다. 그의 '드러난 선호' 접근은 사회가 시행착오로 어느 활동에 연계된 위험과 이득 간의 '기본적으로 최적인' 균형에 도달하였다고 전제한다. 그러므로 우리는 '수용할 수 있는' 위험–이득 절충의 패턴을 드러내기 위하여 역사적 및 현재의 위험과 이득을 사용할 수도 있다. 몇몇 산업 및 활동을 위한 그런 데이터 조사하기가

- 어떤 활동으로부터의 위험의 수용가능성은 그 활동에 대한 이득의 제삼의 힘에 대략 비례한다.
- 대중은 같은 수준의 이득을 제공하는(식품 보존제와 같은) 비자발적 재해를 견뎌내는 것의 대략 1,000배 큰(스키타기와 같은) 자발적 활동으로부터의 위험을 받아들일 것이다.

라고 결론 내렸다.

Starr의 접근의 장점과 단점은 길게 논란되어 왔다(Fischhoff et al., 1981). '드러난 선호'에 내재된 많은 가정들의 정당성에 관한 우려가 Fischhoff, Slovic, Lichtenstein & Read et al.(1978)로 하여금 '표현된 선호'라는 결과를 얻은 설문 데이터의 유사한 심리측정분석을 실시하게 한 것에 주목하고자 한다. '표현된 선호'의 많은 다른 연구가 심리측정의 전형

적인 예 안에서 실시되었다(Gardner et al., 1982; DeLuca, Stolwijk & Horowitz, 1986; Johnson & Tversky, 1984; Lindell & Earle, 1983; Otway & Fishburn, 1976; Renn & Swaton, 1984; Slovic, Fischhoff & Lichtenstein, 1980; Vlek & Stallen, 1981; von Winterfeldt et al., 1981).

이들 연구는 '인식된 위험'이 정량화될 수 있으며 예측 가능하다는 것을 보여준다. 심리측정 기법은 위험인식 및 태도에 관한 집단 간의 유사성과 차이를 식별하기에 적합한 것 같다([표 1.1.4]를 보자). 그 연구들은 또한 '위험'이란 개념이 사람들에 따라 다른 의미를 가진다는 것도 보여주었다. 전문가가 위험을 판단할 때 그들의 대답은 연간 치사율(致死率, fatalities)의 기술적 추정치와 높은 상관관계가 있다. 비전문가들이 하도록(그리고 어느 정도 기술적 추정치와 같은 추정치를 만들어 내도록) 요청 받는다면 그들은 연간 치사율을 사정할 수 있다. 그러나 그들의 '위험' 판단은 다른 재해 특성(예: 대 재앙의 가능성, 장래 세대에의 위협)과 더 관련이 있고 결과적으로 그들 자신의 (그리고 전문가의) 연간 치사율 추정치와 다르게 되는 경향이 있다.

표현된 선호의 심리측정 연구로부터 나온 또 다른 일관된 결과는 사람들이 현재의 위험수준을 대부분의 활동에 대해 수용할 수 없을 정도로 높게 보는 경향이 있다는 것이다. 인지된 위험과 바람직한 위험수준 간의 간격을 보면 사람들은 시장과 기타 규제메커니즘이 위험과 이득을 균형 잡아온 방식에 만족하지 않는다는 것을 알 수 있다. 재해의 영역에 걸쳐서 현재의 위험 및 이득의 인식 간의 체계적 관계가 별로 없는 것처럼 보인다. 그러나 표현된 선호의 연구는 사람들이 크게 이로운 것으로 보이는 활동으로부터의 높은 위험을 견뎌내려 한다는 Starr의 주장을 뒷받침하는 것으로 보인다. 그렇지만 Starr는 노출의 자발성이 위험수용의 핵심 조정자라고 결론을 내린 반면에 표현된 선호 연구들은 익숙함, 통제, 재앙 잠재성, 공평함 및 아는 정도와 같은 다른 (인식된) 특성들 역시 인식된 위험, 인식된 이득 및 위험 수용 간의 관계에 영향을 준다는 것을 보여준다(Fischhoff, Slovic, Lichtenstein, & Read et al., 1978; Slovic, Fischhoff, & Lichtenstein, 1980).

인식, 행동 및 재난의 이들 질적 특성들 간의 관계를 표현하려 여러 모델이 제시되었다.

[표 1.1.4] 30 기술과 활동에 대한 인식된 위험의 순서

	LOWV	대학생	활발한 클럽 멤버	전문가
원자력	1	1	8	20
자동차	2	5	3	1
권총	3	2	1	4
흡연	4	3	4	2
오토바이	5	6	2	6
알코올음료	6	7	5	3
범용항공	7	15	11	12
경찰업무	8	8	7	17
살충제	9	4	15	8
수술	10	11	9	5
소방(消防)	11	10	6	18
대형건설	12	14	13	13
사냥	13	18	10	23
분무기 통	14	13	23	26
등산	15	22	12	29
자전거	16	24	14	15
상업비행	17	16	18	16
전력(電力)	18	19	19	9
수영	19	30	17	10
피임약	20	9	22	11
스키타기	21	25	16	30
X-선	22	17	24	7
고교 및 대학 축구	23	26	21	27
철도	24	23	20	19
음식 보존제	25	12	28	14
음식 채색제	26	20	30	21
잔디 깎는 기계	27	28	25	28
처방 항생제	28	21	26	24
가정용 전기제품	29	27	27	22
예방접종	30	29	29	25

4) 요인 분석적 표현(factor-analytic representations)

많은 질적 위험 특성들이 넓은 범위의 재난에 걸쳐 서로 상관관계를 가지고 있다. '두려운 위험'으로 분류된 요인 1의 양 극단은 다음과 같다.

왼 쪽	오른 쪽
통제 가능	통제 불능
두렵지 않은	두려운
세계적 아님	세계적 재앙
결말 치명적 아님	결말 치명적
공평	불공평
개별적	재앙적
미래세대에 낮은 위험	미래세대에 높은 위험
쉽게 감축됨	감축 쉽지 않음
위험 감소	위험 증가
자발적	비자발적

오른 쪽 끝이 가장 높게 인식된 위험인데 위험 대상으로는 핵무기 및 원자력이 이에 해당된다. '모르는 위험'으로 분류된 요인 2는 그 정도에 따라 높고 낮음이 정해지는데 이들의 양 극단은 다음과 같다.

제일 높은 것	제일 낮은 것
관찰 불능	관찰 가능
노출된 것 모름	노출된 것 앎
효과 지연됨	효과 즉각적
새로운 위험	오래된 위험
과학에 안 알려진 위험	과학에 알려진 위험

이 요인에서 화학 기술이 가장 높은 점수를 받았다. 위험에 노출된 사람의 수를 반영하는 세 번째 요인이 몇몇 연구에서 얻어졌다. 재해의 집합을 어느 정도 구체화하기(예: 원자력을 방사능 폐기물, 우라늄 채굴 및 원자로 사고로 구분하는 것은 요인 구조 또는 그것의 위험인식과의 관계에 별로 영

향을 미치지 않았다(Slovic et al., 1985).

연구는 일반인의 위험 인식과 태도가 이 형태의 요인 공간 안에 있는 재해의 위치와 밀접한 관계가 있음을 보여준다. 수평 요인 '두려운 위험'이 가장 중요하다. 이 요인에서의 요인에 대한 재해의 점수가 클수록 인식된 위험이 높아질수록 더 많은 사람이 현재의 위험이 감소된 것을 보고싶어 하고 위험에서의 바람직한 감소를 달성하기 위해 채용되는 규제를 보고싶어 한다. 이에 반해 위험의 전문가의 인식은 이들 특성으로부터 도출된 여러 가지 위험 특성이나 요인들 어느 것과도 밀접한 관련이 없다(Slovic et al., 1985). 그 대신 앞에서 지적한 대로 전문가들은 위험을 기대 연간 사망으로 보는 것 같다(Slovic & Lichtenstein et al., 1979). 결과적으로 '위험'의 갈등이 개념을 다르게 정의하는 전문가와 일반인들로부터 나올 수도 있다.

위에서 기술된 위험 인식이 확고하고 유용한 정보를 주지만 재해 영역의 보편적인 인지 함수일 수는 없다. 다른 (재해-유사성판단의 다차원 척도 분석과 같은) 심리측정 방법이 다른 공간 모델(Johnson & Tversky, 1984; Slovic, & Fischhoff et al., 1984)을 만들어 낸다.

5) 신호로서의 사고

위험분석은 불행한 사건의 영향을 희생자에의 직접 피해-죽음, 부상 및 손해란 면에서 모델화한다. 그러나 그런 사건의 영향은 때때로 이들 직접피해를 넘어 멀리 확장되며 직접적 비용을 훨씬 초과하는 상당한 간접적 비용(금전적 및 비금전적 둘 다)을 책임이 있는 정부 당국이나 개인회사에 전가시킬 수도 있다. 일부 경우에 산업계 모든 회사들이 그 불운이 어느 회사의 책임인지와 관계없이 영향을 받는다. 극단적인 경우 그 불운의 간접적 비용이 과거 산업의 경계를 넘어 최초 사건에 별로 관련되지 않는 회사, 산업 및 기관들에 영향을 줄 수도 있다. 이처럼 불행한 사건이 연못에 떨어진 돌과 같은 것으로 생각될 수 있다. 파문이 밖으로 퍼져나가 처음에는 처음 영향을 받은 희생자를 그 뒤 책임이 있는 회사나 기관을 내포하고 종국에는 다른 회사, 기관 및 산업에까지 이르게 된다.

일부 사건은 단지 작은 파문만을 만들지만 다른 것은 더 큰 것을 만든다. 도전은 사건과 연계된 특성과 그들 영향의 넓이 및 심각성(표 1.1.5)을 예측할 수 있는 방식을 발견하는 것이다. 초기이론들은 영향의 크기를 죽거나 부상당한 사람들의 수와 또는 피해를 입은 재산의 금액과 동일 시 하였다. 그러나 1979년의 Three Mile Island(TMI) 원자로에서의 사고가 부상, 사망 및 재산피해와 다른 요인이 심각한 비용을 부과한다는 것을 극적으로 보여준다. 한 사람도 죽지 않고 아주 적은 암사망자만이 기대된다 할지라도 미국 역사에서 다른 어떤 사고도 그렇게 비싼 사회적 영향을 만들어 내지는 않았다. TMI에서의 사고는 그 발전소를 소유하고 운영한 공익사업을 완전히 파괴하였다. 그것은 또한 (증가된 건설 및 조업비용을 가져온) 엄격한 규제, 세계적으로 감소된 원자로 가동, 더 커진 원자력에 대한 대중적 반대 및 더 비싼 에너지 공급원에의 의존을 통하여 핵 산업에 그리고 사회에 엄청난 비용을 부담하게 하였다(Electric Power Research Institute-EPRI, 1981). 그것은 화학제조 및 유전자공학 같은 다른 복잡한 기술에 대한 더 많은 적대적 시각을 초래하였을 수도 있다. 요점은 전통적 경제 및 위험 분석이 이들 더 높은 순위의 영향을 무시하는 경향이 있다는 것 따라서 그들이 일정한 종류의 사건에 연계된 비용을 크게 과소평가한다는 것이다.

TMI 사고가 극단적이긴 하지만 그것이 결코 유일하지 않다. 엄청난 더 높은 순위의 영향을 가져오는 다른 근간의 사건에는 Bhopal, India의 화학제조 사건, Love Canal, New York과 Times Beach, Missouri의 오염, 우주선 Challenger의 비참한 발사 그리고 Chernobyl의 원자로 용융(熔融; meltdown)이 포함된다. 이들 극단적인 사건의 뒤를 이어 수많은 작은 사고들이 그 영향의 넓이와 크기를 달라하여 존재한다.

심리측정연구에서 나온 중요한 개념은 불행한 사건의 심각성과 높은 순위 영향이 부분적으로는 사건의 신호와 전조(前兆; portends)가 무엇인가에 의하여 정해진다는 것이다(Slovic & Lichtenstein et al., 1984). 어떤 사건의 정보제공성(情報提供性; informativeness)과 '신호잠재성(信號潛在性; signal potential)' 그리고 이에 따른 그것의 잠재적 사회영향은 재해의 특성과 사건의 위치에 연관되는 것 같다. 만일 사건이 철도사고와 같이 친숙하고 잘 알고 있는 시스템의 부분에서 일어난다면 (희생자의 가족이나 친지에 의한 경험을 넘어) 많은 삶을 빼앗은 사건이 비교적 사회적 소동을 별로 일으키지 않을 수도 있다. 그러나 원자로나 DNA 재조합 실험실과 같은 익숙

[표 1.1.5] 불행한 사건의 영향 모델

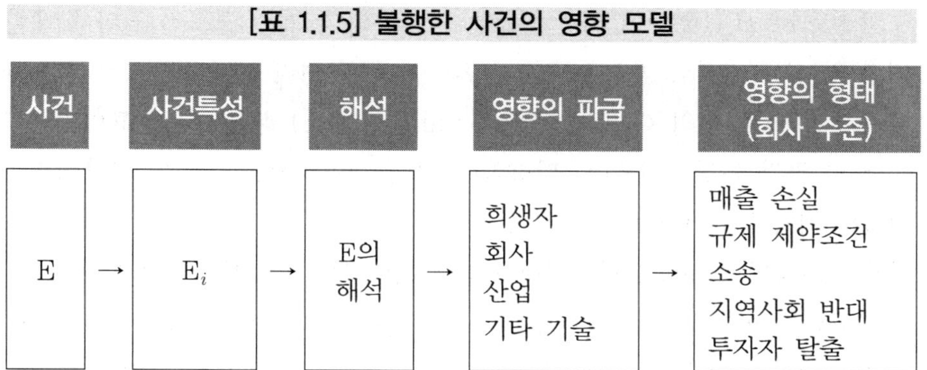

하지 않은 시스템에서의 작은 사고(또는 잘 모른다고 인식된 것)는 그것이 더 이상의 그리고 아마도 파국적 재난의 조짐으로 인식되면서 엄청난 사회적 결말을 초래할 수도 있다.

신호 개념의 하나의 함의는 비용–이득 분석이 나타내는 것을 넘는 노력과 비용이 '높은–신호 사고'의 가능성을 감소시킬 것을 보장할 수 있을 것이라는 것이다. 발생확률이 높고 결말이 치명적일 수 있는 재해를 포함하는 불행한 사건은 특히 큰 파문을 일으킬 잠재력을 가지고 있을 공산이 크다. 결과적으로 이들 재해를 포함하는 위험분석은 이들 있을 수 있는 고순위 영향에 민감할 필요가 있다. 그리 하는 것이 잠재적 희생자뿐만 아니라 회사 및 산업에도 더 큰 보호를 필시 가져다줄 것이다.

6) 단일 위험요소(危險要素; hazard) 영역의 분석

심리측정 분석은 철도수송(Kraus & Slovic, 1988)이나 자동차(Slovic et al., 1987)와 같은 단일 기술영역 안에서의 다양한 피해 시나리오(scenarios)의 판단에도 적용되어 왔다. Kraus & Slovic(1988)은 사람들로 하여금 기차의 형태, 화물의 형태, 사고의 위치 및 사고의 본성과 원인(예: 기계 시스템의 고장으로 인한 산악 터널 탈선철로를 통하여 승객을 나르는 고속철)에 관하여 49개의 다른 철도 피해시나리오를 평가하게 하였다. 결과는 이들 철도 위험요소는 고도로 분화된다는 것이었다. 가장 높은 신호 잠재력과 큰 파문효과에 대한 가장 높은 잠재력)은 위험요소가 많은 화학물질을 운반하는 기차를 포함하는 사고에 연계되어 있다.

Slovic et al.(1987)에 의한 연구는 자동차의 40개의 구조적 결함에 대한 위험 및 신호 가치의 인식을 조사하였다. 위험의 여러 가지 특성으로 점수가 매겨진 이들 결함의 다변량(多變量; multivariate) 분석이 두-요인(two-factor) 공간을 만들어냈다. 다양한 초기 피해연구에서처럼 이 공간에서의 결함의 위치가 위험성과 신호 가치의 판단을 아주 잘 예측하였다. 그 한 예가 화재와 화상의 가능성을 만들어낸 충격에 의한 연료탱크 파열이었다. 물론 이 것은 Ford Pinto를 괴롭힌 것과 그리고 일설에 의하면 비용이득 분석이 수리 비용의 증가가 기대되는 안전으로부터의 이득을 크게 웃돈다는 것을 보여주었기 때문에 Ford가 수리를 포기한 유명한 설계문제와 유사하다(Grimshaw versus Ford Motor Co., 1978). Ford가 심리분석 연구를 시행하였다면 그 심각성과 보다 높은 순위의 비용(소송, 손상된 회사 명성)이 비용-이득 분석에 의하여 크게 과소평가되었을 가능성이 있으므로 그 심리분석이 이 특별한 결함을 강조하였을 수도 있을 것이다.

7) 대중 수용 예측(forecasting public acceptance)

위험인식 연구로부터의 결과가 특정한 기술의 수용과 반대를 설명하고 예측하는데 사용되어 왔다(Slovic, Fischhoff & Lichtenstein, 1981). 원자력은 그 전문가의 안전장담에도 불구하고 그것이 불러일으킨 극적 반대 때문에 그런 분석의 주된 주제가 되었다. 연구는 사람들이 원자력으로부터의 이득은 상당히 적으며 위험은 받아들일 수 없을 정도로 크다고 판단한다는 것을 보여준다. 원자력 위험은 심리분석 요인 공간에서 극단적 위치를 점하고 있으며 이들 위험은 잘 모르고 두려우며, 통제할 수 없고 불공평하며 파멸적이고 미래세대에 영향을 줄 공산이 크다는 사람들의 견해를 반영하고 있다. 원자력을 반대하는 사람들은 이 기술의 결과로 죽은 사람이 많지 않다는 것을 인정한다. 그러나 Chernobyl보다 오래 전에 이미 파멸적인 사고의 가능성에 대한 큰 관심이 표명되었다.

이들 대중의 인식이 전문가로부터 냉혹한 반응을 자아냈다. 한 유명한 정신과 의사는 원자력발전소의 불합리한 공포는 그 위험의 잘못된 평가에 근거를 두고 있다고 썼다(Dupont, 1981, p.8). 한 원자물리학자와 선도적인 원자력의 지지자는 '대중이 [원자력으로부터의] 방사선 공포에 미치게 되었다고 주장한다. 방사능 위험에 대한 대중들의 이해는 사실상 과학자들이 이해하는 실제 위험과의 모든 접촉을 잃었다'(Cohen, 1983, p.31).

위험인식 연구가 다른 그림을 그리고 사람들의 깊은 근심이 광범위한 호의적이 아닌 미디어 보도의 현실과 그리고 원자력과 핵무기의 확산 및 사용 사이의 강한 연계에 연결되어 있다. 심각한 원자로 사고의 낮은 확률이 달성하기 어려운 안전을 실증적으로 입증하기 때문에 대중을 교육하거나 안심시키려는 그리고 그들의 인식을 산업전문가들의 인식과 같게 하려는 기도는 성공가능성이 낮을 것 같다. 핵 위험이 잘 모르고 잠재적으로 파멸적이라고 인식되기 때문에 작은 사고라 할지라도 크게 선전될 것이며 큰 파문을 일으킬 수 있다.

심리분석 연구가 강하고 집요한 대중의 반대를 일으키고야말 기술에의 대응을 예측할 수 있다. 예를 들면 DNA 기술이 원자력을 관리하기 어렵게 만든 인식들 중 몇 개를 마찬가지로 유발할 것처럼 보인다. 한 사고의 후유증 때문에 이 기술이 핵 산업이 당하고 있는 반대에 직면할 수 있을 것이다.

8) 관점에 위험 자리 잡기(placing risks in perspective)

대중의 관심 및 위험한 기술에 대한 반대의 결과가 위험에 관하여 사람들에 알려주고 교육하려는 시도를 증가시켰다. 위험인식 연구는 그런 교육노력에 많은 영향을 주었다(Slovic, 1986).

우리가 사람들의 관점을 넓히기 위해 쓸 수 있는 방법은 노출 시간당 위험, 사망 또는 기대수명 감축의 연간 확률과 같은 사망 또는 장애(障礙; disability)의 일차원적 지수로 표현된 여러 가지 위험요소에 대한 양적 위험추정치를 내놓는 것이다. 이것이 사람들의 관점을 넓혀주는 수단이 된다. 그런 비교가 위험 수용 가능성에 대한 논리적으로 필요한 의미를 가지지 않을지라도 (Fischhoff et al., 1981), 우리는 아직도 그것들이 위험의 크기에 대한 사람들의 직관을 향상시키는데 도움을 주리라고 희망을 가질 수 있다. 그러나 위험인식 연구는 이런 종류의 비교들이 이 목적을 위해서조차 아주 만족스럽지 못하다고 말한다. 사람들의 인식과 태도는 그런 표들에서 사용된 부류의 일차원적 통계에 의해서 뿐만 아니라 4) 요인 분석적 표현에서 기술된 요인 1 및 2에 반영된 여러 가지 양적, 질적 특성에 의하여 정해진다. 많은 사람들에게 '원자력 발전소 근처에 삶으로써 맞게 되는 연간 위험은 추가로 3마일 자동차 타기와 같다.'와 같은 천명이 이들 두 기술에서 오는 위험의 본성의 중요한 차이에 부적절한 생각을 갖게 한다.

요컨대 위험성은 사람들에게 '기대 사망자 수'보다 더 중요하다. 위험을 특징짓고 비교하고, 규제하는 기도는 이보다 넓은 위험개념에 민감해야만 한다. Fischhoff et al.(1984)은 어떻게 우리가 더 포괄적인 위험 척도를 구성할 수 있을까를 보여줌으로써 이 방향에서 시작하였다. 그들의 연구는 우리의 위험정의의 범위에서의 변화가 여러 가지 에너지 기술들로부터의 위험평가를 크게 바꿀 수 있다는 것을 보여준다.

심리분석 연구가 위험논쟁이 단순히 위험통계에 있는 것이 아니라는 것을 시사 하지만 일부 사회학적 및 인류학적 연구가 이들 논쟁의 일부가 위험에 관한 것이 아닐 수도 있다(Douglas & Wildavsky, 1982; Short, 1984). 위험관심이 다른 이유로 취해진 행위에 대한 근거(根據; rationale)를 제공할 수도 있거나 다른 사회적 및 이념적 관심을 위한 대리일 수도 있다. 이러한 경우에 위험에 관한 소통은 단순한 논의로 끝나지 않는다. 숨겨진 안건이 논의를 위해 표면에 나올 필요가 있다(Edwards & von Winterfeldt, 1987).

아마도 이 연구로부터의 가장 중요한 메시지는 대중의 태도와 인식에는 지혜와 함께 오류도 있다는 것이다. 일반인들은 때때로 위험요소에 관한 일정한 정보가 부족하다. 그러나 그들의 기본적 위험개념화는 전문가의 것보다 훨씬 더 풍부하며 전문가 위험사정으로부터 특별히 누락된 정당한 걱정을 반영한다. 결과적으로 위험소통 및 위험관리 노력은 그것들이 양방향 과정으로 구성되지 않으면 실패할 운명에 처해진다. 전문가와 대중 양쪽은 기여할만한 무엇인가를 가지고 있다. 양방은 타방의 통찰력과 지능을 존경해야만 한다.

9) 위험인식의 사례

여기서 Duffey & Saull(2008)[22]을 빌려 위험 인식의 사례로 철도, 탄광, 일본에서의 원자력 및 드문 사건과 위험 순위매기기의 경우를 살펴보기로 한다.

(1) 위험인식: 철도(鐵道; railways)

위험인식의 사례로 우선 도로여행보다 더 위험한 것으로 인식된 영국의 철로탈선을 돌아보기로 한다.

우리는 잠재의식적으로 위험률을 실제보다 낮게 지각(知覺; perceive)하며 이 효과가 우리의 위험기피 및 회피 행동에 영향을 주는 것은 아닐까? 엄밀히 말해서 이것은 순전히 짐작이며 우리는 이에 대해 잘 모르며 더 많은 분석과 데이터에 의하여 확인되어야 한다. 그래서 우리는 위험인식에서의 경향을 찾을 수 있다고 기대하면서 우리가 가지고 있는 데이터를 다시 분석해 보기로 하자.

우리가 우리의 과오로부터 학습하는 것처럼 우리는 경험으로부터 학습하기의 자연적 부분으로 우리의 시스템과 그 시스템의 전반적 관리에 적응한다. 그러나 전반적인 사회적으로 연결된 시스템에 대하여 변화의 원인들은 정치적으로 그리고 법적으로 동기가 유발될 뿐만 아니라 기술적으로 그리고 경영자적으로도 바람직하다. 거기에 더해 책임(責任; responsibility)과 법적 책임(法的 責任; liability)을 지게 하려는 법적 경향이 있다. UK에서 이것이 Corporate Manslaughter and Corporate Homicide Act 2007(기업 고살(故殺) 및 기업 생명침해 법 2007)에 이르게 하였는데 이는 치명적 결말을 수반하는 건강 및 안전의 관리에서 조직 전반에 걸쳐 완전한 실패가 있었던 회사 및 다른 조직을 기소하기 위한 새로운 범죄를 도입한 것이다. (http://www.justice.gov.uk/guidance/manslaughter-guidance.htm 을 보자). 강조점은 이제-위험기피가 아니라-위험관리에 있으며 여기서 활동이 관리되고 조직된 방식에서의 전반적 실패가 한 개인의 죽음을 가져온다.

22) Duffey, R. & Saull, J. Managing Risk, pp.345-354.

규제와 안전관리 사고(思考; thinking)에서의 근본적 변화를 몰아가는 치명적 사고의 한 예가 UK 철로 기반시설(基盤施設; infrastructure)인데 철로의 탈선과 그것들이 비교적 낮은 위험이라는 인식이 문제였던 것이다. 1990년대 초에 UK에서의 전에는 공공소유였던 전체 철도시스템의 민영화(民營化; privatisation)에 뒤따른 철도 HTS(homo-technological system)는 다음과 같은 네 개의 중요한 치명적 사고를 당하게 된다.

a. 7명의 사망자와 139명의 부상자를 낸 1997년 9월 Southall에서의 고속 여객열차와 화물열차 간의 충돌.
b. 31명의 사망자와 400명의 부상자를 낸 1999년 10월 Ladbroke Grove에서의 고속과 통근 열차 간 충돌.
c. 네 명의 사망자와 70명이 넘는 부상자를 내고 뒤에 2천만 불 이상의 벌금이 부과된 2000년 10월의 Hatfeld에서의 고속열차의 탈선.
d. 7명의 사망자와 70명 이상의 부상자를 낸 2002년 5월의 Potters Bar에서의 통근열차의 탈선.

일반 국민이 철도안전 표준이 부적절하다는 인식을 가지게 하는 상당한 국가적, 정치적 및 언론의 주목이 있었다. 사람들은 뒤에 일어날 사건들을 예상할 수 있었으나 거기에는 어떤 위험 맥락도 포함되어 있지 않았다. 그래서 승객들은 이미 더 높은 위험이 있다고 알려진 차량을 포함하여 다른 형태의 운송수단으로 옮겼다. 그 사고를 뒤따라 Southal과 Ladbroke Grove에서 UK 건강안전위원회(HSC; health and Safety Commission)는 네 개의 주요 공개조사를 시작하고 그 이후 권고사항의 이행 진척을 추적하여 오고 있다. 커다란 생명의 손실 및 기업이미지의 실추가 있은 후에야 배움에 대한 필요성을 알아차리게 되었다.

> 정부는 네 개의 공개조사 보고서로부터의 295 권고사항을 설득력 있고 필요하며 도전적인 변화를 위한 안건(案件; agenda)으로 설정하였다. 조사 권고사항의 범위는 특정한 상세한 기술적 문제에서 문화 및 경영 관행에 이른다. 일부는 이 산업의 안전관리 상태에서의 전반적 개선을 달성하는데 기본적인 반면에 다른 것들은 덜 넓은 범위가 그리 넓지는 않다. … 진전 재검토에서 단지 마감된 권고상항들의 개수에만 초점을 맞추는 것이 오도할 수 있을 것이다. 이

것은 이 산업이 성취한 것의 단순한 관점이지만 공개조사(Public Inquiry)에 의하여 설정된 안건은 태도에 있어 더 많은 변화와 개선을 요구하고 철도 시스템 전반에 걸쳐 더 좋은 위험의 관리로 이끌어준다. 일정한 권고사항들이 완성된 것을 받아들임으로써 우리는 안전에 관하여 무사안일주의에 빠지지 않게 되고 우리는 이 산업계가 이에 동의한다는 것을 안다. : UK 철도규제국(Office of Rail Regulation)

국가 철도망(鐵道網; rail network) 기반시설(基盤施設; infrastructure)(선로, 신호체계, 교량, 터널(tunnels) 및 역(驛; stations))은 2004년 현재 UK 정부에서 발급된 네트워크 면허 하에 Network Rail에 의하여 소유 운영되고 있다. 권고사항을 추적하라는 권고도 있었으므로, 최근의 현황보고서를 보면 Network Rail 및 열차운영회사들이 열차보호 및 경고 시스템(train protection and warning system; TPWS)의 정비(整備; fitting) 완료와 같은 일부 결과물을 내놓도록 권고가 계속되었음을 보여준다. 그러나 그것이 전부가 아니다. 즉 전 시스템이 전 기반시설의 운전에 관련되어 계속된 정밀조사, 재조사 및 일부 강압(强壓; stress)을 받게 되어 있다.

새로운 전략이 UK 교통부(Department for Transport; DfT)에 의하여 2004년 7월에 민영화 이후의 철도 기반시설에서의 발전에 관하여 출판되었다.[23] 주요 HTS(homo-technological system)의 구성요소이므로 우리는 공표되고 시행되고 있는 엔지니어링 및 보전(保全; maintenance) 표준의 통제에 특정한 관심을 가진다. 4장(章)의 관련 단락(段落; paragraph)들이 다음과 같이 천명한다.

4.1 연속되는 정부들이 충분한 투자가 철도망에 지속적으로 이루어졌음을 보장하는데 실패하였다. 주요 프로젝트가 진전된 곳에서 그것들은 자주 틀린 경제들-예를 들면 가벼운 구조가 폭풍에 취약하다는 것이 증명된 East Coast Main Line의 전철화-에 시달려왔다.

4.2 1990년대 초의 철도산업 민영화는 민간부문의 혁신(革新)과 규율(規律; discipline)이 철도의 보조금 요구를 억제하고 서비스의 질을 끌어올릴 것이라고 전제하였다. 부분적으로는 이것이 옳음을 증명하여 승객 및 화물

23) UK DfT, The future of Transport: A Network for 2030 Chapter 4, July, 2004

서비스의 수요가 민영화 이후 상승하였다. 그러나 그것은 기반시설의 운전과 관련하여 전적으로 옳지 않음이 증명되었다. Railtrack의 엔지니어링 작업은 보전과 개선뿐만 아니라 그들 자신의 작업의 사양과 검사에 대한 책임이 주어진 보전회사에 잘못 위탁되었다. 이것이 줄어드는 선로 자산 상태에 대한 Railtrack의 지식에 그리고 철로의 조건이 빠르게 악화되는 것을 보게 만든 보전 전략에 이르게 하였다.

4.3 2000년 10월 Hatfield에서의 사고가 이 악화의 정도를 들어냈다. 그리고 뒤따른 널리 퍼진 속도제한이 신뢰성에서의 가파른 내리막의 원인이 되었다. Hatfield에의 반응 역시 선로 망에서의 대중의 안전 인식을 악화시켰다.

4.4 이에 대응하여 Railtrack은 보전과 개선 작업의 수준을 올렸지만 이것이 비용의 가파른 증가를 발생시켰다. 이것이 West Coast Mainline 프로젝트에 대한 분리된 비용 손실과 결합되었고 궁극적으로 회사의 재산관리에의 진입으로 이르게 한 재무상황의 악화에 기여하였다. 보다 폭 넓은 관심 속에서 운영되는 그리고 철도 산업에 그 회사 멤버들을 통하여 책임이 있는 보증 책임 주식회사(company limited by guarantee) Network Rail은 이제 철도망에 대한 책임을 넘겨받고 과거 문제를 본격적으로 다루는 데 일부 진전을 이루었다.

4.5 철로는 이제 승객의 기록 숫자를 보유하고 있고, 그것의 안전 수준은 개선되고 있으며, 고객중시는 호전되었고, Hatfield에서의 사고의 여파(餘波; aftermath)로 신뢰성이 서서히 회복되고 있다.

출처: The Future of Transport, UK Department of Transport

Hatfield 및 Potters Bar에서의 엔지니어링 및 보전 관련 사고는 보전 개선뿐만 아니라 그들 자신의 작업 사양 및 검사에 대한 책임이 주어진 회사에 철도망의 아웃소싱에 있어서의 결함에 관심을 집중시켰다. Hatfield 탈선사고는 결함이 있는 (고장 난) 선로가 원인이었으며 Potters Bar 탈선사고는 (선로 전환을 위해 사용되는) 결함이 있는 점 세트(set of points)가 원인이었으며 둘 다 부적절한 보전 관행 및 절차에 기인한다. 몇 개의 권고사항이 이 경우의 보전 도급업자, 선로조건 및 보전 품질의 그리고 비용에서의 Howlett[24]의 '통제력 상실'을 반영하여 만들어졌다.

지난 수년에 치명적 철도사고의 빈발(頻發; spate)에 뒤이어 입법 및 규제에서 무수한 의미 있는 변화가 있었다. 그것들은 입법과 조직 변화의 과도적 준비(準備; arrangements)의 복잡한 상황을 반영하며 몇 개는 공개조사 권고에서 직접 유래되었다. 확인된 주요 변화의 일부가 다음과 같은 기관이 설립되었다.

a) 철도 안전 표준국(Rail Safety and Standard Board)
b) 철도 규제 사무소(Office of Rail Regulation; ORR) 및
c) 해양 및 항공 사고지국(Maritime and Air Accidents Branches)과 철도사고 조사지국(Railway Accident Investigation Branch; 추가하여 인간기술 시스템(Human-Technological System) 관리에서 Railtrack은 철도망(rail network) 운영과 그 성능에 대한 책임을 지는 Network Rail로 바뀌었으며 HM 철도 검열관(Railways Inspectorate; HMRI)은 철도규제 사무소로 이관되었다.

그래서 우리가 갖게 된 것은 인간요소 결말의 대중 인식에 대한 반응으로 규칙, 규제, 법령 및 표준을 통한 질서와 구조를 창조하기 위한 복잡하고 종합적인 노력(努力; attempts)이었다. 다소 우울하지만 UK로부터의 구할 수 있는 근간의 자료는 대략 같은 수의 탈선이 아직도 매년 일어나고 있음을 보여준다.

(2) 위험인식: 채탄(採炭; coal mining)

USA에서 유사한 경향이 채탄 결과(죽음과 부상)에서 보이는 것을 간과하는 것에 주목하자. 채탄은 위험한 직업으로 인식된다. 그러나 생산 경험이 증가함에 따라 석탄의 단위 생산 당 결과(죽음과 부상)의 발생비율이 분명하게 감소하고 있었다(Duffey & Saull, 2002). 그러나 이 나라에서 결과(사망)의 수는 Australia의 자동차 사망자와 US 항공기 이상접근(異常接近;

---

24) Howlett(1995)

near–miss) 사고 데이터보다 더 천천히 감소하였다.

그럼에도 불구하고 석탄채굴은 실은 결과비율이 다른 산업과 비슷함에도 불구하고 더 위험한 직업 및 산업이라고 인식된다는 것이다. 사고결과(사망자) 수가 늦게 공지되는 일이 계속되면서 지하에서 찾아낸 시체를 보여 주는 관련 언론 보도와 정보를 기다리는 친척들의 비통해하기로 인하여 데이터가 의미하는 것에도 불구하고 채굴산업이 아주 위급하고 위험한 산업이라는 인식을 계속 준다.

(3) 위험인식: 일본에서의 원자력

일본에서 원자력은 널리 활용되고 있으며 논란이 많다. 화석연료 저장이 없으면서 필요에 의해 선진 산업경제를 소유하고 있어서 일본은 원자력을 이용하여 전기를 생산하고 있으며 주요 공장건설자이고 개발자이다.

결국 2차 세계대전에 있었던 두 번의 핵무기 공격을 당한 일본인들의 잠재적 공포를 몇 개의 사건이 집중 조명해 주었다. 이들 근간의 사건들은 일본에서 스캔들(scandal)을 담고 있는데 이들은

a) JCO 연료 공장 임계(臨界; criticality) 사고
b) Monju 실연(實演; demonstration) 핵 반응기에서의 나트륨(sodium) 화재 및
c) TEPCO 반응기 군(群; fleet)의 배관 파열을 보여준 반응기 검사 데이터 감추기 또는 보고 안 하기

이다.

마지막 경우에 그 결과는 공장 가동을 중단하여 수도 Tokyo의 전력공급을 최소화하게 하는 것이었다. 이들 사건의 모두가 국민의 신뢰상실의 원인이 되었으며 핵에너지는 위험하고 위급하다고 인식하게 만들었었다.

데이터는 이것을 뒷받침하지 않는다. 즉 결국 이들 결과는 대중의 어느 멤버도 죽이지 않았으며 불편과 공포의 원인은 되었지만 죽음을 가져오지 않았다. 일본에서는 사건과 사고 모두 보고하여야 할 의무가 있었다.

일본에서도 분명히 HTS(Homo–Technological System)의 사회와의 복

잡한 상호작용이 전체적으로 잘못된 인식으로 이끌었다. 핵에너지가 위험하다고 인식되기 때문에 오류와 사건의 보고가 단순히 그 학습을 강화한다. 국민들은 사건 수에 더 주목하였는데 이 사건 수는 보고의무가 요구되고 입법되었으며 훨씬 더 극적으로 감소하고 있는 단위 발전량 당 발생률보다 서서히 감소하고 있다. 일본으로부터의 이 경험이 이들 데이터에 도사리고 있는 또 다른 복잡하고 아마도 기본적인 문화적 요인을 시사해주고 있는데 이것이 다른 산업과 비교하여 비교적 낮은 발생수를 부분적으로 설명할 수도 있다. 아마도 오류인정의 극단적인 민감성 때문에 사건의 축소보고의 가능성은 분명히 있다. 얼마간의 사건/사고들이 보고되지 않았던 것으로 알려졌다. 특히

a) 면허교부 조건에 의하여 요구되는 검사 중 금속 구성물에서 발견된 균열 및
b) 조업중단 사이 예정된 보전 중의 제어봉 이탈(離脫; ejection)로 인한 동력 단락(短絡; excursions)(이른바 고의가 아닌 임계사건)

이 그것이다. 그 결과로 주요 관리, 공공 및 단속의 격변(激變; upheaval)이 일어났다. 도표 만들기 역시 전반적 학습 율의 일관성이나 경험의 깊이에 따른 감소에도 불구하고 가능한 축소보고 문제의 분명한 지표가 될 수 있다. 그런 보기와의 단순한 비교 및 아이디어를 사용하여 기본적 '안전 문화' 교훈(教訓; lessons)이 관습적인 데이터 밑에 사전에 숨겨지고 뒤에 드러난다.

사건 비율은 학습에 연유하여 기대할 수 있는 것보다 100배는 적을 것이다. 또한 경험의 부족에 연유하여 최초의 보다 높아진 비율이 이들 데이터의 분명한 증거가 된다.

(4) 위험인식: 희귀한 사건 및 위험 순위

희귀한 사건의 특수한 경우에 대해 우리는 그 결과의 발생에 놀라며 우리에게 사전 지식이나 데이터가 없거나 극히 적다. 이들 희귀한 사건들에의 반응은 다르다. 즉 우리는 일상의 발생보다 그것들에 더 주목한다. 희귀한 사건은 역시 학습기회가 극히 적거나 없기 때문에 그들이 특수하고 우리의

주목을 받을 만하다고 느낀다. 경험 증가가 그 비율을 줄이지만 결과의 수는 줄지 않는다.

오늘날의 인간이 우리가 그러리라 보이는 것처럼 임의적인 위험회피 결정을 내리는데 바보같이 않다는 것을 분석해야 한다. 불충분한 학습의 힌트(hint)가 있다면 아마도 우리는 비율이 아니라 사건을 보도하는 매스컴 보도로부터 그것을 어떻게든 인식할 수 있을 것이다. 우리가 NMAC(near midair collision) 때문에 항공여행을 또는 자동차 운전하기를 피하지 않는다는 것은 분명하다. 그리고 UK는 열차 타기로 되돌아왔다. 그러므로 위험기피는 일시적이며 우리가 노출되고 있다는 그리고 우리의 관찰간격 안(in our observation interval)에서 배운다는 학습에 관한 정보에 의존한다.

Moore(1983)가 내놓은 순서화된 위험 순위를 보기로 하자. [표 1.1.6]이 다섯 가지 HTS(homo technological system)의 경우에 대한 실제 상대 및 인식된 위험을 비교한다. 여기서 우리는 경험 기반의 데이터 분석을 본다. '실제(實際; real)' 및 '인식된' 위험순위는 Moore가 내놓은 데이터이다. 철도 결과 데이터(사망, 탈선 및 SPADs; signal passed at danger)에서의 경향이 모아졌고 마찬가지로 희귀한 사건 데이터(치명적 충돌 및 일촉즉발; near misses)가 사용되었다. 또한 이 양적인 습작(習作; exercise)에 대해 과잉 정확도의 인상을 피하기 위해 상, 중, 하의 제삼위를 사용하여 보다 넓은 것이 되도록 위험 순위를 바꿨다.

[표 1.1.6] 주관적 위험인식과 실제 위험순위의 비교

위험	'실제' 순위	희귀 대 경험	회수 대 깊이	인식된 위험
자동차	상	떨어짐	일정	상
철도여행	상	떨어짐	일정	상
비행기여행	중	떨어짐	떨어짐/일정	중
의료	상	떨어짐	일정	상
원자력 사건	하	떨어짐	떨어짐	상

순위: 상 = 상위 셋째, 중 = 중위 셋째, 하 = 하위 셋째

모든 경우에서 경험에 따른 결과 비율은 학습곡선처럼 떨어지지만 경험의 깊이에 따른 회수비율은 달랐으며 평평해지거나 겉보기에 학습으로 가능하기보다 더 서서히 줄어든다. 이 결과데이터의 제한된 집합에 대해, 비교적 '높은 위험'의 인식은 경험의 깊이에 따른 결과 수자가 학습의 기대보다 더 천천히 변하고 있을 때 '실제' 위험은 동의하거나 동의하지 않거나 모두 일어난다. 이런 이유로 모든 경우가 학습과 함께 떨어지는 비율을 나타내므로 비율 경향 하나만을 근거로 위험을 판단해서는 안 된다. 이것이 최종적일 또는 결정적일 너무 적은 표본이긴 하지만 수자 경향과 인식 간에 일부 연결이 있다는 힌트(hint)가 있다. 그러나 이것은 본래 위험사례 선택 때문에 잠재적으로 오도(誤導; misleading)된 예일 수도 있다.

6 위험 사정(査定; assessment); 사례중심으로

여기서 Duffey와 Saull(2008, pp.219-261)을 빌려 위험이 어떻게 사정되는지를 사례 중심으로 살펴보기로 한다. 그들은 아무 인간-기술적 시스템(homo-technological system; HTS)의 고장확률을 추정하는 수단을 개발하였다.

그것들이 직접적 또는 간접적 재무손실의 원인이 되거나 책임이 있을 때 그런 고장들에 대해 보험을 드는 것은 인정된, 자리를 잡은, 그리고 번영하는 사업이다. 우리는 시스템이 고장이 날 확률을 전제로 투자에 대한 수익률도 역시 추정할 필요가 있다. 기본적으로 보험업자와 투자자는 모험적 사업(venture)의 성공이나 사건의 공산(公算; likelihood)에 내기를 건다. 그런 활동에 내재하는 위험을 상쇄하기 위하여 보험업자는 개연성이 있는 최대의 손실에 약간의 이문을 더한 금액을 지불하기에 충분한 보험료를 요구하고 투자자는 고장에서 오는 손실을 막기에 충분한 보험금을 요구한다.

사실 투자자는 고장확률을 근거로 위험을 판단할 것이고 판단하여야만 한다. 이 추정은 이전에 있었던 고장이나 사건에 기인된 손실의 사전 지식을 근거로 또는 장래 위험 '노출' 추정치를 근거로 추정된다. 이는 전적으로 회계 및 감사의 정규 회계분야(會計分野; fiscal field) 밖에 있으며 부적절한 재무보고의 낮은 위험에서 안전하기를 노린다. 이것은 실사(實査; due diligence)의 독립적 보증, 윤리적 행동을 통해 그리고 어떻게 기업 원장(企業 元帳; corporate ledgers)이 어떻게 보존될 것이고 어떻게 임원이 행동하여야 하는가에 대한 공식적 규칙의 직업적 및 엄격한 적용과 고수(固守; adherence)에 의하여 달성된다.

우리는 투자 및 보험 프리미엄 크기의 설정 및 사용을 위하여 경험에 기반을 둔 동적 손실률의 독립적 예측 견적서를 마련할 필요가 있으며 그리하여 손실률의 관리에 도움을 주고 잠재적 위험 노출을 줄일 수 있다.

프리미엄이나 투자수익을 추정하기 위해 기대 손실률은 과거손실 데이터와 장래 손실의 타당한 기대에 기반을 두어야 한다. 그러면 부과된 위험은 불확실성과 마진(margins)의 적당한 추정치에 기반을 두게 된다. 그러면 실제 프리미엄은 이 분석, 경쟁률, 회사의 실제 손실률 및 경쟁시장을 전제로 하는 기대이익 마진에 기반을 두게 된다.

재무 '위험'에서 사용되는 통상의 또는 가장 인기가 있는 공식(formula)은 시장행동이 기본적으로 순전히 일부 중첩된 일반적 하향 및 상향경향과 함께 확률적이라는 가정을 전제로 장래 투자자의 선택과 기대에 기반을 두어야만 한다. 이 가정 위에서 우리는 불확실성에 대한 단순한 정규분포를 주식가격 '변동성'의 척도로 사용할 수도 있다. 이들 가정은 유명한 Black-Scholes 공식[25]에 구체화되어 있다. 이 위험 모델은 투자자가 언제나 위험에 있는 지분(持分; shares)의 가정된 가변비(可變比; variable proportion)로부터 선택할 수 있는 주식 포트폴리오(portfolio)에 기반을 두고 있다. 반면에 포트폴리오 돈의 나머지는 수익의 무위험 수익률이 r인 금융시장 계정에 투자될 것이다. 증권시장 가격이나 비용 C는 시간에 정상적으로 표류하는 (이익 또는 손실이 있는) 순수하게 확률적인 브라운 운동이나 기하학적 혼선(混線; noise)의 결합을 따른다고 가정한다. 그러면 가격의 시간에 따른 변분(變分; variation), dC/dt는

$$dC/dt = \mu C + \sigma C dW/dt$$

와 같이 비례적으로 변한다. 여기서 $C(t)$는 어느 때의 판매가 (또는 구매

---

25) www.wikipedia.com에서 찾을 수 있다.

비용)이며 μ는 상수이고 W는 가격 휘발성의 (상수) 척도라고 가정된 표준편차 σ에 따르는 확률변수(確率變數; random variable)이다. 표준편차, σ는 가격분포에서의 65% 신뢰수준에서 가정된 정규 가산금리(normal spread)의 통상적 통계추정치이다. 이에 따라 가격변분에서의 혼선은 불확실성에 기인된 재무적으로 정의된 위험의 척도가 된다. 우리는 혹시 우리가 앞으로 보게 되는 대로 시장에 존재하는 정보 엔트로피(entropy)[26)]의 표현이라고 해석할 것이다. 앞으로 어떻게 경쟁적 시장에서 학습이 제품 비용과 가격에 미치는 영향을 예측하기 위하여 Black-Scholes 범함수(汎函數; functional) 양식을 직접 적용하고 확장할 수 있는지를 보게 될 것이다.

어떤 판매 가격 C에의 시간에 따르는 가치 V의 의존은 다음의 이차 미분 방정식에 의한 관계가 된다.

$$dV/dt = rV - \{(\sigma^2 C^{2/2})d^2 V/dC^2 + rPdV/dC\}$$

결정적 그리고 확률적 가정 뒤에 숨겨져 있지만 실제로는 이 방정식에서 바로 알아볼 수 없는 암시된 학습이 있다. 확률적 양의 실용적 평가는 본질적으로 포트폴리오 또는 주식의 종류의 기준 위에서 이루어진다. 가치의 변화율은 고정 이자율 더하기 또는 빼기 확률적 변동 또는 가격에 따르는 수익 가치의 변화에 기인된 수익에 비례한다. 오늘날의 주식시장 가치에의 도박이나 투자에 뚜렷한 학습이 없는 것으로 보이지만 우리는 뒤에 가격 변화에서의 학습과 경쟁의 효과가 실제로 Black-Scholes 형태의 모델에 암암리에 포함되고 추정된다는 것을 보게 될 것이다. 이런 확장을 통해 제조에서의 비용 및 가격 혁신 영향의 예측에도 적용할 수 있다.

주식시장 '붕괴(崩壞; crashes)'에 대해 제안된 경험적 관계도 있었는데 여기서 시간 가변성 위험요소(hazard) 함수의 변화율이나 시장의 잠재적 실패율은 위험요소 비율, h에 비례한다고 추정된다. 이 위험요소 함수는 어떻게든 무수히 많은 거래자 간 상호작용의 효과를 나타낸다(Woo, 1999).

이리하여

---

26) 특정정보를 선택할 경우의 자유도 또는 추정할 경우의 부정확성을 표시하는 것, 문서의 집합에서는 유용하지 못한 정보.

$$dh/dt \propto h^{\delta}$$

라고 추정되는데 여기서 추정된 제곱지수, $\delta > 2$는 명백하게 데이터에 맞추어져야 한다. 적분(積分; integrating)하면 이 멱 법칙(冪 法則)이 변하면서 붕괴 사이 또는 이전 재해요소 함수의 비선형(非線型; non-linear) 시간 의존성(時間 依存性; time dependence)을 계산하게 해준다. Woo(1999)에 따르면 같은 변화가 δ를 추정하기 위한 사전(prior) 과거자료를 사용하여 화산폭발을 예측하기 위해서도 제안되었다.

여기서 개발된 분석이 이전 역사에 근거를 둔 손실률 및 예상된 불확실성 또는 할당된 위험에 근거를 둔 장래 예측의 반-이론적(semi-theoretical) 분석을 포함한다. 보험료(premium) 예측은 실패율 분석을 근거로 할 수 있다. 지난 10~20년 동안의 산업 사고율 데이터와 함께 선적(船積; shipping) 손실과 그리고 항공, 철도 및 도로(차량) 사고와의 비교를 사용하여 손실률을 예측하는 방법이 검사되었다.

1) 장래 손실률 예측: 선박 및 쓰나미(Tsunamis)

보험 계리사와 그 외 사람들은 수세기 동안의 사망률과 손실 통계를 연구하였다. 그런 연구의 결과 누군가의 특정한 나이에 죽을 공산(公算; odds)은 잘 알려져 있다. 부상 및 사망에 대비한 산업 및 제품 보험에 대해 보험업자는 개별 손실의 위험 더하기 약간의 이윤(利潤; margin of profit)을 고려하여야 한다. 지진 및 쓰나미(Woo, 1999; p.242)와 같은 큰 자연 재앙에 대해 손실 보전(損失補塡; loss coverage)과 배상(賠償; reimbursement)을 대비하기 위하여 보험업자뿐만 아니라 피보험자에 대한 위험 노출이 조사되어야 한다. 바로 주식 포트폴리오와 같이 위험은

a) 언제 어디서 어떤 결과가 생길지의 무작위(無作爲; random) 요인들 (이른바 사행적(射倖的; aleatory) 또는 과정 위험): 그리고
b) 얼마나 많은 피해(被害; damage)가 생길지의 잠재적 손실의 불확실성 (이른바 인식적 또는 매개변수 위험 위험에 대한 지식의 부족)

에 기인된 두 형태 또는 부분들로 사정된다. 이들 불확실성은 근본적으로 확률 추정인데 이 추정에는 그런 자연적 결과의 발생, 그것들의 크기 및 그것들의 위치 등에서의 불확실성을 포함한다. HTS에 대한 특별한 결과의 확률 예측과 유사한 것은 특히 희귀한 사건의 예측인데, 여기서 결과의 사전 지식은 부족하다. 차이는 HTS에 의한 결과는 기본적으로 인간의 기여에 기인된다. 반면에 결말이 인간의 기여에 기인하는 동안 자연적 재앙에 대해 발생확률은 인간과 관계가 없다.

보험업자는 사업이므로 주로 1년 단위로 현재의 손실을 보장하는 현재의 보험료와 전체 위험노출을 보장하는 고정자산 및 투자에 공을 들인다. 잠재적 손실을 최소화하기 위해 재보험이 사용된다. 그래서 만일 기차나 비행기나 배에 특별히 값비싼 화물이 혹은 연소성 재고품이 혹은 손실의 역사가 있다면 가계보험이나 개인 보석(寶石; jewelry)에 대해서처럼 초과요금(excess charge)이나 할증료가 적용된다. 위험요소나 위험이 너무 크거나 파멸적이라면 제외될 것이다. 이것이 '보험인수(保險引受; underwriting)'의 과정이다.

20만 명 이상을 죽이고 말로 다할 수 없는 수의 극빈자들을 남긴 2004년의 대 아시아 쓰나미(tsunami) 이후 대중매체(media)에서 계속되었던 한 언론 인터뷰는 난민과 부상 희생자에의 영향에 관한 것이 아니라 보험회사의 있을 수 있는 손실에 관한 것이었다. 쓰나미에 연유된 손실은 홍수 및/또는 불가항력(不可抗力; Act of God)으로 간주된다는 점이 주목된다. 즉 정규 규칙과 계약조항 하에서 이들 원인은 통상 어떤 법적 지불책임에서도 제외된다. 홍수는 너무 파괴적이고 해안 근처의 집은 너무 취약하여 보험업자는 이들에 보험을 팔지 않을 것이다. 여기에 개인적 및 투자 위험관리를 위한 메시지(message)가 있다. 즉 보험업자가 위험에 보험을 팔지 않는다면 그것은 아마도 특별한 의미가 있는 것이다. 물 가까이에 있는 빌딩은 알려진 위험이다.

손실 추정과 보험으로의 또 다른 길을 마련하기 위한 학습으로 다음 본보기를 참고하자. 이것들은 그것을 해상운송 손실의 예로 이용될 수 있을 것이다.

a) 과거 손실률을 설정하자.
b) 이론적 손실률 방정식과 비교하고 연관시키자.
c) 불확실성과 통계적 변분(變分; variation)을 설정하자.
d) 위험 노출 간격과 부보된 또는 자본 가치를 추정하자.
e) 위험을 위한 여유(margin)를 추가하자.
f) 이익 및 보험료(premium) 가치를 위한 여유를 더하자.
g) 관례적 요율과 비교하여 조정하자.
h) 보험료 '선물(先物; futures)'에 대한 요율을 예측하자.
i) 예견된 그리고 실제 손실률을 비교하자.
j) 보험료 또는 회사 손실비(損失比; ratio) 데이터, 필요성 및 역사를 조정하자.

한 예로서 그리고 크기의 등급(order)을 설정하기 위하여 선박 당 1,000만 불 이하의 평균 화물가치를 갖는 각각 500ton 이상의 30,000척으로 이루어진 가상의 세계적 선단(船團; fleet)에 할당된 위험에 따라서 연간 1억 2천만 불~3억 6천만 불 사이(또는 월간 1천만 불~3천6백만 불)의 보험료가 부과될 것이라고 추정된다. 이것에는 이익 마진(margin)과 그 회사의 특정한 손실률 역사에 대한 보정이 포함되어 있지 않다.

이 HTS 손실을 2004년에 있었던 인도양 지진으로부터의 아시아의 대 쓰나미(tsunami)와 같은 '자연재해'와 비교해보자. Boxing Day[27)]에 거대한 파도가 많은 지역의 해안에서 살고 있고 휴가를 즐기는 약 5,000,000명 정도의 사람들의 가정과 생계를 파괴하였다. 일인당 1,000불에서 100,000불 정도의 가치나 효용이 있다고 칠 때 손실은 50억 불과 5,000억 불 사이에 이르게 된다. 관광, 직장 및 제조 손실에 연유된 순수한 경제적 손실이 150,000 이상의 인명손실과 함께 비슷한 크기의 손실이 될 수 있을 것이다. 이들은 외견상 깜짝 놀라게 하는 한 번만의 평생 단 한 번만의 손실이다. 그러나 약 100년당 대략 한 번의 그런 큰 쓰나미 사건의 비율이라고 볼 때 년 당 손실은 50억 불에서 100억 불의 최대 위험 또는 세계 해상운송에서의 손실액의 10에서 20배 조금 넘는 보험료에 해당된다. 그러나 쓰나미는 희망적으로 거

27) 영국 등에서 크리스마스 뒤에 오는 첫 평일을 공휴일로 지정한 것

대한 한 번의 사건이고 일인당 최대 보험료가 월 50불에서 1,000불까지이므로 누구도 연간 기준으로 그 손실을 보장받을 수 없고(가상의 보험회사뿐만 아니라 사람들도 매 100년마다 완전히 파멸한다.) 보험료가 진짜로 해안에 사는 사람들이 필요로 하는 보험보장범위(insurance coverage)를 감당할 수도 없다. 구제를 위한 모금노력이 당장의 식량, 필수품, 임시 숙소, 치료, 청소 및 시급한 수리 등 문제를 해결하는데 도움이 된다. 그러나 분명히 자선의 자발적 기부는 장기간에 대해서는 부적절하며 전체 손실의 단지 작은 부분(수 %)일 뿐이다.

전 세계에서 점점 더 많은 사람들이 아직도 화산, 진흙 사태지역 또는 홍수지대 근처에서 살고 있다. Mexico City 및 Naples와 같은 수백만의 사람들이 사는 대다수의 도시가 아직도 가끔 우르릉 거리는 그리고 활발한 화산의 문자 그대로의 그늘에 있다. Herculaneum 및 Pompeii의 로마 도시에는 무언의 그리고 문자 그대로 겁에 질린 엄청난 파괴의 목격자들이 있었다. 화성쇄설암(化成碎屑岩; pyroclastic)의 파열, 뜨거운 재(ash) 및 가스구름(gas cloud)에 붙잡힌 그 도시들의 시민들 시체 일부가 최종 용암 및 이류(泥流; mud flow)에 잡혀버렸던 것이다.

지진보험은 손실에 대해 지불되기 전에 큰 공제조항을 가지고 있으며 비싸다. 세계 다섯 번째 경제, California는 방대하고 활발한 지진단층(地震斷層; earthquake faults)의 네트워크(network) 위에 건설되었지만 재해를 가져오는 사건의 확률은 아직도 많이 알려져 있지 않다(Woo, 1999; chapter 5). 재해를 가져오는 지진에 의한 사건은 아주 일반적이어서 철도의 완파가 일어났으며 아직 존재하는 19세기부터의 가장 오래된 빌딩들이 이미 재건축되었거나 여러 번 수리되었다. 일본에서 지진은 역시 생명의 손실을 가져다주는 일반적 사건이다. 일본과 California에서의 건물 표준은 이제 내진 구조를 요구하고 있으며 핵발전소와 사무실 고층건물과 같은 큰 시설들은 "설계기준 지진"으로부터의 최악의 기대 가속도를 견뎌내도록 튼튼하게 건설된다.

그러나 그 위험은 우리가 계속 살아가면서 일반적으로 무시된다. 어떻든 그것들에 관하여 걱정한들 무슨 소용이 있나? 자연재해는 우리가 전 지구 전체에 걸쳐 개미처럼 퍼져있으므로 수용된 위험 요소이다. 오늘의 삶의 즐거움이 내일의 죽음의 공포보다 훨씬 크다. 잠재의식적이고 운명적인 비용-이득 결정이 있으며 긍정적 결정이 우리의 동료들을 따라 위험을 부담하게 한다. 우리가 개인적으로 죽음을 당할 확률은 평균적으로 아직 백만분의 일의 확률일 뿐이다. 상대적 확률은 우리가 실제로 차 안에 있음으로써 자동차 충돌에서의 우리의 사망 위험이 생기는 것처럼 우리의 개인적 선택에 따라 변한다. 그러나 물론 만일 우리가 실제로 자연적 위험 요소(바다, 화산, 절벽 끝, 홍수 지대, 지진단층) 근처에 산다면 위험은 더 높아지고 우리의 보험비용도 많아질 것이다.

장래 손실을 감소시키거나 포함하는 그리고 위험 노출을 최소화하는 학습 역사가 없다면 위험 대비 보험의 개발은 의미가 없다. 그렇지 않다면 손실은 일정하거나 인구가 증가함에 따라 증가할 것이며 이는 순수한 보험료 취하기나 거래고(去來高; volume) 기준 보험사업에는 좋다. 우리는 자연 위험을 줄일 수 있는 기술적 해결책 즉, 적어도 우리가 정말 무언가 배우고 있다는 것을 보여주는 홍수방어벽 치기 또는 해안선이나 화산에 집을 짓거나 살지 않기, 홍수 지대 지정하기, 그리고 발전된 경보시스템 장만하기와 같은 기술적 해결책을 가지고 있다.

2) 해운손실에 대해 예측된 보험 율: 역사적 손실

500톤 이상의 해운에 대한 1987-1997년 간의 역사적 손실 기록(Mt/y)을 보면 손실률은 경험이 증가함에 따라 서서히 감소한다는 것을 알 수 있다. 손실률은 보통 1,000척-년(kSy) 당 손실률로 주어지는데 Mere[28](Minimum Error Rate Equation) 반-이론적(半-理論的; sem-theoreticak)i) 방정식으로 나타낸다. 유사한 관계가 1,000척-년, kSy, 당 총 손실률로 개발될 수 있으며 다음과 같다.

$$(L/kSy) = 0.38 + 9\exp(-kSy/60)$$

물론 점근선(漸近線; asymptotic)의 최소 손실률은 1,000척-년 당 0.38이며 학습의 증거를 보여준다. 우리가 부보대상으로 해야 하는 분수 손실률

28) Duffey & Saull, 1998, p.40, p.42, p.142.

은 주어진 시간에 떠있는 전체 척수에 대한 침몰 척수이다. Duffey & Saull(2008, p.224)에 의하면 1987-1997의 10년 동안 관찰 기록을 사용한 학습곡선으로 떠있는 매 Mty에 대해 약 0.38Mt을 잃었다는 예가 제시되었다. 이는 1 Mt에 대해 떠있는 시간당 4×10^{-5}의 위험이거나 다른 방법으로 표현하여 매 23,000시간 간격 또는 약 매 3년에 1 Mt의 손실위험이다.

3) 보험료 방정식

추정된 보험료는 손실률 예측과 보험료 지불에 따르는 손실보상 액에 근거를 두고 있다. 화물가치가 $V\$/t$ 그리고 N_T톤인 선박에 대해 손실보상을 위한 $로 표시된 보험료 $P(L)$은

$$P(L) = R(L) \times V \times N_T$$

이고 여기서 손실 $R(L)$의 추정손실은

$$R(L) = (L/kSy) \times N_{kSy}$$

로 주어지며 여기서 N_{kSy}는 화물이 배에 실려 운항 중인 kSy의 숫자이며 선단에 있는 선박 척수와 운항 햇수를 곱한

$$N_{kSy} = N_{kS}N_y$$

로 주어진다. 따라서 최종 보험료는

$$P(L) = R(L) \times V \times N_T \times N_{kS} \times N_Y$$

이며 넓은 경험($kSy's$)에 대한 점근(漸近; asymptotic) 값으로 화물에 대한 보험료는

$$P(L) = 0.38 \times V \times N_T \times N_{kS} \times N_y$$

이다. 총 보험료, P는 화물 더하기 선박 가치이며 선박가치 V_S에 대해

$$P = 0.38 \times \{(V \times N_T) + V_S\} \times N_{kS} \times N_y$$

이다. 부분적 느슨함은 단순한 세분화(細分化; fractionation)로 메꿔지며 데이터가 약 3배 높은 손실률을 나타낸다는 것에 유의하자.

4) 재무 손실: 동적 손실과 보험료투자

어느 투자결정에서도 수익은 '무위험(無危險; risk-free)' 옵션으로부터의 수익보다 더 커야 한다. 이들 옵션에 대한 기준은 % 수익률 G가 보장된 정부발행 공채이다.

Moor(1983)는 그의 저서 "The Business of Risk)에서 투자자의 수익은 이 G-값보다 커야만 하며 그렇지 않다면 투자 자체를 할 의미가 없고 위험요인(프로젝트, 사업, 선물(先物; futures), 국채 등)과 같은 투자 목표의 실패확률, $p(L)$에 대한 보호수단이 있어야 한다고 지적한다.

이 두 요인만을 고려하고 특정한 한 세금우대조치나 벌금을 무시하면 투자자 수익률, I는 Moore의 공식

$$I = G(1 + \delta)/(1 - p(L)$$

에 의해 주어져야 한다. 여기서 δ는 기본 이상의 투자 증가부분이다.

그러므로 정부 보증 수익률의 최저 선을 을 넘는 가치는 프로젝트나 투자대상이 받아들일 수 있게 만들어내야 하는 투자 프리미엄(premium)이며

$$I/I_0 = (1 + \delta)/1 - p(L)$$

이다. 우리는 어떤 기술시스템(technological system)에 대한 실패 확률도 욕조모양의 곡선(Bathtub Curve)으로 주어진다는 것을 안다. 그래서 $p(L)$의 표현은 단순히 지수 함수

$$p(L) = p(\epsilon) = 1 - \exp\{(\lambda - \lambda_m)/k - \lambda(\epsilon_0 - \epsilon)\}$$

이다. 여기서 실패율은

$$\lambda(\epsilon) = \lambda_m + (\lambda_0 - \lambda_m)\exp - k(\epsilon - \epsilon_0)$$

이며 여기서 최초 경험 ϵ_0에서 $\lambda(\epsilon_0) = \lambda_0 = n/\epsilon$이다.

그러나 이제 위험 프리미엄은 측정된 경험의 함수이어야 한다. Duffey & Saull(2008, p.226)에서 $k \sim 3$이고 $\lambda_m \sim 5.10^{-6}$에 대해 추정한 특정한(typical) 값으로부터 계산된 동적 위험프리미엄 비율을 볼 수 있다([그림 1.1.1]).

7 수용가능 위험29)

위험요소 관리에서의 최종 결과는 "얼마나 안전해야 충분히 안전한 것인가?"라는 질문의 일부 변형이다. 예컨대 다음과 같이 바꾸어 볼 수 있다. "우리 핵발전소에 추가 강철제(鋼鐵製) 격납 용기각(格納容器殼; containment shell)이 필요한가?" "사카린(saccarin)의 발암성(發癌性; carcinogen-icity)은 사용을 허용할 만큼 충분히 낮은가?" "석면(石綿; asbestos) 천장을 가진 학교는 폐쇄되어야 하나?" 이런 질문에 대한 적절한 대답의 궁색함이 위험요소 관리를 곤란하게 만들어 왔다.

부분적으로 막연한 입법권한과 복잡하고 느린 법적 절차 때문에 그리고 부분적으로는 결정하는 근거에 분명한 기준이 없기 때문에 많은 위험요소 관리 결정이 쉽게 내려지지 않고 있다. 새로운 발전소의 건설이 타당할 것인지를 지켜보는 동안 원자력산업은 중단되기도 하였다.

내려진 결정들이 자주 모순되기도 한다. 우리의 법규는 우리가 마시는 물이나 우리가 숨 쉬는 공기에 들어 있는 것들 보다 우리가 먹는 음식에 있는 발암물질에 더 엄격하다.

---

29) Slovic(2000) pp.121-136 참고.

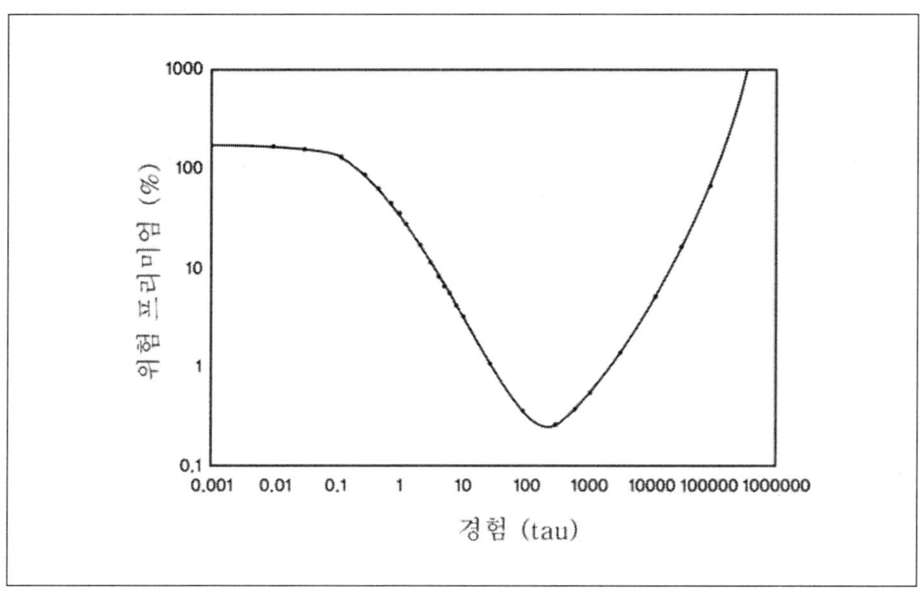

[그림 1.1.1] 마진 없는 동적 위험프리미엄 비율

이런 현상에 대한 불만(不滿; frustration)이 주어진 기술이 충분히 안전한지를 우리에게 말해줄 분명하고 실사회에서 효력이 있는 규칙을 찾아내는 계기가 되었다. 네 개의 접근법이 이를 사정(査定; assess)하기 위한 시도에서 가장 빈번하게 사용된다. 그것들이 비용–이득 분석, 드러난 선호(revealed preference), 표명된(expressed) 선호 및 자연적 표준이다. 각각 그것들은 만일 이득이 비용을 능가한다면; 그 위험이 동등한 이득을 주는 현재 용인된 기술의 위험보다 더 크지 않다면; 만일 사람들이 그 위험을 받아들일 수 있다고 말한다면; 그 위험이 인류의 발전을 동반하는 위험보다 크지 않다면 그 기술을 안전하다고 간주하는 것이다. 이들 접근법의 각각은 그것의 찬반, 그것의 사용 및 한계를 가지고 있다(이외의 수용가능 위험에 대한 검토는 Lowrance, 1976을 보자).

1) 비용–이득 분석

비용–이득 분석은 제안된 활동으로부터의 기대 이득이 그것의 기대비용보다 큰지 여부를 분석하는 것이다. 프로젝트 기대비용 계산에서의 첫 단계는 그것의 시행에서 나올 수도 있을 모든 부정적 결말을 열거하는 것; 각각의 그런 결말의 확률을 사정하는 것 및 그 결말이 일어날 때마다 발생하는 사회에의 비용이나 손실을 추정하는 것이다. 다음으로 각각의 있을 수 있는 결말의 기대비용을 그것이 발생될 확률로 곱하여 계산한다. 여러 가지 있을 수 있는 결말에 연계된 기대비용을 합하여 전 프로젝트의 비용을 계산한다. 유사한 절차로 기대이득을 추정한다([표 1.1.7]과 Fischhoff, 1977 또는 Stokey & Zeckhauser, 1978를 보자). 비용-이득 분석의 가장 일반적 형식은 결정분석인데 거기서는 불확실성의 역할, 비용과 이득의 주관적 본성 및 대안이 되는 행위의 존재가 명확해진다(Brown, Kahr & Peterson, 1974; Howard, Matheson & Miller, 1976).

이들 절차와 결정분석은 특히 매력적인 전제들에 기반을 두고 있으며 정교한 방법론에 의하여 뒷받침된다. 더 나아가 그것들은 상당한 유연성을 용납한다. 즉 분석들은 새로운 옵션과 새로운 정보를 짜 넣기 위하여 쉽사리 수정된다. 공공영역(公共領域; public sphere)에서의 의사결정을 위한 이들 방법론의 중요한 장점은 그것들이 쉽게 조사된다는 것이다. 그것들을 결합하는 공공연한 계산 규칙이 그런 것처럼 각각의 양적 투입자료(input)나 질적 가정을 모두가 보고 평가하도록 이용될 수 있다.

그러나 결정분석과 그것의 변형(變形; variant)은 잠재적으로 얼마간의 심각한 한계를 가지고 있으며 아마도 그중 가장 중요한 것이 분석을 완성하기 위하여 필요한 데이터를 구할 수 있다고 비현실적으로 가정하는 것일 것이다. 본격적 분석 실시는 모든 있을 수 있는 사건과 중요한 결말이 미리 열거될 수 있다고; 의미 있는 확률, 비용 및 이득 가치가 얻어질 수 있고 할당될 수 있다고; 그리고 이질적인 비용과 이득이 어떻게든지 서로 비교될 수 있게 만들어질 수 있다고 가정한다.

불행하게도 때때로 이들 과업의 일부를 완수하는 것이 불가능할 뿐만 아니라 그 결과를 거의 믿을 수 없을 때도 있다. 지나간 날들의 괄목할만한 과학적 진전에도 불구하고 우리는 아직도 대단위 에너지 프로젝트의 있을 수 있는 물리적 생물학적 및 사회적 결말의 모두 또는 일부분 조차도 모르는 것이 있다(Fischhoff, Hohenemser, Kasperson & Kates, 1978). 그 결말이 무엇인지 알 경우에도 우리는 자주 그것들의 공산(公算; likelihood)을 모를 수 있다. 예를 들면 우리가 핵 반응기 중심부의 용융(熔融; melt-down)이

[표 1.1.7] 비용-이득 분석

신선 과일 및 야채의 표면에 왁스를 입히도록 설계된 가상의 신제품 Veg-E-Wax를 생각해보자. 그것의 입증된 장점은 저장에서의 손실을 줄이고 영양가를 보존하는 것이다. 비용 외에 그것의 단점은 음식을 별로 맛이 없도록 보이게 하는 것과 그것을 취급하는 작업자와 과일을 씻지 못한 고객에 발암 가능성이 있다는 것이다. 왁스를 입히기로 된 배(pears)의 천만 불(시장가치) 출하에 Veg-E-Wax를 적용하는 결정의 아주 단순한 비용-이득 분석을 다음과 같이 정리할 수 있을 것이다.

장점 (이득)	백만 불
보장된 저장 손실 30%에서 20%로 감축	1.0
개선된 영양가(저장에서 손실되지 않은 80%에서 시장가치가 10% 증가한다고 해석)	0.8
총 이득	1.8

단점 (비용)	백만 불
사용 비용	0.1
작업자 100명의 0.1% 발암(@ 경우 당 1백만 불)	0.1
사용자 발암(1백만 고객 중 10% 과일 씻지 못함. 그중 0.001%가 결과적으로 암을 얻음. @경우 당 1백만 불)	0.1
맛없는 배 출현(저장에서 손실되지 않은 배의 시장가치 20% 손실	1.6
총 이득	1.9

이 계산에서 비용이 약간 이득을 초과하며 포장업체는 Veg-E-Wax사용을 결정해서는 안 된다. 이 결론의 타당성은 숫자에서의 작은 변화를 견디어낼 능력에 달려있다. 만일 과일의 왁스칠한 모습으로 인한 시장가격에서의 손실이 (1.44백만 불의 비용으로 변환되는) 18%에 불과하다면 균형은 달라 질 것이다. 자신 있는 행위를 취하는데 필요한 정밀도를 가지고 이 손실을 예견하는 것은 불가능할 수도 있을 것이다

사회적 양심을 가지지 않은 포장업자가 암 비용에서의 200,000불에 관하여 걱정하지 않기로 결정을 내리고 총비용을 1.7백만 불로 줄일 수도 있을 것이다. 가치를 극대화하고 개인적 위험을 최소화하는 데 관심을 가진 고객과 같은 다른 이해관계인들은 이 문제를 전적으로 다르게 구성할 수도 있을 것이다.

일어나지 않을 것이라고 알고 있다 할지라도 우리는 우리가 더 많은 온라인(on-line) 경험을 축적할 때까지 그 가능성이 얼마인지 아주 모를 것이다.

경험이 축적된다 할지라도 우리는 우리가 그 반응기 및 종업원 환경이 계속 같을 것(예를 들면 테러행위의 발생정도 또는 훈련된 인원의 가용성에서의 무 변화)이라고 가정할 수 있을 때에만 그 지식을 이용할 수 있을 것이다. 많은 상황에 대해 위험이 있음이 알려졌을 때조차 그 범위가 얼마인지 알 수 없다. 낮은 수준의 독극물의 방사(放射; radiation) 또는 노출(露出; exposure)이 있을 때마다 그 결말은 인간에의 높은 수준의 노출의 결말로부터의 또는 동물에의 노출의 관찰로부터의 확실하지 않은 보외법(補外法; extrapolation)에 의해서만 사정될 수 있다(Najarian, 1978).

이 모든 사례에서 볼 때 우리의 정식 방법을 안내하거나 보충하기 위하여 인간의 판단에 의지하여야만 한다. 그런 판단에 포함된 심리적 과정 연구는 이 연구가 (구할 수 있는 데이터를 넘어서 직관에 의지하여야만 하는 전문가를 포함하여) 사람들이 복잡하고 불확실한 정보 파악하기와 그런 정보로부터 유효한 추론을 만들어내기 모두에서 많은 어려움을 겪는다(Slovic, Fischhoff, & Lichtenstein, 1979). 이들 문제들은 판단에 의한 체험직관해법(體驗直觀解法; heurisics)[30]_사람들이 어려운 과제를 보다 단순한 판단으로 바꾸려는 정신적 전략의 사용으로 추적될 수 있다. 이들 전략은 일부 상황에서 유용할 수 있지만 다른 데서는 그것들의 영향에서 크고 집요하며 심각한 오류를 발생시킨다. 게다가 개인들은 특히 판단에서의 이들 결함을 잘 모른다.

모든 결말이 열거되고 그것들의 공산(公算; likelihood)이 사정될 수 있을지라도 그것들에 가격표를 붙이는 것이 더 이상의 어려움을 제기한다. 예를 들어 인간 생명에 값 매기기의 문제를 생각해보자. 우리의 인명을 경제적 조건으로 생각하는 것에의 저항에도 불구하고 사실은 우리의 행위에 의하여 우리가 실제로 우리들 생명에 한정된 값을 붙인다는 것이다. 안전장치의 설치, 생명보험의 구매 또는 추가 급료를 위한 더 위험한 직무 받아들이기에 관한 결정 모두 우리들이 생명에 주는 가치에 관한 함축적인 판단을 동반한다.

경제학자는 오래 동안 어떻게 생명의 가치를 가장 잘 계량화할 것인가라는 의문과 논쟁해 왔다(Linnerooth, 1975). 전통적인 경제적 접근은 생명의 가치를 한 사람의 기대 미래 수입의 가치와 동일시하여왔다. 이 지수와

30) 강성안, 불확실성 하 의사결정, pp.587-610을 참고.

함께하는 많은 문제들은 누가 봐도 쉽사리 알 수 있다. 그것은 사회에서 제대로 보수를 못 받는 사람들을 과소평가하며 소득을 올리는 위치에 있지 않은 사람들에 전혀 가치를 부여하지 않는다. 게다가 어떤 측정 가능한 재무손실보다도 훨씬 큰 손실을 낼 수도 있는 죽음의 대인관계와 관련된 효과를 그것은 무시한다. 생명의 가치를 법정 지급 판정과 동일시하는 두 번째 접근이 더 만족스럽다고 여겨지기는 어렵다(Holmes, 1970; Kidner & Richard, 1974).

일부는 '생명의 가치는 얼마인가?'라는 질문이 좋지 못하게 표현된 것이며 우리가 실제로 알고 싶은 것은 "특정한 생존 확률의 변화에 주어지는 가치는 얼마인가?"이다(Linnerooth, 1975). 이 두 번째 질문에 답하는 하나의 접근은 경제적 이득과 위험을 교환하는 사람들의 실제 시장 행동을 관찰하는 것이다. 예를 들면 한 연구는 직업적 위험의 기능으로 급료를 조사하였으며 위험한 직업(예: 석탄 채광)에서 일하는 사람이 사고사의 연간 확률에서 0.001의 증가를 받아들이도록 설득하는데 연간 약 200불의 보험료가 필요하다는 것을 발견하였다고 발표하였다(Thaler & Rosen, 1976).

이 발견으로부터 우리는 죽음을 방지하기 위해 약 200,000불을 기꺼이 지불하여야 한다고 추론할 수 있다. 한편 Rappaport(1981)에 의한 이 연구를 복제하여 2백만 불을 산출할 수 있다. 따라서 누가 이 접근의 기저가 되는 가정을 받아들인다 할지라도 확정적 값은 아직도 우리를 피할 수 있다(이들 가정은 기본적으로 다음에 나오는 현시 선호(顯示 鮮好; revealed preference)의 기저를 이루는 것들이다).

결정분석은 문제를 사정하는 데 내재하는 불확실성과 민감도분석[31]의 신중한 사용을 통하여 포함된 변수의 가치를 조정하려 한다. 하나의 다루기 어려운 확률, 비용 또는 이득의 대안이 되는 값들을 사용하여 기대비용 및 이득의 계산이 반복된다. 각각의 분석을 통해 기대비용 또는 이득의 상대적 우세가 판명된다면 이들 특별한 차이가 문제가 되지 않는다고 설득할 수 있다. Veg-E-Wax 예([표 1.1.7])에서 20%부터 18%까지 잃어버린 시장 가치의 추정치를 바꾸는 것은 민감도 분석이다. 민감도 분석이 Veg-E-Wax의 균형을 거부에서 수락으로 기울게 한다는 사실은 어떤 권고도 강하게 뒷

31) 강성안, 앞의 책, pp.350-372.

받침되지 않음을 시사한다.

그러나 불행하게도 데이터의 어느 것이 오류 안에 있을 수 있을 것인지 또는 있을 수 있는 값들의 어느 범위가 검사 되어야 하는지에 관한 확고한 지침(指針; guidelines)은 없다. 민감도 분석에 따르는 또 다른 문제는 그것이 오류의 여러 다른 출처로부터의 불확실성이 어떻게 결합되는지에 관하여 또는 여러 다른 데이터가 공통 편향의 대상일 때 어떤 일이 일어나는지에 관하여 우리에게 별로 말해주지 않는다는 것이다. 검사 되지 않은 가정은 여러 다른 입력 자료에 있는 오류들이 어떤 유해한 방식으로 합성되기보다는 오히려 서로 상쇄될 것이라는 것이다.

결국 분석의 질을 결정한다는 것은 판단의 문제이다. 우리는 어느 입력 자료가 타당성이 의심스러운지 어느 대안이 되는 값이 민감도 분석에 포함되어야 하는지를 정하기 위하여 직관을 사용하여야 한다. 기본적으로 우리는 우리의 최선의 판단이 얼마나 좋은지를 스스로 결정하여야 한다. 불행하게도 광범위한 연구가 사람들이 그런 판단의 질을 과대평가하는 경향이 있다는 것이다.

2) 드러난 선호(revealed preference)

수용할 수 있는 위험을 결정하는 다른 접근법은 Starr(1969)에 의하여 주장된 드러난 선호의 방법이다. 이 접근은 시행착오를 통해 사회가 어느 활동과 연계된 위험과 이득 간의 ‘기본적으로 최적인’ 균형에 도달해 왔다는 가정에 근거를 두고 있다. 결과적으로 최근 몇 해의 경제적 위험과 이득이 수용할 수 있는 위험-이득의 균형(均衡; trade-offs)을 드러내줄 것이라고 가정한다.

새로운 기술에 대한 수용할 수 있는 위험은 사회에 유사한 이득을 가져다주는 계속 진행 중인 활동의 안전 수준이이라고 정의된다. Starr는 다수의 일반적 활동의 위험과 이득간의 관계를 조사함으로써 드러난 선호의 잠재적 유용성을 강조하였다.

Starr는 그의 분석에서 다음 여덟 활동의 위험을 사람당 노출 시간당 사망자수로 추정하여 연간 사람당 평균 이득과 대비하였다.

자발적	사냥, 스키타기, 흡연, 철도, 항공, 자동차, 범용항공, 상업항공
비자발적	자연 재해, 원자력

한편 Fischhoff, Slovic & Lichtenstein(2000)은 Starr가 사용한 여덟 활동을 포함하여 다음과 같은 25 활동 및 기술에 대한 연간 사망자를 조사하여 이득(연간 지출)과 대비하였다.

자발적	흡연, 음주, 권총, 오토바이, 수영, X-선, 자전거, 범용항공, 피임약
비자발적	자동차, 원자력, 수술, 철도, 사냥, 큰 공사, 소방, 가정용 전기기기, 경찰활동, 상업비행, 원자력, 등산, 잔디 깎는 동력기계, 스키타기, 축구, 예방접종

Starr의 연구와 Fischhoff, Slovic & Lichtenstein의 연구의 차이는 부분적으로는 더 많은 자료가 사용 가능하기 때문에 그리고 부분적으로는 일부 위험요소(예: 권총, 흡연, 항생제)에의 노출을 정의하기 어렵기 때문에 생긴 것이다. Starr가 이득을 단일 참가자에 의한 활동에 소모된 돈의 평균 액수로 또는 참가자의 연간 수입에 그 활동이 만든 평균 기여로 측정한 반면에 그들은 총 연간 소비자 지출의 단일 척도를 사용하였다.

어떤 다른 이득의 척도처럼 지출은 한계를 가지고 있다. 예를 들어 그것은 좋은 것만이 아니고 나쁜 지출도 포함하고 있어 한 산업에 기인된 오염의 감소에 쓰인 돈이 그것이 제조한 제품의 가치만큼 크게 가중된다. 두 번째 문제는 이 척도는 (누가 지불하고 누가 이익을 보는지) 분배의 고려를 무시한다. 세 번째 문제가 시장가격은 사회적 계획에 중대한 복지 문제에 민감하지 않을 수도 있다. 담배의 가격이 담배 피우는 사람의 심장병이나 암의 높은 확률을 고려하고 있나? 농약의 가격이 한편으로 여러 가지 유해한 효과의 증가된 확률과 다른 한 편으로 식량의 증가된 산출을 적절하게 반영하나? (그 구매가 개별 소비자의 결정의 결과인) 사적인 상품에 대한 지출이 상업 및 제조업 협회로부터 얻어지지만 경찰업무나 소방과 같은 공공서비스는 급여 및 장비의 정부지출에서 추정된다. 제품이나 서비스의 이차적 및 삼차적인 경제적 이득(예: 농약의 사용에 기인하는 농산물 소출의 증가)이나 과거 구조적 투자의 현재 가치(예: 공항 터미널, 자연보호구역의 획득) 또는 분배상의 공정에의 기여를 계산하려는 시도는 이루어지지 않았다.

절차에서의 차이에도 불구하고 그들의 분석은 Starr의 분석과 유사한 결과를 내놓았다. 전반적으로 이득과 위험 사이에 긍정적 관계가 있었다(상관계수: 0.55). 더 나아가 이득의 주어진 수준에서 자발적인 활동이 비자발적인 것보다 더 위험한 경향을 보인다(예: 알코올과 수술 또는 수영과 원자력의 비교).

이들 결과를 Veg-E-Wax(표 1.1.7을 보자)에 적용하기 위하여 이 기술이 식품산업에의 총 경제적 이득(소비자에 부과된)이 10억 불인 비자발적 활동이라고 생각하자. 연간 기대 피해가 40명 이하라면 그 위험은 견딜만할 것이다.

직관적으로 설득력 있는 논리에 기반을 두었다 할지라도 드러난 선호 방법은 몇 개의 문제점을 가지고 있다. 그것은 과거 행동이 현재 선호의 타당한 예측 변수라고 가정한다. 아마도 가치가 상당히 빠르게 변하는 세상에서의 의심스러운 가정이 아닐까? 그것은 그것이 현재의 경제적 및 사회적 합의를 소중히 간직한다는 점에서 정치적으로 보수적이다. 그것은 분배의 문제(누가 어떤 위험을 상정하고 누가 어떤 이득을 갖는지)를 무시한다. 그것은 발암 물질의 경우에서처럼) 노출과 결말 사이에 장기간의 지체(遲滯; lag)가 있는 것들과 같이 시장이 느리게 반응하는 위험을 가볍게 볼 수도 있다.

그것은 사람들의 시장에서의 의사결정의 합리성에 관해 그리고 시장이 제공하는 선택의 자유에 관해 강하게 가정한다. 그러나 항상 지지를 받지는 못한다. 예를 들어 장동차를 생각해 보자. 일반국민이 진짜로 어떤 안전이 설계의 입장에서 가능한지를 모른다면 그리고 산업이 일반국민에게 선택할 대안들을 제공하지 않는다면 시장행동은 사려 깊은 개인이 심사숙고하는 그리고 철두철미한 조사 후에 내려질 수 있는 결정을 반영하지 못할 수도 있다.

드러난 선호 접근은 사람들이 모든 정보를 가지고 있다는 것뿐만 아니라 그들이 그 정보를 최적으로 사용할 수 있다고 가정하는데 이는 의사결정의 심리에 대한 많은 연구를 고려하여 상당히 의심스러워 보이는 가정이다. 마지막으로 기술적 관점에서 이 접근의 이행을 위해 필요한 위험과 이득의 척도를 개발한다는 것은 단순한 일이 아니다.

3) 표명된 선호(expressed preference)

비용-이득 분석과 드러난 선호 분석은 모두 이론적이고도 정치적으로도 방어될 수 없을 수도 있는 절차를 사용하여 대중적 가치를 간접적으로 추리하여야 한다. 표명된 선호 접근은 사람들에게 직접 그들이 수용할 수 있다고 여기는 안전의 정도가 얼마인지를 물음으로써 이 문제를 회피하려고 한다.

이 접근의 매력은 분명하다. 그것은 현재의 선호를 도출한다. 따라서 그것은 가치 바꾸기에 민감하다. 그것은 또한 의사결정에서의 광범위한 시민의 참여를 감안하기 때문에 정치적으로 받아들일 수 있어야 한다. 그것은 손쉽게 돈 및 사망자 집계로 전환되지 않는 것들을 포함하여 위험 및 이득의 모든 측면의 고려를 가능하게 한다. 표명된 선호를 구하는 일부 방법에는 국민투표, 여론조사, 선택된 시민 그룹의 상세 설문, '공익 대변자' 인터뷰하기 및 공청회 등이 있다.

Fischhoff, Slovic, Lichtenstein, Read, & Coombs(1978)는 Starr의 드러난 선호 연구에 병행하여 일련의 표명된 선호를 연구하였다. 그들은 사람들에게 Starr가 사용한 것들을 포함하여 30 활동 및 기술 각각의 총 위험 및 이득을 판단하도록 요청하였다. Starr의 추정에 반대로 그들의 응답자들은 사회가 보다 높은 이득이 얻어질 때에만 보다 높은 위험을 허용하도록 이들 활동 및 기술을 관리하여왔다고 믿지 않았다. 그들의 관점에서 사회는 현재 다수의 아주 낮은 이득과 아주 높은 위험을 가진 활동(예: 알코올 음료, 권총, 오토바이, 흡연)을 용인하고 있다. 일부 아주 안전한 활동은 아주 큰 이득이 있는 것(예: 항생제의 사용, 철도, 예방 접종)으로 판단된다.

그들이 사람들에게 30개의 활동 및 기술 각각에 대해 어느 수준의 안전이 수용될 수 있는지 물었을 때 사람들은 당시의 10%는 너무 안전하고 당시의 약 40%는 정당하며 당시의 약 50%는 너무 위험하다고 대답하였다('너무 위험한'은 '심각한 사회적 행위의 필요성을 나타내는'으로 정의되었다). 따라서 이들 개인에게는 드러난 선호 접근을 사용한 역사적 기록은 분명히 미래행동에 대한 받아들일 수 있는 가이드가 아닐 것이다.

수용할 수 있는 안전수준과 인식된 이득을 비교하였을 때 하나의 관계가 Starr가 얻은 것과 아주 비슷한 모습으로 드러났다. 참가자들이 더 큰 위험은 더 유익한 활동에 대해 용인되어야 하며 자발적인 그리고 비자발적인 활동에 대해 이중 표준이 적절하다고 믿었다. 유사한 연구가 학생, (일반적으로 진보적인) 여성 유권자 연맹의 회원들 그리고 (일반적으로 보수적인) 지역사회 봉사클럽의 회원들을 대상으로 시행되었다. 그 그룹들은 일부 특별한 사항의 평가에 동의하지 않았지만 그들의 판단은 동일한 일반적 패턴의 결과를 보여주었다.

표명된 선호 접근의 흔한 비판은 안전 문제가 보통시민들에게 이해하기 너무 복잡하다는 것이다. 그러나 막 인용된 결과가 적어도 일부 상황에서 동기가 부여된 비전문가들이 규칙을 따라 복잡한 문제에 설명할 수 있는 대응할 수 있다는 것을 시사한다.

관련된 비판은 새롭고 복잡한 문제에 이르게 되면 사람들은 잘 연결된 선호를 가지지 않는다는 것이다. 일부 기본적 의미에서 그것들의 가치는 앞뒤가 잘 안 맞는다(Fischhoff, Slovic & Lichtenstein, 1980). 수용할 수 있는 위험에 관한 생각에서 사람들은 문제가 공식화되는 용어(예: 사회적 할인율, 아주 적은 가능성, 대량사(大量死; megadeath)에 친숙하지 않을 수도 있다. 그들은 모순되는 가치(재앙적 생명의 손실에 대한 혐오감과 사망자 300명의 비행기 사고보다 500명의 사고에 더 감동받지 않는다는 깨달음)를 가질 수도 있다. 그들은 삶에서 뚜렷하지만 일관성이 없는 가치를 만들어내는 다른 역할(부모, 작업자, 아이들)을 할 수도 있다. 그들은 공존할 수 없지만 강하게 유지되는 입장들(연설의 자유가 존중되어야 하지만 권위주의적인 운동은 거부되어야 한다) 사이에 동요될 수도 있다. 그들은 일부 문제(예컨대 머리를 염색하는 기회와 지금부터 20년 안에 암에 걸릴 막연하고 극히 작은 확률의 증가를 어떻게 비교하나)에 관하여 어떻게 생각해야 하나를 모를 수도 있다. 그들의 견해는 시간에 따라 (즉 결정이나 결말 그 자체의 시간이 다가옴에 따라) 변할 수도 있으며 그들은 어느 견해가 결정의 기반을 형성해야 하나를 모를 수도 있다.

사람들이 그들이 원하는 것을 모르는 그런 상황에서 그들이 표시하는 가치는 고도로 불안정할 수도 있다. 어떻게 문제가 제시되느냐-질문이 어떻게 표현되느냐 그리고 어떻게 대답이 도출되느냐-에서의 미묘한 변화가 그들의 표명된 선호에 뚜렷한 영향을 줄 수 있다. 제기된 특별한 질문이 주된 관심을 또는 지엽적인 관심을 환기시킬 수도 있다. 즉 그것이 응답지의 의견을 분명히 하는데 또는 되돌릴 수 없게 형성되는데 도움이 될 수도 있다. 그것이 전에 전혀 없었던 의견을 만들어 낼 수조차도 있다.

이들 변하기 쉬운 판단의 세 특징이 중요하다. 첫째, 사람들은 대체로 그들의 견해가 얼마나 달라졌는지 잘 모른다. 둘째, 그들은 어느 견해가 적당한 것인지에 관해 가이드라인을 가지고 있지 않다. 마지막으로 가이드라인이 있을 때일지라도 사람들은 자신의 무정견을 포기하기를 그리고 대립을 만들어 내기를 원치 안을 수 있다.

4) 복수(複數; multiple)의 위험요소

지금까지의 검토는 개별 위험요소들과 연계된 수용 가능 위험에 초점을 맞추었다. 많은 위험요소를 동시에 고려함으로써 어떤 추가적인 문제가 생길까? 미국에 흔히 쓰이는 약 60,000 화학물질과 50,000 소비자 제품이 있다고 한다(예를 들면 Bick & Kasperson, 1978; Maugh, 1978). 이들의 적은 부분이라도 사카린이나 가연성 잠옷 유(원자력을 말하는 것이 아니라)에 의하여 생기게 된 법적 기술적 복잡성을 나타낸다 할지라도 수많은 분석가, 변호사, 독극물학자 및 단속자가 상황을 다루게 될 것이다. 위험요소가 한 번에 한 개씩 다루어 진다면 많은 것이 방치되지 않을 수 없다. 이 문제에 대한 본능적 대응이 중요성 순으로 문제를 다루는 것이다. 불행하게도 우선순위를 설정하는데 필요한 정보는 구할 수 없다. 즉 그런 데이터 수집이 그 자체로 시스템을 압도할 수도 있을 것이다.

많은 위험요소 관리자가 있을지라도 문제를 한 번에 하나씩 다루는 지혜는 의문의 여지가 있다. 책임이 있는 경영은 어느 위험이 가장 나쁜지 뿐만 아니라 어느 것이 가장 다루기 쉬운 지도 물어야 한다. 비용-이득 분석이란 의미에서 합리적인 안전 조치가 비용-효과성이란 의미에서는 타당하지 않게 보일 수도 있다. 즉 우리의 안전을 위한 자금이 제한되어 있다면 특별한 안전조치의 이득이 그 비용을 능가한다는 것이 발견되더라도 더 큰 이득조차 다른 데서의 비슷한 지출로 보상받을 수 있을 가능성이 배제되는 것은 아니다. 위험요소별 접근은 활동에 걸쳐서(예: 탄광부보다도 핵발전소 운전공을 더 크게 보호하기) 또는 활동 내에서(예: 농약살포 비행기를 보호하지만 아래 있는 농지에 있는 것들은 보호 안 하기; Berman, 1978) 자원을 잘못 할당할 수도 있다.

다양한 형태로 나타나는 문제로부터의 누적되는 위험은 하나씩 위험요소와 씨름하는 사회로부터 숨겨질 수도 있다. 현재의 암(cancer) 위기는 아주 많은 수의 출처로부터의 비교적 적은 투여량에 배분된 위험의 누적된 영향의 갑작스러운 실현을 반영하는 것처럼 보인다. 핵 산업이 한 설비에서 방사능 노출의 법적 한도를 받아들이는 임시직원이 빈번하게 다음에서 다음으로 알려주지 않은 채 옮겨다니는 가능성에 대해 아주 최근에야 경고를 받았다(US Nuclear Regulatory Commission, 1978).

새로운 제품이나 시스템의 지지자는 대중에 의하여 그것들에 주어진 엄중한 위험 표준이 발전에의 비이성적 저항의 구성요소가 된다고 설득력 있게 주장할 수 있다. 어쨌든 현재 용인된 많은 제품이 눈에 띄게 적은 이득이 있으면서 훨씬 더 큰 위험을 가지고 있다. 그러나 대중은 이들 지지자의 시야 밖의 문제, 그것의 전반적 위험 부담에 대응할 수 있다. 그 시각에서 현재 용인될 수 없는 위험 수준을 줄이기 위한 분명한 길 중 하나는 그것들이 우리의 더 위험한 기존 위험요소에의 의존을 줄여주지 않는 한 비교적 안전한 새 위험요소조차도 금지하는 것이다.

위험요소를 개별적으로 다루기는 애매한 해결책일 뿐만 아니라 문제일 수도 있다. 위험요소 관리자는 생명과 건강을 돈으로 어떻게 교환하는지에 관해서 뿐만 아니라 어떻게 공정한 방식으로 그렇게 하는지에 관해서 걱정하여야 한다. 개별 위험요소의 맥락에서 공정(公正; equity) 문제를 해결하는 것은 자주 영웅적인 이론적 가정이나 상당한 정치력을 요구한다. 사회가 직면하고 있는 위험요소의 전체 포트폴리오를 보는 것이 이들 문제를 우회할 수 있다는 희망을 준다. 누구도 사회의 모든 측면의 위험이든 이득이든 어느 것도 피하지 않는다. 정말로 그것들은 자주 암암리에 개인들 간에 거래된다. 나는 여름에 당신에게 수력전기를 제공하는 댐 밑에 사는 반면에 당신은 겨울에 나에게 전기를 공급하는 원자력발전소 근처에 산다. 이 예에서 참가자들은 복잡한 분배 공식에 의지함이 없이 그 거래가 공평하다고 볼 수도 있을 것이다. 그런 단순한 양자관계(兩者關係; dyads)가 드물 수도 있는 반면에 한 사회에서의 위험과 이득의 총배분을 보는 것이 개별 위험요소에 대해 만들어진 해법보다 공정성 문제를 해결하기 위한 더 분명하고 더 건전한 가이드라인을 만들 수도 있다.

8 기술적 위험요소

매년 기술과 연계된 위험요소가 질병과 죽음으로 이끌 뿐만 아니라 환경적 사회적 및 경제적 영향을 주고 있으며 이들의 효과는 국민총생산에 중요한 영향을 미친다. 기술적 위험요소에 의하여 부과된 짐과 그것들의 통제에 바쳐진 광범위한 규제 노력에도 불구하고 포괄적 특성이란 면에서 기술적 위험요소의 본성을 비교하는 연구는 그리 많지 않다. 그것들 중에는 사례연구, 대안이 되는 기술들의 비교, 위험 사정(査定; assessment), 위험요소 결말의 비교 리스트 또는 손실 줄이기의 비교 비용 등이 있다.

위험요소 영역을 정리하는 첫걸음은 분류이어야 한다. 오늘날 기술적 원인에 의한 위험요소들은 출처(source)(자동차 배기), 사용(의료 X-선), 피해 가능성(폭발), 노출된 사람들(석면 작업자), 환경적 통로(공기 오염) 또는 여러 가지 결말(암, 재산손실)에 의하여 분류된다. 대부분의 기술적 원인에 의한 위험요소가 몇 개의 범주로 나뉘지만 통상 역사적 또는 전문적 선택의 함수로서 하나의 구성이 선택된다. 예를 들어 하나의 특정한 화학물질이 독극물, 소비자 제품, 공기 또는 토지의 오염물질, 작업자 건강에의 위협 또는 처방약일 수도 있다.

기술적 원인에 의한 위험요소의 공통된 차별적 특성이 그것들의 분석과 관리를 위하여 확인되어 왔다. 기술적 원인에 의한 위험요소에는 잠재적으로 해로운 에너지와 물질의 방출이 포함된다고 생각할 수 있다.

1) 유해성(有害性; Hazardousness)의 척도

우리는 우선 용어 '위험요소'와 '위험'을 구별하여야 한다. 위험요소는 인간과 그들이 가치가 있다고 하는 것에의 위협인 반면에 위험은 위험요소에 의해 당하고 있는 피해의 조건부 확률로 표현될 수 있는 결말의 양적 척도이다. 따라서 우리는 자동차 사용을 위험요소라고 생각하지만 그러나 우리는 자동차사고에 의한 사망의 평생 위험이 모든 죽음 방식의 2% 내지 3%이라고 말한다.

Hohenemser, Kates & Slovic(2000)에 의하면 기술적 원인에 의한 위험요소는 인간의 욕구와 필요로 인한 기술의 선택 때문에 발생하는 물질과 에너지의 배출로, 인간에의 노출로, 그리고 궁극적으로 유해한 결말로 이끄는 연쇄(連鎖; sequence)에 인과적으로 연결된 사건이다. 위험요소의 형태를 구별하기 위하여 그들은 개별 위험요소에 대해서 12 척도를 정의하고 이 연쇄에 있는 적절한 단계에 이들 기술어(記述語)를 적용하였다([표 1.1.8]). 모든 기술적 위험요소에 적용될 수 있고 보통사람들이 이해할 수 있는 그리고 공통의 단위나 구분으로 사용될 수 있을 기술어가 선별되었다.

2) 위험요소 분류

많은 조사자가 기술적 원인에 의한 위험요소의 기술적(記述的; descriptive) 분류를 개발하였다(Starr, 1969; Burton et al., 1968; Lowrance, 1976; Rowe, 1988; Litai, Lanning & Rasmussen, 1983; Slovic, Fischhoff & Lichtenstein, 1980). 여기서는 [표 1.1.8]에 기초하여 분류하였다.

(1) 에너지 대 물질 위험요소

단순하지만 의미 있는 구분은 위험요소를 에너지 배출에서 나오는 것과 물질 배출에서 생기는 것으로 나누는 것이다. [표 1.1.9]에 있는 36 에너지 위험요소 및 57 물질 위험요소의 비교가 네 개의 주목할 만한 차이를 보여준다(Hohenemser et al., 1983).

1. 에너지 배출은 평균 1분 이하인 짧은 기간 동안 지속되며 물질 배출은 평균 일주일 또는 그 이상 지속한다.
2. 에너지 위험요소는 노출-결말 1분 이하로 지체하는 즉각적인 결말을 가지지만 물질 위험요소는 노출-결말이 평균 1개월 지체한다.
3. 에너지 위험요소는 단지 미미한 초세대(超世代; transgenerational)의 영향을 주지만 물질 위험요소는 평균 한 미래 세대에 영향을 준다.
4. 에너지 위험요소는 잠재적인 비인간 사망률을 거의 가지지 않지만 물질 위험요소는 잠재적 비인간 사망률에 크게 영향을 준다.

[표 1.1.8] 위험요소 기술어 척도

기술적 기술어

1. 의도성(意圖性; intentionality) – 기술이 범주 형 척도에 의하여 피해를 주려는 의도가 어느 정도 있는지의 측척; 3, 살아있는 유기체에 피해를 주려는 의도가 없다; 6, 비인간의 살아있는 유기체에 피해를 주려는 의도 없다; 9, 인간에 피해를 주려는 의도 있다.

배출 기술어

2. 공간적 범위 - 단일 사건이 대수(對數; logarithmic) 척도로 주는 의미 있는 영향권의 최대 거리 측척 $1<s<9$ – 여기서 s는 가장 가까운 +의 정수(整數, integer)로 어림된(rounded) $s=\log_{10}d+1$, 그리고 d는 거리(meter)이다.
3. 농도(濃度; concentration) – 대수 척도로 자연적 배경에 비해 배출된 에너지나 물질의 농도 측척, $1<s<8$. – s는 가장 가까운 +의 정수로 어림된 물질 및 비열(非熱; nonthermal) 방사선(放射線; radiation) $s=\log_{10}R+2$, 여기서 R은 배경 농도로 나눈 배출 평균 농도이다. s는 기계적 에너지에 대해 가장 가까운 +의 정수로 어림된 $s=\log_{2}a+0.68$, 여기서 a는 개인이 노출된 중력가속도 단위로 측정된 가속도이다. 열에너지 가장 가까운 +의 정수로 어림된 $s=\log_{2}f+0.68$, 여기서 f는 일사량(日射量; solar flux) 단위로 나타낸 열속(熱束; thermal flux)이다.
4. 지속성(持續性; persistence) – 배출이 대수 척도로 인간에게 의미 있는 위협을 남긴 시간 축척 $1<s<9$, – s는 가장 가까운 +의 정수로 어림된 $s=\log_{10}t+1$, 여기서 t는 시간(분)이다.
5. 재발(再發; recurrence) – 지속성에 대해 사용된 것과 동일한 대소 척도 상 최소의 의미 있는 수준을 넘는 배출 사이의 평균 시간간격 측척

노출 기술어

6. 위험에 있는 인구 – 대수 척도로 미국에서 잠재적으로 위험요소에 노출된 사람 수 측척 $1<s<9$ – s는 가장 가까운 +의 정수로 어림된 $s=\log_{10}P$ 여기서 P는 인구
7. 지체 – 지속성에 대해 정의된 대수 척도위에서의 위험요소에 노출과 결말의 발생 사이의 지체시간 척도

결말 기술어
8. 인간 사망 (연간) - 위험에 있는 인구에 대해 정의된 대수 척도에서의 위험요소로 인한 미국에서의 평균사망 수 측척'
9. 인간 사망 (최대) - 위험에 있는 인구에 대해 정의된 대수 척도에서의 단일 사건에서의 최대 믿을 만한 사망 수 측척
10. 초-세대 - 범주척도 상 위험요소로부터의 위험에 있는 미래 세대 수 척도 - 3, 위험요소가 노출된 세대 만 영향을 줌; 6, 위험요소가 영향을 노출된 세대의 아이들에게만 주고 다른 세대는 안 준다; 9, 위험요소가 한 미래세대 이상의 세대에 영향을 준다.
11. 비인간 사망 (잠재적) - 범주척도 상 비인간사망율의 최대가능성 측척 - 3, 비인간사망 가능성 무; 6, 비인간사망 의미 있는 가능성; 9, 경험된 또는 가능성 있는 멸종
12. (경험된) 비인간 사망 - 범주척도 상 실제로 경험된 비인간사망률 측척 - 3, 경험된 비인간사망 없음; 6, 의미 있는 경험된 비인간사망; 9, 경험된 종들의 멸종

(2) 요인 구조

배출 류(排出 類; release class)에 의한 위험요소의 단순한 부분에 추가하여 Hohenemer, Kates & Slovic(2000)은 위험요소가 인과 구조(因果構造; causal structure)에 따라 분류될 수 있는 범위를 탐구하였다. 주요구성요소 요인들 분석을 사용하여 그들은 다섯 개의 표본분산의 81%를 설명하는 직교합성차원(直交合成次元; orthogonal composite dimensions)을 도출하였다. 이는 93 위험요소 각각의 인과구조(因果構造; causal structure)와 아마도 미래에 점수가 매겨질 다른 것들이 12가 아니라 5 변수에 의하여 설명될 수 있다는 것을 의미한다.

도출된 요인들과 당초 기술어세트의 관계가 [표 1.1.9]에 요약되어 있다. 요인들에 주어진 이름들_생명파괴성, 지체, 재앙적, 사망 및 세계적_은 직관을 도우려는 의도이고 각 요인을 정의하는 기술어(記述語; descriptors)와 관련된다. 처음 네 요인들은 그의 점수가 요인들이 증가함(+요인적재(要因積載; factor loading)에 따라 증가하는 기술어를 사용하지만 요인 '세계적'(global)은 다르다. 밀도의 -적재(積載; loading) 때문에 요인 '세계적'에서 요인 위험에 있는 인구의 요인 적재는 높고 밀도는 낮다.

그들의 몇 개의 검사가 요인구조는 위험요소가 표본에 추가되거나 제거될 때 또는 추정된 채점오차에 비교될 수 있는 채점변화가 만들어질 때 의미 있는 변화가 없다는 것을 보여준다. 따라서 당초 선택된 66 위험요소세트가 최종 93과 같은 요인구조를 낳았다.

93 위험요소의 점수와 도출된 요인구조는 [표 1.1.10]에 요약되어있다. 개별 기술어 점수는 12 숫자 기술어 코드(code) 안에서 요인에 의하여 그룹화 되었으며 각 요인 상의 극단 점수는 다섯 숫자 요인 코드를 통하여 확인된다(Hohenemser et al., 1983).

[표 1.1.9] 요인 구조(factor structure)

위험요소 기술어			
요인	탐구된 분산	명칭	요인적재
생명파괴성	0.21	비인간 사망 (경험된) 비인간 사망 (잠재적) 의도성	0.87 0.79 0.81
지체	0.21	지속성 지체 초세대 영향	0.81 0.85 0.84
재앙적	0.18	재발 인간 사망 (최대)	0.91 0.89
사망	0.11	인간 사망 (연간)	0.85
세계적	0.11	위험에 있는 인구 밀도	0.73 −0.73
나머지		공간적 범위	

요인 적재(factor loading)는 varimax 회전[32]의 결과이다.

32) 네모 안에 실려 있는 것의 분산의 합계를 최대화하는 회전을 기술하는 것, 문제의 그룹으로 나누기가 어떻게 같은 개념을 측정하는지를 보기 위한 조사에서 사용된다.

[표 1.1.10] 93 위험요소에 대한 기술어 및 요인 코드

	위험요소	기술어 코드[a]	요인코드[b]
에너지 위험요소			
1	기구 - 화재	333-333-42-3-95-2	00000
2	기구 - 충격	333-113-21-3-95-1	00000
3	자동차 - 사고	333-113-11-5-96-1	00010
4	항공 - 상업 - 사고	333-113-63-3-97-4	00100
5	항공 - 상업 - 소음	333-213-11-1-85-5	00000
6	항공 - 개인 - 사고	333-113-32-4-97-4	00010
7	항공 - 초음속 소음	333-313-41-1-76-5	00000
8	자전거 - 사고	333-113-11-3-84-2	00000
9	교량 - 붕괴	333-113-53-1-95-3	00000
10	동력 사슬 톱 - 사고	666-113-11-1-74-2	10000
11	석탄채굴 - 사고	333-233-53-3-64-3	00000
12	땜 - 고장	693-423-74-2-85-5	10100*
13	스키 활강 - 넘어짐	333-113-52-2-96-2	00000
14	동력학적 폭발 - 사고	333-113-32-2-65-3	00000
15	승강기 - 추락	333-113-52-2-96-2	00000
16	불꽃놀이	333-113-31-1-83-2	00000
17	권총 - 총격	369-113-41-4-96-1	10000
18	높은 건설 - 추락	333-113-71-1-28-2	00000
19	고전압선 - 전기장	333-173-11-1-74-3	00000
20	액화천연가스 - 폭발	363-213-85-1-86-5	00100
21	의료 X-선 - 방사선	333-189-11-4-92-2	00011*
22	전자레인지 - 방사선	333-173-11-1-83-2	00000
23	오토바이 - 사고	333-113-114-76-2	00000
24	자동차 - 소음	333-213-11-1-83-3	00000
25	자동차 - 경주 굉음	333-113-52-2-67-2	00000
26	핵전쟁 - 폭풍	699-213-87-4-98-6	10110
27	동력 잔디 깎는 기계 - 사고	333-113-21-2-73-2	00000

	위험요소	기술어 코드[a]	요인코드[b]
28	스케이트보드 - 추락	333-113-11-3-73-1	00000
29	스카이다이빙 - 사고	333-113-51-2-48-1	00000
30	고층건물 - 화재	333-423-53-3-85-4	00000
31	흡연 - 화재	333-433-32-3-85-1	00000
32	설상차 - 충돌	333-113-41-2-73-2	00000
33	우주선 - 굉음	333-313-84-1-98-5	00100
34	트랙터 - 사고	333-113-41-2-74-2	00000
35	열차 - 굉음	333-213-53-3-84-3	00000
36	트램폴린(trampolines) - 넘어짐	333-113-51-1-74-2	00000
물질 위험요소			
37	알코올 - 사고	333-313-11-4-95-2	00010
38	알코올 - 만성효과	333-486-11- 5-85-1	00010
39	항생제 - 박테리아내성	666-653-11-3-97-1	10000
40	석면 단열 - 독 효과	333-583-11-3-36-3	00000
41	석면 스프레이 - 독 효과	333-583-11-1-83-3	00000
42	아스피린 - 과다복용	333-456-11-3-97-1	00000
43	자동차 - CO 오염	333-346-11-2-94-4	00000
44	자동차 - 납 오염	663-976-11-2-95-5	01000
45	카드뮴 - 독 효과	663-986-11-2-74-6	01000
46	카페인 - 만성 효과	333-565-11-1-95-1	00000
47	석탄연소 - NO_x 오염	693-566-11-3-95-7	10000
48	석탄연소 - SO_x 오염	693-563-11-4-94-7	10010*
49	석탄연소 - 진폐증	333-483-11-4-64-3	00010
50	자궁내피임 기구(IUDs) - 부작용	333-763-11-2-67-1	00000
51	피임알약 - 부작용	333-586-11-3-74-1	00000
52	Darvon 진통제 - 과다복용	333-556-11-4-77-1	00010
53	DDT - 독 효과	996-886-32-1-87-5	11000*
54	삼림벌채 - CO_2 방출	696-993-11-1-91-9	10001*

	위험요소	기술어 코드[a]	요인코드[b]
55	Diesthylstilbestri(DES) - 동물먹이 - 인간 독성효과	333-586-11-1-93-1	00001
56	비료 - NO_x 오염	393-686-11-1-97-9	00000
57	플르오르화탄소 - 오존 소모	393-883-11-1-97-9	00000
58	화석 연료	393-993-11-1-92-9	00001
59	머리염색약 - 콜타르 노출	333-286-11-1-87-1	00000
60	헥사클로로펜 (항균제) - 독 효과	666-363-11-2-87-1	10000
61	집 수영장 - 익사	333-223-41-3-83-3	00000
62	레트릴(laetrile; 항암제) - 독 효과	333-553-11-1-55-1	00000
63	납 페인트 - 인간 유독성	333-773-11-3-75-2	00000
64	수은 - 독 효과	663-985-13-2 85-2	01000
65	(개미) 살충제	696-886-22-1-67-5	11000*
66	신경가스 - 사고	669-836-73-1-77-5	10100*
67	신경가스 - 전쟁 용	699-836-87-3-97-7	10100*
68	아질산염 보존식품 - 독 효과	636-786-11-1-91-1	00001
69	핵 반응기 - 방사선 방출	363-969-86-1-96-7	01100*
70	핵 실험 - 낙진	668-989-73-3-91-9	01101*
71	핵전쟁 - 방사선 효과	699-989-88-1-97-9	11110*
72	핵폐기물 - 방사성 효과	363-989-15-1-82-6	01001*
73	유조선 - 유출	663-763-61-1-15-6	00000
74	PCBs(인쇄배선기판) - 독 효과	663-976-13-1-97-6	01000
75	농약 - 인간 유독성	996-886-12-1-97-5	11000*
76	PVC((비닐) - 인간 유독성	333-486-11-2-77-4	00000
77	재조합된 DNA - 유해한 배출	393-869-97-1-97-9	01100*
78	레저용 보트타기 - 익사	333-223-51-4-83-2	00010
79	고무 생산 - 독 노출	333-986-11-3-57-4	01000
80	사카린 - 암	333-486-11-1-87-1	00000
81	흡연 - 만성 효과	333-487-11-6-85-1	00010
82	초음속 여객기 - 오존 소모	393-893-11-1-93-9	00001

	위험요소	기술어 코드[a]	요인코드[b]
83	타코나이트암(岩) 채굴 - 물 오염	663-983-11-1-67-6	00000
84	탈리도마이드(임신브진정제) - 부작용	333-456-51-1-17-1	00000
85	trichloroethylene - 독 효과	333-983-11-1-87-4	00000
86	2,4,5-T 제초제 - 독 효과	696-886-22-1-77-5	11000*
87	수중 건설 - 사고	333-223-61-1-44-3	00000
88	우라늄 채굴 - 방사선	333-989-12-2-64-5	01000
89	백신(vaccine) - 부작용	696-556-11-2-84-1	10000
90	바륨(valium; 신경안정제) - 오남용	333-566-11-3-87-1	00000
91	와파린 - 인간 유독성	666-653-11-1-87-1	10000
92	물 염소처리 - 독 효과	666-583-11-1-97-5	10000
93	물 불소첨가 - 독 효과	333-786-11-1-82-5	00000

a 각 기술어에 대한 숫자로 구성되며 [표 1.1.14]에서 정의된 척도 상의 점수를 나타냄. 요소 구조 시각화를 돕기 위해 기술어는 [표 1.1.16]에서 정의된 순서에 있는 요소에 의하여 그룹으로 만들어졌다.

b 각 요소는 단일 숫자로 구성되며 '1'에 의하여 극단점수가 '0'에 의하여 비 극단점수가 구별되며 또한 [표 1.1.14]에서 정의된 순서를 따른다.

둘 또는 그 이상의 극단 요소를 가진 위험요소는 별표 (*)로 구별된다.

3) 전문가와 비전문가의 인식(認識; perceptions) 차이

93 위험요소에 대한 점수가 반드시 일반 대중이 내린 판단의 결과는 아니다. 정말로 많은 과학자들이 위험요소에 관한 문외한의 판단이 과학적으로 도출된 판단으로부터 광범위하게 벗어난다고 믿는다(Kasper, 1980).

여러 형태의 위험요소를 좌우하는 정책이 과학자나 위험요소 사정(査定; assessment) 전문가가 아닌 사람들에 의하여 많이 정해지기 때문에 비전문가가 여기에 나온 기술어를 이해하고 판단할 수 있는지 여부와 이들 기술어가 그들의 관심사를 포착하는지 여부를 아는 것은 중요하다. Eugene, Oregon에 살고 있는 34 대학 교육받은 사람들(24 남성과 10 여성, 평균 나이 24)과 함께 시행한 예비조사(豫備調査; pilot study)의 결과는 흥미롭다(Hohenemser et al., 1983).

그들의 실험 결과 과학 문헌에서 도출된 점수와 그들의 문외한 표본의 평균 판단 사이의 높은 상관관계(r = .65에서 .96, Hohenemser et al., 1983)를 무리 없이 보여준다. 그러나 이들 높은 상관관계 계수에도 불구하고 과학적 및 비전문가의 추정치 간의 1000의 요소 편차를 만나게 되었으며 이것이 피험자들 사이에 일부 기술어와 일부 위험요소에 대해 강한 편차가 있음을 말해 준다. 피험자들은 또한 낮은 점수를 받은 위험요소를 과대평가하고 높은 점수를 받은 위험요소를 과소평가하면서 위험요소 점수를 압축하는 경향이 있었다. 이 효과가 개별 피험자의 점수에 나타나기 때문에 그것은 평균적으로 회귀(回歸; regression)의 결과는 아니었다. 비슷한 효과가 Lichtenstein et al.(1978)에 의하여 연간 사망자 수의 과학적 추정치에 대한 인지된 위험의 비교에서도 보고되었다.

위험요소의 원인에 의한 그들의 기술어가 그들의 피험자들의 위험에 따르는 전반적 걱정을 포착하는지를 검사하기 위하여 그들은 인식된 위험판단과 결정요인이 다른 정신력 측정 연구에서 탐구되어온 국제적 위험 척도를 수집하였다(Slovic, Fischhoff & Lichtenstein, 1980). 피험자들은 문제가 된 위험요소의 결말로서의 전 미국 사회에 걸친 죽음의 위험을 고려하고 1에서 100의 상대 점수를 나타내도록 요청받았다. 인식된 위험과 그들의 기술어 점수 간의 +의 알맞은 상관관계가 12 사례 중 9에서 얻어졌다([표 1.1.11]).

[표 1.1.9]로부터의 다섯 요소 또한 인지된 위험과의 알맞은 +의 상관관계를 보여주었다. 요소들이 선형으로 상호의존적이기 때문에 요소들의 합해진 분산이 설명된 전체 분산을 정하기 위하여 사용될 수도 있다. 34 오리건주 사람의 표본을 가지고 그들은 그들의 기술어가 인지된 위험의 약 50%을 설명한다는 것을 발견하였다.

아마도 이들 결과의 가장 두드러진 측면은 인식된 위험이 요인 사망자 수와 의미 있는 상관관계를 보여주지 않는다는 것이다. 따라서 과학자들이 위험을 나타내기 위하여 가장 자주 선택하는 변수가 그들의 피험자들의 판단에서는 강력한 요인이 아닌 것처럼 보인다.

[표 1.1.11] 인과관계의 구조 기술어와 81위험요소에 대한 인식된 위험의 심리측정학 상으로 결정된 가치와의 상관관계

인과관계의 구조 기술어		r
기술(技術) 기술어(記述語):	고의성(故意性; intentionality)	.28
배출 기술어:	공간적 범위	.57
	밀도	–
	지속성(持續性; persistence)	.42
	재발(再發; recurrence)	–
노출 기술어:	위험에 처해있는 인구	.42
	지연(遲延; delay)	.30
결말 기술어	인간 사망자 수 (연간)	–
	인간 사망자 수 (최대)	.53
	초세대적(transgenerational)	.43
	비인간 사망자 수 (잠재적)	.53
	비인간 사망자 수 (경험상)	.30
요인	생명파괴성	.32
	지연	.41
	재앙적	.32
	사망자 수	–
	국제적	.30
	(설명된 분산 ($\sum r^2$)	.50

주: 신뢰 수준이 95% 이상인 값만 주어졌다.

4) 위험요소 관리에의 응용

위험요소의 이해에 추가하여 유해성(有害性; hazardousness) 개념화(槪念化; conceptualization)가 위험요소의 짐을 가볍게 하려는 사회적 및 기술적 통제를 선택하는데 도움을 줄 수도 있다. 여기서 위험요소의 관리과정을 개선하기 위한 세 가지 방식을 살펴보자.

(1) 기술의 비교

위험요소 관리의 기본은 경쟁하는 기술 간의 비교와 선택이다. 예를 들면

전력 생산에 대해 석탄과 원자력이 자주 비교되며 각각의 위험요소는 변함없이 사망자 수로 표현된다. Inhaber(1979)는 석탄 기술이 연계된 사망률이 원자력 기술에 대한 것의 50배라고 추정한 바 있다. 그런 일차원적 비교가 그것들이 두 기술 간의 유해성의 다른 측면을 포함하여 다른 중요한 차이를 무시하기 때문에 상당한 불만족을 만들어 낸다(Holdren, 1982).

그들의 유해성에 대한 요인과 기술어가 석탄과 원자력에 적용될 다차원의 위험요소의 프로필(profile)을 참작함으로써 부분적 해법을 말해 준다. 이 프로필은 석탄 및 원자력의 전체 위험요소를 형성하는 몇 개의 위험요소 사슬 각각에 대한 결합된 기술어 점수로부터 얻어진다(Hohenemser et al., 1983). 석탄은 여전히 Inhaber의 분석에서 기대된 대로 인간 사망자수에서 원자력을 능가하며 그것은 또한 비인간 사망자수-즉 환경영향에서도 원자력을 능가한다. 반면에 원자력은 가능성 있는 초세대적 효과 및 재앙적 요인에서 우세하다. 두 기술은 지속성(持續性; persistence), 지연(遲延; delay), 위험에 처해 있는 인구 및 확산성(擴散性; diffuseness)에서 별 차이를 보이지 않는다.

12 위험요소 기술어로부터 개발된 유해성의 윤곽이 공통의 사망자수 지수보다 더 잘 에너지 위험 사정 및 관리에서 선택의 복잡성을 포착하는 것으로 보인다. 사회가 어떻게 유해성의 다른 차원을 가중하여야 하는지의 문제와 함께 선택의 문제가 남는다.

(2) 일상의 위험요소

전국적 뉴스 미디어의 분석을 보면 40 내지 50 위험요소가 매년 널리 관심을 받고 있음을 볼 수 있다(Kates, 1977, p.7). 이론상 새로운 위험요소 각각은 문제의 재인(再認; recognition), 사정(査定; assessment) 및 관리 행위를 포함하는 순서를 거치게 된다. 일종의 초기 관리 반응이 필요할 때가 있다. 그들의 유해성 기술어(記述語; descriptors)가 유사한 프로필(profile)을 가진 다른 것들과 그룹 짓게 하는 그리고 비교되게 하는 새로운 위험요소를 허용하는 빠른 프로필을 마련하여 준다. 그런 비교가 산업 및 정부의 관리자에게 일부 즉각적인 절차뿐만 아니라 기대되지 않았던 문제의 경고, 시사된 관리 옵션의 범위 및 최소한 공공 정책에서의 일관성의 척도를 제공할 수 있다.

새로운 위험요소, 탐폰(tampons)-유독성 충격 신드롬(syndrome)에 점수를 매김으로써 이 프로필의 사용이 검사 되었다. 이 위험요소의 프로필은 구조상 자궁 내 피임기구(contraceptive intrauterine devices; IUDs)-부작용; 아스피린(aspirin)-과용; 바륨(Valium)-오용(誤用; misuse); 및 Darvon-과용의 윤곽과 가장 비슷하다. 사실 탐폰과 연계된 위험요소에 뒤따르는 규제 대응이 탐폰과 구조에서 가장 가까운 물품의 위험요소, IUDs의 그것과 아주 유사하다.

(3) 선별(選別; triage)

하나의 사회로서 시장에 나와 있는 100,000 화학약품이나 20,000 소비자제품 각각에만 특별하게 집중할 수는 없다. 그것들의 인과관계구조와 여기서 사용된 기술어가 위험요소의 핵심 측면-인간에의 위협과 그것들의 가치-을 반영한다면 여기서 사용된 분류체계는 특별한 관심을 받을 가치가 있는 위험요소들을 식별하는 길을 제공할 수 있을 것이다. 이 길을 따라가면 다수의 극단적 점수를 가진 경우들(표 1.1.10)이 자연적으로 다수의 극단적 위험요소에 대해 비상한 관심을 가지자고, 극단적 위험요소 그룹 각각에 대해 뚜렷이 구별하는 노력을 하자고 그리고 나머지에 대해서는 정연하고 일상적인 대응을 하자는 선별 제안을 하게 된다.

이 선별 제안이 지금까지 분석의 중요한 결과로 여겨지지만 핵무기와 같은 많은 극단적 위험요소가 오랫동안 해법을 허용하지 않아 온 그룹 안에 들어 있다는 것을 기억하는 것이 좋을 것이다. 즉 그것들에 들어간 특별한 노력이 별로 구체적인 결과를 만들어내지 못하였을 수도 있다. 이것이 일부 사람들이 사회는 그의 노력을 증명된 비용 효과성의 경우-단위 지출당 유해성에서의 최대 감소를 갖게 하는 경우-에 집중하여야 한다고 주장하게 만든다.

선별도 비용 효과성의 기준에의 고수(固守; adherence)도 위험요소 관리하기에 대한 적절한 기초이기보다는 오히려 그것들은 성공이 제한된 큰 문제에 공을 들일 것인지 또는 성공이 기대되는 보통의 것에 공을 들일 것인지 여부에 대한 친숙한 딜레마의 경적(警笛; horns)일 것이다.

이상의 검토를 요약하면 모든 분류체계는 명시적 또는 암시적 가정에 기반을 둔다. 기술적 위험요소가 단일 영역(營域; domain)을 형성하며, 그것들이 인과관계 연쇄(連鎖; sequences)에 의하여 정의되고, 어느 정도의 물리적, 생물적 및 사회적 기술어에 의하여 측정된다. 이러한 생각이 에너지 및 물질의 배출을 구별하게 하고 위험을 연간 인간 사망자수로 보는 관습적 개념을 상당히 확장하는 유해성의 프로필을 구성하기 위한 방법을 마련하게 한다. 이 유해성 프로필은 비전문가에게 이해될 수 있는 것처럼 보이며 일반인들의 유해성에 대한 관심의 의미 있는 부분을 포착한 것 같다. 이것이 전문가와 비전문가 사이의 다툼이 유해성의 정의를 분명히 함으로써 해결될 수도 있다는 것을 시사한다.

이와 같은 방법이 위험요소 관리의 질과 효과성을 개선할 수 있을 것으로 기대된다. 특히 경쟁하는 기술들의 기대되는 위험요소를 비교하는데 도움을 줄 수도 있을 뿐만 아니라 새로운 위험요소에 더 빠르고 질서 있게 대응하게 하고 사회에 선별에의 합리적 접근을 제공할 수도 있다.

제2장 위험의 특성

1 위험관리 대상으로서의 위험의 의의

위험이란 말에 대해 사전에서는 '위태로운 것', '위해(危害) 또는 손실이 생길 염려가 있는 것'이라고 설명하고 있다. 그러나 그것 이외에 사람들은 "손실의 기회", "잠재적 손실", "잠재적 손실의 변화", "위험이나 손실을 당하게 되어 있는 대상과 상태" 및 "손실에 대한 불확실성"을 염두에 두고 정리 해석하고 있으며 하나하나의 경우에 적합하도록 사용하고 있다(Williams & Heinz, 1976). 더 나아가 "기대성과(期待成果; expected performance)의 사실상의 소멸", "목표와 다른 결과의 가능성"도 위험에 포함된다고 하는 생각도 있다. 이와 같이 위험이란 용어는 여러 뜻이 있으며 위험관리 학자, 보험학자, 경제학자, 경영학자, 회계학자, 사회학자 및 실무자 간에 서로 다른 의미로 사용되고 있다. 수리 통계학 등 자연과학 부문에서는 작업의 간소화를 위해 위험을 불확실요소로 하고 이것을 기호화하여 이론을 전개하고 있다.

그러나 적어도 위험관리나 보험의 연구 분야에 있어서는 위험이란 무엇인가에 대한 이해와 정리가 필요하다. 위험관리나 보험의 이론은 가계, 기업, 국가 및 공공단체를 둘러싼 환경에 존재하는 위험이나 그 위협을 어떻게 극복할 것인가를 문제로 하고 있다. 위험의 극복이 위험관리 및 보험의 최대 목표인 것이다.

1) 위험관리의 입장에서의 위험에 대한 세 가지 시각

그 첫째는 손해 발생의 가능성 또는 사고 발생의 가능성이 위험이라는 것이다. 예를 들면 도난, 조기사망, 화재, 부상 등의 발생 가능성을 위험이라고 하는 경우가 그것이다.

그 둘째는 어떤 우연사고 그 자체를 위험이라고 하는 시각이다. 예를 들면 화재사고, 해난사고 또는 책임사고 그 자체를 위험으로 보는 것이다. 보험은 약관에 예시된 위험 종류에 들어 있는 것들이나 보험자가 부담하는 위험이라는 말이 이에 해당한다. 영어의 peril이 이에 상당한다.

셋째는 위험 사정(危險事情)으로 개별적 사실 요소의 집합상태(위험상태)이다. 이 위험 사정의 증감을 위험이라고 하는 경우도 있다. 예를 들면 어떤 사람의 직업이 직종 상 과도한 정신 피로를 요하고 있다는 것 당자는 태어나서부터 허약 체질인 데다 만성간염, 알레르기이고 나이도 통계상 극도로 사망자 수가 증가하는 50대 전후에 속하는 경우이다. 이와 같은 위험 사정을 영어에서는 hazard라고 표현한다. 나아가 hazard에는 물체 또는 인체가 가지고 있는 성질, 사정, 상태에 착안하여 물리적 위험, 사람의 정신적 심리적 원인에 착안하여 도덕적 위험(道德的 危險; moral hazard) 및 의기적(意氣的 morale) 위험 또는 법적 사정의 불확실성에 착안하여 법률적(法律的; legal) 위험이라는 용어가 사용된다.

위험관리의 주가 되는 위험에 대해 살펴보았지만 위험관리와 보험이 다루는 위험=사고의 결정적 차이가 있다. 보험은 우연사고만을 대상으로 하지만 위험관리는 우연사고만이 아니라 필연사고도 대상으로 한다는 것이다. 그 위에 문제가 되는 우연사고는 그 발생의 유무, 시기, 양태(樣態; pattern)에 불확실성을 동반한다. 따라서 위험관리의 과제는 필연/불확실성의 해명에 있다고 해도 과언이 아니다.

2 관리 대상으로서의 위험의 개념

위험이라는 단어는 일상생활에서 그 의미가 문제가 되는 일은 거의 없다. 자명한 것으로 사용되고 있다. 요컨대 "위태로운 것, 위해 또는 손실이 발생할 우려가 있는 것"이다.

위험은 이제까지 경제학, 통계학, 의사결정론 및 보험론을 시작으로 많은 연구 분야에서 문제 되어 왔다. 그럼에도 불구하고 이들 연구 분야에서 공통으로 인정되는 정의는 존재하지 않는다. 그 이유는 각 연구 분야의 연구 대상이 서로 다르기 때문이다.

위험에 아주 밀접하게 관련되고 이것을 기초적 개념으로 하여온 것은 보험과 위험관리의 영역이다. 그렇지만 위험을 기초적 개념으로 하는 보험이나 위험관리 분야에 있어서도 널리 일반적으로 인정되는 정의는 존재하지 않는다. 일찍이(1966년경) 미국에서 보험학회를 중심으로 리스크(risk)의 정의에 관한 논의가 있었지만 일반적인 정의에 도달하지 못하였다. 위험의 정의는 논자에 따라 다른 것이 현상이다.

보험 실무에 있어 위험이란 용어는 2개의 특수한 의미로 사용된다. 우선 위험은 우연사고 또는 위험사고의 의미로 사용된다. 다음으로 리스크는 손해를 입은 객체라는 의미로도 사용된다. 손해를 입은 객체라는 것은 손해를 입은 재산 또는 사람을 말한다.

마찬가지로 보험 논의 분야에 있어서도 위험이란 용어는 다수의 특수한 의미로 사용된다. 예를 들면 일본 有斐閣 발행의 보험사전에는 위험에 대해서 다음과 같은 의미를 보여주고 있다.

a. 우연사고가 발생할 가능성
b. 우연사고가 발생할 가능성의 크기
c, 우연사고 발생가능성을 인정하는 근거가 되는 구체적인 개개의 사정
d. 구체적인 개개 사정의 종합상태
e. 우연사고
f. 우연사고로 인한 결과, 불이익을 부담해야 할 필연성
g. 우연사고의 불이익한 결과
h. 우연시고의 불이익한 결과를 부담해야 할 필연성이 있다고 판단되는 상태
i. 우연사고가 발생하는 객체

또 미국의 보험론 및 위험관리론의 분야에서 유명한 텍스트[33]에 있어서의 정의는 다음과 같다.

a. 손해의 기회(機會; chance)
b. 손해의 가능성
c. 현실결과의 기대로부터의 편차
d. 모든 결과에 대해서의 기대와 다른 확률

33) Emmet J. Vaughan의 Fundamentals of Risk and Insurance, 4th ed., New York, John Wiley & Sons, 1986.

이와 같이 risk(위험)라고 하는 용어를 일의적(一義的)으로 정의하는 일은 극히 곤란한 상황에 있다. 그래서 위험관리 분야에서는 근년 기초적 개념으로 위험 대신 새로이 손실 노출(損失露出; loss exposure)이 사용되는 경향이 있다. 손실 노출은 손해가 실제로 발생하는지 아닌지와 관계없이 손해의 가능성을 노출하는 일연의 사정이다.[34] 이 손해 노출은

a. 손해의 객체
b. 우연사고 또는 손해를 일으키는 요인들
c. 손해에 의한 잠재적인 경제적 영향

이라는 세 요소를 가지고 있다.

3 위험의 분류

위험을 처리하기 위해서는 위험의 성격 및 형태를 파악하지 않으면 안 된다. 이를 위한 방법의 하나로 위험을 분류하는 것이다. 위험의 형태에 관해서는 여러 가지 견해가 있다.

1) 정태적(情態的; static) 위험과 동태적(動態的; dynamic) 위험

위험을 그 발생의 양태(樣態; pattern)로 본 형태이다. 정태적 위험은 자연력의 불규칙적 작용, 인간의 잘못된 행동 등에 의하여 생긴다. 이에 비해 동태적 위험은 인간의 욕망의 변화, 생산방식 또는 기술의 변화 등에 의하여 생긴다.

정태적 위험은 일반적으로 재물의 한 단위 또는 몇 단위에 대해서만 발생한다. 따라서 개별적으로는 우연적이고 불규칙적이지만 다수에 대하여 관찰하는 경우 일정한 규칙성을 볼 수가 있다. 이에 비해 동태적 위험은 어떤 종류의 재물 전체에 대하여 동시에 발생한다. 또한 개별적으로도 집단적으로도 우연히 작용하고 규칙성을 발견하기는 곤란하다.

---

34) Williams, C., et al.(1981), pp.2-10.

2) 순수(純粹; pure) 위험과 투기적(投機的; speculative) 위험

순수 위험은 그 위험이 발생하였을 경우 손해만을 발생시키는 위험이고 "순수"에는 이익과 손해가 혼재하지 않는다는 의미가 포함되어 있다. 순수 위험에 있어서는 대수(大數; large numbers)의 법칙[35]이 적용되기 쉽다. 통상 순수 위험의 발생에 의하여 한 경제주체가 손해를 입는 경우 사회 전체도 손해를 입는 경우가 많다.

이에 비해 투기적 위험은 이익 또는 손해를 발생시키는 위험이다. 대수의 법칙을 적용시키기는 곤란하다. 한 경제주체가 손해를 입는 경우에도 사회 전체에서 보면 이익이 생기는 경우가 있다. 순수 위험과 정태적 위험 및 투기적 위험과 동태적 위험은 거의 같은 상황을 포함하기 때문에 서로 교환이 가능하다.

3) 기본적(基本的; fundamental) 위험과 특수적(特殊的; particular) 위험

위험 발생의 원인과 결과가 전체적인가 아니면 개인적인가에 의한 형태이다. 기본적 위험은

a. 경제제도의 불확실성, 부정확성, 부조화성
b 사회적 및 정치적 변화
c. 비정상적 자연의 변화

에 의한 위험이다. 이에 비해 특수적 위험은 위험 발생의 원인 및 결과가 개인적인 것이다.

4) 일반적(一般的; general) 위험과 개별적(個別的; individual) 위험

기업 위험의 형태로서 일반적 위험은 본래 경영의 외부에 생기는 사회적

35) 어떤 일을 몇 번이고 되풀이할 경우, 일정한 사건이 일어날 비율은 횟수를 거듭할수록 일정한 값에 가까워진다는 법칙

경제적 위험이다. 예를 들면

a. 가격 수준의 변화
b. 경영활동 정도의 변화
c. 기상 상태
d 사회적 습관 정도의 변화
e 생산과 물류 방식의 변화

등으로 그 영향은 일반적이다. 이에 비해 개별적 위험은 개별적 원인에 의하여 생기는 특정의 개인 및 기업에 영향을 주는 것이다. 이들 두 위험을 명확하게 구별하기는 쉽지 않다.

5) 주관적(主觀的; subjective) 위험과 객관적(客觀的; objective) 위험

주관적 위험은 개인의 정신적 태도나 심리적 상태에서 생기는 것으로 일반적으로 정확하게 위험을 측정할 수 없다. 이에 비해 객관적 위험은 우연이나 불가항력에 의하여 생기는 것으로 위험의 측정이 가능하며 대수 법칙의 적용이 가능하다.

6) 인적(人的; personal) 위험, 물적(物的; property) 위험, 책임 위험(責任 危險; reliability risk)

많은 논자에 의하여 순수 위험의 하위 개념에 자리 잡고 있는 것이다. 꼭 논리적인 형태라 할 수는 없고 보험종목에 대응한 편의적 형태라고 생각된다.

4 위험의 형태

1) 일반적 위험과 개별적 위험

일반적 위험은 본래 경영 외부에 생기는 것으로 경제적·사회적 변화 또는 불확실성의 결과이다. 즉 가격 수준의 변화, 생산과 출하 방식의 변화 등의 효과로 나타나는 일반적인 위험이다. 이에 대해 개별적인 위험은 화재, 도난, 상해, 타물(他物) 또는 타인에 주어진 손해에 대한 책임 등 특정의 개인이나 기업에 영향을 주는 것으로 사회적 경제적 요인이라기보다는 오히려 중요한 개인적 또는 개별적 원인에 의한 위험이다. 이 둘의 위험을 명확히 구별하는 것은 쉽지 않은 일이다.

2) 기본적 위험과 특수적 위험

기본적 위험은

a. 경제제도의 불확실성, 부정확성, 부조화성
b. 사회적 정치적 변화
c. 이상한 자연의 변동

에 의하여 생기는 위험으로 개인에 의하여 예방이 불가능한 위험이다. 이에 대해 특수적 위험은 그 기원(起源; origin)이나 결과가 개별적인 위험이다. 이 두 위험의 구별은 기원이나 결과가 전체적이냐에 의한 것으로 분기점도 꼭 명확하지는 않으나 기본적 위험은 순수 위험과 투기적 위험을 포함하고 특수적 위험은 언제나 순수 위험에만 관계한다.

3) 주관적 위험과 객관적 위험

주관적 위험은 개인의 정신적 태도나 심리상태에서 생기는 것으로 일반적으로 정확한 측정을 할 수 없는 위험이며 개인의 위험에 대한 인식에 관계가 있다. 한편 객관적 위험은 확률 상 손해로부터 와 실제 손해의 상관적 변동이라고 정의되며 우연이나 불가항력에 의하여 생기는 위험으로 대수의 법칙의 적용이 가능한 위험을 의미하고 있고 손해 발생의 가능성에 의하여 측정되는 자연 상태나 현실의 위험에 관계가 있다. 이 위험은 예상되는 손해 발생의 가능성과 결과의 변동을 의미하는 넓은 개념이지만 객관적 위험과 손해 발생의 가능성이 상호 교환 가능인 경우도 있다.

4) 인적 위험, 물적 위험, 책임 위험

일반적으로 순수 위험의 하위 개념으로 인적 위험, 물적 위험, 책임 위험이 자리 잡고 있다. 인적 위험은 사람의 사망 또는 신체장애의 발생 및 시기(時期)에 관한 위험으로 생명 위험과 건강위험으로 나누어진다. 물적 위험은 재산을 위협하는 화재, 낙뢰, 폭풍, 홍수 등의 사고로서 직접 손해 및 이익 임대료의 상실 등의 간접 손해를 발생시킨다. 책임 위험은 법률상의 손해배상책임으로부터 생기는 것으로 제삼자 위험이라고 불리며 대인배상 위험과 대물배상 위험으로 나누어진다. 인적 위험, 물적 위험, 책임 위험의 분류는 보험종목에서 온 편의적 분류라고 생각되어 꼭 논리적인 것은 아니며 재산 손해, 수익 손해, 책임 손해의 분류와의 관계가 문제가 된다. 따라서 인적 위험과 물적 위험으로 분류하고 그 물적 위험을 재산 위험, 이익 위험, 책임 위험, 비용 위험으로 하는 것이 타당한 견해라고 생각된다.

5) 자연적 위험과 인위적 위험

위험의 발생 원인에 따라 사람의 행위에 의하여 일어나는 사고인가 아닌가가 분류의 기준이 된다. 사고 원인이 되는 위험이 자연적 사고인지 불가항력 사고 등의 자연적인 것인지 인간의 작위 또는 과실의 작용한 사고인지에 의한 위험의 분류이다.

6) 전반관리 위험과 부문관리 위험

기업위험을 경영관리와 관련지어 분류할 경우에는 전반관리 위험에 있어서의 전반위험과 부문관리 위험에 있어서의 생산위험, 판매위험, 노무위험이 있다. 이들 위험은 각각 대상이 되는 관리 분야와 경영환경의 위험요소(hazard)와의 관련에 있어 사고 발생의 가능성 또는 불확실성으로 파악된다.

7) 경영 외부 위험과 경영 내부 위험

경영환경의 hazard는 기업을 둘러싼 외압적인 정치적 경제적 사회적 사정, 조건, 상황인 경영 외부 환경과 환경 적합성 유지를 위한 전략, 관리의 결여, 부적절 등의 경영 내부에 존재하는 사정, 조건, 상황인 경영 내부 환경으로 나누어진다. 이들을 위험의 원천으로 하는 위험요소(hazard)의 개념으로 파악한다면 경영 외부 환경이라고 하는 경영의 위험요소에 기초를 둔 외압이고 외습(外襲的)인 사고의 가능성을 갖는 사정이 경영 외부 위험이며 일정한 경영 내부 환경 하에 있어 사람, 물건, 돈을 균형 있게 하여 기업의 환경 적합성을 유지하기 위한 전략이나 관리의 부적절 등의 내재적 사고의 가능성을 갖는 사정이 경영 내부 위험이 된다. 양자는 상관관계를 갖고 있다.

위험은 관리 분야에 따라 전반 위험, 생산 위험, 판매위험, 재무위험, 노무 위험이 되지만 각각의 위험은 경영 외부 위험과 경영 내부 위험의 위험요소에 의해 상황이 생기고 각 위험은 위험요소에 영향을 받아서 위험(peril)으로 발전하고 손해를 발생시킨다. 이들 위험이 거대화하면 기업도산에 직결되는 기업위험 중 최대의 기업위험으로 발전하게 된다.

5 순수 위험

위험의 개념은 여려 갈래에 걸쳐 있기 때문에 여러 시각에 따라 그 성격이 달라지고 이에 따라 분류할 수가 있다. 순수 위험이란 용어도 보는 관점에서 위험을 분류한 결과의 용어 중 하나이다. 그것은 통상 투기적 위험과 대비되는 모습으로 사용되고 있고 극히 일반적인 위험 분류의 하나이다.

순수 위험은 그것이 생긴 경우 경제주체에 손실만을 발생시키는 성질의 위험이다. 이에 비해 투기적 위험은 그것이 생긴 경우 손실을 발생시키는 성질의 위험임과 함께 표리(表裏)의 관계로 혹은 불가분(不可分)으로 이득을 발생시키는 기회가 내재하는 성질의 위험이다.

순수 위험은 손실 발생의 가능성이라는 점에서 보면 논리적으로는 위험이 발생하고 손실이 발생하는 경우와 아무런 위험도 발생하지 않은 경우 즉 필연적 상태가 계속되는 경우 두 가지가 생각된다. 후자는 위험 불발생의 경우이기 때문에 전자만이 순수 위험을 의미하는 것이 된다.

이것을 위험의 상위 개념인 위험에 내재하는 우연성의 개념에서 음미하면 목적적 필연의 부정(否定)이 목적적 우연이고 그중 순수 위험에 내재하는 우연은 목적적 필연의 소극적 부정이라는 성질을 가진 것만이 대상이 된다고 말할 수 있겠다. 물론 이 경우 목적적 필연의 시인은 필연이기 때문에 우연성은 존재하지 않고 위험이 아니다. 투기적 위험은 목적적 필연의 소극적 부정과 적극적 부정의 양자가 내재하는 성질을 가진다고 말할 수 있다.

순수 위험은 결국 "손실만을 가져다준다."라는 점에 특징이 있으나 손실이 어떤 모습으로 구현될까라는 점에서 보면 물적 위험, 인적 위험 및 책임위험이 된다. 예를 들면 집에 화재가 나고, 사람이 상해를 입고, 자동차사고에 의해 배상책임을 지는 등은 모두 손실만이 발생하는 순수 위험이다.

통상 순수 위험은 대수(大數) 법칙이 적용되기 쉬운 그리고 이득의 기회가 없다는 관점에서도 원칙적으로 보험화가 가능한 위험이며 또한 순수 위험은 개별 경제손실이 동시에 국민경제적 손실이라는 점에도 특징이 있다.

6 투기적 위험

1) 의의와 성질

투기적 위험은 순수 위험에 대비되는 위험이다. 이익(利益; profit)의 가능성과 손실(損失; loss)의 가능성이 함께 있는 위험이고 순수 위험이 손실의 가능성만 있다는 점에서 다르다. 이 경우 이익은 수익(收益), 이득(利得), 주어진 성장률의 달성 등으로 파악될 수 있다. 손실은 결손(缺損), 손해, 주어진 성장률의 미달성, 등으로 파악될 수 있다. 투기적 위험과 순수 위험의 차이로서 순수 위험은 대수의 법칙을 적용하기 쉬운 데 비해 투기적 위험은 그것을 적용하기 어렵다는 점과 투기적 위험의 경우 기업이 예컨대 손해를 입어도 사회는 이익을 얻을 수도 있음에 비해 순수 위험의 경우 기업이 손해를 입으면 사회도 손해를 입는 다는 점을 들 수 있다. 또 투기적 위험은 단체화(團體化)하더라도 정확한 위험 예측이 곤란하다는 것, 자주 파멸적 위험 사정(破滅的 危險事情; catastrophic hazard)의 영향을 받기 쉬운 것, 특정 기간 내에 일방의 이익이 타방의 손실과의 상쇄(相殺)라는 위험의 분산을 얻을 수 없다는 것, 그 보험인수는 보험자가 피보험자인 경영체와 공동경영자가 되는 것을 의미한다는 것 등의 이유에 의해 일반적으로 보험이 불가능한 위험으로 되어 있다.

2) 경영 의사결정과의 관계

모든 전반 경영 의사결정(general management decision)은 그 의사결정으로부터 이익 또는 손실이 발생할 수도 있으므로 투기적 위험을 동반한다고 할 수 있으나 대체로 모든 경영 의사결정은 그것이 올바르면 이익이 발생하고 잘못되면 손실이 발생한다는 투기적 요소를 가지고 있다. 의사결정의 시점에서는 그 결과가 어떻게 나올까 불확실하고 거기에 투기적 위험이 내재하게 된다. 예를 들면 구매, 생산, 판매, 재무 등에 관한 의사결정은 이익의 기대를 가지고 행해지지만 손실의 가능성도 존재하고 늘 투기적 위험이 내재한다. 따라서 위험관리론에서 쓰이고 있는 투기적 위험이란 경영관리론, 경영전략론, 재무관리론, 투자결정론 등에서 사용되고 있는 사업(事業; business) 위험, 투자(投資; investment) 위험과 실질적으로 같은 뜻으로 보고 있다.

3) 동태적 위험과의 관계

모든 경영 의사결정은 투기적 위험을 동반하나 이것은 장래의 불확실한 경영 외부환경의 변동에 적합한가 부적합한가에 크게 의존하는 것이다. 이 불확실한 경영 외부환경의 변동이야말로 이른바 동태적(動態的; dynamic) 위험이고 그 원인은 가격 변동, 금리변동, 소비자 기호의 변화, 기술혁신 등 다양하다. 기업으로서는 특히 이 동태적 위험에 관한 정보가 불완전하고 게다가 이와 같은 상태 하에서 경영자가 의사결정을 해야 하는 데에 투기적 위험이 생긴다. 이 동태적 위험은 예를 들어 다국적 기업으로서는 국내 경영환경(경제 전반의 동향, 기업 간 경쟁, 기술개발, 노동조건, 소비자 기호 등의 환경)의 변동뿐만 아니라 수입국(受入國)의 사회경제환경이나 국제정치, 경제 환경의 변동도 관계되고 그 평가, 측정은 한층 복잡 곤란한 것이 되고 투기적 위험의 정도가 높아지게 된다. 위험관리론의 논자에게는 이 투기적 위험과 동태적 위험이 동일시되며 일부 논자는 투기적 위험이 동태적 위험에만 관여한다고 말하기도 하지만 이 양 위험은 이상과 같이 구별되지 않으면 안 될 뿐만 아니라 투기적 위험이 동태적 위험에만 영향받는 것도 아니라는 데 주목해야 한다. 예를 들면 변동금리에서의 융자의 결정은 장래의 금리변동이라는 동태적 위험과 채무자의 채무불이행이라는 정태적 위험을 위험 사정으로 가진 투기적 위험을 동반한다고 말할 수 있다.

7 가계 위험

생산, 유통, 소비라는 일연의 경제 행위에 있어 경제 주체로서의 가계는 소비활동의 담당자이지만 그것을 위한 원자(原資)는 가계가 제공하는 노동 서비스의 대가로서의 소득이다. 따라서 직접적, 간접적, 소극적 또는 적극적을 불문하고 이 소득에 경제적 불이익을 가져다줄 가능성은 가계(家計) 위험으로 파악된다. 이 가능성의 현실화에 의하여 원활한 활동이 저해되기 때문이다.

이 점에서 분명한 것처럼 가계위험 중에서 가장 직접적 적극적 의미를 가진 위험은 가득 능력(稼得能力)의 감퇴, 상실에 관계된다 하겠다. 예를 들면 사망, 질병, 상해, 고도장해, 노령화, 정년, 실업에 의하여 야기되는 가득 능력 상실 위험이다. 이들 위험들 중 노령화, 정년에 대해서는 장래 발생에 대해서 충분한 지식, 예견성을 가지고 대책을 강구할 수 있고 질병 등에 대한 건강보험, 실업에 대한 고용보험 등의 나라가 제공하는 대책들이 있으나 이들 대책의 완전성, 충분성 여하에 대해 배려가 요구된다. 특히 불시의 사망은 가계의 파탄에 연결될지 모르는 위험이어서 이에 대한 대책이 중요하다.

소득의 일부는 직접 소비되지 않고 저축되어 장래의 소비 원자(消費原資)를 구성하므로 저축에 관련된 투자운용의 교절(巧拙) 여하도 가계 위험의 하나이다. 가계는 이런 유의 신용위험에 대한 충분한 정보가 부족하기 때문에 적격의 재무 기획자의 선택도 가계위험 관리상의 중요 과제이다.

소득에 경제적 불이익을 가져다주는 간접적 소극적 위험에는 주택, 가재(家財)에 대한 화재손해, 사기, 도난 손해 외에 최근에는 자동차의 사용이나 여가(餘暇; leisure) 등에 기인하는 손해 배상책임 등이 무게를 더하고 있으며 충분한 가계 위험 관리에 의한 관리를 강구해둘 필요가 있다.

8 기업 위험

기업은 경영활동을 수행하는 과정에서 다양한 위험에 조우(遭遇)한다. 이들 위험을 처리하고 그 보수로서의 이윤(利潤)을 확보하여 기업의 존속과 성장을 도모하기 위하여 현재의 경영환경 하에서 경영 각 단계에 존재하는 위험을 어떻게 조직적으로, 체계적으로 그리고 과학적으로 관리하고 극복하는가가 불가결한 기업의 요건이 된다. 여기서 직접적인 손해 발생 원인이 되는 위험사고의 발생에 의한 손해 발생의 가능성을 기업위험으로 파악하고 각 경영관리 단계에서의 그것을 부문관리 위험과 전반관리 위험으로 대별하고 나아가 그것들의 관리 위험의 조건이 되는 경영환경 및 위험 사정을 경영 외부 위험과 경영 내부 위험으로 나누어 다루기로 한다.

1) 부문관리 위험과 전반관리 위험

기업위험은 관리 기능에 대응하여 부문관리 위험과 전반관리 위험으로 대별할 수 있다. 부문관리 위험은 사람, 물건, 돈이라는 경영자원의 관리 분석에 대응하여 생산 위험, 판매위험, 재무위험, 노무 위험으로 나누어지나 근년의 정보혁신, 기술혁신으로 특징지어지는 경쟁적 현대경영에서는 이들 외에 정보, 기술에 관련되는 정보 위험과 기술위험을 추가하는 것이 타당할 것이다. 왜냐하면 적정한 정보의 확보와 필요한 기술의 입수 없이는 현대의 경쟁사회에서 기업경영은 존립할 수 없기 때문이다.

한편 이들 부문 위험에 더하여 경영파탄이나 기업도산에 직결되는 보다 고차원의 위험이 있다. 이것이 전반관리 위험이라는 것으로 말하자면 경영상의 최고 의사결정에 관한 부적절이나 실패에 의한 도산 위험이다. 구체적으로 최고경영자의 관리자 질의 결여나 능력 부족에서 오는 불량 경영 내지 방만 경영의 귀결이다. 그리고 각 부문관리 위험이나 이 전반관리 위험이 경영환경위험과 연결될 때 경영 관리의 각 단계 및 각 업무분야에서 여러 가지 손해가 발생하고 어떤 경우에는 경영파탄이나 기업도산의 방아쇠가 된다. 따라서 이들 기업위험을 종합적으로 관리하고 기업도산을 회피, 방지하여 기업의 존속 발전을 도모하기 위한 과학적 위험관리기법이 필요하게 되고 이것이 사업위험관리라고 일컬어지는 것이다.

2) 경영 내부 위험과 외부 위험

부문 관리의 각 업무 분야와 전반 관리 분야의 쌍방에서 위험을 발생시키는 경영환경 위험 사정(危險事情; hazard)에는 첫째로 일견 독립된 외적 환경영향요인으로서의 경영 외부 위험과 둘째로 경영 안에 존재하는 내재적 요인으로서의 경영 외부 요인이 있다. 후자는 말할 것도 없이 사람 물건 돈을 시작으로 하는 경영자원의 기능발휘를 저해하는 경영 내 사정 내지 토양(土壤)인데 반해 전자는 개별기업의 입장에서는 일견 독립된 여건으로서의 외압(外壓)의 모양을 취한다. 그러나 경쟁에 이겨 살아남기 위하여 기업은 그 경영활동에 이 외부 영향요인을 충분하게 받아들여 적극적인 환경 적응을 도모하는 것이 긴요하다.

예를 들면 불황시의 감량경영에서 볼 수 있는 것처럼 외부요인의 적극적인 내부화 노력이 그것이다. 그런 의미에서 경영 외부 위험도 궁극적으로는 경영 내부 위험에 일원화시킬 필요가 있게 된다. 이와 같이 이들 두 위험은 기업경영에 바람직하지 않은 사태(위험사태)를 발생시키는 사정이나 정황을 갖추고 이들이 복합 작용하여 각 경영 관리 분야에 고유의 손해를 발생시켜 때로는 기업의 쇠퇴(衰退)나 경영의 파탄(破綻)을 초래하게 된다. 이 경우 앞에서 말한 것처럼 경영 내부 위험과 경영 외부 위험은 함께 환경제약조건으로서 상술된 경영관리위험을 발생시킨 기초적 제 조건을 제공하고 이들 조건의 차이가 각 경영관리단계나 각 업무분야에서의 손해 발생형태와 발생규모를 좌우하는 것에 주의하지 않으면 안 된다. 따라서 기업위험 중에서 특히 중요한 것은 기업의 존속마저도 위협할 수도 있는 손해의 가능성 즉, 기업 활동의 정지를 가져오는 도산 위험 내지 경영파탄 위험을 회피하는 것이야말로 사업위험관리의 최 중요 과제이다. 이 때문에 기업은 기업 내외에 존재하는 위험 사정을 종합적으로 빠짐없이 검토 평가하고 여러 가지 예측하기 어려운 사태의 발생에 대비하여 위험사고에 의한 손해의 가능성을 추정하는 것에 의하여 기업위험에 대에 적절하고 효과적인 대처수단을 늘 강구하는 것이 요청된다.

9 기업경영의 내부 위험과 외부 위험

기업의 위험관리는 기업경영의 합리적 운영을 도모하기 위해 이루어지는 기업위험의 과학적 관리이다. '기업경영은 경제의 추측 중에 있으며,' 조건의 3/4까지는 불확실하고 1/4은 확실한 추측을 할 수 있다면 성공이라고 말하는 중에 이 불확실성이 위험성을 낳고 있다. 도산의 위험성도 모든 기업에 (사기업과 관공 기업을 불문하고) 잠재하고 있다. 기업의 도산이 최대의 위험이다.

기업도산의 빈도가 매년 갱신되고 있는 것을 보아도 얼마나 기업경영이 불확실성이라는 위험 속에 있는가가 실증되고 있다.

이 도산 위험의 요인은 불량 경영이라고 하는 내부 위험이어서 경영관리의 경험 및 노하우(knowhow)의 결여에 기초를 두고 있다. 그리고 불량 경영은

a. 빈약한 재무계획
b. 생산과 판매의 조정 부적절
c. 전반관리의 빈곤

으로 나눠진다.

빈약한 재무계획이라고 하는 것은 부적정한 기록, 누적적자, 태만한 조세의 미불 등을 의미한다.

생산과 판매의 부조정(不調整)이라고 하는 것은 제품 개발의 부족, 단일 고객에 의존한 생산, 시장조사의 부족, 매수한 도산기업의 영업 계속, 법률 문제(상법상) 등을 의미한다.

전반관리의 빈곤이라고 하는 것은 동족 경영, 경영관리의 부조정(통제기능의 부족), 일인 경영, 기술지식의 부족, 부재 경영(不在經營), 내부 분쟁 등을 의미한다.

한편 도산기업을 보면 그 주원인은 태만 1.9%, 사기 0.6%, 재해 0.9% 경험 부족 및 무능 96%라는 통계도 있다. 마지막으로 기업 유동성에 의한 것이 많아 위험관리의 필요성이 실증되고 있다.

이 도산 위험을 파악하고 예측하여 미연에 방지하는 것이 위험관리이다.

기업경영의 내부 위험은 일상에 있어서의 경영자금의 운용 면에서도 나타난다. 기업 목적을 달성하고 발전적 경영을 추진하기 위해서는 기업 활동에 투하한 자본을 효과적으로 운영하여야만 한다. 계수 상으로는 이익이 있지만 현실로는 돈이 없다면 자금유통에 파탄을 일으키고 부도를 내 경영을 멈추지 않으면 안 되는 사태를 초래할 위험이 있다.

기업경영의 외부환경에서 파급되는 위험이 외부 위험이다. 예를 들면 경제의 격변이나 환율의 변동에 의하여 수출기업이 도산의 위험에 빠지는 것이 그 예이다. 또 거래상대국 기업이 그 기업의 국내 지불능력이 있으면서 외화부족을 이유로 외화지불을 거부하는 트랜스퍼 리스크(transfer risk) 등등 전혀 관계가 없는 기업에 큰 손실을 입게 하는 일이 있고 돌발적으로 밀어닥쳐 경영을 위험에 빠지게 하는 일이 너무도 많다. 이것을 일반 산업에 대하여 말하면 기업이 제품의 안전과 환경대책에 만전을 기하고 있어도 외부 위험의 예지, 예측은 불가능하다 할 것이다.

근대 과학이 인간사회에 가져다준 은혜는 분명히 크지만 그 반면에 앞에서 이야기한 것처럼 큰 위험이 존재하고 있다는 것을 잊어서는 안 되겠다.

또 개개의 기업이 그 사업 활동에 있어서 왕왕 조우하는 거래선 기업의 도산에 의한 관련 손실 위험도 역시 외부 위험 중 하나이다.

10 전반 관리 위험

1) 위험관리의 유형

위험관리의 중심은 기업의 보전(保全)을 목적으로 하는 기업위험의 관리이다. 즉 기업도산에 연결되는 위험을 조사, 확인하고 그것을 예측, 측정하여 최소의 비용으로 기업위험이 가져오는 악영향을 제거하기 위한 수단을 선택하고, 그것이 유효하게 실행될 수 있도록 계획 통제하는 관리이다. 이런 위험관리의 대상은 기업위험의 전반에 미치는 것으로부터 사고의 결과가 손해만을 가져오는 순수 위험은 물론 사고의 결과가 손해 또는 이익 어느 한쪽을 가져오는 투기적 위험도 포함한다.

그런데 이제까지 위험관리는 보험관리형 위험관리와 경영관리형 위험관리의 좁은 그리고 넓은 두 개로 유형화되어 왔다. 즉 보험관리형 위험관리는 그 대상 위험을 순수 위험(정태적 위험)에 한정하고 위험처리의 도구로서 보험을 중시하고 그 역할을 평가하는 협의의 위험관리이다. 한편 경영관리형 위험관리는 기업도산 위험에 대한 기업 보전을 목적으로 하는 것으로 순수 위험이든 투기적(동태적) 위험이든 불문하고 관리의 대상으로 하는 광의의 위험관리이다. 이와 같은 보험관리형 위험관리와 경영관리형 위험관리의 질적 차이는 전자의 유용성을 부정하는 것이 아니라 할지라도 거기에만 머무르는 것은 단지 재무관리의 일부분으로 이해되어 훌륭한 보험 들기의 범위를 벗어나지 못하고 일반적으로 쉽게 인지될 수 없다는 비판이 있다. 바꾸어 말하면 금후의 위험관리는 경영관리형 위험관리로서의 발전이 기대된다.

2) 경영관리형 위험관리

경영관리형 위험관리는 전 기업위험을 대상으로 하는 것에서 각 부문 관리는 물론 전반관리를 포함하는 여러 가지 위험 대책을 관리하는 것이다. 그러나 기업 활동은 각종 부문 관리를 따르는 것으로 그 각 부문에 고유의 위험(부문 관리 위험)이 존재하고 있다. 즉 생산 위험, 판매위험, 재무위험, 노무 위험 등이 그것들이다. 그리고 이들 부문 관리 위에 전반관리가 자리잡아 그에 고유한 위험으로서 전반관리 위험이 인식되는 것이다. 따라서 부문관리를 대상으로 하는 부문위험 관리와 전반위험 관리로 구분할 수 있다. 그러나 여러 가지 기업위험을 관리하려 하면 부문관리 특유의 위험처리 도구는 물론 전반관리에서 담당하는 경영정책이나 경영전략에 직접 관련되는 것으로 발전하지 않을 수 없다. 바꾸어 말하면 각 부문 관리에서의 위험처리에 관한 수단을 추출하여 각 부문에서의 위험처리를 통일적으로 파악하고 그것을 기업의 안전보장 의식을 바탕으로 결합하고 관리하는 필요성이 강조된다. 여기에 경영관리형 위험관리에 있어서의 전반 위험관리가 해야 할 역할이 중시된다.

3) 전반 위험관리과 도산 위험관리

전반위험 관리의 대상은 전반관리 위험이고 도산위험이라고도 한다. 어떤 의미에서 경영활동의 본질이 도산위험 배제 활동이라고 말할 수도 있기 때문이다. 이 때문에 기업도산을 방지하고 경영목적을 달성하기 위해 적극적인 기업도산 위험의 관리가 불가결하게 된다. 기업의 도산 원인에는 관리상의 위험에서 생기는 내부적 원인이나 일반적 위험에서 생기는 외부적 원인 등이 지적된다. 그러나 현실에는 기업의 도산원인은 정태적 위험과 동태적 위험이 복잡하게 혼재하여 구성되어 있다. 그런 고로 정태적 위험을 다루는 전통적 위험처리 도구에 더하여 동태적 위험을 다루기 위한 새로운 도구, 예를 들면 위험 결합을 위한 각종의 협정 및 합병, 위험경감을 위한 시장조사 및 시장분석, 위험분할을 위한 책임전가 및 하도급 계약, 위험 상쇄를 위한 선물거래 등이 필요하게 된다. 여기에 경영이 정말로 필요로 하는 위험관리를 구축하고 그 역할을 주장하게 되는 것이다. 즉 전반관리 위험을 관리 대상으로 하는 도산 위험관리가 발전할 길이며 이제부터 이를 좀 더 자세히 살펴보기로 한다.

11 기업도산위험

1) 도산의 정의

"도산"은 직접적으로는 채무불이행에 빠진 상태를 말하지만 현상 면에서 파악하면 금융기관에서 은행거래 정지처분을 받고 혹은 법정관리를 신청하는 것에 의해 기업이 정상적인 영업활동을 정지한 상태를 가리키는 말이다.

2) 도산의 원인

도산의 내부 원인으로서는 일반적으로

a. 방만경영(천차만별이지만 기본적으로는 경영자의 인사 면 혹은 자금 면에서의 "공사 혼동(公私混同)"에 기인한다.)
b. 경영자의 능력 부족 자질 결여
c. 노사 간의 대립
d. 기술 개발력의 부족
e. 경영예측이나 경영전략의 잘못

등이 지적되고 있다. 한편 외부적으로는 물론 기업을 둘러싸고 있는 기술, 경제, 사회, 정치, 문화, 자연, 국제환경으로부터 각각 영향을 받는다고 생각되지만 오히려 경기순환 요인으로서의 도산은 경기의 호황·불황, 금융의 완·만이라고 하는 순환변동의 영향을 받는다는 생각에 기초하는 것이고 구조적 요인에 기초를 두는 도산은 최근의 환율 변동 등 수출환경의 변동으로 "수출의존형"에서 내수지향 형으로의 "산업구조의 전환", 소비자 요구의 다양화, 고부가가치화로의 진전에 의한 "수요구조의 변화", 나아가 "기술혁신의 진전" 등에 기반을 둔 것을 가리킨다.

이상의 요인이 상호 관련되어 도산이라는 사태에 이르는 것이지만 도산의 징후는 당연히 재무회계 데이터에도 나타날 것이 예상된다. 기업활동의 결과 수치인 재무제표 데이터에서 작성되는 재무비율에 주목하여 과거의 도산 기업군과 비 도산 기업군의 표본 데이터에 통계기법을 구사하여 도출된 판별식을 사용하여 기업의 도산을 예하는 모델을 구축하려 하였다. 그러나 자료의 부족이나 정량화의 가능성이라는 점에서 더 많은 분석이 요구된다. 예를 들면 경영자의 학력이나 연령이나 능력, 모회사와의 인적·자본적 연결, 기술 개발력 등에 관한 분석이나 환경변화에 대한 기업의 대처방법의 차이가 기업의 도산에 어떻게 나타날까라는 점의 분석, 나아가 연결 결산서나 가능한 범위 내에서의 부문별 데이터를 사용한 분석 등을 쌓아 올릴 필요가 있다.

3) 영업위험과 재무위험

기업을 도산에 이르게 하는 위험으로서 이전부터 경영학에서는 영업위험과 재무위험이 지적되어 왔다. 영업위험은 사업활동 고유의 불확실성에 기초를 둔 위험이며 수요와 가격의 변동성, 고정비 비율의 증대(이것에 의해 손익분기점이 높게 되고 매출액의 변화가 기업이익에 미치는 영향이 커진다. 영업 레버리지; operating leverage) 등에 의한 사업활동으로부터 야기되는 현금흐름(cash flow)의 변동성으로 나타나게 된다. 한편 재무위험은 자본구조에 부채를 도입함에 의하여 매출액의 변화가 자기자본 이익률에 미치는 증폭 작용이 증대하는 것을 가리킨다. 요컨대 호황기에 있어서는 통상 이자공제전의 이익률은 이자율을 상회하고 차입자본에 의한 설비확대 투자는 자기자본 이익률의 증대로 연결되지만 일단 불황기에 들어가 매출액의 저하로 인하여 이자 공제 전의 이익률이 이자율을 하회하면 많은 부채의 이용이 양날의 칼이 되어 자기자본 이익률의 대폭 저하를 초래하게 된다.

기업도산의 방지는 전적으로 경영자의 능력에 의존한다. 그러므로 환경변화에 대처할만한 경영계획을 작성하고 장기전략을 확립한다든지 회계정보의 유효이용에 의하여 통제기능의 충실을 기한다든지, 자본구조에의 배려, 무리한 사업 확장의 회피 등의 수단을 복합적으로 조합하여 도산방지를 기해가는 것이 필요하다. 이제부터 부문 관리위험의 세부 위험을 다루기로 한다.

12 생산 위험

생산 위험이란 기업의 생산 활동에서 발생하는 다종다양(多種多樣)한 위험의 총칭이다. 일반적으로 생산은 원재료, 노동, 생산수단(生産手段)의 요소로 구성되므로 생산 위험도 이런 국면에서 발생한다.

1) 원재료

원재료에는 원료 외에 보조재료, 부품, 조립품 등 상품의 구성 부품이 되는 모든 것을 포함한다. 이들 원재료는 품질, 원가, 납기에 직접 영향을 준다. 그리고 원재료의 공급원이 해외인 경우 안정공급이 되는가 여부는 상대기업의 사정 외에 수출국의 정치, 경제 정세의 영향을 받는다. 그리고 재고량에 관하여 말하면 과다재고에 의한 보관비용이나 이자부담, 로스(loss)의 발생 등에 의한 비용 상승이나 과소 재고에 의한 생산공정의 저해 등도 생산 위험이 된다. 나아가 재료 혁명이 이루어져 대체품의 출현에 의한 품질, 가격 면에서 경쟁력이 저하되는 것도 생각하여야 한다.

2) 노동

노동이 생산성의 유지 향상을 저해하는 요인이 되는 것은 적정한 노동, 근로의욕, 직장환경, 임금, 보수, 노사관계 등이 있다.

적정한 노동은 일이 요구하는 작업능력 그리고 노동자가 희망하는 직종과 배속된 직종과의 적합성이라는 양면이 있다. 후자의 경우 노동자의 욕구가 다양화하는 지금은 미스매치(mismatch)로 이직에 연결되는 위험성을 가지고 있다. 특히 신졸자의 채용이 곤란한 중소기업으로서는 적정한 노동의 개선이 큰 과제이다. 또한 유능한 인재가 있더라도 인간관계나 처우에 불만이 있으면 스카우트(scout)되는 등 중소기업에서는 인재난에 빠지기 쉽다.

공장에 있어서의 열악한 작업환경이나 안전관리의 결여는 노동재해라는 생산 위험을 발생시키기 쉽다. 최근에는 FA화(Factory Automatization; 工場 自動化, 機械化)가 이루어진 결과 노동자의 작업이 단순화되고 그것이 피로의 원인이 되는 것이 지적되고 있다.

근로의욕의 저하는 위에서 언급된 것 이외에 여러 가지 요인이 단독 또는 몇 가지가 겹쳐 일어난다. 따라서 일상으로 모럴 해저드(moral hazard; 道德的 危險)에 충분하게 주의하여 대책을 강구하여 놓지 않으면 안 된다.

3) 생산수단

생산수단이란 생산에 필요한 기계나 장치 등의 생산설비(生産設備)나 이들을 기능하게 하는 생산기술을 말한다. 생산 위험 중 가장 중요한 요인은 기술의 진보에 의하여 현유 생산설비나 생산기술이 진부화(陳腐化; obsolete)하는 것이다. 막대한 설비투자 금이 회수될 수 없이 신설비를 도입하게 된다면 다대한 손실을 입게 된다. 기술이 일진월보하는 현대에 있어서 그 예측과 대응은 매우 중요하다.

또한 현유 생산설비의 보전관리(保全管理; maintenance) 불량에 의하여 사고가 발생한 경우 해당 기업은 물론이고 지역사회에도 다대한 피해를 가져다주기도 한다. 사고는 해당 기업의 과실만이 아니고 지진이나 태풍 등의 자연재해가 원인이 되어 일어나는 것도 생각된다. 따라서 생산설비의 보전관리를 완벽하게 해야 하지만 자연재해에 대비하여 오일 파이프(oil pipe)를 유선형에서 후렉시블(flexible)형으로 바꾸는 등 현유 설비를 재점검하는 대책도 필요하다.

그 외에 품질관리의 불량으로 인해 클레임(claim)이 다발하고 보수비를 예상 이상으로 지출하거나 납기 지체에 의한 위약금을 지출하거나 등 어쩔 수 없이 당하는 일도 있다. 또 결함상품을 시장에 냈기 때문에 확대 피해를 발생시켜 그에 의하여 생산물 책임(生産物責任; product liability을 부담하는 일이 있다. 이를 위해 기업은 위험관리의 일환으로 PLP(product liability prevention)를 강구해야 할 것이다.

13 판매위험

1) 기업기능과 판매위험

기업위험에 대해서는 여러 시각에서 분류되고 있다. 특히 상세하게 분류한 예로 기업위험의 발생 양태(發生樣態)에 따른 분류에서 기업위험이 작용하는 영향에 따른 분류까지 실로 많은 분류기준이 있을 수 있다. 그중에서 기업의 기능에 따라 구매 위험, 보관 위험, 생산 위험, 관리 위험, 판매위험 등 다섯으로 분류하기도 한다. 이와 같이 기업 기능이란 점에서 그 합리적 수행을 저해하는 요인으로 판매위험을 들고 동시에 다른 주요 기능에 있어서의 저해요인을 들면서 기업의 주요 기능으로서의 재무, 생산, 판매에 대응시킨 재무위험, 생산 위험, 판매위험 셋을 열거하기도 한다.

판매위험의 내용에 관해서도 논자에 따라 여러 가지가 있다. 그러나 대체적으로 다음 세 가지 점에서는 공통적인 것 같다. 즉

a. 재산의 물리적 손괴(損壞) 내지 감모의 위험
b. 신용위험
c. 가격 변동 위험

2) 판매위험의 처리

판매위험의 처리에 대해서는 여러 가지 수단이 고려된다. 브랜드(brand)의 설정, 품질관리, 광고, 시장조사, 신용조사, 특허, 연계매매(連繫賣買; hedging) 등이 있다. 구체적으로는 어떤 위험에 대하여 어떤 수단이 상응하는가 명확히 할 수 없지만 연계매매에 대해서는 가격 변동 위험에 대한 처리수단이라는 것은 분명하다 하겠다.

물론 어떤 판매위험도 그것의 효과적인 관리의 여부가 기업 기능의 합리적 수행에 다대한 관련성이 있지만 특히 가격 변동에 의한 손실의 위험은 위험의 성질상의 차이(이른바 투기적 위험, 동태적 위험이라는 것)도 있어 많은 논자에 의하여 주목받아 왔다.

기업활동에 있어서 가격 변동 위험은 통상 현재 보유하는 재물의 장래 가격의 변동 가능성으로 파악할 수 있다. 이와 같은 시장조건의 변동에 따르는 가격 변동에 관해서는 그것이 기업영업활동에 있어서 큰 의미를 가지고 있다는 것은 종래부터 여러 논자가 서술하여 왔다. 그러나 그 가격 변동 위험의 하나의 대응으로서의 선물시장의 이용에 대해서는 특히 우리나라의 경우 거의 관심을 보이는 일이 없었던 것으로 생각된다. 그 점 미국의 논자의 저술 중에는 일찍부터 가격 변동 위험처리의 장으로서의 상품선물시장 이용의 중요성에 대해서 언급되고 있는 것을 많이 볼 수 있다.

제도상의 충실, 상장 상품의 다양화를 기초로 하여 우리나라에서도 판매위험의 주된 내용이 되는 가격 변동 위험의 하나의 대응의 장으로서의 상품선물시장이 금후 크게 주목받을 것으로 생각된다.

14 재무위험

1) 재무위험이란?

위험이란 사고 발생 가능성을 의미하고 그 사고 발생의 가능성을 가져다주는 것을 환경이라 말한다. 사고가 발생한 결과로써 손실(회계학상 광의의 비용에 포함됨)을 가져온다. 이것을 재무위험에 적용하여 생각하면 재무위험이란 기업의 자금 조달 및 운용에 따르는 사고발생의 가능성을 의미하며 그 사고 발생의 가능성은 재무를 둘러싼 경영 외부 환경과 경영 내부 환경이 가져다주는 사고가 발생한 결과로써 손실이 생기는 것이 된다.

바꿔 말하면 재무위험은 대차대조표, 손익계산서의 각 계정과목과의 관련을 가지고 자기자본이나 타인자본을 조달하고 이들을 운영하여 자산을 취득하고 경영 노력으로서의 비용이 발생하며 성과로서의 수익이 실현되는 과정에서의 사고 발생의 가능성을 의미한다 하겠다.

즉 조달면에서는 지불 어음, 외상매입금, 미불금의 발생에 따르는 위험이나 회사채의 발행·증자에 따르는 위험을 생각할 수 있다.

또한 운영면에서는 현/예금(現/預金), 받은 어음, 외상매출금의 발행에 따르는 위험 혹은 재고자산, 고정자산 이연자산의 보유에 따르는 위험을 생각할 수 있다.

한편 같은 운영면에서도 매출원가나 제조원가, 경비 등의 경영 노력에 따르는 지출이나 이들에 의하여 조달되는 매출 등의 수익의 실현에 따르는 위험도 생각해야 할 것이다. 이와 같이 이들의 조달·운용 면에서의 사고 발생의 가능성을 재무위험이라 한다.

2) 재무위험의 종류

이 조달·운용 면에서의 재무 위험을 굳이 분류하면 다음과 같이 된다.

조달위험 – 부채 관련 위험 ……… 이자위험
– 자본 관련 위험 ……… 배당위험
– 수익 관련 위험 ……… 반품위험
운용위험 – 자산 관련 위험 ……… 평가위험
– 비용 관련 위험 ……… 보증위험

그러나 이들 중 부채, 자본, 수익에 관련되는 조달위험도 다른 쪽에서 보면 자산을 구성하고 종국적으로는 모두 비용을 구성하는 과정에서 구현되는 것으로 생각된다.

요컨대 재무위험은 부채, 자본, 수익에 관련된 위험 및 자산, 비용에 관련되는 위험으로 분류될 수 있지만 결국 모든 비용에 관련되는 위험에 포함된다 하겠다.

3) 재무위험의 관리

재무위험에도 순수 위험과 투기적 위험이 존재한다고 생각되지만 앞에서 말한 대로 부채, 자본, 수익에 관련되는 조달 위험도 자산에 관련되는 운영위험도 모두 비용에 관련되는 위험에 포함된다는 것이므로 양자의 위험을 관리함에 있어 오늘날의 발달된 부기 회계의 기술을 응용하는 것이 유익할 것으로 생각된다.

즉 위험관리는 일반적인 관리 사이클로서는 위험처리의 계획을 세우고 위험을 처리하도록 조직을 형성하고 그 조직을 통하여 위험처리의 지도를 하고 최종적으로는 계획대로의 위험처리가 이루어졌는지 어떤지의 평가분석을 하는 것이다. 이 위험관리 사이클을 통하여 모든 위험은 결과와 원인이 존재한다는 생각에 맞출 때 거기에 복식부기의 논리를 응용하고 원인과 결과를 양면적으로 관리하는 것이 가능하다고 생각된다.

바꿔 말하면 어떤 이익을 추구하는 행위에는 전부 그 배후에 위험이 존재한다. 그러므로 재무위험에 따르는 손실은 늘 이익 추구와 표리(表裏)의 관계가 있어 양자의 동시 이면적인 복식 관리가 요구된다고 생각된다.

15 노무 위험

위험관리를 논할 때 위험을 정태적 위험(순수 위험)과 동태적 위험(투기적 위험)으로 분류하는 것이 통설이 되어 있으나 노무 위험은 정태적 위험에 자리 잡고 있다. 노무 위험을 고찰하는 경우

가. 노사관계의 특수성
나. 노동문제의 계급성
다. 노무관리의 유동성

등에 의해 그 위험분류를 평상시 위험과 이상시(異常時) 위험으로 분류하면 그 흐름은 다음과 같이 된다.

↗ 노동문제의 특수성 → 평상시 위험 → 노사관계 안정
노무위험 → 노동문제의 계급성
↘ 노동문제의 유동성 → 이상시 위험 → 노사관계 불안정

→ 노동재해위험 → 안전관리 → 안전 코스트

→ 파업 등 위험 → 노무관리 → 노무 코스트

1) 평상시(平常時) 위험

평상시 위험이란 노사관계 자체는 안정되고 나아가 정상상태이지만 특히 안전관리의 불비로 인한 노동재해에 대한 사용자가 부담하는 위험이다. 노동재해는 위험상태와 위험행위와의 이상접촉이라고 일컬어지고 있지만 다음 그림이 보여주는 재해요인을 제거하는 것이 안전관리로서는 제일 중요한 과제이다.

	↗ 위험상태 ↘	
재해요인		노동재해
	↘ 위험행위 ↗	

노동재해에 있어 사용자가 부담하는 위험 분류의 개요는 다음과 같다.

(1) 민사위험

사용자가 부담하는 위험으로서의 민사위험은 노동자(유족)에 대하여 정부의 산재보험급부뿐만 아니라(전액 보험료 부담), 민사 손해배상 청구재판 등에 있어서의 법정외 보상의 부담이다. 근래에는 사용자의 불법행위책임보다도 안전보호 의무위반으로서의 채무불이행 책임이 주류가 되었다.

(2) 형사위험

최근의 노동재해에 있어서는 기업에 대한 안전관리 책임의 추궁이 엄격하게 되어 특히 현장의 관리감독자의 책임이 심각하게 되었다. 형사책임은 직접적으로 기업이 책임을 지는 것이 아니라 과실 책임으로 개인이 책임지게 된다. 단 행정형법으로서의 안전법 위반죄로서 양벌규정에 의해 사업주체인 기업이 벌금형에 처하게 된다.

(3) 행정처분위험

행정처분이란 안전 법에 의거하여 행정당국의 공권력 행사에 의해 노동재해의 발생 원인이 된 건설물이나 기계설비 등의 사용정지나 작업정지 처분을 말한다. 행정처분에 의하여 입은 기업의 손실을 위험 면에서 파악한 것이다. 또한 자방자치단체 등의 행정재량(行政裁量) 행위로서 악질인 기업을 발붙이지 못하게 하기 위해 지명입찰 정지처분 등을 정책적으로 실행하는 것에 의해 안전관리나 산업재해 보상에 대해 간접적이긴 하지만 기업에 위험부담을 강요하고 있다.

(4) 사회적 위험

사회적 위험은 기업에 대한 법률적 책임을 직접적으로 추궁하는 것이 아니므로 손실이라고 말하기는 어렵다. 다만 노동재해의 발생에 의해 기업의 이미지다운(image down), 사회적 신용의 실추, 나아가 유능한 노동력의 확보난 등 간접적 손실에 의한 위험을 생각할 수 있겠다.

2) 이상시(異常時) 위험

이상시 위험이란 노동조합이 기업에 대하여 노동조건 개선, 임금인상, 정년연장, 부가급부(附加給付) 등의 요구관철을 위해 노동쟁의(勞動爭議) 수단으로서 파업, 노동력 제공 거부, 태업(怠業; sabotage), 피케팅(피켓시위; picketing) 또는 불매운동(不買運動; boycott) 등이다.

노동쟁의에 의한 위험을 생각할 때 특이한 예로써 사용자가 행사하는 직장폐쇄(職場閉鎖; lockout)가 있다. 직장폐쇄는 사용자의 노동쟁의에 대한 대항수단이고 노동자의 노무제공을 수령 거부하는 것에 의하여 생기는 손실이다. 직장폐쇄도 노동쟁의 등을 발생원인적으로 직시하면 직장폐쇄를 취할 수 밖에 없었던 사용자의 여러 사정을 고려하는 경우 거기에는 당연히 위험부담의 균형(均衡; balance)문제가 현실적으로 발생하게 된다.

16 정치적 위험

정치적 위험은 기업의 전통적인 자명(自明)한 이치인 통상의 경제적 위험과 특히 기술적 요인에 의하여 조건이 붙여진 경영 관리적 위험과 나란히 그들에 추가적으로 나타나는 위험이다. 정치적 위험의 다양성으로서는 다국

적기업을 받아들인 나라의 정부 당국의 일반적인 행동으로부터 정치정세의 불안정성, 국유화 정책의 경향, 그리고 극단의 경우에는 보상없는 수용까지 있을 수 있다. 정치적 위험을 다음과 같은 형태로 분류할 수 있다.

a. 국유화, 수용(收用) 또는 그 작용에 있어 수용에 필적하는 정치권력에 의한 수용과 동등한 간섭이나 불법한 부작위(不作爲) - 이들 대부분 보상없이 행해지는 국유화나 수용은 많은 경우 정치체제의 교체변혁과 결부되어 있다. 현실로 이와 같은 예는 그 중에서도 사회주의 정권의 탄생과 함께 예를 들면 쿠바(Cuba), 이집트(Egypt) 또는 제2차 대전 후의 전 동유럽제국에서 행해진 국유화나 수용에서 볼 수 있다.

b. 전쟁 혹은 기타 무력분쟁, 혁명이나 폭동 - 이들 전쟁의 상황은 현재 레바논, 시리아 등에서 볼 수 있다.

c. 불매운동(boycott)정책 - 개개의 나라들에 의하여 그 정치적 적대자를 경제적으로 고립화시키기 위해 채택되는 불매운동정책, 혹은 그런 위협은 국제경제에 대해서 특히 귀찮은 역할을 하는 것이 된다. 그러한 것으로는 이스라엘에 대한 아랍 제국의 불매운동을 들 수 있겠다.

d. 외화지불 금지, 지불유예(支拂猶豫; moratorium) - 라틴 아메리카, 아시아, 그리고 코메콘(COMECON; 공산권 경제 상호 원조 협의회)의 여러 나라에서의 대외채무 초과의 결과가 발생했다. 이들 나라들이 스스로 대외채무를 상환할 수 없게 되었다.

e. 대외외화 지불 금지, 같은 내용의 외환관리 - 이 경우 공식적으로 해당 국가는 외화지불 불가능 상태를 선언하지 않았지만 현실로는 그와 같은 상황이 존재하고 있다는 것이다. 이 때 그렇더라도 대외지불이 이루어질 수 있는가는 즉 기업의 입장에서 국제자금 이전이 이루어질 수 있는가는 주로 채권자 측 국가 정부의 채무자 측 국가 정부에 대한 정치 영향력에 의존하게 되는 것이다.

f. 이데올로기(ideology)의 내정 대립 - 거의 모든 나라들이 특히 보수적 자세를 취하는 그룹과 사회주의·공산주의적 자세를 취하는 그룹 사이에 커다란 이데올로기상의 대립이 있다. 몇몇 나라에서는 정치 영향력

있는 일족간의 대립 파쟁이 일어난다.

17 손해

1) 손해의 의의

일반적으로 손해라고 하는 용어는 경제적인 상처를 입는 것을 의미하고 있지만 동시에 인적손해라든가 사회적 손해와 같은 비경제적 결과를 의미하는 경우가 있다.

경제적 개념으로서의 손해는 주로 보험이나 위험관리의 영역에서 논하는 일이 많다. 보험에 있어서 손해라고 하는 개념은 생명보험 이외의 보험 즉, 손해보험에 적용되는 개념이다. 여기서의 손해라는 것은 원칙적으로 정의하면 어떤 위험의 발생에 의한 어떤 사람 즉, 피보험자가 재산상 입는 불이익이라고 말할 수 있다. 따라서 손해는 위험의 의미 중 하나인 사고의 결과라고 말할 수 있다. 그러나 손해는 사고와 불가분의 관계가 있고 보험이 경제제도이기 때문에 사고와 혼동되기 쉬우나 양자는 전혀 별개의 개념이라는 것에 주의할 필요가 있다. 보험에 있어 피보험이익 개념에서 보면 사고에 의한 피보험이익의 일부 또는 전부의 상실(喪失)이 손해이다. 사고가 있어도 피보험이익의 상실이 없다면 손해는 존재하지 않는다.

손해는 재산상 불이익을 입는 피수동적 개념이기 때문에 어떤 형태의 이익이 존재하는지로 분류하면

a. 물적 피해인 소유(공유, 점유를 포함)이익의 손해
b. 채권자가 물자의 상실에 의해 그 물자에 설정되어 있는 질권, 저당권을 잃는다는 담보이익(채권이익)의 손해
c. 수익을 잃는다는 수익이익 손해
d. 대상(代償)을 목적으로 하여 지출한 비용을 대상에 의하여 회수할 수 없게 되는 대상이익의 손해
e. 사고에 의해 억지로 비용의 지출이 어쩔 수 없게 되는 경우의 비용이익의 손해

f. 제삼자에 대해 배상책임을 지는 책임이익의 손해

가 된다.

또 손해의 종류는 피보험이익과 상대적 관계에서 정해진다는 관점에서가 아니고 부보이익(付保利益)과의 관계에서 분류하면 보험에 가입된 피보험이익 그 자체에서 생기는 손해인가 그렇지 않고 간접적인 손해인가에 의해 직접손해와 간접손해로 구별할 수 있다. 이 분류는 동시에 손해의 원인이 두 개 이상 있는 경우 피보험위험의 직접적 결과인지 아닌지 라는 점에서 분류 가능이다. 즉 피보험위험의 직접적 결과가 직접 손해이고 간접적 결과가 간접손해이다. 예를 들면 피보험위험인 화재에 의한 손해를 직접손해라고 한다면 그것에 의해 생기는 도난손해는 간접손해이다.

나아가 손해는 피보험이익 전부의 멸실(滅失)인지 일부의 멸실인지에 의하여 전손(全損)과 분손(分損)으로 나눌 수 있다. 해상보험에 있어서는 분손에 관하여 피보험자가 단독으로 부담하는 손해를 단독해손(單獨海損)이라 하고 공동의 위험에 관한 이익관계자의 일단(一團)이 분담하는 손해를 공동해손이라고 하고 있다. 한편 인적 손해라고 하는 표현이 있으나 사람은 경제적 개념인 손해와 직접적으로 결부되는 일은 없다. 이 경우 가계에서는 사람의 가득력(稼得力) 즉, 수익을 문제로 하고 있는 것이다. 기업에서도 자본과 노동을 결합하여 무언가를 [생산]하는 경우의 노동력으로서의 사람의 능력의 문제가 있고 나아가서는 수익력을 문제로 삼는데 지나지 않는다.

2) 손해의 형태

(1) 손해의 개념

손해라는 용어는 보험 론의 분야에서는 손실, 손상, 손괴(損壞), 멸실(滅失), 훼손(毁損)이라는 개념내지 그 유사 개념으로 다룬다. 영어로서는 loss와 damage가 이에 해당한다. 즉 보험론이나 위험관리론에서는 손해의 개념을 금전적으로 평가할 수 있는 재산내지 경제적 가치(經濟的 價値; economic value)가 우발적 사고의 결과 불이익을 입는 것으로 보고 제한적으로 쓰고 있다. 이 제한적 의미에서의 [손해]가 보험의 대상이 되고 손해보험의 대상이 된다.

한편 여기서 말하는 손해는 사고(事故; peril)의 결과 피보험이익의 상실을 초래한 것으로 사고발생 가능성인 리스크(risk)이지만 그 가능성의 잠재적 요인인 해저드(hazard)와는 이론상 구별된다.

(2) 손해의 형태

보험론이나 위험관리론에서 분류되는 손해의 형태를 보면 다음과 같다.

피보험이익(被保險利益, insurable interest)의 손해

이것은 피보험이익의 종류에 의하여 다음 네 개의 손해 형태로 나누어진다. 즉 재산손해(財産損害; loss of property), 수익손해(收益損害; loss of income), 책임손해(責任損害; loss associated with legal liability) 비용손해(費用損害; loss due to unexpected expenses)이다.

a. 재산손해는 사람의 소유재산에 관한 손해를 의미하고 물적 손해라고도 하며 소유이익의 손해를 말한다. 그 대표적 보험에는 화재보험, 선박보험, 자동차차체보험 등이 있다.
b. 수익손해는 장래 당연히 얻을 수 있는 수익의 손실 즉 수익이익의 손해이다. 그 주된 보험에는 해상보험에 운임보험과 선박 불 가동 손실보험, 화재보험에서는 휴업보험이나 이익보험 등이 있다.
c. 책임손해는 배상책임의 수행이라는 형태로 행해지는 책임이익의 손해이다. 우리들이 살고 있는 자본주의 사회의 고도화·복잡화와 개인의 권리의식의 제고(提高)에 따르는, 보험의 분야에서도 물보험(物 保險)에서 책임보험으로 그 중심이 이행하고 있다는 느낌이 든다. 주된 것에 자동차손해배상책임보험, 선주책임상호보험, 배상책임보험 등이 있다.
d. 비용손해는 임시 비용지출에 의한 비용이익의 손해이다. 이 비용이익의 보험에는 화재보험에서 신가보험(新價保險), 신종보험(新種保險)에서 상해보험(傷害保險) 등 그 종류가 많다.

직접손해와 간접손해

이것은 사고와 손해의 인과관계가 직접적인가 간접적인가에 의한 분류이다. 직접손해는 피보험위험의 직접적 결과인 손해이고 간접손해는 피보험위험의 간접적 결과에 의한 손해로서 보험실무상 일반적으로 특약(特約)이 없을 경우 부담되지 않는다.

순수손해와 투기적(投機的; speculative) 손해

이 구별은 위험을 순수위험과 투기적 위험으로 분류한 데서 파생되었다. 순수위험은 손해만을 발생시키는 위험(loss only risk)이며 그 결과로 재물(財物)의 손상 또는 파괴에 의한 손해가 순수 손해이다. 이 위험은 일반적으로 피보험손이고 따라서 위험관리의 대상이 된다. 한편 투기적 위험은 그것이 발생할 경우 이익 또는 손해를 발생하게 하는 위험(loss or gain risk)을 의미하고 복잡한 시장조건의 변화에 의한 손해가 투기적 손해이다. 이것은 그 성질상 피보험손해라고는 할 수 없지만 위험관리의 대상은 될 수 있다.

제2편 위험관리

제1장 위험관리의 간략한 역사

위험관리란 무엇일까? 우리는 언제 어디서 그것의 수칙을 적용하기 시작하였나? 그것을 처음 사용한 사람은 누구였을까? 여기서는 Fraser & Simkins (2010, 2장)을 빌려 이 학문(學問; discipline)의 과거를 간략하게 살펴보기로 한다. 그리고 인류역사의 천 년간을 돌아보고 지난 세기의 기여(寄與; contributions) 상세 리스트로 끝내기로 한다.

1 고대의 위험관리

불확실성과 위험에 직면하여 좋은 결정내리기는 아마도 인간 존재의 초기에 시작되었다. 진화는 그들 인간이 음식, 따뜻함 및 보호의 불확실성을 줄이도록 그들의 경험과 마음을 쓸 수 있게 조장하였다. Homo Sapiens는 "존재의 불확실성의 한 부분인 위험에 대한 생물(生物; organism)의 방어를 위한 본능적이고 끊임없는 추진력의 표현"을 개발함으로써 생존하였다. 이 "포괄적 표현"이 위험관리, 불확실성을 다루기 위한 학문의 시초로 해석될 수 있다.

천 년이 지나가면서 인류는 매일매일의 끊임없는 놀라움에 대처하기 위해 다른 메커니즘(mechanism)을 개발하였다. 우리는 불행을 비난하기 위해, 행운을 찬양하기 위해, 신성한 존재의 신전을 만들어 내고 그에게 최악을 완화시키기 위해 제물을 바쳤다. 이들 신 및 여신, 천체, 높은 산, 그리고 가장 깊은 바다의 의인화가 미래를 예측하기 위하여 인간 신탁, 점쟁이, 무당 및 점성가에 의존하게 만들었다. 우리는 미래에 지식을 전달하기 위하여 문자(Mesopotamia, Sumeria, Egypt, Phoenica)를 만들어냈다. 인류가 무작위한 불확실성을 설명하기 위하여 문자, 경험, 기억 및 추론을 사용하면서 우리는 대안적이고 예비적인 설명시스템을 만들어냈다.

그리스와 로마의 고전세계는 구두암송(口頭暗誦; oral recitation)에 대한 의미 있는 장점을 마련함으로써 문자언어의 발전을 입증한다. 첫째로 그리스어 기억이 과거로부터의 정보를 전달한다. 그들의 문자언어는 더 합리적인 예측으로 그것을 추론한다. Homer는 기억을 사로잡고 Troy에서의 승리뿐만 아니라 Odyssus의 귀향길에서의 재난에 책임이 있는 Zeus, Hera, Athena, Apollo 및 신들의 군단을 노래하였다. 그러나 BC 585년까지 그리스의 철학자 Thales는 그가 이들 신에 대한 믿음을 공언하였지만 그의 관찰, 기록된 데이터 및 추론을 태양의 일월식을 예측하기 위하여 사용하였다(Fox, 2006. p.49). 한 세기 후에 Herodotus는 "역사"를 쓰기 위하여 지적 "조사(調査; enquiry)"를 사용하였지만 그도 역시 신들의 힘을 고집하였다. BC 400년대에 마지막으로 "사건 행방의 설명을 위한 신들을 제거해 버린" 사람은 "새로운 통찰력 있는 현실주의"를 제안한 Thucydides이다. Thucydides는 기대와 결과, 의도와 사건 간의 격차(隔差; gap)에 매혹되었다(Fox, 2006, p.157). 아마도 그를 위험관리의 아버지라 불러야 할 것이다.

고대 그리스의 몇 몇 철학자는 관찰, 연역(演繹; deduction) 및 예측을 강조하려 하였지만 그들은 불가피하게 불운뿐만 아니라 행운에 대한 설명을 위한 오래된 신의 개입 시스템에 대한 믿음의 타성(惰性; inertia)과 충돌하였다. 중동 및 지중해 나라들에서의 새로운 일신교의 발전과 우세(優勢; dominance)와 함께 Thucydides가 처음 진전시킨 아이디어가 신화와 미신을 대체할 과학적 지식의 몸으로 성장하는데 또 다른 천년이 소요되었다.

2 중세 이후

르네상스(Renaissance) 및 계몽주의 시대의 대두로 점프하기에 또 다른 1000년이 걸리게 된다. 두 개의 변화가 우리가 실제로 미래에 관하여 영리하게 생각할 수 있을 것이라는 아이디어를 조장하였다. Peter Bernstein은 첫째로 그의 Against the Gods에서 "위험관리의 아이디어는 사람들이 자신들이 어느 정도 자유행위자라고 믿을 때에만 생겨난다."고 기술하였다.(Bernstein, 1996, xxxv.) 둘째는 우리들이 숫자에 강한 흥미를 가지게 되었다는 것이다. 증가하는 "초능력(超能力; superior power)"이 모든 것을 정하였다는 설명의 미몽에서 깨어남으로써 경험과 데이터를 숫자와 확률로 처리하는 능력을 갖게 되었다. 우리는 대안이 되는 미래를 예측할 수 있었다! Bernstein의 책은 위협과 기회 모두라는 위험개념의 발전을 탐구하는 즐거움을 준다. 우리는 미래 확률을 생각나게 하기 위하여 "과거를 면밀히 살펴볼 수 있게 되었다. 그는 Renaissance 시대로부터 쭉 익숙하고 익숙하지 않은 이름들을 우리에게 소개하면서 확률 측정의 아이디어를 처음 진전시킨 사람들을 기술한다. 즉

Leonardo Pisano (아랍 숫자 시작)
Luca Paccioli (복식 부기; double-entry bookkeeping)
Girolamo Cardano (주사위의 확률 측정)
Blaise Pascal ("피해의 공포는 피해의 심각성뿐만 아니라 그 사건의 확률에도 비례하여야 한다.")
John Graunt (통계표를 계산함)
Daniel Bernoulli (효용; utility의 개념)
Jacob Bernoulli (대수의 법칙; the law of large numbers - 확률론의 정리)
Abraham de Moivre (종(鍾; bell) 곡선 및 표준편차)
Thomas Bayes (통계적 추리)
Francis Calton (평균으로의 회귀(回歸; regression)
Jeremy Bentham (수요와 공급의 곡선)

오늘 날의 위험관리는 좋건 나쁘건 이들 그리고 기타 매혹적인 인물들에 기반을 두고 있다.

한 때 철학자와 이론가가 행운과 불운을 신의 변덕에 그 책임을 돌렸던 곳에 Bernstein의 책에서 기술된 초기 사상가들의 노력이 "위험의 인식(認識; perception)을 손실의 가능성으로부터 이득에 대한 기회로, 운명과 원래의 설계로부터 정교한 확률기반의 미래예측으로, 무력함에서 선택으로 변형시켰다.[36]

36) Bernstein, 1996, p.337.

Bernstein은 확률에의 더 치열한 양적 접근의 개발을 "왜 사람들이 의사 결정 과정 내내 모순, 단견(短見, myopia) 및 기타 왜곡(歪曲; distortion)의 형식에 굴복하는지"를 이해하려는 시도와 대조한다. 그의 위험과 위험관리의 이야기는 서로 싸우고 불확실성과 그것을 어떻게 다루는가에 대한 더 좋은 이해를 마련하기 위해 협력하는 합리성과 인간본성의 이야기이다. "... 위험과 관련된 어떤 결정도 두 개의 뚜렷하면서도 분리할 수 없는 요소 즉 그 결정에 의하여 무엇을 얻게 될 것인지 또는 잃게 될 것인지에 관한 객관적 사실과 주관적 견해를 포함하고 있다. 객관적 측정과 주관적 믿음의 정도 둘 다 필수적이며 어느 것도 그 것 만으로 충분하지 않다."

Bernstein은 "위험관리의 본질은 우리가 그 결과를 어느 정도 통제하는 영역의 극대화와 한편으로는 그 결과를 절대적으로 통제 못하는 영역의 최소화 사이에 있으며 효과와 원인 간의 관련성은 우리들로부터 숨겨져 있다." 라고 결론짓는다.

3 20세기

경험과 새로운 정보가 우리를 미래에 관하여 영리하게 생각하고 잠재적인 기대되지 않은 결과를 계획하게 하여 주었다. 정보를 뽑아내어 사용하는 우리의 능력이 성장하는데 수천 년이 걸렸지만 1900년 이후의 발전은 더욱 뚜렷하고 유용하다. 여기 이들 중대한 사건들의 개요(槪要; synopsis)가 있다.

20세기는 행복감(幸福感; euphoria), 새로운 부(富; wealth), 상대적 평화 및 산업화와 함께 시작하였으며 서서히 혼돈(混沌; chaotic)의 지역과 세계 전쟁으로 빠져들었다. 이와 함께 기타 격변(激變; catastrophes)이 사회 및 인류의 완전성(完全性; perfectibility)에 관한 착각을 박살내고 우리를 덜 이상적이게 그리고 우리들의 미래의 불확실성에 관심을 갖게 놓아두었다.

아이디어가 이 세기에 변화를 몰아갔다. Lagerfeld(1999)는 이를 설득력 있게 요약하였다. "1차 세계대전의 거의 우발적인 비극뿐만 아니라 우리의 피비린내 나는 세기의 대 붕괴(大 崩壞; great crashing)가 땅, 부 또는 기타 국가적 열망의 전통적 원천에 대한 갈망에 의하여가 아니라 개인의 존엄과 자유의 가치에 관한, 사회의 적당한 조직에 관한, 그리고 궁극적으로 인간의 완벽(完璧; perfection)의 가능성에 관한 아이디어에 의하여 유발되었다."

위험관리는 미래의 불확실성에의 논리적이고 일관된 그리고 훈련된 방법이 우리로 하여금 자원의 불필요한 낭비를 피하면서 사려 깊게 생산적으로 살게하여 줄 것이다. 그것은 우리가 확률측정을 배우기 전에 가졌던 미래관리의 두 개의 기둥인 신앙과 행운을 넘어선다. Bernstein(1999, p.197)이 쓴 대로 "만일 모든 것이 행운의 문제라면 위험관리는 의미 없는 일일이다. 행운 끌어드리기는 사건과 그 원인을 분리시키기 때문에 진실을 호도한다."

위험관리가 인간 본성의 확장이라면 지난 100년의 가장 주목할 만한 정치적, 경제적, 군사적, 과학적 및 기술적 사건이 열거되어야 할 것이다. 주요 전쟁(러일전쟁, 세계 1차 및 2차 대전, 한국동란, 발칸 전쟁, 일차 걸프 및 이라크 전쟁으로부터 수많은 지역분쟁까지)과 자동차, 라디오, TV, 컴퓨터 및 인터넷, 대 공황, 세계적 온난화, 핵폭탄 및 원자력, 공산주의의 발흥과 몰락, 주택(housing), dot-com, 파생상품 및 대출 거품(bubbles)의 출현 그리고 전체 환경운동이 위험관리의 발전에 영향을 주었다. 주요 재난들이 더 직접적으로 그리하였다. Titanic(침몰할 수 없는 배의 침몰), Triangle Shirtwaist 공장 화재(충분한 출구 허용 실패), Minimata 만(일본에서의 수은중독), Seveso(Italy의 지역 화학 중독), Bophal(India에서의 화학 중독, Chernobyl(러시아의 원자로 노심 용융), Three Mile Island(방지된 잠재적 미국 핵 재난), Challenger(미국 우주선 난파), Piper Alpha(북해 원유 생산 플랫폼의 폭발 및 화재), Exxon Valdez(Alaska 선박 좌초 및 원유 오염) 그 외에도 더 인용할 것이 많다. 지진, 쓰나미(tsunami), 태풍, 사이클론(cyclones) 및 허리케인(huricanes)이 계속해서 인구 밀집지역을 폐허로 만들었으며 그것들의 증가하는 빈도와 심각성이 원인, 결과 및 예측, 위험관리 발전의 모든 부분에 대한 연구에 자극을 주었다.

주관적이지만 대충 2010까지의 대부분의 의미 있는 획기적 사건이 되는, 이 지식분야를 활성화한 개인들과 그들의 그룹의 아이디어, 책 및 활동을 열거해보자.

1914 미국에 있는 신용 및 대출 담당 고위간부들이 Philadelphia에 Robert Morris Associates를 창설한다. 2000년에 그 이름을 위험관리협회(the Risk Management Association)로 바꾼 후 금융기관에서의 신용위험에 계속 집중하고 있다. 2008년 기관 회원수가 3,000명 준회원이 36,000 명에 달한다.37)

1915 Fredrich Leitner는 보험을 포함하여 위험과 대응의 일부에 대한 박사학위 논문 Die Unternehmensrisiken을 Berlin(Enzelwirt, Abhan Heft 3)에서 출판하다.

1921 Frank Knight가 위험관리 도서관에서 핵심이 된 책인 Risk, Uncertainty and Profit을 출판하다. Knights는 측정할 수 없는 불확실성을 측정할 수 있는 위험과 분리한다. 그는 "놀라움"의 널리 퍼짐을 축하하고 과거 빈도에 미래를 추리하는데 과잉의존하지 말라고 경고한다.38)

1921 John Maynard Keynes의 A Treatise on Probabiity (확률에 대한 논문) 출현. 그 역시 "큰 수의 법칙; Law of Great Numbers"에의 의존을 경멸하고 확률을 결정할 때 상대적 지각과 판단의 중요성을 강조하다.39)

1928 John von Neumann이 University of Gōttingen에서 그의 게임과 전략에 관한 첫째 논문 "Zur Theorie der Gesellschaftsspiele," Mthematische Annalen을 내놓고 잃지 않기의 목표가 따기의 목표보다 우월하다고 제시하다. 그 뒤 1944년에 그와 Oskar Morgenstern이 The Theory of Games and Economic Behavior(Princeton University Press, Princeton, NJ)를 출간한다.

미국 의회는 은행, 투자은행 및 보험회사의 공동소유를 금지하는 Glass-Steagall 법을 통과시킨다. 이 법은 이론의 여지는 있지만 미국에서의 금융기관의 개발을 억제하는 작용을 하였고 여러모로 위험관리 분야를 통합보다는 더욱 분열되게 만들었으며 최종적으로 1999년에 폐기되었다. 2000년 이후의 금융재난이 폐기의 지혜에 의문을 제기하는 일부 원인이 되었다.

1945 미국 의회가 McCarran-Fergusion 법을 통과시켜 사업이 더욱 더 전국적이고 국제적으로 되었음에도 불구하고 보험의 규제를 여러 주에 위임한다. 이것은 그것이 보험 사업이 그것의 상업적 고객의 더 넓은 위험에 대응할 수 있게 되는 능력을 무력화하므로 위험관리에 대한 불필요한 제

37) RMA에 관한 더 많은 정보에 대해서는 www.rmahq.org를 보라

38) University of Chicago Press에서의 1985 재판과 제1판 1921, Hart, Schaffner, and Marx, Boston을 보라.

39) Macmillan으로부터의 1963 재판을 보라.

동장치이다.

1952 Journal of Finance(No. 7-, 77-91)가 그 뒤 1990년 노벨상을 수상한 Harry Markowitz 박사에 의한 "Portfolio Selection)"을 출판하다. 그것은 투자 포트폴리오에서의 수익과 분산(分散; variance)의 측면들을 탐구하여 오늘날 사용되는 많은 금융위험의 정교한 척도(尺度; measures)로 이끌어준다.[40)]

1956 Havard Business Review가 당시 Philadelphia의 Philco Corp.의 보험 매니저이던 Russell Gallagher의 "Risk Management: A New Phase of Cost Control"을 출간하다. 이 도시는 "직업적 보험 매니저가 위험 매니저이어야 한다."고 1955년 11월 제안한 당시 Pennsylvania 대학의 Wayne Snider 박사로부터 Henri Fayol의 일부 초기 저술을 사용하는 위험관리의 아이디어를 탐구하기 시작한 또 다른 Pennsylvania 대학 교수인 Herbert Denenberg 박사에 이르기까지 새로운 "위험관리"사고에 대한 중심지이다.

1962 Toronto에서 Messey Ferguson의 보험위험 매니저인 Douglas Barlow는 "위험의 비용"의 아이디어를 개발하고 자체 자금으로 조달된 손실, 보험료, 손실 통제비 및 관리비를 수익, 자산 및 자기자본과 비교한다. 이것이 보험 위험관리 사고(thinkng)를 보험에서 떠나게 하였지만 그것이 아직 모든 형식의 금융 및 정치적 위험을 다루는데 실패한다.
같은 해에 Rachel Carson의 Silent Spring이 일반국민에게 우리의 부주의한 그리고 고의적인 오염 둘 다로부터의 공기, 물 및 땅의 악화(惡化; degradation)를 심각하게 고려하도록 문제를 촉구하였다. 그녀의 연구는 1970년 미국에서의 환경보호국(Environmental Protection Agenct; EPA)의 창설, 오늘날의 환경규제의 과잉(過剩; plethora) 및 오늘날의 활발한 녹색운동으로 바로 이끌었다.[41)]

1965 Chevrolet 자동차 Covairs가 모습을 들어내다! Ralph Nader의 Unsafe at Any Speed가 발간되고 미국에서 최초로 소비자운동이 일어나며, 뒤에 세계 도처로 옮겨가는데 그 안에서 caveal vendor(판매자 위험부담 원칙)가 caveal emptor(매수자 위험부담 원칙)를 대체한다. 뒤이은 소송과 규제의 물결이 대부분의 선진국에서 더 강한 제품, 직업상 안전 및 안전규정으로 나아가게 한다. 기업 부정행위에 대한 대중의 분노 역시 미국 법정에서 소송의 증가와 처벌적 손해배상금 적용으로 이끈다.[42)]

40) www.afajof.org.를 보라.
41) Houghton Mifflin, Boston의 1962 초판 및 2003년의 재판을 보라.
42) Grossman Publishers, New York, 1965를 보라.

1966 미국 보험협회가 Associate in Risk Management(ARM)에 위임된 최초의 증서 교부가 되는 한 세트의 세 시험을 개발하다. 고도로 기업 보험관리를 위주로 하는 반면에 그 교과서는 더 넓은 위험관리 개념을 특징으로 삼으며 계속 수정되어 ARM 교육과정이 갱신되도록 한다.[43)]

1972 Kenneth Arrow 박사가 John Hicks경과 함께 노벨경제학상을 수상하다. Arrow는 모든 불확실성이 "보험에 들 수 있는" 세상, 큰 숫자 법칙이 실패 없이 작동하는 세상을 상상한다. 그는 나아가 우리의 지식은 불완전하다는 것-그것은 막연함의 구름을 뒤쫓아온다는 것-그리고 우리가 각성 제(覺醒劑; stimulant)와 벌(penalty) 둘 다의 가능성을 받아들임으로써 위험에 가장 잘 대비한다고 지적한다.

1973 1971년 일단의 보험회사 간부들이 보험경제학연구 국제협회를 창설하기 위하여 Paris에서 만나다. 2년 뒤 더 친숙한 이름인 Geneva 협회가 그 첫 번째 제정회의(制定會議; Constitutive Assembly)를 열고 위험관리, 보험 및 경제학을 연결하기 시작한다. 최초의 사무총장이며 임원인 Orio Giarini 하에서 Geneva Association은 이 분야의 발전을 위한 지적 자극제를 마련한다.[44)]

같은 해에 Mylon Scholes와 Fischer Black는 Journal of Political Economy에 옵션 평가에 관한 논문을 출판하고 우리는 파생금융상품에 대해 배우기 시작한다.[45)]

1974 Sweden's Statsforetag를 위한 위험매니저, Gustav Hamilton은 사정(査定; assessment) 및 통제로부터 융자 및 소통에 이르기까지 과정의 전 요소의 상호작용을 그래프로 기술하는 위험관리 서클(circle)을 만들어내다.

1975 미국에서 미국 보험관리협회가 그 이름을 위험 및 보험관리협회(RIMS)로 바꾸며 위험관리에로의 이동이 Gallagher, Snider 및 Denenberg에 의하여 20년 전에 Philadelphia에서 최초로 제안되었음을 인정하다. 2008년 현재 RIMS는 거의 11,000의 회원을 그리고 기본적으로 북미의 보험위험매니저를 대상으로 하는 넓은 범위의 교육프로그램과 서비스를 가지고 있다. 그것은 IFRIMA(International Federation of Risk & Insurance Management Association을 통하여 전 세계 많은 다른 나라 자매 협회와 연결되어 있다.[46)]

---

43) www.aicpcu.org를 보라.
44) Geneva Association에 관해서는 www.genevaassociation.org를 보라.
45) www.journals.uchicago.edu를 보라.
46) RIMS에 관해서는 www.rims.org를 보라.

RIMS의 뒷받침으로 잡지 Fortune는 "위험관리혁명"이라는 특별한 기사를 실었다. 그것은 전에는 연결되지 않은 조직 내의 위험관리 기능의 조직화와 조직 정책 준비를 위한 책임의 이사회 승인과 그 기능의 감독을 제안하였다. 이 논문에 있는 아이디어의 많은 것들이 일반적으로 받아들여지기까지 20년이 걸렸다.

1979 Daniel Kahneman과 Amos Tversky는 "가망이론(可望理論; prospect theory)"을 출간하고 인간본성이 특히 위험에 직면하였을 때 고집 세게 비합리적일 수 있다는 것을 그리고 손실의 공포가 자주 이득의 희망을 이긴다는 것을 증거를 들어가며 보여주다. 3년 뒤 그들과 Paul Slovic은 Cambridge University Press가 발행한 Judgment under Uncertainty: Heuristics and Biases을 쓴다. Kahneman은 2002년 노벨경제학상을 수상한다.

1980 공공 정책, 학구적 및 환경적 위험관리 지지자들이 Washington에 Society for Risk Analysis(SRA)를 구성하다. 그것의 계간지 Risk Analysis가 같은 해에 출현한다. 2008년에 SRA는 전 세계에 2,500명을 그리고 유럽과 일본에 활발한 하위집단(下位集團; subgroups)을 가지고 있다. 그것의 노력을 통하여 위험사정 및 위험 관리라는 용어가 북미와 유럽의 입법기관에서 잘 알려지게 된다.47)

1983 William Ruckelshaus가 National Academy of Science에 "Science, Risk, and Public policy"에 관한 연설을 하고 공공 정책에서 위험관리 아이디어를 내놓기 시작하다. Ruckelshaus는 1970년에서 1973년까지 환경보호국(Environmental Protection Agency)의 최초 국장이었으며 1983년에 EPA를 환경정책에 대한 더욱 원칙에 입각한 체제로 이끌기 위해 다시 돌아왔다. 위험관리는 국가적 정책 실천의무에 이르게 된다.48)

1986 Institute for Risk Management가 London에서 시작하다. 수년 뒤에 Gordon Dickson의 지도하에 이 기구는 모든 측면에서 위험관리를 보는 첫 번째 지속적인 교육프로그램으로 "Fellow of the Institute of Risk Management" 칭호를 받게 하여주는 국제적 시험 세트를 시작한다. 이 프로그램은 2007-2008에 2,500회원을 위해 확대된다.49)

그 같은 해에 미국의회는 1982년의 Risk Retention Act를 수정하고 보험비용 및 가용성(可用性; availability) 위기를 고려하여 그 적용을 실질적으로 확대한다.

---

47) SRA에 관해서는 www.sra.org.fmf 보라.
48) Science, 221, 4615, September 9, 1983, 그리고 www.science.mag.org를 보라.
49) IRM에 관해서는 www.theirm.org를 보라.

1987 1987년 10월 19일 "Black Monday"가 미국 증권시장을 공격하다. 그 충격파는 세계적이며 모든 투자자들에게 시장의 내재하는 위험과 휘발성(揮發性; volatility)을 상기시킨다.
같은 해에 물리학자이고 시스템 방법론의 연구생 그리고 국가운수안전위원회의 전 위원인 Vernon Grose 박사가 위험 사정 및 관리에 관한 가장 확실한 입문서(入門書; primers) 중 하나인 Managing Risk: Systematic Loss Prevention for Executives를 출판하다.[50)]

1990 UN 사무국이 국가재난감축 국제 10년(International Decade for National Disaster Reduction; IDNDR—특별히 세계 저개발지역에서의 자연재난의 본성과 영향을 연구하고 세계적인 완화노력을 구축하기 위한 10년의 연구노력)의 시작을 인가하다. IDNDR은 1999년 끝나지만 재난 감축 국제전략(International Strategy for Disaster Reduction; ISDR)이라는 타이틀 아래 계속된다. 그 연구의 많은 부분이 위험요소, 사회 및 주민의 취약성(脆弱性, vulnerability), 위험사정(危險査定; risk assessment), 예측, 비상(非常; emergency) 관리, 예방, 과학, 소통, 정치, 금융투자, 공동협력(共同協力; partnership) 및 21세기 도전 등의 성질에 대한 319페이지의 Natural Disaster Management에 상술되어 있다.[51)]

1992 Cadbury 위원회가 영국에서 보고서를 공표하면서 관리이사회(governing boards)는 위험관리 정책 설정, 조직 모든 위험을 이해하고 있음 확인 및 전 과정의 관리 감독을 받아들이는 것에 대해 책임을 지게하자고 제안하다. 뒤를 이은 위원회(Hempel 및 Tumbull)와 Canada, 미국, South Africa, Germany 및 France에서의 유사한 작업이 새로운 그리고 더 넓은 조직적 위험관리에 대한 위임(委任; mandate)의 길을 연다.[52)]
1992년에 British Petroleum은 Pennsylvania 대학교수 Neil Doherty와 Rochester 대학교수 Clifford Smith의 학구적 연구에 근거를 두고 관례적인 보험위험 금융의 방향을 바꾸어 1천만 불 이상의 운용에 대한 어떤 상업보험도 없애기로 하는 결정을 내린다. 다른 크고 다양한 다국적 회사들이 즉시 이 BP 접근을 연구한다.[53)]
국제결제은행(Bank for International Settlements)이 금융기관이 그들의 신용 및 시장 위험을 측정하고 그에 따라 자본금을 설정하도록 도

50) Prentice-Hall, Englewood Cliffs, NJ: 1993
51) ISDR에 관해서는 www.unisdr.org를 보라.
52) www.archive.official-documents.co.uk를 보라.
53) J. of Applied Corporate Finance, 6-3, Fall 1993 www.blackwellsynergy.com를 보라.

와주기 위해 Basel 1 협약을 발표한다.

"Chief Risk Officer; 위험관리 최고책임자"라는 직책이 위험관리, 비영업부서(back-office) 운영, 그리고 사업 및 금융 계획을 포함하여 "위험의 모든 측면"을 관리하는 기능을 기술하기 위하여 GE Capital의 James Lam에 의하여 처음 사용된다.

1994 New York에 있는 Bankers Trust가 그 회사 CEO Charles Sanford의 MIT에서의 강의로부터 "위험관리혁명"이라는 제목이 붙여진 논문을 발행하다. 이 논문은 금융기관관리의 근본원리로 인정되다.[54]

1995 Standards Australia와 Standard New Zealand의 여러 전문분야의 대책위원회(task force)가 최초의 위험관리표준, AS/NZS4360:1995를 발행하고(그 이후 1999년, 2004년에 개정됨) 몇 개의 다른 하위전문분야를 처음으로 하나로 합치다. 이 표준은 Canada, 일본 및 영국에서 유사한 노력으로 계승된다. 일부 관찰자들이 끊임없이 진화하는 위험관리의 본성 때문에 이 노력을 시기상조로 생각하지만 대부분은 그것이 공통된 세계적 준거의 틀을 향한 중요한 첫걸음이라고 인정한다.[55]

같은 해에 Baring Bank를 위해 Singapore에서 운영하는 트레이더(trader) Nick Nelson은 자신이 파멸을 초래할 정도로 너무 확장하여 은행을 도산시키지 않을 수 없음을 발견한다. 탐욕, 자만심 및 변명의 여지가 없는 통제의 실패인 이 불행한 사건은 세계의 주요 뉴스가 되고 운영상 위험관리에의 신선한 관심을 끄는 "전형적 인물(poster child)"이 된다.

1996 신용, 통화, 이자율 및 투자 위험 매니저를 대표하는 Global Association of Risk Professionalists가 New York와 London에서 출발하다. 2008년 74,000명 이상의 회원과 거기에 더하여 광범위한 세계적 인정 시험 프로그램을 가지고 있다.[56]

위험 및 위험관리가 북미와 Europe에서 Peter Bernstein의 Against the Gods: The Remarkable Story of Risk의 발행과 함께 베스트셀러 리스트에 올랐다. Bernstein의 책은 처음에는 위험 아이디어와 그 관리의 발전 역사이었지만 역시 그리고 아마도 중요하게 수량화에의 과잉의존에 대한 경고가 되었다. "현대 위험관리를 수학적으로 몰아가는 장치는 비인간화와 자기 파괴적 기술의 씨앗을 포함하고 있다."[57] 그는 "옛

54) www.terry.uga.edu/stanford/vita.html를 보라.
55) www.standard.com.au를 보라.
56) GARP에 관해서는 www.garp.org를 보라.
57) 앞에서 인용된 Bernstein, p.7.

날식 미신"을 "위험한 숫자에 의존하는 것"으로 대체하는 것에 관하여 Harvard Business Review의 1996년 3월~4월 판에 있는 "The New Religion of Risk Management"에서 유사한 경고를 한다.

1998 Connecticut 주 Greenwich에 있는 4년짜리 헤지펀드(hedge fund) Long-Term Capital Management의 폭락과 Federal Reserve (연방준비 이사회)에 의한 그것의 긴급구제가 복잡한 금융모델에의 과도한 의존의 실패를 예증(例證; illustrate)한다.

2000 널리 예고된 Y2K(2000년) 버그(bug)는 대부분 소프트웨어 시스템을 갱신(更新; update)하기 위하여 쓰인 수십억 때문에 실현되지 못하다. 그것은 위험관리를 위한 성공으로 생각된다.

2001 9월 11일의 테러(terrorism)와 엔론(Enron)의 붕괴가 어느 것도 커서 붕괴하지 않는 것은 없다는 것을 세상에 상기시켰다. 이들 재앙이 위험관리에 다시 활기를 띠게 하였다.

PRMIA, Professional Risk Manager's International Association이 미국과 영국에서 시작되고 2008년 2,500명의 회비 납입 필 회원과 48,000명의 준회원을 가지게 된다. 이 기관 역시 세계적 인증시험프로그램을 주관한다.[58]

7월에 미국의회는 모든 공개기업에 적용될 Salbanes-Oxley 법을 Enron 몰락과 다른 금융 스캔들(scandal)에 대응하여 통과시킨다. 그것은 위험관리의 통할(統轄; governance) 및 규제 준수(遵守; compliance)와 결합하는 자극제가 된다. 여론은 이 변화를 혼동한다. 일부는 이 결합을 오직 위험의 부정적 면만 강조하는 뒷걸음질로 보는 반면에 그 외 사람들은 그것을 이사회 수준에서의 위험관리를 위한 자극제로 본다.

2004 Basel Committee on Banking Supervision이 이 위원회의 세계적 자본지침을 운영위험(신용 및 시장 위험을 커버하는 Basel I)을 확장하여 Basel II Accords를 공표하다. 일부 관측자들은 이들 지침의 세계적 적용이 개별 금융기관위험을 감소시킬 수도 있지만 계통적 위험을 증가시킬 수도 있다고 주장한다. 이들 세계적 합의가 비 금융조직을 위한 지침으로 이끌 수도 있다.[59]

2005 International Organization for Standardization은 2009년의 승인과 발행을 목표로 하는 위험관리의 정의, 적용 및 실행을 위한 새로운 세계적 지침서를 쓰기 위한 국제적 워킹그룹을 창설하다.[60]

---

58) FRMIA에 관해서는 www.frmia.org를 보라.
59) www.bis.org를 보라.

2007 Nassim Nicolas Taleb의 The Bank Swan를 New York에 있는 Random House이 출판하다. 그것은 "우리의 세상이 극단적인, 알려지지 않은, 그리고 아주 있을 것 같지 않은 … 것들에 의하여 지배되는 반면에 우리는 우리의 시간을 잡담하느라 바쁘게 알려진 것과 반복되는 것에 집중하면서 시간을 보낸다."는 경고를 한다(Taleb, 2007, xxvii).

2008 미국 연방 준비제도이사회 Bear Stearns 긴급 구제는 많은 사람에게 금융기관에서의 관례적인 위험관리 실패의 시인인 것으로 보이다.
아마도 Peter Bernstein의 Against the Gods가 이 위험관리 이정표의 마무리가 된다. 그것이 소통의 중요성을 예증한다. 너무나 자주 새로운 아이디어들이 쓸데없이 전문가에 한정되어왔다. 난해한 수학, 지루한 학술적 이야기 및 현재의 위험관리 "길드(guilds; 단체)"의 비밀스러움, 그것 자체의 영역 지키기 각각이 필요한 학제 간(學際 間; interdisciplinary)의 토론을 막는다. Peter의 명쾌한 이야기, 어려운 개념들의 설득력 있는 합성, 창조적 인간의 개인적 묘사 및 특별하게 과도한 정량화의 유해함의 경고가 우리로 하여금 위험관리의 가능성과 유해함 둘 다에 공감하게 하여 준다. 이 사고과정에 어떤 이름(위험관리, 기업위험관리, 전략적 위험관리 등)을 붙인다 해도 그것은 인간 경험의 부분으로 계속 있을 것이다.

이 회고의 어느 것도 그것이 지난 혁신자의 아이디어와 도구의 더 신중한, 지능적인, 그리고 낙관적인 사용을 위해 자극제로 일하지 않는 한 아무 의미나 가치를 가지지 않는다.

---

60) www.iso.org를 보라.

제2장 위험관리의 실제

1 위험관리의 실무

제일 단순한 사업상 결정조차도 위험을 내포한다. 모든 프로젝트가 어느 정도 위험을 내포하고 있음으로 위험은 어느 위험이 취할만한 그리고 어느 위험이 그렇지 않은 지에 대한 결정요인으로 역할을 하는 프로젝트의 성공기준이다. 예를 들면 사업상 여행에 자동차로 갈지 또는 비행기로 갈지의 결정을 생각해보자. 비용이 결정 기준이라면 위험 결정은 단순하다. (잠재적 인플레이션 요인들에 의하여 복합된) 비행기 타기와 자동차 타기의 비용을 비교하면 된다. 그러나 또 다른 성공기준이 안전이라면 사고에 관한 통계가 평가되어야 할 것이다. 시간 지키기가 세 번째 기준으로 추가된다면 항공사 정시 도착 통계, 자동차 신빙성 및 도로 조건이 평가되어야 할 것이다. 다른 성공기준이 추가됨에 따라 의사결정은 더 복잡해지고 더 많은 판단을 포함할 것이다. 사업상 여행 예에서 늘어난 비용은 아마도 수용할 수 있고 늦어지는 것은 받아들여질 수 없을 수도 있으며 안전하게 도착하지 못하는 것은 확실히 수용불가능이다. 만일 프로젝트 매니저가 어떤 성공기준이 그 프로젝트를 좌우하는지를 모른다면 그는 그의 성공에의 길을 방해할 수도 있는 위험을 식별할 수 없다.

기술적 복잡성의 증가가 결국 위험을 증가시킨다. 기술의 모든 새 세대는 옛것 위에 쌓인다. 그럼에도 불구하고 모든 조직은 이해하기 쉽다는 이유로 비용과 스케줄 목표에 무게를 두고 결정을 내린다. 그러나 기술적 성과 위험과 관련된 비용 및 스케줄 결정은 흔히 불분명하다. 따라서 의사결정 및 예측할 수 있는 문제의 효과를 평가하기 위한 정식 방법론은 없어서는 안 되며 프로젝트 목표를 달성하기 위한 실제적이고 효과적인 차선책을 확인하는데 도움을 주어야 한다.

체계적 과정

모든 프로젝트가 정식 위험관리 접근법을 필요로 하지 않지만 최대의 이득을 취하기 위하여 위험관리는 잘 단련된 방식으로 적용된 체계적 과정이 되어야 한다. 더 단순하게 말하면 모든 프로젝트가 모든 단계를 따라야 하지 않지만 기본적 관행의 수행은 기계적이어야 한다.

많은 프로젝트 매니저가 의사결정 과정에서의 출발점으로 직관적 추리(짐작하기)를 사용한다. 그것이 출발하기에 나쁜 곳은 아니다. 그러나 정말로 효과적인 매니저는 상당한 위험이 포함된 결정에서 단순한 추리와 경험 너머를 볼 것이다. 가장 경험이 많은 프로젝트 매니저조차 모든 위험을 경험하지 않았다. 그들이 상상할 수 없는 또는 그들의 패러다임과 맞지 않는 일부 위험이 있다. 그리고 그들이 바로 예측할 수 없는 다른 것들이 아직 있다. 일부 위험은 어느 개인의 기대나 경험 밖 멀리 있어서 그들 위험은 어떤 외부 입력 없이 도저히 고려될 수 없다.

수많은 거리낌(inhibitions)이 위험관리를 표준 프로젝트 관행으로 실행하기를 저지한다. 그것은 인기가 없다. 그것은 부정적인 것을 지적한다. 기본적으로 그것은 잠재적으로 나쁜 뉴스에 집중한다.

The Project Management Institute, Inc.(PMI)는 과정과 관행의 여섯-단계를 확립하였다. 위험에의 PMI 접근은 다음으로 구성된다.

- 위험관리 계획. 이 분야에서 프로젝트 위험 기반구조(infrastructure)와 프로젝트-특정 위험관리 플랜을 설정. 이에는 위험언어, 허용오차 및 한계점이 포함된다.
- 위험 확인. 일어날 수도 있는 사건과 그것의 특정한 영향을 포함하는 설명서와 함께 프로젝트에 잠재적으로 주는 긍정적 부정적 영향을 줄 사건들 기술
- 위험 검정(檢定; qualify). 숫자가 아닌 사정(査定; assessment) 프로토콜(protocol)에 따라 위험 평가
- 위험 정량화. 가장 중요한 위험 또는/및 프로젝트를 그것들의 숫자 확률 및 영향에 따라 전체로서 평가
- 위험 대응 계획. 위험을 다루거나 방지하기 위한 전략 결정, 평가와 소통

• 위험 추적감시 및 통제. 위험관리와 대응계획을 행동에 옮기기

이 여섯 단계 과정은 모든 다른 조직에서 모든 다른 과정과 일치하지 않는다. 그러나 대부분 그 차이는 사실상 의미론적(意味論的; semantic)이다. PMI의 Guide to thr project Management Body of Knowledge (PMBOK Guide, 2nd ed.) 초기 판에서는 위험관리가 4단계이었다. 미국 육군의 Defence Acquisition University는 계획, 식별, 분석, 처리(處理; handling), 추적감시 및 실행을 포함하는 여섯 단계 과정을 적용한다. Australia 정부의 Department of Commerce는 확립(確立; establishing) 맥락, 위험 식별 및 정의, 행동방식(行動方式; conducting) 분석, 행동방식 평가, 개발 및 실행 처리, 그리고 위험 추적감시, 보고, 갱신 및 관리를 포함하는 여섯 단계를 적용한다. 적용된 표어(標語; labels)와 상관없이 설계된 모든 과정은 조직의 프로젝트 방법론 안에서 더욱 유연하게 적응할 수 있는 접근을 고무할 것으로 그리고 위험관리 실행을 가능하게 할 것으로 보인다.

모든 프로젝트 매니저는 어떤 질적이든 양적이든 문서로 기록된 위험관리 활동을 실시하여야 한다. 모든 의미 있는 프로젝트는 정식의 치열한 위험관리 활동을 포함하여야 한다. 더 작고 덜 중대한 프로젝트는 다만 규모축소의 위험 노력을 필요로 할 수도 있다. 따라서 위험에 대한 궁극적 권한은 프로젝트 매니저에 있으며 그는 프로젝트의 비용, 스케줄 및 성과 도전에 기반을 두고 결정을 내려야 한다.

요컨대 위험관리는 모든 프로젝트에 필수적이며 체계적 과정이어야 한다, 그리고 모든 프로젝트에는 서류화된 위험관리 활동이 있어야 한다.

2 위험 관리하기

1) 위험 관리하기란 무엇인가?

위험관리는 위험 관리하기에 관한_사람, 과정, 데이터 및 프로젝트 관리에 관한 것이다. 그것은 그저 우아한 양적 기법만이 아니다. 즉 그것은 조직과 그 조직이 직면한 위험을 실제로 관리하는 일상적 작업이다. 위험관리는

활용되어야 할 기회의 활용을 그리고 통제되어야 할 위험을 통제하기 위한 전술적 전략적 결정을 필요로 한다. 이익 관리는 손실 또는 손실 가능성 관리와 분리될 수 없다. 현대 포트폴리오 이론은 투자 결정이 수익 대 위험의 절충 결과라고 말한다. 즉 위험 관리란 수익과 이익 관리의 부분 바로 그것이다.

위험관리는 회사를 위한 핵심 능력이다. 위험을 효과적으로 관리하는 능력은 성공적이며 장기적으로 생존하는 회사와 성공적이지 못한 회사를 분리하는 단일의 가장 중요한 특성이다. 성공적인 회사에서 위험 관리는 언제나 사장을 포함하여 이사회에서 개별 거래 단위에 이르기까지의 라인 매니저나 영업구성 매니저의 책임이어 왔고 계속 그럴 것이다. 매니저는 이것이 그들의 역할이라는 것을 항상 알고 있으며 좋은 매니저는 심각하게 그것의 책임을 진다. 지난 10 또는 20년에 변화된 유일한 것이 위험을 측정하고 수량화하기 위한 더 정교한 분석기법의 개발이다. 하나의 결과가 라인 매니저의 필요로 하는 기술적 기능과 지식이 올라갔다는 것이다. 좋은 매니저는 이들 기술을 받아들이고 위험의 더 효과적인 관리와 새로운 기회를 가장 잘 만들어내기 위하여 그것들을 활용하였다. 그러나 모든 회사와 매니저가 새로운 양적 도구를 효과적인 경영으로 옮기는 데 필요한 인간자본 및 기관투자에 착수하지는 않았다.

그러나 양적 도구의 가치를 과도하게 강조하여서는 안 된다. 새 "위험관리" 패러다임에 대한 무엇보다 중요한 하나의 비판이 있다면 산업이 위험관리의 구식 업무를 무시하고 너무 측정에 집중한다는 것이다. 위험 관리는 양적 수단에 추가하여 경험과 직관을 필요로 한다. 양적 도구는 매우 유용하며 그것은 달리는 육감과 주먹구구에 의하여 운영될 과정을 공식화하고 표준화하는 데 도움을 주지만 정보에 입각한 판단을 대신할 수는 없다. 위험관리는 책을 통한 학습에 관한 것일 뿐만 아니라 행동에 의한 학습과 견습에 관한 것이다. 위험관리는 양적 기법에 관한 것일 뿐만 아니라 사람, 과정 및 프로젝트 관리에 관한 것이다.

2) 사람 관리

사람 관리는 유인(誘引; incentives)과 보상(補償; compensation)을 주

의 깊게 생각하는 것을 의미한다. 위험을 관리하기 위한 그리고 행운의 바람에 의한 불가피한 난기류진동(buffeting)를 이겨낼 수 있는 튼튼한 조직을 만들어내기 위한 보상 및 유인 제도의 중요성은 강조되어야 할 것이다. 위험관리는 언제나 금융제품 및 금융회사에 대해 어렵지만 소유와 경영의 분리에 의해 제기되는 본인-대리인(principal-agent)의 쟁점은 대부분의 조직에 대한 문제를 상당히 복잡하게 만든다.

위험은 결과의 불확실성과 결과의 효용 모두를 포함한다. 결과의 분포는 적어도 개념적으로 관찰되고 모든 사람이 의견을 같이 할 수 있다는 의미에서 "객관적"이다. 그에 반해서 결과의 효용은 개인의 선호에 의존하며 본질적으로 주관적이다. 문제가 되는 선호는 최종 소유자 또는 수혜자의 선호이다. 자기 자신의 위험 결정을 내리는 개인 투자자를 생각해보자. 어렵지만 문제는 개념적으로 간단하다. 왜냐하면 그 개인은 그 자신의 선호에 관한 그 자신의 결정을 내리고 있기 때문이다. 선호가 드러내 놓기 어려울 수도 있을 것이지만 적어도 이 경우에 그것은 단지 (위험의 매니저이기도 한) 소유자의 선호일 뿐이다.

이제 공개적으로 거래되는 회사_말하자면 은행 또는 투자회사를 생각해 보자. 최종 수혜자는 이제 주주이다. 결과적으로 주주는 그 회사를 경영하지 않으며 대신에 전문 경영인을 고용하고 위험 관리에 대한 권한과 책임을 위임한다. 주주의 선호는 아직도 위험에 관한 결정을 내리기 위한 직접 관련된 선호이지만 이제 대부분의 결정을 내리는 사람은 매니저이다. 주주는 그 결정이 그들의 선호를 반영한다는 것을 확보하여야 하지만 여기서 두 가지 점이 생긴다. 첫째는 매니저가 소유자의 선호를 모를 수도 있다는 것인데 이는 실제 그리고 잠재적으로 흥미를 끄는 문제이지만 문제의 가장 중요한 점은 아니다. 소유자의 선호가 알려졌다 할지라도 둘째 어려움이 끼어들 것이다. 매니저의 선호는 주주의 선호와 같지 않고 매니저와 소유자의 이익이 일치하지 않을 때이다. 소유자는 소유자의 선호에 따라 행동한 것에 대해 보상하고 그들의 선호에 반대하여 행동하는 것에 벌을 주는 계약 또는 보상 제도를 설계해야만 한다.

이 문제는 경제학 문헌에서 본인-대리인 문제의 이름으로 소개된다.[61]

---

61) Stiglitz in Eatwell, Milgate, & Newman(1987) an references therein, including

문제의 본질은 본인이 대리인을 어떤 행위를 수행하기 위하여 고용할 때 일어나는, 그 둘의 관심(선호)이 같지 않다는, 그리고 본인이 완벽하게 대리인의 행동을 추적 관찰할 수 없을 만큼 불완전하고 비대칭적인 정보가 있다는 어려움을 다루는데 있다. 고용자-피고용자 관계가 본인-대리인 문제에 대한 주된 무대이며 본인-대리인 문제를 다루어야 하는 계약의 주요 예이다.

어떤 고용인-피고용인 관계에도 약간의 관심의 차이가 있을 것이다. 본인의 관심은 본인의 이익 또는 본인에 관련된 목적이 극대화되도록 과업 또는 행위가 이루어지게 하는 것일 것이다. 그러나 대리인은 다른 관심을 가질 것이다. 대리인은 노력을 쏟아 붓고 부지런히 행동해야 하는데 그리하려면 대리인에게는 비용이 많이 들게 된다. 완전한 정보, 불확실성이 없는, 그리고 비용이 안 드는 추적관찰의 세상에서는 본인-대리인 문제는 고쳐질 수 있다. 예를 들면 필요한 노력이나 근면의 정도를 규정한_쏟아 부어진 노력이나 그 행위의 관찰된 결과에 따르는 대리인 보상을 규정한 계약을 쓸 수 있다. 그런 세상에서는 본인과 대리인의 이익이 완벽하게 일치될 수 있다.

그러나 불확실성, 비대칭 정보 및 비용이 많이 드는 추적 관찰이 있을 때 본인-대리인 문제가 주목을 받게 되고 본인과 대리인의 이익을 일치시키기 위한 계약설계가 아주 어려울 수 있다. 보상제도는 일반적으로 대리인의 노력에 기반을 둘 수 없다. 왜냐하면 이 노력은 대리인에 의해서만 관찰될 수 있거나(비대칭 정보) 추적 관찰에 비용이 들기(비싼 추적 관찰) 때문이다. 보상 제도를 관찰된 결과에 기반을 두는 것이 어려울 수 있을 것이다. 첫째 그 결과를 효과적으로 측정하는 것이 어렵거나 불가능할 수도 있을 것이다(비싼 모니터링 및 비대칭 정보). 둘째 불확실성 때문에 그 결과가 대리인의 노력을 반영하지 않을 수도 있을 것이다. 즉 보상받는 산출(産出; output)이 대리인이 열심히 일하도록 유인을 제공하지 않을 정도로 게으르고 행운이 있는 대리인을 보상하는 반면에 부지런하지만 불운한 대리인에게 벌을 줄 수도 있다. 게다가 산출의 개인적 척도에 기반을 둔 개인 보상이 힘을 모으기 위한 유인책을 파괴하고 무임승차 문제를 야기할 수도 있다.

위험관리는 통상 어떻게 위험을 관리하느냐에 대한 결정에 도달하기 위해 결과의 불확실성과 결과의 효용을 결합하는 문제에서 나오는 위험 측정과

---

contributions by Ross, 1973, Mirrless, 1974, 1976 and stiglitz, 1974, 1975.

결정의 문제에 주력한다. 실세상에서 추가적인 복잡성의 단계_매니저(대리인)가 실제로 적절한 조치를 시행하는지를 그들이 올바른 유인책을 가지고 있다는 것을 보증함으로써 또는 끊임없는 모니터링과 통제를 통하여 확실히 할 수가 있다.

많은 형태의 보상제도가 실제로 사용되는 데 이는 고정 대 변동 보상(급료 및 상여금 또는 기본급(基本給; base) 및 커미션(commission)), 후불 보상(deferred compensation) 및 여러 형태와 정도의 연금수령권이 따르는 주식소유권의 부여(附與; granting)가 포함된다. 보상과 유인제도 설계하기가 가장 어렵고 인정받지 못하는 것임에 틀림없지만 위험관리의 가장 중요한 측면 중 하나이기도 하다. 상당한 노력이 위험 측정과 모니터링에 경주되지만 정보를 가진 매니저들이 소유자의 선호에 맞게 행동하도록 하는 유인책이 없다면 그런 위험측정은 소용이 없다.

유인 및 보상 제도는 좋은 때뿐만 아니라 나쁜 때에 대해서도 설계하기가 어렵다. 좋은 기간에는 분배할 돈과 지위가 있어 사람들을 행복하게 만들기가 쉽지만 본인과 대리인 모두의 이익에 맞는 유인책을 설계하기가 어렵다. 나쁜 기간에는 돈과 지위가 부족하여 사람들을 행복하게 만들기 힘들고 그 결과 좋은 사람들을 고용해 두기 어렵다. 좋은 그리고 나쁜 시기 모두를 위한 보상 제도의 설계와 조직이 높은 이익(자만심과 위험을 무시하는 경향을 키우는)과 낮은 이익(모두 떠날 때)으로부터 스트레스를 받는 시기에 대해 계획을 세우는 것도 중요하다.

앞에서 언급된 대로 보상 및 유인책 퍼즐에 대한 답은 없다. 그러나 화두(話頭; topic)는 주의 깊은 생각을 보상하는 것이다. 위험의 모니터링과 측정을 대신하는 것은 없지만 적절하게 설계된 유인 제도는 위험의 관리와 통제에 효력이 크다. 분명히 위험의 추적과 측정을 대신하는 것은 없지만 적절하게 설계된 유인책은 위험관리와 통제에 효력이 클 수 있다. 조직 전반에 있는 매니저의 이익이 적절하게 조절될 수 있다면 이들 매니저는 끊임없는 모니터링과 통제를 필요로 하는 기다림에 도사리고 있는 재난에서 위험의 통제와 관리에서 대리인의 입장이 아니라 본인의 편이 되는 쪽으로 움직일 수 있다.

마지막으로 언급되어야 하는 것은 보상 및 자본구조 모두에 내포된 옵션과 지출의 불균형의 중요성이다. 트레이더(trader)와 포트폴리오 매니저의 보상에 잘 알려진 "트레이더의 특권(trader's put"이 있는데 여기서 트레이더는 일이 잘 되었을 때 따지만 일이 잘못 되었을 때 별로 잃지 않는다. 트레이더는 좋은 해에는 많은 상여금을 받고 나쁜 해에는 상여금의 환수 없이 넘어간다. 게다가 트레이더는 자주 큰 승진 잠재력이 있는 다른 트레이더 자리를 찾을 수도 있다.

헤지펀드(hedge funds)에 대해 성과급 수수료는 흔히 최고 수위선(最高水位線; high-water mark)(그 펀드에 의해서 전에 이루어진 최고 순 자산 가치를 나타내는 최고 수위선)을 넘는 수익의 백분율로 구성된다. 수익의 백분율에 기초를 둔 순수한 수수료가 지렛대 사용(leverage; 핵심자산 할용)과 위험부담-Coleman & Siegel(1999)에서 논의된 대로 부담된 위험에 대한 수수료를 조절함으로써 의욕이 꺾일 수 있는 행동을 고무할 수도 있다. 최고 수위선은 투자자에게 더 유리하게 되도록 설계되지만(아마도 당초에 의도되지만) 실은 수익에 대한 매각 선택권(put option)처럼 작용한다. 매니저는 좋은 시기에는 성과 수수료를 받지만 손실 기간 뒤에는 성과 수수료를 받지 못할 것이다. 일이 잘 나가면 지출은 성과수수료와 비대칭이 되지만 일이 잘 안 되면 수수로 불이익은 없게 된다(그리고 일이 정말로 나쁘게 되면 매니저는 그 펀드를 폐쇄하고 새로운 더 낮은 최고수위선을 가지고 다시 시작할 수도 있다). 따라서 최고 수위선이 투자자를 돕기보다 오히려 해가 될 수도 있다.

결국 선호, 유인, 보상 및 본인-대리인 문제에 관한 주의 깊은 사고가 위험관리에서의 가장 중요한 많은 문제를 깨우쳐 준다.

3) 과정(過程; process) 관리

과정 및 절차(節次; procedure) 그리고 운영절차와 통제의 전체 활동영역이 결정적으로 중요하다. 관리의 이들 측면 역시 별로 인정받지 못하고 있다. 1995년의 Baring Bank의 붕괴와 같은 크고 세계적으로 유명한 것들에서 개별 영업부서에서의 알려지지 않은 불행에 이르기까지 많은 재무적 재난이 복잡한 위험관리 실패보다 오히려 단순한 운영상의 문제나 실수의 결과이었다. 옛말에도 있듯이 과정과 절차는 고도의 지능을 요하는 일이 아니다. 그럼에도 불구하고 방지하기 쉽고 그 사실 이후에 명백하게 되기 때문에 이 활동영역에서의 손실이 다른 어떤 것만큼 아마도 더 많이 아프게 한다. Lleo(2009)에서:

> Jorion(2007)는 재무적 재난으로부터 다음과 같은 핵심적 교훈을 끌어냈다. 단일 위험 원천이 큰 손실을 만들어 내지만 실재 재난을 낳기에 일반적으로 충분하지 않다. 그런 사건이 일어나기 위해 통상 몇몇 형태의 위험의 상호작용을 요한다. 가장 중요하게 적절한 통제의 부족이 결정적 원인 제공자인 것 같다. 부적절한 통제가 실제 재무적 손실의 방아쇠 역할을 하지 않지만 그것들이 조직에 필요보다 더 위험을 부담하게 하고 또한 극단적 손실이 축적되기에 충분한 시간을 제공한다(p.5).

4) 기술, 사회기반시설 및 데이터 관리

위험관리와 위험측정 프로젝트는 복잡한 양적 기법에 관한만큼이나 재미없는 데이터 및 정보기술(IT) 기반시설에 관한 것이다. 결국 당신이 무엇을 소유하고 있는지 모른다면 어떤 정교한 분석도 하기 어렵다. 위험관리 프로젝트의 구축이나 시행에서 노력과 투자의 80%가 데이터 및 IT 기반시설에 있고 20%만이 정교한 양적 기법에 있다.

위험분석을 위해 데이터를 저장하고 처리하기 위해 필요한 데이터와 IT 기반시설의 중요성은 아무리 강조해도 지나치지 않다. 시장위험(특히 신용위험)에 대해 입장(處地; positions)과 상대방의 좋은 기록은 중요하며 이들 데이터는 사용될 수 있는 형식으로 있어야만 한다. 금리스와프는 저장되어야 하고 스와프(swap)로 인정되어야 하고 미래 시스템 속으로 밀려나서는 안 된다. 데이터와 IT 기반시설을 구성하고 취득하며 유지하기 위해 필요한 비용과 노력이 과소평가되어서는 안 되지만 그것들이 위험관리 프로젝트 시행하기에 중대한 장애(障礙; impediment) 역할을 해서도 안 된다. 데이터와 IT 기반시설 구성이 고도의 지능을 요구하는 일이 아니며 가용의 IT 도구가 수년간 엄청나게 개선되어 왔다.

5) 사업의 이해

위험관리의 기본적 규칙은 매니저가 위험을 이해해야만 한다는 것이다. 매니저는 사업에 간직된 위험을 이해해야 하며 위험을 분식하는 재무적 제품을 이해해야 한다. 이것은 단순하고 분명한 규칙이지만 자주 위반되는 것이다. 은행 임원이나 CEO가 이자율이나 신용부도 스와프(credit default swaps)를 이해하고 있는가? 그리고 이들 수단이 많은 금융회사 위험의 상당한 부분을 형성한다. 회사가 어떤 새 제품과 충돌할 때 일부 수석 매니저들이 그 위험을 이해하는데 실패하는 모습을 얼마나 자주 드러내는가?

중간과 수석 매니저 모두 그들이 책임지고 있는 제품을 기본적으로 이해하고 잘 알아야 한다. 많은 경우에 이것은 매니저의 금융지식 향상시키기를 의미한다. 많은 금융상품(특히 파생상품)은 너무 복잡하여 슈퍼컴퓨터에서 작동하는 복잡한 모델을 사용하는 수완 있는 금융가에 의해서만 이해될 만큼 복잡하다고 일컬어진다. 많은 파생상품의 상세한 가격책정이 그런 모델과 컴퓨터의 힘을 필요로 한다는 것이 옳을 수도 있지만 자주 이들 같은 제품의 광범위한 행동이 놀라울 만큼 단순하고 단순한 모델과 손 계산기를 사용하여 분석될 수 있다. 분위기와 상황으로부터의 연구 및 거래 이득에서 많은 것이 복잡한 모델의 관리인으로서 얻어지지만 복잡한 제품을 단순한 아이디어로 바꾸기 위하여 협력이 이루어져야 하다. “하향평준화”가 바람직하다는 뜻이 아니라 매니저를 위한 향상된 교육이 전문가로부터의 단순하고 알기 쉬운 설명과 함께 요구된다는 말이다.

위험에 관한 생각과 위험의 이해에 대한 단순한 설명이 매우 유용하며 없어서는 안 된다. 실은 어떤 포트폴리오의 위험에 대한 단순한 설명이 존재하지 않을 때 과정 어딘가에서 누군가가 제품이나 위험을 단순하게 그리고 분명하게 설명할 만큼 충분하게 이해하지 못하는 곤란의 신호일 수 있다. 더 나쁜 것은 누군가가 위험을 이해하고 있지만 다른 사람이 이해하기를 원치 않는다는 것이다.

6) 조직구조

어떤 역할과 조직구조가 위험관리 및 위험측정을 위해 최선인가의 문제를 다루는 것이 매우 중요하다. 이 문제는 기업 지배구조(및 규제) 문제와 밀접하게 연결되어 있다.

Crouhy, Galai & Mark(2001, ch. 3)는 은행에서의 위험관리에 관련이 있는 광범위한 문제를 다루고 있다. 그들은 최상의 관행을 정책, 측정방법론 및 뒷받침하는 데이터와 기반시설이란 면에서 정의하기의 중요성을 가지고 시작한다. 그들은 또한 위험관리의 역할 그리고 책임, 한계 및 한계 추적관찰, 정의하기를 검토하였다. Crouhy, Galai & Mark(2006, ch. 4)는 기업 지배구조 측면과 정의하기 및 이사회로부터 권한을 조직을 통하여 아래로 이양하기에 더 초점을 맞추었다.

이익이 이사회에 의하여 대변되는 주주에 의하여 소유되는 주식공개회사의 시각에서 조직 구조 및 기업 지배구조 문제를 논의해보자. 회사는 주요 전략적 결정에 대해 책임을 지는 고위경영위원회(高位經營委員會; senior management committee)를 가지고 있다. 그러나 작은 또는 비공개회사로 -예를 들어 소유주가 이사회를 또는 CEO가 고위 경영 위원회를 대신하는 경우-논의를 바꿀 수도 있을 것이다.

Crouhy, Galai & Mark(2006, ch. 4)를 따라 이사회와 고위 경영진의 역할로부터 시작하자. 우리가 정말로 위험관리가 금융회사의 중심 기능이라고 믿는다면 이사회와 고위 경영진과 함께 출발하는 것이 옳아야 한다. Crouhy, Galai & Mark(2006)는 이사회의 역할을 사업전략의 이해 및 재가와 경영의 감독 그리고 경영 책임지기로 규정한다. 이사회는 사업을 경영하려고가 아니라 사업의 목표가 무엇인가를 분명하게 정의하고 경영진이 그것들 목표를 달성하는데 책임을 지게 하려고 있는 것이다. 이 견해가 "이사회는 위험 매니저일 수 없다."(Guerrera & Larsen, 2008)라고 주장한 큰 금융그룹에서의 이사의 견해의 반대이지만, 실은 이사회는 이익, 회계감사 또는 사업의 다른 어떤 측면_운영관리가 아니라 이해하기, 관리감독하기 및 전략적으로 관리하기(governance)와 같은 방식으로 위험을 관리해야 한다.

전략적 및 관리감독 역할의 현실적 집행을 위해 이사회는 자주 특정한 책임을 위원회에 위임할 것이다. 위험에 대해 특별한 중요성을 가진 두 위원회-위험관리위원회와 회계감사위원회가 있는 전형적인 금융회사의 예를 생각해보자. 모든 회사가 둘 다를 갖지 않겠지만 기술된 역할과 책임은 하나나 또 다른 형식으로 꼭 만나게 된다.

위험관리위원회는 위험 정책 및 절차 재가하기에 대한 그리고 이들 정책과 절차의 효과적 수행을 감시 관찰하는 것에 대한 책임을 가질 것이다. Crouhy, Galai & Mark(2006)는 그 위원회가 정책 지침 및 시스템의 타당성을 포함하여 신용, 시장 및 유동성 위험의 식별, 특정, 감시 관찰 및 통제를 독립적으로 검열(檢閱; review)하는 것에 대해 책임을 진다고 말한다(p.94). 책임의 위임 및 권한 이양의 수준에서 Crouhy, Galai & Mark와 조금(질적으로가 아니라 정도로) 다른 의견이 있을 수 있다. 위험은 금융회사를 관리하는 데 있어 아주 중심적이므로 이사회는 위험에 대하여 기본적 책임을 져야 하지 않을까? 위험위원회는 전문지식과 조언(助言; advice)을 개발하기 위한 토론의 장(forum)으로 매우 유용하지만 이사회 자체가 핵심 전략적 위험 결정에 대한 모든 책임을 져야 할 것이다.

그러나 한 편으로 관리감독과 전략적 관리를 이행하기 위한 그리고 다른 한 편으로는 진짜로 독립적인 사외이사를 선택하가 위한 이사회의 책임 사이에 본래의 모순이 존재한다. 금융회사가 부닥치는 복잡한 위험에 대한 식견과 중요한 이해는 일반적으로 금융 산업에서의 경험을 통하여 얻어질 것이다. 그 산업 밖으로부터의 사외이사는 매니저와 임원이 책임을 지게 하는-즉 옳은 질문을 하고 그 답을 이해하는 결정적 기량과 경험이 부족하다. Crouhy, Galai & Mark(2006, p.92)는 "위험 자문(諮問; advisory) 임원"을 두자는 재미있는 해결책을 제안하였다. 이 사람은 위험을 전문으로 하는(반드시 투표하는 멤버는 아닌) 이사회 멤버이어야 할 것이다. 역할은 이사회 멤버에 위험관리정책, 절차 및 방법론의 최선의 실시에 관한 정보를 주고 또한 그 회사의 사업에 박혀있는 위험에 대한 교육적 시각을 제공하면서 이사회 멤버인 위험 위원을 뒷받침하고 위원회 모임을 감사하는 것일 것이다.

대부분의 큰 회사는 그 회사의 재무 및 규제 보고의 정확성과 또한 법적, 규제 및 기타 핵심 표준 준수여부를 보장하는 책임이 있는 감사위원회를 가지고 있다. 감사위원회는 "은행이 실제로 하고 있다고 말하는 것을 하고 있는지에 대해 독립적 검증 제공"의 중요한 역할을 가진다(Crouhy, Galai & Mark, 2006, p.91) 이 역할과 위험 관리위원회의 역할 사이에는 미묘한 차이가 있다. 감사위원회는 위험과정 및 절차에 당연히 관련이 있다. 감사위원회는 과정 및 시스템의 질과 진실성에 더 초점을 두고 위험위원회는 실체(實體; substance)에 더 초점을 둔다.

Crouhy, Galai & Mark(2006, p.95)는 당연히 회사의 전략적 목표를 달성하는 시업계획을 개발하고 승인하는 책임을 회사의 고위 관리직에 둔다. 위험결정은 통상 그 회사의 고위 위험위원회에 위임될 것이다. 위험부담이 아주 불가분하게 이익기회에 연결되어있기 때문에 위험위원회는 최고위험책임자(chief risk officer; CRO), 최고 재무책임자(CFO), 회계담당자 및 회계감사 책임자에 추가하여 그 회사의 CEO 및 사업부문의 고위 책임자를 포함하여야 한다.

회사 자체 내의 조직구조에 관하여 표준 관점이 Crouhy, Galai & Mark(2006)에 대부분 분명하게 제시되어 있다. CRO와 "위험관리그룹"이 사업 또는 영업부문에 독립되어 설치된다. 고위위험위원회는 CRO에 위험정책, 방법론 및 기반시설에 대한 책임을 위임한다. CRO는 한계(limits)의 독립적 감시관찰을 책임지고 [그리고] 시장, 신용 또는 운영관심 사항들에 대해 축소를 명령할 수도 있다(p.97).

그러나 미묘하게도 중요하게 다른 견해, 위험관리 산업에서 수용된 지혜(보편적 타당성)와 무언가 상충되는 견해가 있을 수 있다. 독립적 위험 감시관찰 및 위험측정 부서가 있어야 하지만 위험결정에 대한 궁극적 권한은 영업결정을 내리는 매니저에 돌아가야 하지 않을까? 위험은 이익관리와 분리해서 생각될 수 없는 거래 및 포트폴리오 관리의 핵심 구성요소이다. 그러므로 위험의 관리는 사업부서의 매니저에게 돌아가야 한다. 그것은 궁극적으로 CEO와 고위 경영위원회에 속하며 경영의 사슬을 통해 개별 영업부서로 이양된다.

자리 줄이기에 관한 결정은 당연히 영업결정을 내리는 권한을 가진 매니저들의 책임이다. CRO에게 영업결정을 내리는 궁극적 결정을 주지 않고 자리 줄이기에 대한 책임이 CRO에 있음을 요구하기에는 근본적 모순이 있다. CRO는 독립적이 아니면서 실제 거래결정 내리기에 대한 권한을 가질 수도 있거나 실제 권한이 없으면서 영업과 독립적일 수도 있다.

이 관점은 독립적이고 또한 영업 결정을 내릴 권한을 가진 CRO를 제안하는 수용된 지혜(보편적 타당성)와 상충된다. 수용된 지혜는 독립과 권한사이의 본래부터 있었던 모순을 간직하고 있는 것은 아닐까? 또한 수용된 지혜(보편적 타당성)가 위태롭게 매니저로부터 책임을 옮기고 위험이 조직 내 다른 어떤 곳에서 관리되고 있기 때문에 그것은 그들의 관심사가 아니라는 잘못된 생각으로 안심시키게 할 수도 있다.

그럼에도 불구하고 위험 감시관찰과 위험측정의 독립은 매우 중요하다. 회사는 이미 감사하는 역할에서 이 접근에 대한 패러다임(paradigm)을 가지고 있으며 재무부서는 이익의 측정과 감시 관찰에서 역할을 한다. 누구도 거래원이나 포트폴리오 매니저가 회사의 손익계산서를 만들어내는 책임이 있다고 말하지는 않을 것이다. 이것들은 독립된 재무부서에 의하여 만들어지며 철저한 감사를 받게 되어있다. 조직 전반에 걸친 분야들은 손익에 의지하며 검증 가능한 독립된 숫자 가지기의 중요성을 인정한다. 위험은 같은 방식으로_독립적으로 만들어지고 검증 가능하여야 하는 조직에 중대한 정보로 생각되어야 한다.

위험그룹의 조직구조의 중심에 이사회와 고위 경영진(CEO 및 고위 경영위원회) 그리고 결국 개별 영업 및 사업 단위가 있다. 거기에 재무단위, 위험단위 및 운영/중간 부서가 추가된다. 이들의 핵심기능은 다음과 같다.

- 이사회 – (위험 수용범위를 포함한) 사업전략의 개발과 재가
  – 핵심 정책과 절차의 재가
  – (위험 감시관찰 및 보고를 포함하여) 적절한 정책, 절차, 기반시설이 제자리에서 사업목표를 뒷받침하도록 보장
- 고위 경영진 – 회사의 사업전략을 이행하는 사업계획 및 목표(손익, 성장, 위험, 등) 개발
  – 개별 사업부서 및 영업단위에 대한 (손익, 위험감수도를 포함한) 사업계획 및 목표 승인
  – 정책 수립
  – 성과 보증
  – 위험지침 준수 감시관찰
  – 위험 및 평가 위원회 관리
- 영업소/사업부서 관리 – 손익 및 위험노출을 만들어내는 영업 및 기타

사업 관리
- 적시(適時), 정확 및 완전한 거래 포착 및 기타 사업 활동의 기록 보증
- 공식 손익계산서에 서명

- 재무 단위 – 평가 정책의 개발
  - 손익계산서의 진실성 보증
  - 이사회 및 고위 경영진에 손익 및 회계문제 자문
- 위험 단위 – 위험정책 개발
  - 위험 보고서 개발
  - 위험 보고서의 진실성 보증
  - 위험문제에 대해 이사회 및 고위 경영진에 자문
- 운영/중간 사무소 – 거래 예약 및 결정
  - 손익 계산서 및 위험보고서 작성
  - 손익계산서 교부 및 조직전체에 위험 보고

이 구조는 결정을 내리는 권한과 책임을 가진 매니저에게 위험관리에 대한 기본적 책임을 준다. 동시에 그것은 위험정책 설계에서 위험 단위의 역할을 강조한다. 그리고 위험 사안에 대해 이사회로부터 아래로 쭉 개별 사업 단위까지 모든 수준의 조직 자문에서의 위험 단위의 역할 역시 강조한다. 실제로 실행 중인 보고서, 손익 계산서와 위험 보고서 둘 다에 대한 책임은 운영/중간 사무실 그룹에 주어진다. 위험 및 손익 보고는 밀접하게 연결되어 있기 때문에 손익을 만들어내는 재무와 위험을 만들어내는 둘 다를 책임지는 한 운영 그룹을 가지는 것이 이치에 맞는다.

이사회와 고위 경영자는 자문과 지휘(指揮; direction)에 대해 위험 단위에 의존해야 하지만 이사회와 고위 경영진은 위험에 관해 보고받고 교육을 받을 책임을 져야 한다. 이사회 및 고위 경영진을 자문하는 위험 단위의 역할에 재무 단위의 이익에 관한 문제가 있듯이 위험에 관하여 문제가 있을 때 이사회와 고위 경영진에 경고를 주는 책임이 포함된다는 것을 이해하는 것 또한 중요하다.

토론해야 할 마지막 문제가 한도의 사용과 이행이다. 매우 다양한 한계가 있을 수 있다. 시장 위험에 대하여 한도에는

- 권한이 부여된 사업이나 거래될 유가증권의 허용된 제한 또는 사양,
- 개별 사업단위와 포트폴리오나 회사 전반 사업 안에서 VaR 한도,
- 종목의 형태와 종목의 최대 크기에 대한 한도,
- 거래원이 하나의 도구나 하나의 시장에 모든 위험을 걸지 않도록 하는 비중 한도,
- 손실이 증가하기 시작할 때 안전 변과 초기 경고시스템으로 행동하는 손실 막기(stop-loss) 한도,
- 비유동적 종목이나 인정되지 않는 손실이 따르는 것들의 조사를 보증하는 재고 수명(inventory age) 한도

등으로 이루어질 수 있다. 신용위험에 대하여 한도에는

- 사업이나 포트폴리오가 대출이나 포트폴리오 내 신용품질의 허가된 하향 이동에 대한 특별한 주의나 통제가 필요하기 전의 허가된 채무 불이행(債務不履行; defaults)의 수

를 포함할 수도 있다. 전체 사업에 대해서는 회사가 취할 수 있는 유동성 노출에 대한 한도가 있을 수 있다.

한도는 이사회와 고위 경영진에서 명확하게 표명된 회사의 위험 수용범위를 거래 단위 및 사업단위 수준에서의 전략과 행동에 연결하는 중요한 방식이다. 한도가 매니저를 새로운 사업의 크기와 범위에 관하여 허용되는 한도의 수준과 위험 분야란 면에서 주의 깊게 생각하도록 강요하기 때문에 사업계획의 단계에서 한도는 중요하다. 한도는 두 개의 이유로 계속 진행 중인 사업에 중요하다. 첫째, 한도는 사업 활동을 회사의 전반적 위험 수용범위와 그 위험을 어떻게 사업라인에 배분하느냐의 결정에 묶어놓는다. 둘째, 한도는 의도된 것과 사업에서 실제로 부담되는 위험을 주기적으로(예컨대 매일, 매주 또는 매월) 비교하도록 강요한다.

Crouhy, Galai & Mark(2006)에 한도의 논의가 있으며 Marrison(2002, ch.11)에 여러 가지 형태의 한도와 한도 설정에 대한 원칙이 특별하게 논의되고 있다.

7) 규제 문제

규제는 회사가 규제기관이 설정한 규칙 내에서 운영하여야 하기 때문만 아니라 금융(金融; banking) 규제가 많은 기관에서 위험관리 절차의 혁신과 채택의 주요 동인(主要動因; major driver)이어 왔기 때문에 중요하다. 그러나 완전하게 다루기 어려운 두 문제가 있다. 하나는 특수한 전문분야라는 것이고 또 하나는 더 중요한 것으로 이 주제가 신속하게 그리고 극적으로 변하고 있어서 여기에 적응하는 것이 어렵다는 것이다. 2008~2009의 세계적 금융위기에 대한 대응이 이미 규제 지형을 바꾸었으며 그 이후 그러하였으며 다가올 많은 해에도 계속 그러할 것이다. 여기서는 다만 더 나아간 탐구를 위한 참고문헌과 함께 일부 배경을 설명하기로 한다.

많은 교재가 은행 규제를 다루고 있으며 비록 이들 다룸이 당시의 것은 아니지만 그것들은 개념적 기초 및 은행업무 규제에 대한 배경을 제공한다. Crouhy, Galai & Mark(2006)은 3장에서 은행업무 규제와 바젤 협약(Basel Accord)을, 4장에서 기업 소유경영구조에 관한 미국에서의 2000년대 중반의 입법 상 요건을 논의하고 있다. Marrison(2002, ch.23) 역시 은행업무 규제를 다루고 있다.

세계적으로 은행업무 감독에 관한 Basel Committee(BCBS)가 기본적 상업적 은행업무에 대한 다국 간 규제 포럼이다. 이 위원회는 10개국(Group of Ten; G-10 countries) 중앙은행 총재들에 의하여 1974년에 설립되었다. 비록 이 위원회자체가 공식적 감독 권한을 가지고 있지 않지만 그것은 (2010년 현재) 28개국으로부터(영국은행과 연방 준비이사회와 같은) 중앙은행 및 국가 은행업무 규제기관으로부터의 대표로 구성된다. BCBS는 흔히 "BIS 위원회"로 호칭된데 이는 그 위원회가 스위스의 Basel에 있는 국제 결제은행(Bank for International Settlements)의 주최로 그 사무실에서 모이기 때문이다. 당초 1988 BCBS 합의, 위원회 역사, 귀중한 연구 및 현재 정보는 BIS website[62]에서 찾아볼 수 있다.

은행에 대한 가장 중요한 규제요건은 자본금보유에 관한 것이다. 규제 자본금은 예상외 손실을 엄호하기 위해 쓸 수 있는 돈이다. 자산이 부채 수준

62) www.bis.org/bcbs

이하로 떨어졌기 때문이거나 자산을 빨리 유동화할 수 없기 때문에 손실이 생길 때 그것이 완충 또는 안전망 역할을 한다. 1980년대에 일본은행들의 대출 포트폴리오에 비해 보유한 낮은 수준의 가용 자본금의 수준에 특히 주목하며 다른 관할 지역에 있는 은행들이 보유한 자본금의 수준과 질에 관한 우려 때문에 세계적 규제 개발이 가속되었다. 일본 은행의 낮은 자본금은 그들에게 불공정한 경쟁 우위를 주는 것으로 믿어졌다.

자본금이 가장 중요한 규제요건이긴 하지만 규제 자본금을 정의하는데 두 난점이 생긴다. 첫째가 어느 정도의 자본금이 충분한가를 정의하는 것이다. 둘째는 무엇을 실제로 자본으로 계산하나를 정의하는 것이다. 적절한 자본 수준에 관하여 문제는 불리한 환경에서 은행이 얼마나 손실을 볼 수도 있을 것인가 정하는 것이며 그것은 결국 은행이 보유한 자산의 형태와 양을 정하는 것에 따른다. 이들 문제의 어느 것도 해결하기 쉽지 않으며 그 문제는 비교적 간단한 그리고 모든 나라에서 쓸 수 있는 표준화된 회계척도를 사용하여 많은 관할 구역에 걸쳐 공정하게 적용될 수 있는 일습의 표준을 가질 필요성 때문에 복잡해진다.

자산에 관한 초기의 세계적 표준은 단순하였다. 자산이 손상될 가능성에 대해 준비되었어야 할 자본금의 양에 관한 지침을 조건으로 은행자산은 넓은 위험 범주 안에 들어갔다. 일부 자산은 액면가의 100% 계산되었으며(예: 개인회사에의 대출로 대출금액 전체가 위험에 있는 것으로 간주된다) 다른 것들에게는 더 낮은 위험 가중치(예: 현금은 신용위험이 없고 즉시 쓸 수 있으므로 0% 또는 주택담보 대출의 경우 50%)가 주어진다. 모든 자산은 (적절한 위험 가중치를 고려하여) 합산되며 이들이 그 은행의 총 위험가중 자산(危險加重資産; risk-weighted assets)이다. 그러고 나서 은행은 자본금을 위험가중 자산의 백분율과 갖게 유지할 필요가 있다.

자본금의 정의는 무엇을 자본금으로 계산하는 것인지 그리고 그 자본금이 얼마나 좋은지 정의하기 어렵기 때문에 두 번째 어려움이 생기는 곳이다. 자기자본과 준비금이 자본금의 최상의 형태라는 것이 널리 받아들여지고 있다. 자기자본과 준비금—손실의 경우 사라질 외부투자나 유보이익(留保利益; retained earnings)에 의하여 마련된 사업에서의 투자—는 분명하게 손실에 대한 완충역할을 제공한다. 자본의 다른 원천—예컨대 미신고 이익—은 같은 방식으로 손실을 보장하는데 쓸 수 없을 수도 있으며 따라서 좋은 완충장치를 제공하지 않을 수도 있다.

1980년대 이후 많은 세계적 규제 개발이 이들 셋 즉, 첫째, 어느 자산이 위험가중자산에 얼마나 기여하는지, 둘째, 적절한 자본금 비율인지 및 셋째, 무엇을 자본금으로 계산하는지에 집중되어 왔다.

원래 시장위험(전반적인 이자율의 움직임과 같은 채무불이행이 아닌 원천으로부터의 가격위험)을 포함하지 않고 자산의 신용위험만이 고려되었다. 1996년 발행되고 1998년에 시행된 새 표준은 시장위험 포함을 추구하였다. 그러나 자산의 위험가중에 대한 규칙은 아직 상당히 조잡하다. 2004년에 발행된 이른바 Basel II 규칙은 더 많은 유연성뿐만 아니라 총 자산의 위험과 자본을 계산하는 방식에서의 더 많은 정밀성을 제공함으로써 자본적정성표준(資本適正性標準; capital adequacy standards)의 갱신을 추구하였다. 상세 사항보다 어떻게 자본금 소요(所要; requirements)를 계산하는지를 개선하려고 노력하는 과정을 인식하는 것이 더 중요할 것 같다.

2008~2009년의 세계적 금융위기가 세계적 규제 틀에 결함을 돋보이게 하였으며 규제기관들은 Basel Ⅲ로 대응하여왔다. 그 과정은 2009년 9월에 발행된 넓은 틀로 시작되었으며 2011까지 계속되었다. 초점은 은행 수준 규제(예를 들면 은행 수준 자본소요액 설정)를 넘어 전 조직에 미치는 위험관리, 이른바 전체적 규모로 신중한 규제까지 확장되었다.

8) 예상치 않은 것 관리하기

위험관리의 궁극적 목표는 강력하지만 유연한 조직과 일습의 과정들을 구축하는 것이다. 우리는 양적위험 측정 도구가 자주 조직에의 대부분의 위험을 제기하는 예상치 않은 사건을 포착하는데 실패한다는 것을 인정할 필요가 있다. 위험관리의 기술은 이들 예상되지 않은 사건에 대응하고 견뎌낼 수 있는 문화와 조직을 구축하는 데 있다.

위기, 꼬리사건(tail events) 또는 재난에 대한 위험 관리는 모든 형태의 위험-시장위험, 신용위험, 운영위험, 유동성위험, 등등의 결합을 필요로 한다. 일반적으로 위기 또는 재난은 복합적인 사건과 원인의 합류(合流; confluence)가 원인이다. 1995년의 Barings의 파탄(破綻; collapse)(그리고 같은 회사의 1890년의 파탄)과 2008년 1월의 Societe Generale 무역의 손실이 그 예이다.

위험관리는 모든 형태의 위험을 함께 관리하기_유연하고 탄탄한 과정과 조직을 구성하는 것에 관한 것이다. 조직은 중요하지 않았거나 과거에 알아차리지 않았던 위험을 구별하고 대응하기 위한 유연성과 예측하지 못한 환경을 이겨내기 위한 탄탄함을 가져야 한다. 중요하게 그것은 또한 새로운 기회를 활용하는 능력을 포함하여야 한다.

다른 무대에서의 위험조사와 위험관리가 유용한 통찰과 비교 즉, 위험의 측정 및 관리 간의 차이에 대한 통찰과 위험관리에 대한 방법들의 비교를 마련할 수 있다. 스키 등산 또는 산간 스키 타기(backcountry skiing)에서의 위험을 생각해보자. 황야에서의 부상의 위험뿐만 아니라 크레바스(crevasse; 빙하의 갈라진 틈), 빙폭(氷瀑; ice-fall) 또는 낙석(落石; rockfall) 만나기에 어떤 등산과 마찬가지로 위험이 있지만 주된 위험의 하나는 (눈/산) 사태에의 노출이다. (눈/산) 사태는 정밀하거나 상세한 예측이 사실상 불가능한 비극적 사건이다.

스키 등산 위험 및 보상은 금융위험 및 보상과 많은 유사점을 가지고 있다. 금융시장에 참가는 보상받을 수 있고 많은 수익성이 있을 수 있다. 스키 등산은 아주 즐겁고 활강의 스릴(thrull)과 큰 산 오르기의 도전_아름다운 황야 환경의 모든 것을 함께 가질 수 있다. 금융시장은 예측하기 어렵고 갑자기 나쁘게 바뀌는 노출에 걸려들기 너무 쉬우며 감당할 수 없는 손실로 가게 할 수 있다. 눈사태 또한 예측하기 어렵고 눈사태 지역으로 잘못 들어서기와 생명을 앗아가는 미끄러짐에 빠지기가 너무너무 쉽다.

눈사태 위험 관리는 몇 개의 기본적 구성요소를 가지고 있으며 금융위험관리와 가까운 유사점을 가지고 있다. 즉

일반적 눈사태에 관한 학습 - 눈사태는 언제 어떻게 일어나는가? 금융계에서의 유사점(類似點; analogy)은 새로운 금융시장, 제품 또는 끼어들기 전 활동에서 전문지식을 얻는 것일 것이다.

특별한 날의 특정한 조건에 관한 그리고 이정보에 기초한 결정에 관한 학습 - 첫째, 오늘이 높은 또는 낮은 눈사태 위험의 날인가? 우리 자신의 또

는 그룹의 위험감수성향과 결합된 이 정보를 사용하여 우리는 나갈지 여부를 결정하여야 한다. 금융 위험관리에서 이는 포트폴리오에서의 특정한 노출 배우기와 그 활동을 계속, 확장 또는 계약할지 여부를 결정하기와 유사할 것이다.

손해통제 전략 만들어내기 – 언제 그리고 만일 그 일을 당했을 때 어떤 과정과 절차가 손해의 결말을 완화할 것인가? 예를 들면 오지 스키어는 모두가 집단 휴대용구조를 위한 도구_신호등, 탐침(探針; probe) 및 삽(shovel)를 가진 그룹과 함께 가야 할 것이다. 눈사태 송수신기는 묻히지 않은 그룹 멤버가 묻힌 동료의 정확한 위치를 찾아내기 위하여 사용할 수 있는 작은 무전기이며 탐침과 삽은 그 동료를 파내는 데 필요하다. 무전기는 눈사태에 붙잡혀 묻히는 결말을 줄인다. 무전기 보유가 살아서 되찾아지기의 상당히 괜찮은 아마도 50~80%의 가능성을 주지만 무전기 없을 때 그 가능성은 사실상 0이다. 그에 더하여 안전여행 의식행사(儀式行事; rituals)가 눈사태가 일어났을 때 그 효과를 최소화할 수 있다. 이들 손해 통제 전략이 눈사태 위험관리의 마지막 구성요소이다. 금융위험 관리에 대해 이 구성요소는 기대하지 않은 충격에 효과적으로 대응할 수 있는 탄탄하고 유연한 조직의 구성과 유사하다.

눈사태 지역에서의 오지 여행과의 비교가 금융위험관리로 이어지는 일부 중요한 문제를 강조하여 준다. 첫째가 지식의 중요성과 양적 측정에의 주목이다. 전문적 오지 스키어는 일반적 및 특정한 조건에 관한 학습에 시간을 쓰고 노력하며 기후, 눈덩이 빙야(snow-pack) 등등에 관한 상세한 양적 조건에 주목한다. (그렇게 하는데 시간을 쓰지 않는 사람들은 베테랑으로 성장하지 못하는 경향이 있다.) 금융 산업에서의 매니저역시 양적 기법을 배우기 위하여 시간을 쓰고 노력하며 그들 도구로 얻어진 정보를 사용한다.

둘째는 양적 지식을 경험, 판단 및 사람들 기능과 결합하여 특정한 결정을 내리기 위한 지식에 사용하기의 중요성이다. 거의 모든 눈사태 사고에서 눈사태는 희생자나 그의 일행 중 멤버에 의하여 발단된다. 눈사태 사건은 통상 명백하거나 내재된 스키어가 내린 결정의 결과이다. 의사결정은 기술과 판단 그리고 자기 자신과 다른 사람의 정서와 행동의 관리를 필요로 한다. 그룹역학(group dynamics)이 오지에서의 의사결정의 가장 중요한 문제 중 하나이다. 금융위험 관리하기에서도 마찬가지이다. 양적 측정이 귀중하지만 정보에 근거한 결정 내리기에서 잘 활용되어야 한다. 금융사고는 일반적으로 간단하게 일어나지 않지만 매니저에 의하여 내려진 내재적 또는 명확한 결정의 결과이다. 매니저는 양적 정보와 지식을 경험, 판단 및 사람들의 기능과 결합하여야 한다.

셋째로 눈사태와 금융사고 또는 위기 모두 꼬리사건이다. 즉 그것들은 드물게 일어나며 정확한 시기, 크기 및 위치는 어느 정확도로도 예측될 수 없다. 그럼에도 불구하고 사건을 만들어내는 조건과 사건의 분포는 공부할 수 있다. 누구는 어떤 일정한 상황에서 한 사건이 다른 사건보다 더 잘 일어날 공산이 더 크다는 것을 자신을 가지고 말할 수 있다.(2-피트 강설 후 다음날 38도 슬로프(slope)는 눈사태를 일으킬 공산이 있으며 금융사건에 대해 S&P 500의 1억 불 노출이 있는 회사는 덜 위험한 10년 채권 천만 불을 가진 회사보다 심각한 손실을 가질 공산이 더 크다.)

마지막으로 눈사태와 금융사고 둘을 다루는 데에 나타나는 뚜렷한 모순이 있다. 더 훌륭한 위험의 측정과 관리와 함께 객관적 노출은 실제로 증가할 수 있다. 스키어가 더 많은 기능과 도구를 획득할수록 그들은 자주 더 객관적 노출을 떠맡는다. 금융 분야에서의 유사점은 그들이 직면한 위험을 더 잘 측정하고 관리할 수 있는 회사가 더 큰 객관적 노출을 떠맡고 그런 도구와 기능이 없으면 책임 맡기를 피할 거래나 활동을 책임 맡을 수도 있다.

그러나 더 고려하여 볼 때 이것은 전혀 역설적이지 않다. 지식이나 손해 통제 전략이 없는 스키어는 객관적 노출을 최소화해야 한다. 즉 그는 오직 저위험인 날에 그리고 단지 중간정도의 슬로프(slope)에만 가야 할 것이다. 그렇게 하는 것이 안전하지만 싱싱한 눈의 가파른 슬로프가 가장 신나기 때문에 별로 재미가 없다. 지식과 손해 통제전략을 가진 스키어는 더 객관적인 노출을 택할 것이다. 더 높은 위험 조건에서 그리고 더 가파른 슬로프로 나갈 것이다. 더 높은 위험 조건에서 더 가파른 슬로프로 나간다는 것은 더 객관적인 위험을 택하는 것을 의미하지만 적절한 지식, 경험, 회복 도구 및 의사결정을 가진 스키어는 눈사태나 기타 불리한 상황에 빠지는 위험을 줄일 수 있고 또한 그가 걸려들었다면 그 결말을 줄일 수 있다. 가장 중요한 것은 더 가파르고 더 좋은 눈 조건이 더 좋은 스키타기와 효용에서의 큰 증가를 의미한다는 것이며 위험의 적당한 관리를 가지고 그런 큰 증가가 결말에서의 불균형한 증가 없이 달성될 수 있다는 것이다.

마찬가지로 위험을 더 잘 측정하고 통제하고 대응할 수 있는 금융회사가 손실의 확률에서의 불균형 증가에 직면함 없이 더 큰 이익 잠재력을 그리고 더 큰 객관적 노출을 갖는 활동을 수행할 수도 있다.

투자관리는 언제나 위험과 수익을 절충한다. 위험관리는 위험을 최소화하는 것이 아니라 오히려 위험과 수익 간의 절충을 관리하는 것이다. 좋은 위험관리는 다음 가능성을 허용한다. 즉

- 더 낮은 위험이 있는 같은 수익
- 같은 위험이 있는 더 높은 수익

일반적으로 그 결과는 둘 다 더 높은 수익과 더 낮은 위험의 일부이다. 그러나 어느 상황에서는 객관적 노출이 증가한다. 금융회사를 위해 노출의 내부 관리는 더 큰 입장(종목)가 손실(같은 위험으로 이끄는 더 많은 노출)의 같은 확률로 더 큰 입장(종목)를 차지하는 방법으로 개선될 수도 있을 것이다. 말하자면 이것이 포트폴리오 노출에 대한 더 좋은 정보를 쓸 수 있게 되도록 입장과 노출에 대한 더 좋은 정보가 더욱 적시의 보고하게 함으로써 생기게 된다. 그리고 더 좋은 포트폴리오 다양화 관리를 허용한다. 결과는 회사에의 손실의 공산이나 손실의 충격이란 의미에서 "위험"의 감소일 것이지만 그러나 개인의 입장과 더 큰 이익 가능성이란 의미에서 "위험"의 증가일 것이다.

증가된 위험관리의 정교성과 함께 오는 노출의 이 증가는 실제로 놀라운 일이 아니어야 한다. 그것은 위험관리와 이익 및 수익의 관리가 함께 간다는 깨달음의 일부일 뿐이다. 위험관리가 위험 최소화에 관한 것이 아니라 오히려 위험과 수익간의 절충을 최적화하는 것이다.

그러나 눈사태와 금융 사고는 중요한 두 가지 면에서 다르다. 첫째는 사건의 빈도이다. 눈사태는 노련한 오지 여행자(충분히 알고 생존하기를 원하는 사람들)가 눈사태가 일어난다는 것을 끊임없이 상기하도록 자주_한 시즌에 아주 여러 번 일어난다. 그에 반해서 심각한 금융사고는 수년간의 간격을 두고 일어난다. 즉 개인적 그라고 집단적 기억이 사라져 안주(安住;

complacency)와 부정으로 이끈다.

둘째는 대가(代價; payoffs)의 비대칭성이다. 눈사태 지역에서의 과오에 대한 벌은 부상 또는 죽음이지만 금융시장에서의 벌은 직장을 잃는 것이다. 금융시장에서의 좋은 면에 대한 보상은 상당히 높을 수 있어서 비대칭_다대한 보상과 대단하지 않은 벌_이 유인책(誘引策; incentive) 문제를 만들어낸다.

어쩌면 금융위험과 눈사태위험의 비교에서 배울 가장 중요한 가르침은 “인간요인”: 감정의 융합, 집단활동(group dynamics), 어려운 불확실성 하 의사결정, 기타 우리 인간들이 항상 당하는 요인들 의 중요성이다. 인기 있는 눈사태 교과서인 눈사태 지역에서 살아남기(Tremper, 2008)에서의 중요한 마지막 장은 단순하게 “인간요인”이란 제목이다. 연이은 사건조사에서 눈사태 전문가는 인간의 의사결정이 중대하다는 것을 발견하였다. 희생자는 생명유지에 필수적인 단서에 관심을 기울이지 못하거나 자주 있는 일처럼 중요한 신호를 몰라보는 것이다.

Tremper는 다음과 같이 설명한다.

> 눈사태 사고에는 두 종류가 있다. 첫째 사망자의 추정된 2/3는 단순한 무지(ignorance)에 기인하며 교육을 통하여 무지는 쉽게 고칠 수 있다. 사고의 두 번째 종류는 이 장(章; chapter)의 제목으로 희생자가 위험요소를 알았지만 그래도 계속하였을 때이다. 그들은 단순히 문제에 주목하지 않았거나 더 흔히 그들은 그것을 다룰 그들의 능력을 과대평가하였다. .... 영리한 사람들이 자주 멍청한 행동을 한다(p.279).

정확히 같은 것이 금융사고와 재난에 대해 성립한다. 무지는 쉽게 고칠 수 있다. 양적 위험관리의 목표는 그 무지를 고치기 위해 가르치고 알려주는 것이다. 무지는 이해와 교육의 부족에 기인할 수도 있으며 정보와 데이터의 부족_회사에서 일어나고 있는 것을 측정하지 못하는 것에 기인하기도 한다. 위험측정이 이들 문제를 겨냥하고 있다. 예를 들어 위험측정은 어마어마한 이득을 가지고 있다. 눈사태 사망자의 2/3가 무지의 결과라는 사실이 아마도 금융무대로 이어진다. 많은 금융사고가 단순한 과오, 지식의 부족, 오보(誤報; misinformation) 또는 데이터의 부족_간단히 말해 고쳐질 수 있는 금융무지의 결과이다.

그러나 눈사태와 마찬가지로 두 번째 종류의 금융사고—인간 요인의 결과인 것들이 있다. 불확실성 하에서 결정내리기는 힘들다. 불확실성에 관하여 생각하기는 어렵다. 집단활동, 자아(自我; ego) 및 외부압력 모두 우리의 판단력을 흐리게 만든다. Tremper는 다른 말로 표현하기를 우리는 증거에 기반을 둔 의사결정을 실천하고 사실을 정밀하게 분석할 수 있어야 한다. 우리가 바로 충분한 정보를 가지고 있다면 우리는 자동적으로 옳은 결정에 도달하여야 한다, 실제로는 자주 일이 그렇게 되지 않는다. 정보, 교육, 데이터—혼자로는 이것들로 충분하지 않으며 이것들이 우리를 위험관리로 되돌아가게 한다. 위험관리는 사람 관리, 과정 관리, 데이터 관리이다. 그것은 또한 우리자신 관리—우리의 자아관리, 우리의 오만(傲慢; arrogance), 우리의 완고(頑固; stubbornness)함, 우리의 과오 관리에 관한 것이다. 그것은 화려한 양적 기법에 관한 것이 아니고 불확실성, 빈약한 정보 및 경쟁하는 요구에 직면해서 좋은 결정을 내리는 것에 관한 것이다.

Tremper의 "인간요인"에 대한 문장은 위험한 의사결정을 다루는 다른 분야에서 취해진 많은 흥미로운 아이디어를 가지고 있다. 하나의 포인트는 규칙적인 정확한 피드백(feedback)의 중요성인데 이는 눈사태가 규칙적으로 공개적으로 일어나기 때문에 눈사태에 대해서는 비교적 쉽다. 금융재난은 덜 빈번히 덜 공개적으로 일어나기 때문에 더 어렵다. 그럼에도 불구하고 피드백은 중요하며 우리로 하여금 일이 나쁘게 갈 수 있고 간다는 것을 상기시켜 준다. 금융재난의 예는 우리가 통제할 수 없는 사건에 직면해서 조금 더 우리가 겸손하도록 도와줄 수 있다.

Tremper가 초점을 맞춘 두 번째 분야는 우리가 자주 결정을 내리는데 사용하는 정신적 지름길 또는 체험직감 해법(heuristics) 그리고 어떻게 이들이 우리를 길을 잃게 하나이다. 이 점은 체험직관 해법과 확률적 사고에서의 인지적 편향(偏向; biases)의 문제와 관련된다. 체험직관 해법은 특히 확률사정과 더 관련이 있는 반면에 이들 체험직관 해법은 자주 우리를 오류로 이끄는 의사결정 지름길로 더 잘 생각될 수 있다.

금융위험 부담으로 자연스럽게 이어지는 이들 체험직감 해법의 가장 중요한 것은 다음과 같다.

- **익숙함(Familiarity):** 우리는 익숙한 것에 더 편안함을 느끼는데 이는 객관적 증거의 직면에서조차 우리의 의사결정을 한 쪽으로 기울게 한다. 이 경향은 특히 우리는 아직 나쁜 일이 일어나지 않았으므로 그리 될 공산이 없다고 생각하게 되기 때문에 재난이 자주 일어나지 않을 때가 문제다. Tremper는 눈은 일반적으로 약 95%가 안정적이라고 지적한다. 만일 우리가 특정한 슬로프에서 규칙적으로 스키를 탄다면 익숙하게 느끼지만 우리는 변덕스러울 때 그것을 본적이 없다. 슬로프는 익숙하게 느껴지고 우리는 그것을 잘 안다고 느낄 것이지만 그것이 그것을 덜 위험하게 만들어 주지는 않는다.
- **전념(專念; commitment):** 우리가 한 목표에 전념하게 되면 새로운 증거가 나타났을 때 바꾸기 어렵다. 정말로 때로는 새로운 증거가 있음을 알아차리지 조차 어렵다. 금융에서의 성공은 헌신(獻身; dedication)과 인내(忍耐; perseverance), 목표에의 전념 및 낙관주의를 요한다. 그러나 전념은 또한 우리를 변화하는 환경에 눈멀게 할 수 있다. 기존 목표 달성을 위한 인내와 변화하는 환경에의 대응 간의 균형이 어렵다.
- **사회적 증거 또는 집단본능(集團本能: herding instinct):** 우리는 적절한 행동에의 단서를 위해 다른 사람들을 보며 집단을 따르려는 경향이 있다. 이 현상에는 두 구성요소가 있다. 첫째가 바로 검토된 익숙함과 연관되어 있다. 우리는 자주 오르는 활동의 안전과 확률을 판단하기 위하여 다른 사람의 경험을 본다. 다른 사람들이 어떤 일을 하고 있고 별다른 결말에 대한 고통이 없다면 우리는 그것이 안전하다는 자신을 갖게 되고 때로는 우리들의 더 좋은 판단에 반대하기조차 한다. 둘째 구성요소는 뒤에 남게 되지 않으려는 압력이다. 다른 모든 사람들이 돈을 벌고 있다면 우리가 더 잘 알아야 함에도 불구하고 저항하기 어렵다. Isaac Newton은 유명한 예를 제안하였다. 그는 비교적 일찍 South Sea Bubble에 투자하였지만 (이익을 보고 1720년 4월 20일에) 그는 "천체의 움직임은 계산할 수 있지만 사람들의 미친 짓은 할 수 없다." 고 말하면서 팔아버렸다. 불행하게도 그는 그 뒤에 그 여름동안 열광(熱狂; mania)에 붙들려 그의 당초 이익보다 훨씬 더 잃었다.[63)]

---

63) kindleburger(1989, p.38)을 보라.

- **신념과 신념타성(信念惰性; belief inertia)**: 우리는 자주 우리의 신념에 반대되는 증거를 지나치며 우리의 신념은 새로운 증거에 대응하여 서서히 바뀐다. 이 점은 Josh Billings의 말 "우리를 곤란에 빠지게 하는 것을 우리가 모르는 것은 별로 없다. 그것은 전혀 그렇지 않은 것을 우리가 아는 것이다."로부터의 인용에 의하여 가장 잘 요약된다.

불행하게도 의사결정은 어렵다. 그 결정이 눈사태, 의료진단 또는 금융회사의 위험관리를 포함하든 않든 그것은 어렵다. 이 문제를 피할 길은 없다. 사실, 교육, 그리고 조심스런 생각이 모두 좋은 의사결정에 필요하지만 불행하게도 그것으로 충분하지 않다.

9) 전략(戰略; strategy)

사업의 어느 측면을 관리하는 것과 같이 위험관리는 어렵다. 그러나 과제는 잘 계획된 전략을 가짐으로써 더 쉽게 된다. 좋은 위험관리 전략은 자주 이행하기 어렵다면

- 일반적으로 위험에 관하여 배워라; 사업 및 사람들에 관하여 배우라.
- 특정한 노출과 위험에 관하여 배워라; 포트폴리오의 세부사항에 관하여 배워라.
- 사람, 과정, 조직을 관리하라; 집단관계 역학, 인간 요인에 집중하라.
- 만일 재난이 닥친다면 충격을 최소화하기 위한 피해 통제 전략을 수행하라.

고 단순하게 말하는 것이다,

3 위험의 측정[64)]

1) 위험측정이란 무엇인가?

이제부터 정량적(定量的; quantitative) 위험측정을 다루기로 한다. 이 주제는 자주 위험관리로 지칭 되지만 위험관리가 우아한 정량적 기법이 아니라 오히려 조직과 그것이 직면한 위험을 실제로 관리하는 일상 작업이라는 것을 기억해야 한다. 위험의 관리는 단순한 측정 이상의 많은 것을 필요로 한다. 측정이 재무환경에서 필요하지만 측정 하나로는 위험관리를 위해 충분하지 않다.

"정량적 위험측정"이라는 제목 하에 있는 정량적 도구와 기법은 금융회사의 관리를 상당히 향상시켜 주지만 그 영역의 전문적 특성이 그것들의 효과적 사용에 장벽을 줄 수 있으며 그 장벽의 성질은 이중적일 수 있다. 첫째 기법의 일부는 정말로 복잡하며 전문적으로 훈련된 사용자에게 조차 숙달하는데 시간과 노력을 요한다. 둘째 그리고 더 중요하게 이 기법은 빈번하게 복잡하고 난해(難解; arcane)하며 어떤 점에서는 모호하게 보인다. 그러나 실은 위험측정은 아주 단순하다.

위험측정의 진수(眞髓; essence)는 장래에 무엇이 일어날 수 있을지, 특히 회사의 손익에 어떤 일이 생길지의 현실적 관점을 제공하는 것이다. 이 활동은 회사가 5억 원의 이익을 낼 것이라든지 2천만 원의 손실을 볼 것이라 던지와 같은 장래의 세부사항(細部事項; specifics)을 예측하는 것이 아니라 있을 수 있으리라는 결과(結果; outcomes)의 범위나 분포에 관한 정보에 근거한 판단을 마련하는 것이다. 장래에 대해 상세하게 예측하기는 불가능하지만 장래 가능성들의 범위에 관해 학습하기는 가능할 뿐만 아니라 그것은 우리가 우리 삶의 모든 측면에서 우리가 매일 하는 무엇인가인 것이다. 우리는 내년의 P&L을 예측할 수 없지만 우리는 1억 원 대 100억 원 손실을 볼 공산이 얼마인지를 말할 수 있다.

우리는 위험관리의 불확실성과 무작위성을 이해하고 함께 살아갈 필요가 있다는 것을 안다. "이 포트폴리오(fortfolio)가 내년에 5%의 이익을 낼 것

64) Coleman op. cit.

이다."라는 생각에서 "이 포트폴리오가 5% 이익을 낼 공산이 아주 크지만 0%의 이익을 낼 그리고 10%의 손실을 볼 확률조차 조금 있을 것이다."라고 생각을 바꾸기는 쉽지 않다. 이들 사건에 현실적인 확률을 할당하는 것—예를 들어 이 포트폴리오가 10% 또는 그 이상의 손실을 볼 확률은 1/50이라는 것은 더 힘들다. 그러나 단순하게 말해서 체계적이고 조직화된 방식으로 장래의 불확실한 결과에 관하여 주의 깊게 생각하고 정보를 회사의 관리를 향상시키는 방식으로 소통하는 것이 "정량적 위험측정"의 목표이다.

요약해서 정량적 위험측정은 단순히 있을 수 있는 장래 P&L을 사정하고 나서 소통하려 한다. 결국 이 목표를 현실로 만들려면 많은 정성들인 언어와 수학을 필요로 할 수도 있지만 그것은 모두 있을 수 있는 장래결과들의 범위나 분포의 수량화와 이 정보를 유용한 방식으로 소통하는 것이 된다.

2) 재무위험의 유형

위험은 기대 또는 예상 P&L과 다르게 실현될 P&L의 가능성이며 이런 의미에서 여러 가지 형태의 위험들 간에 차이는 없다. 시장위험, 신용위험 및 운영위험 각각은 기대된 것과 다른 득 또는 실의 가능성을 수반한다. 그럼에도 불구하고 사업의 여러 부분에서의 위험의 원천, 환경 및 결과가 다르므로 재무조직 내의 여러 위험들을 구별하는 것에 현실적 이득이 있다. 더하여 이들 위험들은 자주 실제로 분리하여 고려되며 그러므로 그것들 각각에 적용된 명명법(命名法; nomenclature)의 일부를 이해하는 것이 중요하다.

위험을 위험측정이란 측면에서 다음과 같은 다섯 범주(範疇; categories)로 구별하여 살펴보기로 한다.

- 시장(市場; market) 위험
- 신용(信用; credit) 위험
- 유동성(流動性; liquidity) 위험
- 운용면(運用面; operational)의 위험 및
- 기타(법적(法的; legal) 및 규제(規制; regulation), 사업(事業, business), 전략적(戰略的; strategic), 평판(評判; reputational)에 관련된) 위험

시장 및 신용위험은 잠재적 손실 면에서 가장 크기 때문에 그리고 한편으로는 수학적 분석에 가장 잘 따르고 그래서 가장 많이 연구되어왔기 때문에 가장 많은 자리를 차지한다. 유동성, 운용면 및 기타 위험이 단순히 복잡정교(複雜精巧; sophisticated)한 수학적 도구에 의한 분석에 잘 따르지 않는다는 이유만으로 경시되어서는 안 된다. 예를 들면 많은 심각한 금융사고가 운용면의 문제로 추적될 수 있다.

(1) 시장위험

시장위험은 금융기관을 위해 제일 처음 생각이 떠오르는 것들로 거래된 유가증권, 자산 및 금융상품(金融商品; financial instruments)과 연계된 가격위험이다. 가격은 가장 나쁜 시간에 가장 나쁜 방식으로 내려갈 수 있을 뿐만 아니라 올라갈 수도 있다. 주식시장은 시장위험의 전형적인 예를 내놓는다. Dow Jones 지수는 Black Monday(1987년 10월 19일)에 23%를 잃었으며 S&P 500은 2008년에 37% 내려갔고 2009년에 약 26% 올랐다. Dow Jones는 1929년과 1932년 사이에 89% 잃었으며 1954년까지 1929년의 최고수준을 회복하지 못하였다(Marrison, 2002, p.4)

시장위험은 흔히 기초가 되는 시장상품(市場商品; market instrument); 주식가격위험, 이자율(또는 고정수입) 위험, 외환(外換; foreign exchange; FX) 위험 등에 따라 분류된다. 이들 구별은 시장 내에 있는 기관들이 자주 비슷한 방식으로 행동하거나 유사한 관례(慣例; conventions)를 가지고 있기 때문에 제도적 이유로 유용할 수 있지만 이들 분류는 또한 유사성으로 모호할 수 있다. P&L의 관점에서 주식으로부터 벌어들인 천원과 외환에서 번 천원은 같다. 중요한 구별 특성은 손실에 비해 이득이 얼마나 가능성이 있는가이다. 명목만으로 안전을 나타낼 수 없다. 위험측정과 관리에서 우리는 자주 위험의 근원(根源; sources)을 더욱 깊이 이해하기 위하여 표면의 밑을 깊이 내려다 보아야 한다.

(2) 신용위험

신용위험은 “포트폴리오의 가치가 발행인이나 거래파트너의 신용의 질이 기대 밖으로 변하는 것에 기인되어 변화하는 위험”이다(McNeil, Frey, &

Embrechts, 2005, p.327). 신용위험은 궁극적으로 채무불이행(債務不履行; defaults)_ 목전이건 예상된 것이건 약속된 금액의 비상환(非償還; non-repayment)에서 일어난다.

신용위험은 자주 시장위험 자체로 생각되기 때문에 흥미로운 경우이다. 회사채권이 한 예이다. 발행하는 회사의 신용의 질이 채권 자체에 대한 시장의 수요 그리고 시장가격을 결정할 것이다. 신용위험이 통상 시장위험과 분리되어 분류되고 있지만 그들 사이의 선은 점점 애매하다. 그리고 일부 경우에서 신용을 또 다른 시장위험으로 생각하는 것이 더 생산적일 수 있다.

시장과 신용 위험 사이의 구별은 유가증권이 시장에서 (회사채나 신용부도스와프; credit default swap에서처럼) 가격이 정해지고 거래될 때 그것은 시장위험이지만 일부 은행융자에 대해서 또는 무역결제(貿易決濟; trade settlement)에서처럼 그것이 거래되지 않을 때 그것은 비-시장(非-市場; non-market) 신용위험이다.

결국 시장 및 신용위험 사이의 구별은 어렵지만 신용위험은 그 자체로 고려할만한 가치가 있는 많은 그리고 변화된 형식으로 생긴다. 신용위험의 모델화는 시장위험의 모델화와 아주 많이 다르다. 시장위험 모델화는 통상 관찰된 시장가격에 의존한다. 반면에 신용위험에 대한 손실의 분포는 흔히 그 손실의 기저가 되는 채무불이행(defaults)을 만들어내는 과정으로부터 구성되어야 한다. 나아가 신용위험의 앞길(horizon)은 일반적으로 더 길다. 더 자주 시장위험 몇 일 또는 몇 주보다 몇 달 또는 몇 년으로 측정된다.

(3) 유동성 위험

유동성 위험은 매우 중요하며 개념화하고 측정하기 더 어려운 것이다. 유동성 위험은 실제로 두 다른 개념_자산 유동성과 자금 유동성으로 구성된다. 이들 둘은 상호 작용할 수 있지만 그것들을 개념적으로 늘 구별할 필요가 있다. 그리고 그것들 둘 다 유동성위험의 표제로 통한다는 것은 불행한 일이다.

또한 **"현금흐름 위험"**이라고도 불리는 자금유동성 위험은 자기자본에 비해 높은 비율의 차입자본 조달을 위한(leveraged) 자금대기, 추가증거금 청구(margin calls) 응하기 또는 기금상환(基金償還; fund redemption) 지불하기 위해 부채를 늘리거나 유지하는 능력을 지칭한다. 이 문제는 마진 콜을 조건으로 하는—환매 부동산(換買不動産; repos)과 같은—단기 채무상품(債務商品; debt instrument)을 사용하는 차입자본을 이용한(leveraged) 포트폴리오에 대해 특히 중요하다.

자산유동성위험은 필요한 시기에 정상적인 시장가격으로 필요한 크기로 팔거나 살 수 있는 능력을 지칭한다. 자산 유동성은 상품 및 시장 조건에 따라 그리고 시간에 따라 어떤 때는 극적으로 다를 것이다. 예를 들어 G-7 정부 채권이나 통화에 대한 일부 시장이 깊고 발전되었기 때문에 대부분의 거래가 최소의 충격과 함께 어느 때나 집행될 수 있다. 예를 들면 비전(祕傳; esteric)의 파생상품이나 현지 통화 신흥시장에 대한 기타 시장은 정상적인 시간에는 활발할 수도 있지만 시장 붕괴 동안에는 효과적으로 닫힐 수도 있다.

자금 및 자산 유동성은 치명적인 조합에서 상호작용할 수 있다. 불리한 가격 움직임 또는 시장분위기에서의 변화마저도 마진 콜(margin call)이나 상환(償還; redemption)을 유도하고 자금 유동성에 압력을 가할 수 있다. 포트폴리오가 충분한 현금이나 새로운 자금제공의 출처를 가지고 있지 않다면 매니저는 자산을 팔아야만 할 것이다. 규모가 정상적 시장거래에 비해 크거나 현금으로 바꾸기 어려운 유가증권에 집중되어 있다면 빈약한 자산유동성은 아주 불리한 가격으로만 판매가 이루어진다는 것을 의미할 수도 있다. 물가하락이 더 이상의 마진 콜, 더 이상의 자산판매의 계기가 되어 "죽음의 소용돌이(death spiral)"로 이끌 수도 있다.

주택보유자는 차환(借換; refinance)할 것인지 팔 것인지를 잴 때 자금 및 유동성 위험(그리고 그것들의 상호작용)에 직면할 수도 있을 것이다. 자금유동성은 대출을 받을 수 있는지 여부이고 자산유동성은 집을 팔 수 있는지 여부이다. 이 두 문제는 별개이지만 어려운 시기에는 그것들은 서로 뒤얽히게 될 수 있다. 예를 들어 주택보유자자 돈이 필요하다면 집을 팔거나 재 차입을 할 수 있다. 만일 이 사람이 금융위기 동안에 돈이 필요하다면 그 집을 팔 수 없을 수도 있다. 그 사람의 신용 또한 나쁘고 따라서 차입도 할 수 없다면 이 문제는 갑자기 심각해진다.

Jorion(2007)은 이를 다음과 같이 잘 요약하였다.

> 금융유동성은 채권자나 투자자의 요구 때문에 융자가 확보될 수 없을 때 일어난다. 그 결과 초래된 현금의 필요는 자산의 판매를 요구한다. 자산유동성은 강요된 자산의 현금화가 불리한 가격 동향을 만들어낼 때 일어난다. 따라서 유동성 고려사항은 금융기관의 자산과 부채 둘 다의 맥락에서 보아야 한다. … 시스템 전체의 위험이 있는 동안 … 유동성은 증발한다.… 유동성위험은 아마도 시장위험관리 시스템의 가장 약한 부분이다(p.333).

(4) 운영상 위험

운영상 위험은 중대하지만 측정하기 어렵다. 운영상 위험은 운영상 실패가 많은 재정적 사고의 중심에 있기 때문에 중요하다. 운영상 위험의 측정보다 관리에 초점을 두어야 한다고 생각된다. 우리는 그것을 아주 잘 측정할 수 없을 수도 있지만 그것이 무시될 수 없을 만큼 그리고 역시 관리되어야 할 만큼 중요하다.

운영상 위험은 정의하기가 어렵고 유동적이다. 바젤 규제기관(Basel regulators)으로부터의 지도(指導; guidance)를 포함하여 일반적 산업의 일치된 의견은 "운용상 위험을 부적절하거나 잘못된 과정이나 사람들 및 시스템으로부터 또는 외부 사건으로부터 생기는 손실의 위험"으로 정의한다(Jorion, 2007, p.495). 이 정의는 오래된 좁은 정의[운영 또는 거래처리(去來處理; trade processing)에서 일어나는 위험]와 시장 또는 신용 위험이 아닌 모든 것을 포함하는 지나치게 넓은 정의 간의 균형이다.

"부적절하고 잘못된 과정, 사람들 및 시스템"을 양적으로 측정하고 통계적으로 분석하기는 어렵다. 그럼에도 불구하고 그것이 시장 또는 신용위험에 적용되는 것보다 다소 더 질적이라 할지라도 거기에는 절제된 접근으로 돌아가게 하는 무엇인가가 있다. 바젤 은행감독위원회(Basel Committee on Banking Supervision, 2003)가 특별히 유용하게 보이는 운영상 위험 측정에 대한 기본 틀(framework)의 대강을 서술한 바 있다.

오류의 빈도와 심각함을 줄이고 비용을 줄이고 생산성을 향상시키기 위한 과정과 절차를 개선함으로써 운영상 위험을 통제하는 데 많은 것이 성취되었다. 하나의 기본적인 목표는 사람들이 옳은 일을 하도록 하고 틀린 일을 하지 않도록 하는 어려운 과정을 만드는 것이어야만 한다. 더 나아가 개선된 과정과 절차는 둘 다 비용을 줄임으로써-예를 들면 비용이 거래크기에 민감하지 않도록 만들게 함으로써 운영상 위험을 통제하고 이익을 증대시킬 수 있다.

(5) 기타위험

기타 위험들에는 법적 및 규제위험, 일반적 사업위험, 전략적 위험 및 평판위험 등이 포함될 수 있는데 이들도 분명히 중요하지만 여기서 상술하지는 않겠다.

3) 양적 위험측정

위험은 어렵고 다루기 어려운 개념이지만 재무적 위험관리의 목적을 위해 위험은 기대되거나 예상된 것과 다른 P&L(손익)이 나올 가능성이라고 정의된다. 위험은 장래 P&L의 분포로 측정된 불확실성 또는 우연성(偶然性; randomness)이다. 분포 또는 밀도함수(密度函數; density function)가 각각 다른 있을 법한 결과의 확률을 기술해 준다.

만 원 내기 동전 던지기(앞면이 나오면 만 원 따고 뒷면이면 만 원 잃기)로부터의 손익과 많은 있을 법한 결과가 있는 가상적 이익배당커브 전략으로 부터의 손익을 생각해보자. 이들을 그래프로 그리면 [그림 2.1.1]과 같이 될 것이다. 그림 A 동전 던지기에서 나오는 두 개의 있을법한 결과는 각각 반반의 확률을 갖는다. 이것은 각각 같은 확률을 가진 단 두 개의 결과만을 가지고 있으므로 아주 단순한 분포 또는 밀도이다. 그림 B는 이익배당 커브 거래에 의해 발생되는 P&L을 보여준다. 이것은 많은 있을법한—일부 큰 이익들, 일부 큰 손실들 그러나 주로 영에 근접한 결과들이 있기 때문에 더 복잡하다. 거래는 복잡하지만 그래프는 비교적 간단하며 일반적으로 잘 알려진 정규분포가 사용된다.

이들 분포함수는 우연(偶然; random)의 결과에 관한 모든 "객관적(客觀的; objective) 정보를 포함하고 있으며 높은 이익 대 큰 손실 대 평균 성과의 확률을 포함하고 있다. 양적 위험측정은 실제로 P&L 분포에 관하여 배우고 이해하는 것에 불과하다. 우리가 P&L 분포에 관하여 모든 것을 안다면 우리는 특별한 활동의 위험에 관하여 알아야 할 거의 모든 것을 알게 될 것이다. 우리는 얼마의 이익을 내일 낼지 모르지만—결국 미래는 언제나 불

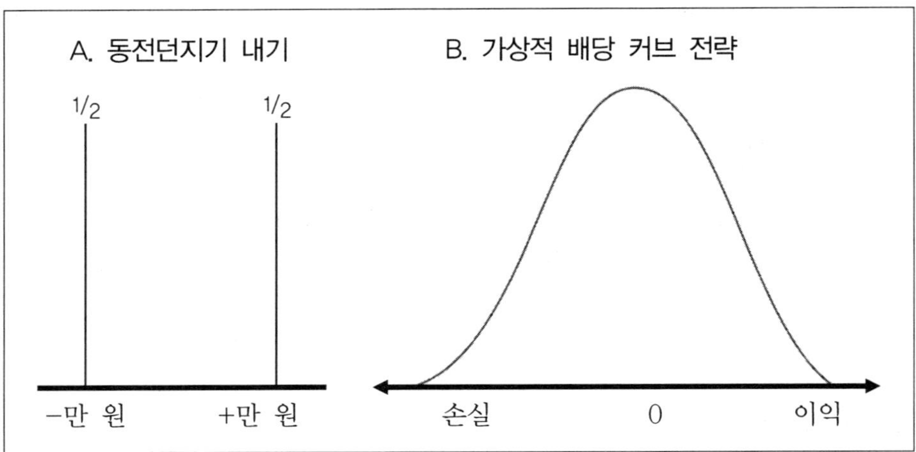

[그림 2.1.1] 동전 던지기 내기와 가상적 이익배당 커브로부터의 손익

확실하지만_우리는 우리가 주어진 이익을 낼 가능성이 얼마인지를 결정할수 있을 것이다. 분포가 우리의 불확실성을 제거하지는 않을 것이지만 그 불확실성에 범위를 입힐 것이다. 사실 미래는 언제나 불확실하고 우발적(偶發的; contingent)이기 때문에 이것이 우리가 요구할 수 있는 최고의 것이다.

우리가 P&L 분포를 안다면 우리는 사실상 특별한 활동의 위험에 관하여 알 것을 모두 아는 것이다. 분포 "알기"에 의하여 우리는 실제로 [그림 2.1.1]과 같은 그래프를 갖는 것 이상의 더 많은 의미를 가지게 된다. 우리는 위험의 출처, 무엇이 분포를 만들어 내는지를 이해해야 할 필요가 있다. 그럼에도 불구하고 [그림 2.1.1]에서처럼 분포자체가 첫째이며 가장 중요한 단계이다.

위험측정이 단순히 P&L의 분포를 결정하는 것이라고 말하기는 쉽지만 분포를 결정하는 것은 실제로 달성하기 아주 어려울 수 있다. 현실적 및 이론적 문제가 위험측정을 어렵게 자주 극도로 어렵게 만든다. 동전던지기 예는 단순하다. 두 결과 그리고 단지 둘이 있고 우리는 그들 결과의 확률을 안다. 이익배당 커브전략에 대해서는 많은 있을법한 결과가 있다. 그렇지만 가능성의 범위를 정하기조차 어려울 수도 있다. 그리고 확률의 합리적 추정치를 찾아내는 것은 훨씬 더 어렵다. 동전던지기와 달리 우리는 일반적으로 금융거래 및 포트폴리오에 대한 확률을 잘 모른다. 우리가 확률들에 대한 좋은 추정치에 도달할 수 있을지는 모르지만 우리는 결코 확률을 확실하게 알 수는 없을 것이다.

(1) 개요척도: 휘발성(揮發性; volatility)(표준편차)과 VaR

[그림 2.1.1] P&L 분포가 위험의 전체를 설명하여 준다 할지라도 우리가 그 전체 설명을 실제로 사용할 일은 거의 없다. 통상 우리는 그 분포에 관한 것들을 우리에게 말해주는 개요척도(槪要尺度; summary measures)를 사용할 것이다. 왜냐하면 전체 분포가 측정하기 너무 어렵기 때문에 또는 쉽게 파악하기 너무 어렵기 때문에 또는 우리가 단순히 그 분포를 요약하기 위한 편리한 방법을 원하기 때문이다.

통계학에서 우리가 초점을 맞추는 분포의 두 특징은 한편으로는 위치(位置; location)이고 다른 한편으로는 범위(範圍; scale) 또는 분산(dispersion)이다. 위치는 중심경향(中心傾向; central tendency) 또는 어느 대표적 값을 수량화하고 범위나 분산은 있을법한 값의 중심 값 주위 퍼짐을 수량화한다. 위험에 대해 가장 중요한 특성은 P&L의 분산이 일반적 값에 비하여 크기 때문에 기본적으로 분포의 분산이나 퍼짐이다.

우리가 사용하는 개요척도는 흔히 “위험척도”라 부르는데 이는 분포의 중요한 특성을 요약한 숫자이다. 그러나 개요척도가 엄청나게 유용하다 할지라도 그것들은 어느 정도 임의적이고, 어느 상황에서는 더 유용하고 다른 경우에는 덜 유용하다는 것을 기억해야 한다. “위험” 자체는 정밀한 개념이 아니고 투자자 선호에 의존한다, 즉 다른 투자자는 같은 투자를 다르게 볼 수도 있다. 우리가 측정하려 하는 성질 “위험”이 어딘가 막연하기 때문에 개요척도 자체 역시 필연적으로 어느 정도 임의적이다. 통계학자 Cramer의 위치 및 범위 척도에 관한 언급 즉 “각 척도는 당연히 장점과 단점이 있으며 한 경우에 훌륭한 역할을 해내는 척도가 다른 경우에 거의 소용이 없다.”는 언급은 여기서도 적절하다(Cramer, 1974, pp.181~182). 이들 양적 척도의 사용은 상식(常識; common sense), 경험 및 판단을 요한다.

위치와 범위의 가장 친근한 척도는 평균값과 표준편차(흔히 휘발성이라 불리며 재무에서 σ라 표시)이다. 분포와 그것의 평균 및 표준편차의 예는 [그림 2.1.2]에 가상적 이익배당곡선에 대해 나와 있다. 그림 A는 (덜 퍼져나간) 낮은 분산을 그림 B는 (더 퍼져나간) 높은 분산을 보여준다. 평균은 둘 다 0이지만 표준편차는 그림 B의 분포가 더 높다.

표준편차(휘발성)는 위험측정에 중요한 하나의 분산척도이다. 표준편차는 통계학으로 익히 알려져 있으며 널리 사용되고 있지만 우리가 사용할 수 있을 유일한 개요척도는 결코 아니다. **위험노출가치**(危險露出價値; value at risk) 또는 VaR이 또 하나의 널리 유포된 개요척도이다. VaR은 단순하게 변위치(變位置; quantile)_즉 분포의 어떤 고정된 부분(部分; fraction)이 그 점 아래가 되는 수평축 상의 점이다. 이 개념은 그림으로 더 쉽게 설명할 수 있으며 [그림 1.1.3]이 5% 변위치를 보여준다. 점 Y가 왼쪽까지 면적이 분포를 나타내는 전 면적의 5%가 되도록 선택된다. 평균으로부터의 거리 Y가 5% VaR이다. VaR은 표준편차처럼 분포 분산의 단지 하나의 특별한 개요척도일 뿐이다.

휘발성(표준편차)는 다 아는 것처럼 다음과 같이 계산된다.

$$\text{휘발성} = \sqrt{(\text{이익} - \text{평균값})^2\text{의 평균}}$$

휘발성은 실제로는 평균값으로부터의 편차의 평균이다. 평균 주위의 분산이 크면 클수록 휘발성은 커질 것이다.

VaR은 분포의 변위치이며 [그림 2.1.3]에 요약되어있다. 변위치는 두 숫자 즉 첫째 사용자가 정의하는 확률수준 Z와 둘째 결과로 나오는 이익이나 손실의 수준 Y로 정해진다. VaR_Z의 정의는 다음과 같다. 즉 P&L이 Y보다 나쁠 확률 Z가 있고 그것이 Y보다 좋을 확률 1 - Z가 있게 되는 그런 P&L 수준 Y이다. 이 P&L은 어떤 고정된 기간(期間; time horizon)(예를 들어 1일)에 측정된다. [그림 2.1.3]에서 우리는 $\text{VaR}_{5\%}$이 확률, Y밑 곡선 아래 쪽 면적이 5%가 되도록 선택된 수평축 상의 한 점이라는 것을 볼 수 있다. VaR 뒤에 있는 아이디어는 단순하다. 즉 손실의 수준은 보다 나쁜 손실이 미리 정해진 확률로 일어나는 방식으로 규정된다.

휘발성(표준편차)과 VaR은 각각 분포의 분산을 그것들 고유의 방식으로 요약한다. [그림 2.1.2]와 [그림 2.1.3]에서 보는 것과 같은 단정하고 대칭이며 잘 정돈된 분포에 대해 그것들은 서로 바꾸어 사용할 수 있다. [그림 2.1.2]에서 우리는 P&L이 표준편차보다 적은 확률이 얼마인가? 1σ의 왼 쪽까지의 확률은 얼마인가? 라고 물을 수 있을 것이다. 정규분포에 대해 P&L이 표준편차(1σ)보다 적은 확률은 15.9%이다. 다른 말로 하면 우리는 15.9%/84.1%

로 휘발성을 생각할 수 있을 것이다. 대신에 정규분포에 대해-1.64σ가 5%/95% VaR이 되도록 하는-1.64σ까지의 확률이라는 점에 주목할 수 있다. 정규분포에 대해 휘발성과 VaR은 서로의 직접적 변형이며 따라서 우리는 쉽게 휘발성을 VaR로 바꿀 수 있다.

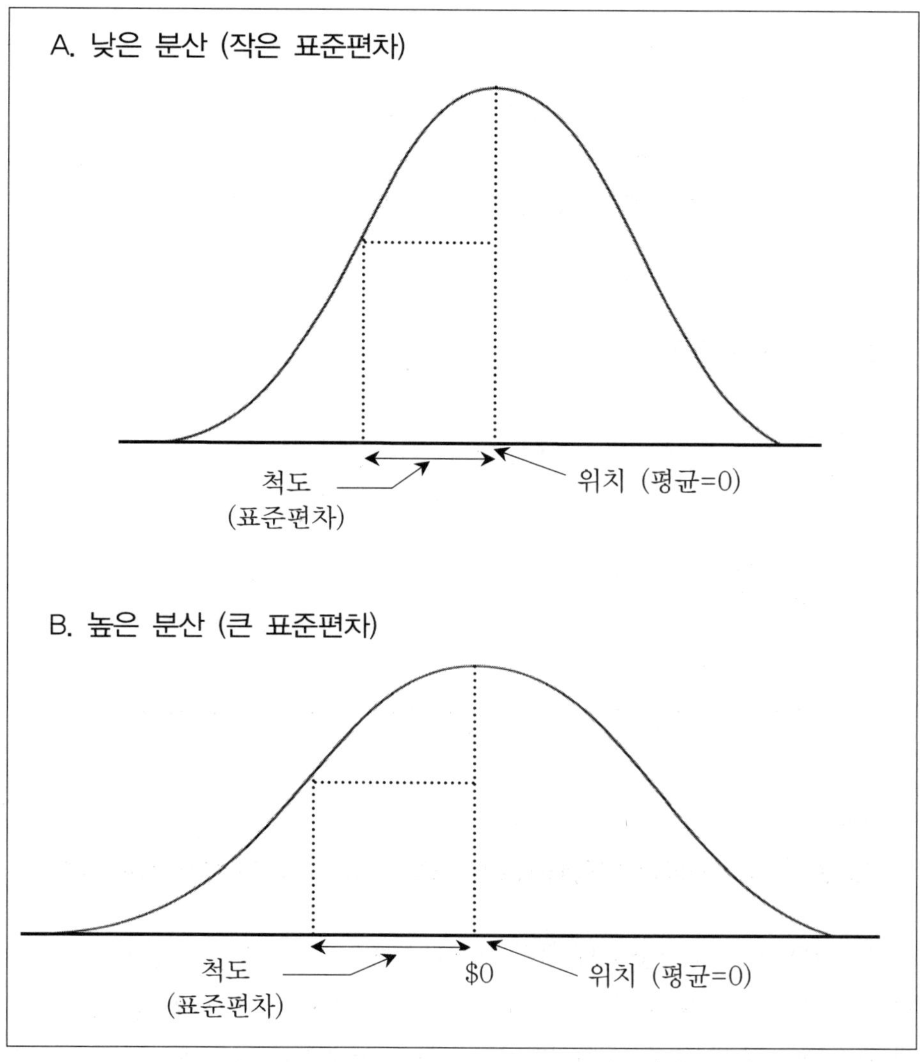

[그림 2.1.2] 가상적 이익배당 커브로부터의 P&L에 대한 위치와 척도(표준편차)

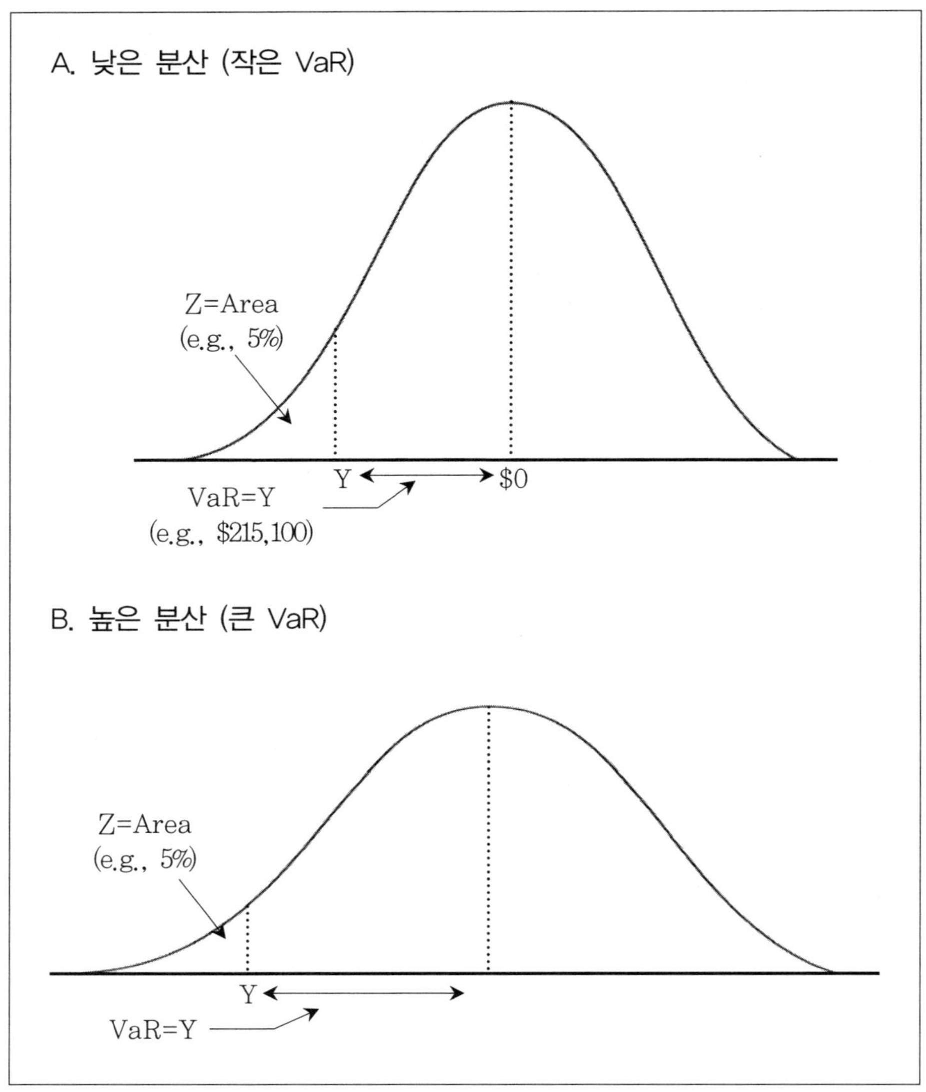

[그림 2.1.3] 가상적 이익배당 전략으로부터의 P&L에 대한 5% VaR

휘발성과 VaR이 단순하게 개요척도라는 것 그리고 각각은 더 유용하거나 덜 환경에 의존한다는 것을 기억하는 것이 중요하다. 우리가 때로는 그런 생각에 빠질 수도 있을 것이지만 어느 것도 마술적인 것은 없다. 그것들은 다소 다른 방식이긴 하지만 평균값으로부터의 편차의 평균(휘발성)을 보거나 분포의 꼬리 상의 점(VaR)을 봄으로써 단순히 분포를 요약한다. 정말로 잘 정돈된 대칭의 분포에 대해 그것들은 거의 그대로 상호 교환하여 사용될 수 있으며 정규분포에서 우리는 쉽게 그 하나에서 다른 하나로 바꿀 수 있다.

어떤 개요척도에 대해서도 기초가 되는 P&L 분포(예컨대 [그림 2.1.2] 또는 [그림 2.1.3])는 어느 주어진 기간(예컨대 1일)에 대해 측정된다. 그러면 P&L은 1일 동안의 P&L일 것이며 그 분포에서 계산된 휘발성 또는 VaR은 역시 그 하루 동안의 것일 것이다. 대신 P&L이 말하자면 일주일 또는 10일에 대한 것일 경우에 휘발성과 VaR은 일주일 또는 10일에 대한 것일 것이다. 1일 휘발성과 VaR로부터 일주일 또는 10일 휘발성과 VaR로 바꾸는 단순한 규칙을 가지는 것은 엄청나게 유용한 것이다. 한 기간에서 다른 기간으로 가는 표준 방식은 시간의 제곱근에 의하여 맞추는 것이다. 즉

휘발성 (일주일) = 휘발성 (1일)$\times \sqrt{5}$ [일주일에 5 사업일이 있음]

휘발성 (10일) = 휘발성 (1일)$\times \sqrt{10}$ [10일 대 1일]

이 시간 전환 또는 시간 비례조정(比例調定; scaling)은 널리 사용되며 합리적으로 믿을 수 있지만 그것이 시간 간의 복귀 독립성(復歸 獨立性; return independence)을 가정하기 때문에 수학적 법칙보다는 유용한 경험법칙(經驗法則; rule of thumb)으로 받아들여져야 하는데 그것은 합리적이고 현실적이지만 절대적으로 옳지는 않다.

(2) 정규분포(定規分布; normal distribution)

정규분포는 P&L 분포를 나타내기 위하여 일반적으로 사용된다. 정규분포는 잘 알려져 있고 다루기 쉬우며 많은 점에서 잘 해낸다. 그것은 완벽하지 않으며 우리는 뒤에 그것이 관찰된 P&L 분포의 일부 중요한 측면을 빠뜨리는 것을 알게 되지만 정규분포는 유용하고 널리 사용되므로 그것부터 시작하기로 한다.

정규분포는 종(bell) 모양의 대칭 분포이다. 그것은 두 개의 매개변수, 평균과 표준편차를 가진다. 평균은 위치-어디가 분포의 중심인지를 알려준다. 표준편차는 범위(範圍; scale)-퍼짐(spread)과 분산(分散; dispersion)을 준다. 대부분의 위험측정목적을 위해 우리는 기본적으로 표준편차(또는 휘발성)로 측정되는 분산에 관심이 있으며 평균을 무시하거나 영이라고 전제한다. [그림 2.1.4]가 정규 확률밀도 함수의 양식화된 표현(stylized version)이다.

우리는 관찰대상이 평균의 특정한 거리 예컨대 $\pm 1\sigma$ 또는 $\pm 2\sigma$ 안에 들

어갈 확률에 제일 관심이 있다. 한 관찰대상이 $\pm 2\sigma$ 안에 있을 확률이 95% 그리고 -2σ보다 아래 있을 확률이 2.5%이다. P&L이 정규적으로 분포되어 있다면 우리는 P&L이 -2σ 아래에 있을 확률이 2.5%라고 말할 수 있다. 그것이 -1σ 아래에 있을 확률이 약 16%이다.

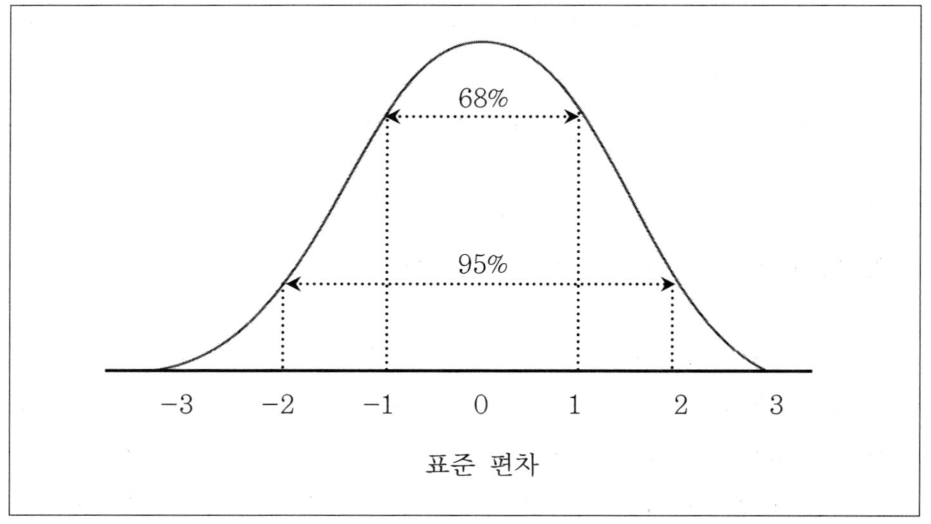

[그림 2.1.4] 정규분포

(3) VaR 및 기타 개요척도에 대한 반성

휘발성과 VaR은 많은 것이 정당화되지 않았다는 비평이 있다. 일부 논평자(論評者; commentators)는 VaR은 쓸모없으며 가짜이기도 하다고 말하였다. 경험에서 볼 때 이들 관점은 두 극단 중 하나에 들어간다. 즉

- VaR에 찬성: 그것은 모든 위험 측정 의문에 대답해주는 묘책(妙策; silver bullet)이다.
- VaR에 반대: 그것은 기껏해야 쓸모없으며, 오히려 더 자주 오도(誤導; misleading)하거나 더 나쁘다.

흔히 일어나는 대로 진실은 두 관점의 Hegel의 제3의 명제(정반합; 正反合)에 더 가깝다. 즉 VaR(및 더 일반적으로 양적 위험측정)은 유용한 정보를 줄 수 있지만 확실히 한계가 있다. 적정하게 이해되고 적절하게 적용된

다면 VaR은 정보와 통찰력을 제공하지만 VaR이 잘못 적용되거나 오해된다면 그것은 분명히 오도할 것이다.

VaR은 자주 "가장 나쁜 경우의 손실" 또는 "통계적으로 가장 나쁜 손실"을 나타낸다. 이는 몹시 오도하는 용어이며 오도하는 아이디어이다. 정의(定義; definition)에 의하여 손실이 VaR보다 적을 확률이 있을 수 있다. 더 나아가 우리가 어떤 값을 선택할 수 있을지라도 언젠가 어디선가에서 그것이 더 나쁠 수도 있다. 실제로 비정상이긴 하지만 아직은 합리적으로 공산(公算; likely)이 있는 그리고 "가장 나쁜 경우"의 가능성이 아닌 결과의 척도로써 최선의 생각이다. Litterman(1996)은 다음과 같이 언급하였다.

> 우리는 이 [1일, 1년에 한번 또는 Z = 1/250으로 측정된 VaR]을 가장 나쁜 경우로 생각하는 것이 아니라 우리가 편안해지는 정기적으로 일어나는 사건으로 생각한다(p.74).

VaR은 분포 꼬리의 척도이다. 꼬리 사건에 큰 휘발성과 불확실성이 있기 때문에 VaR은 특히 확률 Z가 낮을 때 특별히 조심스럽게 사용되어야 한다. 확률 Z가 낮을수록_말하자면 5%/9%에서 0.1%/99%로 갈수록-더 조심하여야 한다, 꼬리 부분에 해당하는 사건은 (본질적으로) 드물고 따라서 측정하기 어려우며 꼬리에서 더 멀리 밖으로 갈수록 더 드물게 된다. 왜 그리고 어떻게 그러한지를 알기는 쉬운 일이다. 일 년 동안의 매일매일 데이터의 값을 생각해보자. 대충 말하면 5%/95% VaR은 12번째로 가장 나쁜(250일에서 12번째로 가장 낮은) 하루 P&L에 해당한다. 어떤 의미에서 우리는 12번의 관찰을 가지고 있고 그래서 우리는 1년 데이터로부터 5%/95% VaR을 추정하는데 어느 정도 자신을 가지고 있다. 대신에 0.4%/99.6% VaR을 생각해보자. 이 값은 대략 250일 중 가장 나쁜 것에 해당한다. 또는 0.1%/99.9%를 생각해 보자. 이 값은 가장 나쁜 날 "보다 더 나쁜" 날이다. 일 년 중 매일매일 데이터의 값을 사용하여 이것들 중 어느 것의 추정치를 얻으려는 것은 부정확할 것이다. 5%/95% VaR에서 0.1$/99.9% VaR로 옮겨갈 때 어떤 추정치의 신뢰도도 내려갈 것이다. 즉 우리는 그 VaR 추정치에 더 낮은 확신을 가져야 하고 그것을 훨씬 더 조심스럽게 사용하여야 한다.

모든 휘발성이나 VaR은 일정한 과거 조건 하에서 어떻게 포트폴리오가 행동하였는가에 기반을 두고 추정된다. 그런 역사에 기초를 둔 숫자는 그 포트폴리오가 미래에 어떻게 행동할 것인지를 예측하지 못할 수도 있다. 그 때문에 VaR과 휘발성이 자주 "뒤돌아보기"라고 비판받지만 이 비판은 핵심에서 벗어난 것이다. 포트폴리오가 과거 환경에서 어떻게 행동하였을까를 이해하는 것이 가치 있는 정보와 통찰력을 제공한다. 과거를 이해하는 것이 미래에 일어날 수도 있을 것 이해하기로 향하는 첫걸음이다.

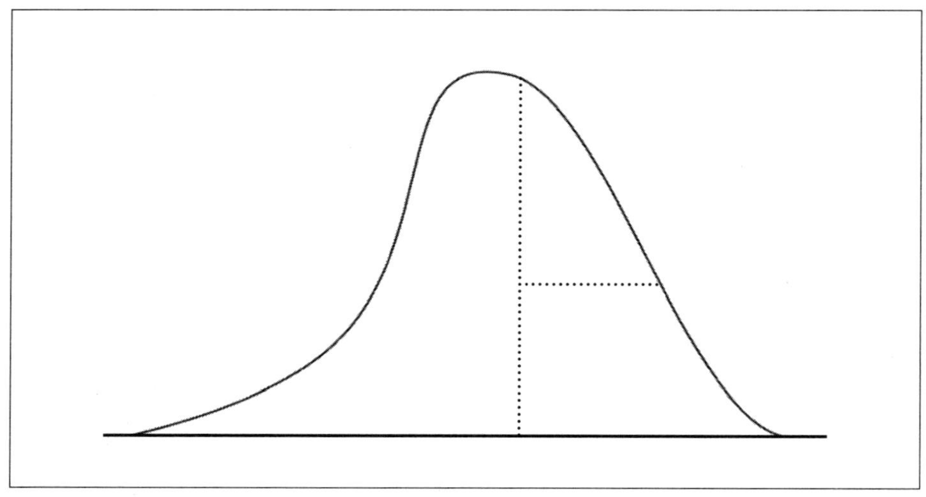

[그림 2.1.5] 두꺼운 꼬리를 가진 비대칭 분포

휘발성과 VaR 각각은 강점과 약점을 가지고 있다. 휘발성은 모든 관찰결과를 사용한다. 그것은 특히 분포가 대칭일 때, 초점이 주로 분포의 중심부분에 있을 때, 그리고 꼬리에서의 극단 값이 잘 행동하거나 기본적 관심사가 아닐 때 특히 유용하다. 휘발성은 비대칭(편향된; skewed) 분포에 대해 또는 초점이 특히 분포의 꼬리에 있을 때 덜 유용하다. 그런 분포는 [그림 2.1.5]에서 확인할 수 있다. 이 분포는 비대칭이고 두꺼운 왼 쪽 꼬리를 가지고 있다. 휘발성은 모든 편차의 평균일 것이며 큰 손실의 위험을 축소해서 말해줄 수 있다.

VaR은 특히 분포의 꼬리부분에 초점을 둔다. VaR은 그것을 이해하고 설명하기 쉽게 큰 손실(꼬리 부분 사건들)의 개요를 보여주기 때문에 위험척도로 인기가 있다. 단위는 금액 표시 P&L 또는 수익이며 거래인, 매니저 및 투자자 모두가 사용하는 단위이다. 우리가 $VaR_{5\%}$ 또는 그보다 나쁜 수준에서 손실을 보리라고 기대해야 하는 시기의 5%라는 VaR의 아이디어가 설명하기 쉽다. Jorian이 말한 대로 [VaR]의 가장 큰 장점은 그것이 단일의 이해하기 쉬운 수자로 위험을 요약해 준다는 것이다(p.105)

불행하게도 이 단순성이 또한 VaR의 가징 큰 약점이다. 위험은 결코 단 한자의 수로 충분하게 요약될 수 없다. 현실에서 그것이 장래 결과에 내재하는 변화성과 불확실성의 보다 깊은 이해를 향한 단지 출발이어야 할 때 마지막 말로 그런 숫자를 취하는 것은 언제나 강력한 유혹이다. "확실성의 환상"에 빠져 사용하거나 더 나아가 손실이 VaR보다 더 나쁘지 않을 것이라 믿을 때 유혹은 존재한다. 게다가 앞에서 언급한대로 꼬리부분 사건은 특히 측정하기 어려운데 그것은 측정하기 어려운 작은 Z(꼬리에서 멀리 밖에 있는)에 대한 VaR과 본질적으로 부정확한 어떤 추정치를 만들어 낸다.

VaR의 장점은 그것이 비대칭을 포착할 것이라는 것이다. 한편 같은 VaR을 갖지만 꼬리가 긴 분포도 있고 짧은 분포도 있다. 꼬리가 긴 경우 극단의 손실의 위험이 더 크다. 여기서의 요점은 휘발성이든 VaR이든 특별히 흠이 있다고 주장하지 않고 어느 위험척도든 간에 판단과 상식을 적용하여 주의하여야 한다고 지적하는 것이다. 휘발성이나 VaR이 우리에게 분포에 관하여 무엇인가를 말해줄 것이지만 어느 개요 척도처럼 정보를 감추기도 드러내기도 할 수 있을 것이다.

(4) 휘발성과 VaR 추정 방법

휘발성과 VaR 추정하기의 배경이 되는 기본 아이디어는 아주 단순하다. 즉 과거를 봄으로써 P&L 분포를 측정하고 그것이 대략 미래에도 같다고 전제하자. 그것이 말하기는 쉽지만 실제로는 많은 상세한 것들이 그것을 어렵게 만든다. 세 접근법 즉 매개변수(parameter)법, 과거자료 시뮬레이션 및 Monte Carlo법이 산업에서 보통 사용된다.

각 방법은 찬반(贊反; pro and con)론이 있으며 위험측정 학계 내에서 논쟁이 가열될 수 있다. 그러나 다 따지고 나면 모든 상황에서 쓸 수 있는 최선의 방법은 없다. 적절한 상황에서 적당하게 적용되면 각각 그것들 자신의 자리를 잡는다.

세 방법은 몇 개의 특성을 공유한다. 첫째, P&L(포트폴리오 가치의 변화)을 두 구성요소 즉

- 외부 시장위험 요인들
- 처지(處地; position)—즉, 위험요인들에의 민감도를 결정하는 회사의 보유자산과 안전특성

에서 나오는 결과라고 생각하는 것이 도움이 된다.

P&L을 이 방식으로 분해하는 것이 한두 가지 이유 때문에 도움이 된다. 첫째, 이 구별은 회사 밖에 있는 요소(시장위험 요인)와 회사의 통제 하에 있는 요소(입장)를 분리한다. 시장위험 요인들은 일반적으로 회사의 활동에 독립적이며 이들 요인의 분포는 일반적으로 (몇 일 또는 몇 주와 같은) 짧은 기간에 극적으로 변하지 않는다. 입장에서 회사는 유가증권을 얼마나 팔거나 살지 또는 말지를 선택한다. 더 나아가 회사의 보유자산은 자주 바뀔 수 있다. 따라서 시장위험 요인과 유가증권 보유를 분리하여 다루는 것이 지극히 유익하다.

위험요인들을 입장과 분리하는 두 번째 이유는 많은 유가증권이 자주 같은 시장위험요인들에 의존한다는 것이다. 예를 들어 다른 채권이 모두 같은 방식으로 총수익이나 총수익커브에 의존하고 다른 주식 모두 같은 주가지수(예컨대 S&P 500)에 한 베타(beta)[65]를 가질 수도 있다. 많은 보유주식을 가진 포트폴리오를 고려할 때 이 관찰은 계산을 단순화할 뿐만 아니라 그 포트폴리오 위험이 시장위험에 의존하는 방식을 명확하게 한다.

세 방법은 어떻게 그것들이 외부시장위험 요인의 분포를 어떻게 다루는지 그리고 시장위험 요인의 변화가 어떻게 포트폴리오 가치의 변화로 옮겨지는 지에서 다르다.

교체되는 방법들의 찬반에 대한 상당한 논쟁이 있지만 우리는 단지 휘발성과 VaR을 추정할 수 있을 뿐이라는 것을 잊어서는 안 된다. 즉 우리는 "진짜" 값을 결코 가지지 못할 것이다. 정말, 고정된 불변의 P&L 분포가 없기 때문에 "진짜" 값이 없다고 주장하게 된다. 우리는 반복된 기회의 게임에 있지 않다. 즉 내일의 P&L은 몇 가지 점에서 한 번만의 사건(마치 내일의

---

65) 시장 전체 종목의 움직임에 대비한 개별 종목의 민감도(敏感度).

날씨처럼)이다. 세상은 진화하고 우리가 진짜 분포라고 이름붙일 수 있을 고정된 불변의 확률분포는 없다. 우리는 순수한 빈도형 확률의 왕국에 있지 않다. 우리는 과거에 분포가 어떠하였는지를 측정하기 위해 역사를 볼 수 있다. 우리는 내일의 P&L의 분포가 어떨지를 추정하기 위하여 최선을 다할 수 있지만 미래는 언제나 우리를 놀라게 할 것이다. 휘발성과 VaR을 얻기 위한 대안적 방법들은 단순하게 대안이 되는 추정전략이며 그것들의 유용성으로 판단되어야 한다. 다른 상황에서 다른 포트폴리오에 대해 하나가 다른 것에 비해 더 좋을 것이지만 항상 역할을 하는 단일의 접근법은 없다.

세 가지 방법은 몇 개의 특성을 공유한다. 앞에서 언급된 대로 P&L(포트폴리오 가치의 변화)을 두 개의 구성요소, 즉

- 외부 시장위험 요인들
- 위험요인들에의 민감도를 결정하는 보유자산 및 유가증권의 처지

에서 나은 결과로 생각하는 것이 실용적이다.

분해는 아주 실용적이지만 그것이 실제로 이들 구성요소를 측정하고 사용하는데 언제나 쉽지는 않다. 가장 기본이 되는 질문을 해보자. 즉 입장 또는 자산 보유상황은 어떠한가? 예를 들어 이 질문이 우리가 2천억 원 또는 3천억 원의 채권을 보유하고 있느냐? 라는 것을 의미할 뿐이기 때문에 우리는 이 질문은 단순하다고 생각할 수도 있을 것이다. 확실히 이것은 쉬운 질문이다. 그러나 각자 나름의 입장_하루 동안에 빈번하게 변할 수도 있는 입장을 가지고 있는 많은 거래데스크(trading desk)를 가진 그리고 실시간으로 서로 이야기 할 수도 없는 그 거래들을 예약하고 결정을 내리기 위한 이질적인 시스템을 가진 큰 조직에서 그 보유자산을 단순히 조화시키고 합하며 그물로 막는다는 것은 하찮은 일이 아닐 수도 있다. 더 복잡한 제품을 위해 우리는 이 문제에 위험요인들에의 자산민감도 모델화와 위험요인들의 휘발성 추정의 어려움을 추가하면 우리는 왜 포트폴리오의 휘발성과 VaR의 추정이 현실적으로 어려운 지를 알게 된다.

[표 2.1.1]이 세 대안의 접근법에 대해 차이 및 유사정의 일부와 강점 및 약점의 일부를 정리해서 보여준다.[66)]

여기서 언급해 둘 하나의 중요한 세부사항은 매개변수의 또는 정규의 접

근에 대한 휘발성과 VaR 간의 관계이다. 매개변수 접근에 대해 우리는 일반적으로 VaR 대신해 휘발성을 직접 추정한다. 그러나 우리가 P&L 분포가 정규(Gaussian) 분포라고 가정하기 때문에 휘발성으로부터 VaR을 도출하는 것은 쉽다. 우리는 단순히 정규분포 표에서의 답을 봄으로써 선택된 확률에 상응하는 손실의 수준을 계산할 수 있다. 5%/95% VaR은 항상 같은 배수(倍數; multiplicative factor)인 1.64 곱하기 휘발성이다.

66) 이들 세 접근법에 대한 상세는 Coleman(2012)를 보라.

제3장 위험관리의 기법[67)]

이제부터 고객이나 프로젝트 매니저 모두에게 위험관리 과정을 수행하기에 유용하다고 증명된 구체적인 기법을 다루기로 한다.

위험관리 기법에는 위험관리 과정의 기본 단계별로 여러 기법이 있다. 이를 단계별로 정리하면 다음과 같다. 여기서는 주로 사용되는 기법만을 열거하는데 이들 기법들 중 많은 것이 그 과정의 한 단계 이상의 역할을 한다. 예를 들면 주요 통로 네트워크의 면밀한 평가는 최초 개요 평가, 위험 식별 및 위험 대응개발에 유용하다.

- 위험관리 계획하기 단계 - 미팅 계획하기*
  위험 실무 법론*
  체크리스트(checklists)
  프로젝트 보기 판(templates)
  가정(assumptions) 분석
  장래 생각(futures thinking)
  위험 모델화 민감도 분석

- 위험 식별 - 전문가 인터뷰*
  서류 재검토*
  유사점 비교*
  계획 평가
  델파이(delphi) 기법*
  브레인스토밍(brainstorming)
  Crawford slip 방법(CSM)
  SWOT[68)] 분석

67) Pritchard, C L Risk Management 5th ed. CRC Press, Tayler & Francis Group, NW: Boca Raton 참고

[표 2.1.1] 매개변수, 역사적 모의(冒擬; simulation) 및 Monte Carlo 접근의 비교[69]

항목	매개변수	역사적 모의	Monte Carlo
시장위험요인	매개변수 분포 (거의 언제나 정규) 분산추정 – 역사적 자료 사용 공분산 (휘발성)	선택된 과거 기간의 실증적 (역사적) 분포	매개변수분포(자주 그러나 꼭 그렇지 않은 정규) 통상 역사적 자료로부터 매개변수 추정 시장위험요인의 Monte Carlo 실현하기
유가증권 민감도/재평가	선형 민감도(정규 위험요인에 대한, 단순한 매트릭스 곱하기 분산_Δ에 의한 공분산	통상 위험요인의 역사적 가치를 사용한 유가증권의 총 평가	통상 위험요인의 모의된 가치를 사용한 유가증권의 총 평가
계산속도	좋음	괜찮음	나쁨
비선형성 포착능력	나쁨	좋음	좋음
불일치 포착능력	나쁨	좋음	괜찮음
찬(贊)	단순, 빠름, 비교적 투명	역사적 위험요인 분포의 비정규성 포착 유가증권민감도의 비선형성 포착	유가증권민감도의 비정규성 잘 포착
반(反)	시장위험요인을 정규적이라 가정. 유가증권민감도에 대한 선형성 이들이 일부 목적에 부적절할 수도 있다.	계산적으로 매개변수보다 더 어렵다. 결과가 매개변수나 Monte Carlo 보다 덜 투명한 방식으로 역사적 기간에 민감할 수도 있다. 잠재적으로 더 큰 표본채취 변화성	계산적으로 어렵다. 통상 비-정규성 포착 안함

68) (strengths, weaknesses, opportunities, and threats)
69) 출처: Coleman, T.(2011), p.145.

위험 명세구조(breakdown structure)
근본원인 식별 및 분석
장래 생각
Monte Carlo 모의(模擬; simulation)

- 위험 정성화(定性化, qualification) – 등급 개요
  긴급성 사정(assessment)*
  위험 대응 매트릭스(matrix)

- 위험 정량화(定量化; quantification) – 결정분석_기대금전가치*
  추정관계
  네트워크 분석 프로그램
  PERT
  기타 도해 기법
  위험요인

- 위험 대응개발(對應開發; response development) – 장래 생각
  성과 추적

- 위험 추적감시 및 통제 – 체크리스트(checklists)
  위험 등록부(registers)/표(tables)*
  위험 리뷰 및 감사
  긴급성 사정*

이들 기법 중에는 경제성공학, 산업공학(IE), operations research(OR) 등 전문서적이 많이 나와 있으며 잘 설명되어 있으므로 그 분야는 전문서적에 맡기기로 하고 위에 열거된 기법 중 위험관리와 연관성이 큰 *로 구별된 기법만을 골라 소개하기로 한다.

1 전문가 인터뷰

기술 전문가로부터 정확한 판단을 얻는 것은 위험 식별 및 위험 정성화(定性化; qualification) 모두에 가장 중대한 요소이다. 왜냐하면

그 정보가 위험하다고 지각되는 분야를 식별하고
그 인터뷰가 정성적(定性的; qualitative) 정보를 취하기 위한 그리고 그것을 정량적 위험 추정치로 전환하는 근거를 마련하여 주기 때문이다.

기술적 전문지식에의 의존은 의무적이다. 모든 프로젝트가 유일무이하므로 정확한 위험사정을 위해 필요한 모든 정보는 통상 먼저 있었던 프로젝트 데이터에서 도출될 수 없다. 그러나 전문가로부터 정보 얻기는 불만스러울 수 있고 자주 최적에 미치지 못하는 결과를 가져올 수 있다.

거의 모든 위험분석 기법이 전문가 판단을 필요로 한다. 그러나 좋고 나쁜 판단을 구별하기가 때로는 어려울 수 있으며 따라서 이 측면이 접근과 문서화를 한층 더 통상보다 중요하게 만든다. 이 과업을 수행하는 프로젝트 매니저나 위험 분석가는 많은 “전문가”로부터의 다양한 의견을 받아들일 공산이 있으며 결과적으로 프로젝트 매니저는 취해진 최종 입장을 지킬 수 있어야 한다.

1) 기법 서술

전문가 인터뷰 기법은 비교적 단순하다. 기본적으로 그것은 적절한 전문가를 식별하여 계통적으로 그 프로젝트와 관련된 그들의 전문지식 분야에서의 위험에 관하여 그들에게 질문하는 것으로 이루어진다. 이 기법은 전문가 개인들이나 집단들과 함께 사용될 수도 있다. 그 과정은 보통 전통적으로 세 개로 이루어진 제약조건 즉 일정, 비용 및 성과의 세 측면과 연계된 위험에 대한 정보를 입수한다. 이에 더하여 다른 환경적 및 조직적 고려사항과 연계된 위험을 확인할 수도 있다.

2) 언제 적용 가능한가?

이 기법은 모든 프로젝트에 대해 추천된다. 전문가 인터뷰는 어떤 위험이 존재하며 얼마나 심각한지에 관한 정보를 추출하는 데 집중한다. 인터뷰는 위험 식별에서 가장 유용하지만 다른 과정들에도 적용될 수 있다. 전문가에게 프로젝트에 대한 위험에 관하여 물을 때 잠재적인 위험 대응과 대안들뿐만 아니라 확률 및 잠재적 영향에 관계하는 정보를 추구하는 것이 논리적이다. 전문가 인터뷰가 위험 명세구조(明細構造; breakdown structure)에 대한 위험 범주(範疇; categories)의 개발도 뒷받침할 수 있다.

3) 투입물(投入物; inputs) 및 산출물(産出物; outputs)

전문가 인터뷰하기에는 두 전제조건이 있다. 첫째 인터뷰진행자는 주제(主題; topic)를 연구하고 인터뷰 협의사항을 충분히 생각함으로써 준비하여야 한다. 둘째 인터뷰대상자(interviewee)는 분석가나 매니저에게 정보를 털어놓기에 필요한 시간을 충분하게 써야 한다. 그런 인터뷰의 결과는 정성적이거나 정량적 또는 둘 다일 수 있다. 전문가 인터뷰는 거의 언제나 위험 감시목록을 개발하는데 사용될 수 있는 투입물이 된다. 그것들은 또한 몇 개의 위험분석 도구 어느 것에서나 사용될 불확실성의 범위 혹은 확률밀도 함수(Probability density function; PDF)를 공식화하기 위한 기초데이터를 수집하는 결과를 가져올 수도 있다. 그 범위 또는 함수는 비용, 일정 또는 성과란 면에서 표현될 수 있다.

4) 기법 적용의 주요 단계

전문가 인터뷰가 주관적 판단의 수집으로 끝나므로 유일한 실제 오류는 데이터 수집을 위해 사용된 방법론에 있을 것이다. 사용된 기법이 부적절하다면 전체 위험식별 및 정량화 과정의 신뢰성이 떨어질 것이다. 불행하게도 어떤 기법도 최선의 있을 수 있는 데이터가 수집된다는 것을 보장하기 위해 존재하지 않는다. 그러나 몇 가지 방법론을 구할 수 있지만 많은 것이 시간 제약 때문에 탈락되어야 한다. 다음 다섯 단계 방법론을 조합하여 사용하는 것이 좋은 결과를 가져다 줄 것이라 믿어진다.

(1) 적합한 개인의 발견

정확한 주제 전문가(subject matter expert)를 식별하는 것이 중요하다. 과오를 범하고 주제의 일부만을 아는 전문가를 선택하는 것은 비교적 쉽다. 전문가의 전문지식의 수준에 조금이라도 의심이 있다면 하나 또는 두 다른 후보자를 찾아야 할 것이다. 인터뷰할 개인을 식별하기 위해 사용된 시간은 잘 쓰여질 것이다. 통상 단지 몇 분으로 끝나는 사전 전화선별이 분석가에게 인터뷰 상대자의 전문지식 수준의 느낌을 줄 수 있고 인터뷰를 위해 개발된 질문에 집중하는데 도움을 줄 수 있다. "옳은" 개인을 설정할 때 고객과 그의 직원을 잠재적 인터뷰 상대자로 간과하지 말라. 고객이 그들의 조직에 대한 높은 수준의 관심 때문에 프로젝트에 대한 최선의 구할 수 있는 위험시각을 가지고 있는 경우가 빈번하다.

(2) 인터뷰를 위한 준비

참가자는 그들 모두가 적절하게 준비한다면 시간을 절약한다. 인터뷰진행자와 인터뷰 상대자 둘 다 인터뷰하는 동안 다룰 분야를 고려하여야 한다. 인터뷰진행자는 전문가 판단을 정량화하기 위하여 사용될 방법론을 숙지하고 실행하여야 하며 그 토론이 분명한 방향을 가지고 있음을 보장하기 위한 의제나 주제의 일람표를 만들어야 한다. 이에 더하여 인터뷰진행자는 그 전문가가 조직에서 어떤 역할을 하고 있으며 그 분야에서 얼마나 오래 일해 왔는지를 이해하여야 한다. 인터뷰진행자는 준비하는 동안 위험식별, 자격조건, 정량화의 궁극적 목표 역시 명심하여야 한다.

(3) 관심분야를 목표로

실제 인터뷰의 첫째 부분은 사전에 식별된 위험정보 확인하기에 집중하여야 한다. 추가적인 정보가 요구될 의견충돌이 있을 것 같지 않다면 이 시간은 짧아야 한다. 다음으로 인터뷰는 개인의 전문지식 분야에 집중되어야 하는 데 이 지식이 옳은 개인이 인터뷰 상대라는 것을 확인시켜줄 것이다. 그러면 더 긴 인터뷰 시간이 정보수집하기에 쓰일 수 있다. 만일 인터뷰진행자가 전문가가 잘못된 인터뷰 상대라는 것을 발견한다면 인터뷰는 바뀌거나 끝날 수 있으며 귀중한 시간을 아낄 수 있다.

(4) 판단과 일반정보의 요구

목표 관심분야를 완료한 후에 전문가가 프로젝트의 다른 분야를 논의하도록 시간을 허용하는 것이 중요하다. 그 밖에 다른 것이 없다면 그 얻어진 정보는 생각을 자극하고 대안이 되는 의견을 만들어내기 위하여 다른 전문가를 인터뷰할 때 사용될 수 있다. 한 분야에 정통한 사람이 위험의 연관성 때문에 다른 분야에서의 위험을 식별할 수도 있다. 경우에 따라 "틀린" 분야로부터의 전문가가 일정한 보통의 위험과 씨름하는 일에 종사하는 사람들이 간과한 위험을 식별할 수도 있다. 이 정보는 일반적으로 주제 전문가와 인터뷰할 때 더 개선된다. 그 전문가가 협조적이라면 주어진 정보는 일반적으로 옳다는 것을 경험이 보여준다. 추가적인 해명이 필요하거나 전문가가 정량화하기를 싫어할 수도 있지만 그럼에도 불구하고 위험의 식별이 정당할 수도 있다.

(5) 정보의 정성화(定性化; qualify) 및 정량화(定量化; quantify)

이것이 어떤 위험분석의 가장 민감한 측면일 수도 있다. 위험분야가 식별된 뒤에 그 프로젝트의 비용, 일정 및 성과에 주는 잠재적 영향의 추정치가 만들어져야 한다. 이를 위해 전문가는 주어진 위험 사건의 발생 및 그것의 잠재적 영향의 확률을 고려하여 한다. 만일 그 전문가가 그 정보에 대한 숫자적 가치를 제시할 수 없다면 그 조직이 해낼만한 가치와 일치하는 영향의 범위뿐만 아니라 확률의 범위를 제시하여야 한다. 많은 위험에 대해 정밀한 숫자로 된 값의 적용이 불가능할 수도 있다. 그러나 그런 경우 질적(質的; qualitative)인 범위를 설정하는 것이 합리적일 수도 있다.

5) 결과의 사용

전문가 인터뷰 결과의 사용은 그 정보를 제공하는 전문가만큼 다양하다. 일부 전문가 인터뷰는 확률 및 영향 범위 그리고 내부 용어 및 전문용어를 포함하여 위험계획의 기본적 틀을 설정하는데 사용될 것이다. 기타 전문가 인터뷰는 기본적 프로젝트 위험 식별 또는 위험 상세구조의 구축에 도움을 줄 수도 있다. 그리고 다른 사람들이 평가 중인 위험의 질적·양적 사정(査

定; assessment)으로 이끌어 줄 것이다. 그러나 어떻게 위험 그 자체를 관리하여야 할지 그리고 어떤 대응전략이 적절할지에 대해 제안되는 권고사항 없이 드물기는 하지만 위험에 대한 어떤 논의도 이루어질 것이다.

6) 소요자원

전문가 인터뷰를 수행하는 일은 비교적 쉬운 과업이다. 사실상 누구도 일련의 질문을 하고 대답에 주목할 수 있다. 그러나 고급(高級; high quality)의 데이터를 만들어내기 위해 각 인터뷰 참여자는 상당한 기본적 자질을 갖추어야 한다. 인터뷰진행자는 편향 없이 정보를 완전히 이해하고 더 큰 위험분석의 맥락에서 그 정보를 정확하게 그리고 효과적으로 보고하는 능력을 가져야 한다. 이에 더하여 인터뷰진행자는 논의될 문제의 범위를 늘리거나 제한할 수도 있는 통찰력을 끝까지 견지하는 능력을 가져야 한다. 인터뷰 상대방은 결국 고려 중인 분야에 직접 관련된 주제지식을 가져야 한다. 만일 양방이 이들 기본적 기능이 부족하다면 인터뷰는 전체적으로 효과적일 수 없다.

7) 신뢰성

적절히 수행될 때 전문가 인터뷰는 아주 신뢰할 수 있는 질적 정보를 제공한다. 질적인 정보를 양적 분포나 다른 척도로 전환하기는 인터뷰진행자의 기술에 따른다. 더욱이 이 기법은 문제가 없지 않다. 이 문제들에는

- 잘못된 전문가 발견
- 질이 떨어지는 정보 취득
- 전문가 정보 공유의 꺼림
- 의견 바꾸기
- 판단 갈등

등이 있다.

8) 선택 기준

전문가 인터뷰는 인터뷰에 대한 자원요건, 용도 및 산출물(産出; outputs)에 관계되는 선택기준에 의하여 사정된다.

(1) 소요 자원

전문가와의 인터뷰는 세 개의 특정한 자원이 요구된다. 첫째는 시간이다. 인터뷰가 위험식별, 자격조건, 정량화를 위한 가장 보통의 기법이지만 시간 한계 때문에 빈번하게 잘못 적용된다. 계획된 인터뷰가 때때로 단축되거나 완전히 생략된다. 전 프로젝트의 계통적 조사가 프로젝트 조직과 고객 조직 둘 다로부터의 몇 명의 전문가의 시간을 필요로 한다.

둘째 핵심자원 요건은 인터뷰 진행자이다. 전문가가 빈번하게 위험 등록이나 정량적 분석을 위해 손쉽게 사용될 수 없는 정보를 제공하기도 한다. 전문가가 올바른 구성 방식(構成方式; format)과 바른 심도(深度; level of depth)를 가진 정보를 밝혀내도록 조장하기 위하여 신중한 인터뷰 기술이 요구된다. 인터뷰 진행자가 이 기술이 부족해도 충분한 시간을 들이면 그 기법이 아직도 일부 가치 있는 정보를 낳을 수 있을 것이다.

셋째 핵심자원은 인터뷰 상대방 또는 전문가이다. 이 개인에게 요구되는 전문지식은 프로젝트 특정(project specific)이라는 것을 명심해야 한다. 그는 위험관리 관행이나 인터뷰하기 전략 및 기법을 깊이 알고 있을 필요는 없다. 이 개인이 소유해야만 하는 유일한 필수 특성은 정보를 공유하려는 적극적 의향과 자신의 기술적 전문지식을 조직 내의 다른 당사자들이 해석하고 이해할 수 있는 언어로 번역하는 능력이다. 일부 전문가가 주제관련 분야에 극도로 제한된 분야에 특정한 정보를 가지는 반면에 다른 사람들은 그 프로젝트의 모든 범위에 해당되는 정보를 제공할 능력을 가질 것이다. 조직과 프로젝트의 정보요구에 따라 둘 다 가치를 가진다.

전문가 인터뷰를 위한 **비용**(cost)의 범위가 프로젝트의 필요에 따라 최소 1~2일에서 늘어난 2~3월에 이를 수도 있다. 인터뷰 진행자의 기술이 높을수록 전문가 인터뷰에서 같은 심도를 달성하는데 더 적은 시간이 소요될 것이다. 그러므로 프로젝트 매니저가 더 짧은 기간을 위해 자격이 있는 인터뷰진행자를 구하는데 조금 더 시간을 쓰는 것은 당연한 일이다.

전문가 인터뷰를 위한 적절한 시설 그리고 장치(proper facilities and equipment)는 일반적으로 인터뷰가 공식적으로 지속되지 않는 한 아주 적다. 평범한 전문가 인터뷰를 위해 장치는 몇 개의 의자, 메모지, 연필 또는 펜, 그리고 녹음기가 필요할 것이다. 일부 인터뷰 진행자는 노트북 컴퓨터 사용을 선호할 수도 있는 반면에 인터뷰 진행자가 인터뷰 상대방(과 동반하는 몸짓 언어; body language)과 공유하는 정보에 집중하기보다 오히려 컴퓨터 스크린에 방해될 수 있어서 그것이 소통에 장애물이 될 수도 있다. 극단적인 경우에 전문가 인터뷰가 길게 늘어선 TV 카메라와 녹음 스튜디오를 특색으로 할 수도 있다. 일단의 전문가가 인터뷰를 위해 모인다면 공유된 정보의 한마디 한마디 말 그대로를 기록하기 위하여 속기사나 법정 기록원이 사용될 수도 있다. 그러나 대부분 전문가 인터뷰는 비교적 장치와 시설면에서 관리하기 쉬운 경향이 있다.

전문가 인터뷰를 위한 **실행시간**(implementation time)은 결정적인 고려사항이다. 그러나 자원과 시설을 사용할 수 있다면 시간은 장황해서는 안 된다. 이런 경우 보통 하나나 두 전문가 인터뷰 진행자만 있을 것이므로 이행할 시간은 "비용"에서 요구된 시간 안에 있어야 할 것이다.

사용하기 쉬움(ease of use)은 사실상 최소의 훈련을 받은 누구라도 그런대로 괜찮은 인터뷰를 진행할 수 있기 때문에 전문가 인터뷰의 가장 매력있는 특성이다. 쉬운 반면에 최고의 인터뷰진행자는 더 의미심장한 답을 인터뷰 상대방으로부터 끌어내기에 충분할 만큼 정말로 숙련된 사람들이다. 가장 효과적인 인터뷰 진행자는 비교적 제한을 두지 않는 질문을 만들어낼 수 있고 분명하고 특정한 답으로 되돌아올 수 있는 사람들이다. 이를 달성하기 위한 한 방법은 인터뷰 상대방의 대답을 주의 깊게 듣고 어떤 중요한 문제도 분명히 하기 위하여 피드백(feedback)을 마련하는 것이다.

프로젝트 매니저의 **시간투입**(time commitment)은 때때로 프로젝트 매니저의 인터뷰 진행자로서의 기능수준에 기반을 둔다. 프로젝트 매니저에 요구되는 시간은 그가 개인적으로 인터뷰를 실행하거나 인터뷰 상대방을 훈련시킬 필요가 없는 한 경미하다.

(2) 응용(應用; application)

앞에서 말한 대로 전문가 인터뷰는 아주 다양한 상황에서 적용되는 장점을 가지고 있다. 인터뷰의 응용가능성은 고(high), 중간(medium), 저(low)의 척도 위에서 평가된다.

프로젝트 상태 보고(project status reports)는 계획, 비용 및 일정 추적감시를 지칭한다. 추적감시 과정이 전문가 인터뷰의 주요 적용분야는 아니지만 상태 보고서에 필수적인 정보수집은 인터뷰의 한 기능이다. 그런 시각에서 보면 프로젝트 상태 보고서는 인터뷰 기술 없이 개발한다는 것이 (불가능하지 않다 하더라도) 쉬운 일은 아닐 것이다.

주요 결정 계획하기(major planning decision)가 자주 프로젝트와 연계된 몇몇 핵심 개인들의 의견에 의존한다. 전문가 인터뷰가 과정을 진척시키고 관련된 개인들의 전적인 참여를 보장할 수도 있다.

계약전략 선정(contract strategy selection)은 다른 기법에 의존하는 것만큼 전문가 인터뷰에 심하게 의존하지 않지만 그러나 인터뷰는 다른 기법들에 공급할 지원 데이터 구성에서 귀중한 역할을 수행할 수 있다.

이정표 준비(milestone preparation)에 전문가 인터뷰를 적용하는 것은 직접적이고 중요하다. 계획하기가 포괄적이어 왔으며 그 시스템이 그것의 다음 단계로 나아갈 준비가 완료되었음을 목적이 보장할 것이므로 내부 및 외부 고객 둘 다와의 면밀한 협의가 필수적이다.

설계지침(design guidance)은 전문가 인터뷰의 기능이다. 인터뷰는 주요 시스템을 위한 기술 대안들의 고려에서 구성요소들 선택하기에 이르기까지의 의사결정을 위해 유용하다. 불확실성들이 얼마나 서로 관계가 있는지 그리고 얼마나 대안들이 비교되는지를 이해하기 위하여 전문가 인터뷰가 데이터수집 단계에서 사용된다.

인간자원 선택(source selection)은 전문가 인터뷰에 중요한 일이다. 많은 경우 인터뷰가 하도급(下都給; subcontract)이나 고문직(顧問職; consulting)을 위해 어느 후보자를 제거할지를 결정한다. 이에 더하여 만일 전문가 인터뷰가 인적자원 선택 기간에 적절하게 시행된다면 그 인적자원과의 나중 교섭을 위한 새로운 길을 열 수 있다.

예산제출(budget submittal)은 프로젝트관리에서 중요한 단계이다. 그러나 예산이 순전히 정량화될 수 있는 데이터로부터 거의 배타적으로 작용하기 때문에 전문가 인터뷰에 의하여 잘 뒷받침되지 않는다.

전문가 인터뷰는 또한 따른 응용에도 사용된다. 그것은 조직의 위험 허용한도와 한계점뿐만 아니라 위험에 대한 일반문화를 수립하는 데 사용될 수 있다. 인터뷰는 특정한 위험 사건이나 일반 위험 전략을 탐색하는 데 사용될 수 있다. 도구로써 인터뷰는 아마도 기본적 위험관리 도구의 어느 것 중에 제일 큰 폭을 가지고 있을 것이다.

(3) 산출물(産物; outputs)

전문가 인터뷰의 산출물은 가장 자주 메모의 모음 또는 이들 메모의 개인적 평가와 기록이며 이들은 알기 쉬운 방식으로 조직화되어 왔다. 산출물은 정성적 데이터와 정량적 데이터에 대한 개인적 시각 모두를 포함할 수 있다.

정확도(accuracy)는 전문가 인터뷰의 기본이 되는 이론적 건전성을 해결한다. 많은 사람이 전문가 인터뷰를 제한된 시간 투입 때문에 아주 쉽다고 생각하므로 자주 그것의 정확도에 의문이 제기된다. 최종 결론으로 그것의 정확도는 인터뷰 진행자 그리고 인터뷰 상대방의 조합(組合; blend)에 의해서만 정해지는 것이다. 만일 그들 둘 다가 그들 각자의 숙련 분야에 정통하다면 그 인터뷰는 높은 정확도를 가질 수 있다. 반면에 만일 그들이 제한된 숙련 수준에 있다면 그 인터뷰는 낮은 정확도를 가질 수도 있다. 일반적으로 전문가 인터뷰는 피할 수 없는 개인적 편향의 존재 때문에 순수하게 정량적인 것보다 못하다고 생각해야 한다.

상세도 수준(level of detail)이 전문가 인터뷰의 제일 큰 힘은 아니지만 인터뷰가 다른 기법으로는 달성할 수 없는 믿기 힘든 깊이를 낳을 수도 있다. 인터뷰는 또한 필요 이상이므로 소용없을 수도 있다. 인간자원의 재능이 상세도의 궁극적 수준을 좌우한다.

효용(效用; utility)은 투입된 노력과 정보의 가치 둘 다를 고려하는 주관적 요인이다. 대부분의 전문가 인터뷰에 대해 인터뷰 종료 후 만들어내는 기록이 프로젝트 기록의 중대한 요소가 된다.

전문가 인터뷰의 효과성을 정함에 있어 인터뷰 진행자와 인터뷰 상대방의 숙련도를 평가하는 것이 필수적이다. 그 정보가 어떻게 잘 (그리고 어떻게 정확하게) 필요한 통찰력을 만들어 내는가의 최상의 감각을 제공한다. 제한된 숙련세트를 가진 팀 구성원이 합리적으로 전문가 인터뷰를 다룰 수 있지만 전문가 인터뷰의 중대한 특성과 그 기법을 위한 수많은 응용법을 이해하는 사람들이 종국에는 최선의 결과를 이룰 것이다.

2 미팅계획하기(planning meetings) - 위험관리 계획(plan)

1) 기법서술

계획하기 미팅은 조직이 프로젝트의 위험 방법론, 역할 및 책임, 시간선택, 한계점, 보고서식(書式; formats), 그리고 추적(tracking)에의 접근이란 면에서 일관된 비전(vision)을 반드시 갖게 하기 위하여 시행된다. 미팅계획하기는 추구될 위험관행과 그것들을 추구함에 있어 사용될 접근법을 결정하기 위하여 위험에 대한 핵심 이해 당사자를 뭉치게 하는데 초점을 둔다.

2) 언제 적용가능한가?

이 기법은 모든 프로젝트에 권고된다. 미팅 계획하기는 위험관리를 팀이 반드시 관행으로 받아들이게 한다. 이 기법은 최소 위험-계획 단계에서 가장 효과적이지만 다른 과정에서도 또한 적용될 것이다. 위험 재검토 및 평가를 시행할 때 기본적 위험관리 계획이 재고될 수도 있다.

3) 투입과 산출

계획하기 미팅에는 많은 투입 자료가 있다. 그들 중 가장 중요한 것으로 기존의 위험 및 프로젝트 데이터가 연구되고 미팅 계획하기 기간 동안 사용될 수 있어야 한다. 일부 조직에서 그런 데이터는 별로 없고 다른 조직에서는 방대할 수도 있을 것이다. 참가자들은 그들이 위험 한계점 및 조직정책을 공유할 것이라는 분명한 기대를 가지고 미팅에 와야 한다. 조직적으로 존재하는 어떤 위험 모형이나 정책도 역시 이 과정을 위한 테이블에 올려져야 한다. 완료되었을 때 회의는 논의되고 있는 프로젝트를 위한 분명한 위험방법론 뿐만 아니라 역할과 책임, 시간선택, 한계점, 보고서식 및 추적에의 접근법을 가지고 폐회되어야 한다. 정보는 잘 문서화되어야 하며 모든 핵심 이해 당사자가 사용할 수 있어야 한다.

4) 기법적용의 주요단계

계획하기 미팅이 무엇이 조직적 관행이어야 하는가의 프로젝트-특정 형태를 가져다주므로 핵심 관심사는 기존 정보의 해석이 할 일이다. 그러나 기존 정보가 잘못 해석된다면 위험관리 계획이 조직의 위험 허용한도와 한계점을 정확하게 반영하지 않을 가능성이 존재한다. 또한 프로젝트팀이 조심이나 불안정의 측면에서 과도하게 잘못을 범할 수 있다. 일관성을 보장하기 위한 일부 기본적 관행이 다음 과정에 포함된다.

(1) 프로젝트 헌장(憲章; charter) 재검토

프로젝트 팀은 프로젝트 목적뿐만 아니라 전반적 접근법에 대한 비전에 만장일치되어야 할 필요가 있다. 이에 더하여 그 팀의 프로젝트 매니저 권한에 대한 기한과 범위가 명확하다는 것을 보장하여야 한다. 권한의 수준은 부분적으로 프로젝트 팀이 위험을 효과적으로 관리할 능력을 정의하는 반면에 자원을 관리할 프로젝트 매니저의 능력이 위험관리에 대한 책임이 있는 직원들의 수와 질을 말해 준다.

(2) 기존 조직의 위험취급 정책 사정(assessment)

참가자들은 만일 그들이 위험관리에 대하여 이미 존재하는 정보를 이용한다면 시간을 절약할 수 있다. 도구, 기법 및 본보기(templates) 모두 그 과정을 간소화하기 위하여 함께 사용된다. 만일 팀 구성원이 어떻게 빈틈없는 식별, 자격조건, 정량화 및 대응개발을 보장하기 어렵다면 이들 도구를 미리 정해진 대로 사용함으로써 의사결정 과정을 촉진시킬 수 있다. 비축, 보험, 하자보증(瑕疵保證; warranties)의 한계 및 기타 기본적 전략문제도 여기서 확인될 수 있다. 프로젝트 매니저는 모든 밀접한 관련이 있는 정책문제가 미팅 준비를 위해 그리고 그 기간 동안 분명하게 서류화되고 메모된다는 것을 확인하여야 한다.

(3) 인적자원 지원의 확인

대부분의 조직에서 일부 위험 책임이 그 프로젝트가 전혀 시작되기 전에 책임자를 가진다. 예를 들면 법무부서는 모든 계약 문제에 대한 책임을 진다. 인적자원 부서는 건강, 복지 및 보상 위험을 책임진다. 고위 경영층은 경영 예비 분야로 분류되는 위험, 프로젝트 세계의 모르는 불확실성을 책임진다. 다른 조직에서는 다른 선수가 미리 정해진 역할과 위험에 대한 책임을 가진다. 이들 선수는 그들의 전문지식이 선택될 수 있도록 그리고 그들이 논의 중인 프로젝트와 관계되는 특정한 위험에 책임을 지는 그들의 역할을 알 수 있도록 훗날을 위해 주목받아야 한다.

(4) 위험허용한도(危險許容限度; risk tolerance) 설정

아마도 미팅 계획하기의 가장 힘든 단 하나의 과제는 그 프로젝트를 지원하는 여러 조직으로부터의 참가자들이 그들의 위험 허용한도가 비용, 일정, 성과 및 기타 임무수행에 필수적인 분야란 면에서 얼마인지를 분명히 식별하는 것이다. 많은 경우에 개인들은 그들이 “얼마나 많은 것이 지나친 것인가”라는 개념과 씨름할 때 이 추상적 개념을 다루는 것이 어렵다는 것을 알게 될 것이다. 이 어려움을 극복하기 위하여 프로젝트 매니저는 여러 위험 문제에 대한 개인 및 조직의 허용한도를 검사하는 시나리오 표본 모음을 확인하고 싶어 할 수도 있다. “나는 20%보다 더 큰 비용초과는 받아들이지 않을 것이다.”라고 간단하게 말할 수 없는 매니저가 (“만일 팀 멤버가 당신에게 와서 10% 초과를 보고하였을 때 당신은 그 프로젝트를 중단할 것인가? 20%일 때는? 30%일 때는?과 같은) 시나리오로 질문이 제기될 때 같은 정보를 공유할 수 있다. 그런 시나리오가 비용이나 일정에 한정되지 않는다. 성능 문제 및 기타 중요한 문제(예를 들면 정치, 고객만족, 종업원 감소)의 한계점이 얼마인가를 아는 것이 중요하다. 위험 허용한도는 모든 이해 당사자들을 위해 위험 검증과정에서 잠재적으로 데이터 분석을 왜곡할 수 있는 위험 인식에서의 넓은 변화로 확인되어야 한다.

(5) 위험 한계점과 그것들의 방아쇠 설정

위험한계점(우리가 넘어 갈수 없는 점)의 기반위에서 그 팀은 이제 조직 행동을 바꾸어야 하는 한계점을 식별할 수 있다. 실행 가능한 대로 한계점은 허용한도에 접근하고 있지만 아직은 피할 수 있는 그런 점에 설정되어야 한다. 만일 분명하게 한계점이 돌파되었다고 경고하는 뚜렷한 식별척(識別尺; identifiers)이 있다면 이들 방아쇠(triggers)는 문서화되어야 한다. 그리고 모두가 잘 알아볼 수 있도록 보장하기 위하여 프로젝트 이해 당사자들의 더 넓은 집단에서 소통되어야 한다.

(6) WBS 재검토(review)

대부분의 프로젝트 관리과정에서처럼 작업분할구도(作業分轄構圖; work breakdown structure - WBS)는 위험관리에의 핵심 압력자료이다. WBS는 또한 요약 및 상세 수준에서 프로젝트의 필요한 것들을 분명하게 해준다. WBS는 어디서 어떻게 그 과정이 효과적으로 흘러가며 어디에 최선의 실행을 교묘하게 회피하기 위한 유혹이 존재하는지에 대한 통찰력을 만들어낸다. 프로젝트 위험관리 계획에 연계된 어떤 작업도 궁극적으로는 WBS에 통합될 것이므로 지금까지의 그것의 내용을 이해하는 것은 적절하다.

(7) 조직의 위험 본보기 적용

모든 조직이 위험 본보기를 가지고 있지는 않다. 일부 위험 본보기는 일반적 지침을 제공하는 반면에 다른 것들은 고통스러울 정도로 자세하게 그 과정의 각 단계를 설명한다. 위험 본보기를 위한 일반적 규칙은 그런 것들은 보통 조직에서뿐만 아니라 학습된 가르침에서도 최선의 관행을 반영하기 때문에 만일 그런 것이 있다면 사용하라는 것이다.

이들 미팅의 산출물(産物; outputs)은 어떻게 위험관리가 시행될지에 관해 분명한 접근법을 포함하여야 한다. 미시 및 거시 수준 둘 다에서 이해 당사자는 과정에서의 남은 단계가 어떻게 그리고 누구에 의하여 수행될 것인지의 분명한 이해를 가져야 한다. 여기서 위험관리 계획의 구성요소가 되는 요소들을 검토해 보자.

프로젝트 위험관리를 위한 **방법론**은 위험관리 노력의 나머지를 위한 과정과 도구 둘 다의 기본적 개요를 포함할 것이다. 이것은 위험관리가 위험식별 미팅, 일부 빠른 검증 및 대응 개발 토론으로 구성될 것이라는 것을 초보적으로 설명하는 것일 수도 있다. 그것은 또한 위험 데이터의 사전검증 조건(prequalification), Monte Carlo 분석을 위해 사용한 재검토(reviews) 및 위험 전략의 통합적 분석을 위한 계획을 포함하는 일연의 복잡한 단계일 수도 있다. 어느 경우에서도 방법론은 언제 그 과정에서의 여러 단계가 적용되어야 하는가의 시간선택 및 책임을 질 사람이 누구인가를 분명히 해야 할 것이다.

위험관리 계획은 프로젝트 라이프 사이클(life cycle) 내내 위험 실행을 위한 **역할과 책임**에 대한 세부사항을 포괄하여야 한다. 계획의 역할과 책임 부분은 (경영층에 특정 위험사건이 임박했다는 것을 알릴 때가 언제인가와 같은) 단계적 확대실행(escalation practices)계획을 포함할 것이다.

위험관리 계획은 어떻게 위험 예산이 우발 손실 준비금(contingency reserve)[프로젝트 내의 초과 운영(超過運營; overrun)을 위한 준비금] 및 경영 준비금(프로젝트 권한 밖의 문제에 대한 준비금)을 위해 설정하여야 할 것인가에 관해 지표를 가져야 한다. 최종 금전 수치가 아직도 할당되지 않았다 할지라도 위험 예산 세우기에의 접근은 문서로 증명되어야 한다.

계획에는 위험 식별, 자격조건, 대응책 개발 및 그 주기의 초기 반복을 촉발할 수도 있는 조직적으로 특정한 방아쇠를 포함하여 위험 실무에 대한 시기선택을 고려하여야 한다.

계획하기 미팅은 문서화 **구성방식(構成方式; formats)**을 포함하여 위험 증거서류에 의한 뒷받침이 어디에 적용될 것인가를 분명히 해야 한다. 어느 위험 추적(tracking) 요건도 역시 그 회기 중에 명백하게 되어야 한다.

조직의 위험 한계점이 계획하기 미팅에의 중대한 투입 자료이기는 하지만 그 미팅의 산출물 중 하나는 분명히 프로젝트 수준에서의 위험 허용한도와 한계점이어야 한다. 프로젝트-특정 위험 한계점은 팀 구성원에게 언제 상이

한 수준들의 개입이 필요한지를 말해 준다.

한계점에 따르든 분리된 문제로든 계획하기 미팅은 **채점(採點; scoring)**과 해석을 위한 특정한 평가기준(評價基準; metrics)을 만들어 낸다. "높은 확률" 또는 "중간 정도의 영향"과 같은 개념에 대한 공통의 가치는 위험 검증이 더 원활하게 진행될 것을 보증한다. 마찬가지로 뒤에 위험모델화에서 검토되는 위험모델의 응용이 이 계획하기 미팅에서 기술될 수도 있다. 확률－영향 행렬(行列; matrix)이 보여주는 확률과 영향의 정의가 산출물에 포함된다.

최초의 위험 **범주(範疇; category)**들 역시 이들 계획하기 미팅 기간 중에 만들어진다. 이들 범주는 프로젝트 분야, 프로젝트－특정 위험 분야 또는 조직적으로 특정한 위험 분야로 나누어질 수도 있다.

5) 결과의 사용

계획 미팅이 끝난 뒤에 그 정보는 프로젝트 계획에 책임이 있는 누군가에 의해서 쉬운 검색을 위해 정제되고 문서화되어야 한다. 일부 정보는 (위험 모델 사정의 응용에서와 같이) 즉각적으로 사용되는 반면에 기타 정보는 위험 한계점과 같이) 위험관리 전 과정에 걸쳐서 사용될 것이다.

6) 소요 자원

계획하기 미팅은 단독으로 도전하는 토론자단(panel)을 필요로 하는데 이것이 도전이 된다. 많은 조직에서 단순히 프로젝트 초기에 핵심 이해 당사자들을 모으는 것이 잘 진행되는 계획 회의에 단일 최대의 장애물일 수 있다. 이에 더하여 계획 회의는 개인 및 조직의 위험 한계점에 대한 정보를 끌어내는 능력을 가진 간사(幹事; facilitator)를 필요로 한다. 계획 회의는 쟁점, 시나리오 개발 및 정보의 분석과 설명을 요구한다. 간사는 참가자가 내놓는 정보와 통찰을 기반으로 하는 능력을 가져야 한다. 완벽한 상황에서 계획하기 미팅은 그것이 진전되는 대로 위험 계획 정보를 포착하는 책임을 지는 비서 또는 기록원을 가져야 한다. 그 기록원은 모든 계획 미팅 토론을 완전히 문서화할 수 있어야 한다.

7) 신뢰도

과정의 신뢰도는 크게 참가자 그룹으로부터 정보를 도출하는 간사의 능력에 전적으로 의존한다. 예를 들면 채점 기준과 해석을 꺼내는 데는 추출되는 정보와 통찰의 분명한 이해와 인내를 필요로 한다. 계획 미팅이 만들어내는 정보와 위험계획의 신뢰도는 조직에 이미 자리 잡은 인프라(infrastructure)와 정보의 깊이에 의존한다.

8) 선별기준

다른 기법들과 마찬가지로 계획 미팅도 기법을 위한 소요자원, 응용 및 산출물과 관련된 선별기준을 사용하여 평가된다.

(1) 자원 요건

위험-계획 미팅은 일반적으로 한나절 이하가 요구되지만 회의 시간은 특히 포함된 참가자의 수가 주어졌을 경우 중대한 자원이 된다. 전면적 참여처럼 함께 사용한 시간은 문제를 분명히 하고 해결하기 위해 중요하다. 모든 참가자를 쓸 수 있고 같은 시간에 참가하는 것을 보증하기가 도전이 된다.

잘 진행되는 회의를 위한 또 다른 핵심자원은 간사(幹事; facilitator)일 것이다. 프로젝트 매니저가 때로는 이 역할을 맡을 수도 있지만 과정과 조직을 잘 아는 외부 간사를 참여시키는 것이 보통이다. 그의 주 기능은 모든 참가자의 참여를 보장하고 과정의 집단이해를 가능하게 하는 것이다.

위험-계획 미팅을 위한 비용은 참가자의 시간당 보수와 간사에 관련되는 제 비용으로 구성된다.

계획 미팅을 위한 **적절한 시설과 장치**는 이상적으로(중단을 최소화하기 위한) 외부 미팅 장소와 그 미팅의 회의록을 기록하기 위한 도구가 포함될 것이다. 플립차트(flip chart) (또는 칠판; erasable board)와 고해상도 디지털 카메라가 집단 토론으로부터의 비싸지 않은 정보를 저장하게 하여줄 것이다.

계획하기 미팅을 **시행하는데 필요한 시간**은 보통 모든 참가자들이 회의를 알고 (참가할 수) 있음을 보증하기 위한 조정의 한나절과 시행 및 회의 후 문서화 저장을 위한 한나절로 구성된다.

사용의 쉬움(ease of use)은 미팅에 참가하지 않은 사람이 아주 적을 때 아주 쉬우며 이것이 비교적 낮은 위협(low-threat) 환경을 조성한다. 계획 미팅의 목표가 비판하는 것이 아니라 데이터를 모으고 구성하는 것일 때 능숙한 간사의 출현이 그 미팅을 비교적 진행하기 쉽게 만든다.

프로젝트 매니저의 시간투입(time commitment)이 부분적으로 그 매니저의 역할에 기반을 둔다. 만일 프로젝트 매니저가 간사와 기록원의 역할도 한다면 시간투입의 수준은 더 의미가 있게 된다. 자문위원이나 내부 간사가 그 회의를 진행한다면 프로젝트 매니저의 시간투입은 경미할 것이며 회의 후 문서저장을 위해 절약될 것이다.

(2) 응용

계획하기 미팅은 건전한 프로젝트 위험 기반시설 구성의 구성요소로써 기본적으로 프로젝트에서 일찍 이상적으로는 개념 또는 표상 구성과정 기간에 착수된다.

프로젝트 상태 보고는 계획, 비용 및 일정의 추적감시를 지칭한다. 이 미팅이 특히 그 보고서가 위험과 관계될 때 그런 상태 보고서의 구조를 주로 결정할 것이다. 보고의 수준과 보고의 필요성은 계획 미팅 기간 중 설정되어야 한다.

주요 계획 결정은 빈번하게 프로젝트에 포함된 상대적 위험 수준을 기반으로 한다. 그것들은 또한 위험 재검토에 뿌리를 두고 있는데 이 과정에서 예정이 짜여지고 구성된다. 계획 미팅의 계획 결정에의 영향은 높아야 한다.

계약 전략 선별은 그런 미팅에서의 구매 토론이 보통 극단적으로 제한되기 때문에 계획하기 미팅에 크게 의존하지 않는다.

계획 미팅이 이정표를 위한 예정 재검토를 결정할 수도 있지만 그렇지 않을 경우 계획 미팅은 이정표 마련에서 의미 있는 역할을 하지 못한다.

설계 지침은 그것이 자주 자유롭게 아이디어를 교환할 수도 있는 환경에 있는 주력 선수를 함께 모이게 하는 기회를 대변하므로 계획 미팅에서 다루어질 수 있고 빈번하게 다루어지는 문제이다.

공급처(供給處; source) 선별은 구매 대표가 그런 회의에 드물게 참석하므로 계획하기 미팅을 위한 주요 응용은 아니다. 미팅이 공급처 선별을 위해 적절하지 않지만 계획 미팅은 보통 구매 과정에 주력하지 않으며 따라서 공급처 선별을 위해 제한된 효용을 가질 뿐이다.

(3) 산출(産出; outputs)

계획 미팅의 산출물은 제일 자주 한 세트의 회의록(또는 미팅의 기록(記錄; transcript))뿐만 아니라 위험관리 계획의 초안(草案; draft)이다. 산출물은 정성적(定性的; qualitative) 데이터뿐만 아니라 그룹 및 개인의 관점과 정량적 데이터를 포함한다.

정확성(正確性; accuracy)은 계획 미팅의 정당성과 건전성을 말해 준다. 계획 미팅 환경에서 정확성은 일반적으로 참석한 팀 멤버들이 쓸 수 있는 정보와 통찰 수준의 함수이다. 미팅은 열기 쉽지만 만일 잘못된 참석자가 참석을 요청받았다면 정확성에 한계가 있다. 정확성은 다양한 참가자들과 프로젝트 위험의 철저한 분석에 동등하게 전념하는 모두에 의하며, 보증될 수 있다. 다른 관점들이 계획 미팅의 집단사고에 대한 성향을 제한하고 위험 확률 및 영향과 같은 쟁점들에 대해 토의하도록 조장한다. 간사가 위험 분석에 밀접한 관련이 있는 문제로 토의를 이끄는 책임이 있음을 감안하면 간사의 능력이 정확성에 직접적으로 영향을 줄 것이다. 계획 미팅이 일반적이고 적절한 기법이기는 하지만 산출물은 순수하게 정량적이지 않다.

만일 적절한 시간이 프로젝트 위험 문화, 언어 및 환경을 찾아내는데 허용된다면 **상세함의 수준(level of detail)**은 계획하기의 힘이 된다. 여러 가지 관점이 가해질 때 위험과 그것들의 잠재적 영향을 심도 있게 조사할 보다 큰 기회가 생긴다. 정확성과 함께 간사의 숙련이 바람직한 상세함의 수준이 달성될 것인지에 관한 결정요인이 될 것이다. 계획 미팅 지속기간 이상으로 간사 숙련이 이 기법이 적절한 정보를 추출하고 정제할 정도를 결정한다.

효용(效用; utility)은 관련된 노력과 정보의 가치에 의하여 참작된다. 계획 미팅은 그 과정에 참가했던 팀 멤버가 그 정보를 사용하는 책임을 가진 사람과 같은 사람일 공산이 크기 때문에 높은 효용이 있다. 그들이 정보를 만들어 내므로 그들은 그것을 더 잘 알고 그 산출물을 응용할 수 있을 공산이 더 크다.

3 위험 실무 방법론(risk practice methodology)

조직의 위험 관행은 빈번하게 당면 문제에 한한 현상으로 인식되며 프로젝트별 또는 프로젝트 매니저별 기준으로 만들어진다. 아무것도 진실을 앞서 갈 수 없다. 조직의 위험 관행은 한결같으며 반드시

위험관리는 응용되도록
위험관리는 일관된 심도(深度; levels of depth)로 응용되도록
위험관리는 조직의 최상 관행을 이용하는 것에 의하여 응용되도록

보장하기 위하여 작동된다.

각 프로젝트의 위험이(프로젝트의 특성 때문에) 다르다 할지라도 위험관리 방법론이 일관성의 척도(尺度; measure)를 보장한다. 응용은 프로젝트 자체에 의존하지만 건전한 방법론이 일부 전개(展開; deployment)의 일관성을 조장할 것이다. 그 일관성은 또한 프로젝트 간의 장기간 지식 전달을 촉진하여야 한다.

방법론들은 프로젝트 매니저에서 프로젝트 매니저로, 프로젝트에서 프로젝트로, 그리고 팀에서 팀으로 더 큰 연속성을 감안하는 노력으로 조직 안팎에서 일관되게 만들어진 관행이다. 방법론의 오용(誤用; misapplication)이 때때로 조직의 내분(內紛; infighting)과 비난을 일으킬 수 있는데 여기서 방법론이 처방을 내린 과정이 특정한 위험을 식별하거나 완화시키지 못한 책임으로 여겨진다.

조직, 프로젝트 사무소 또는 위험 분석하기에 대한 열정을 가진 몇몇 개척적인 프로젝트 매니저들이 자주 방법론들을 확립한다. 그것들은 조직의 풀뿌리(grass root)로부터 개발되거나 고위 관리직으로부터의 지시에 의해 서서히 발전될 수 있다. 어느 경우에서든 그것들은 조직의 일부 수준에서 받아들이느냐에 달려 있으며 그것들은 조직 내의 다른 부서(部署, division), 파당(派黨; factions) 및 하위조직(下位組織; suborganization)을 통합하려는 받아들임 위에 성립된다. 이 조직적 과정의 자산은 위험관리계획 구성과 위험관리 관행 지원에 필수적이다.

1) 기법 서술

위험방법론은 문제되는 프로젝트의 필요성과 구조에 기초를 두고 따르게 될 일련의 형식상 단계들로 이루어진다. 방법론들은 그것들을 뒷받침하는 조직처럼 뚜렷이 구별되지만 그것들은 일부 기본적 구성요소를 공통으로 가지고 있다. 대부분의 방법론은 분명한 과정 단계, 형식 및 관행의 밑그림을 그릴 것이다. 그것들의 대부분은 이들 구성요소들이 응용되는 빈도에 영향을 줄 것이다. 그것들은 하드카피(hard copy)나 전자적으로 저장되고 공유되지만 그것들은 조직이 형식(形式; forms)을 위한 그리고 그것들의 완성된 부본(副本; counterparts)를 위한 공통된 보관소를 갖게 한다.

그런 방법론은 [표 2.3.1]의 기본 틀과 유사한 길잡이와 방향을 포함할 수 있다. 이 방법론은 본보기로 설계되지 않았으며 오히려 건전한 위험방법론에 무엇이 포함되어야 하는가의 전형(典型; representative)으로 설계되었다.

[표 2.3.1]이 실제 프로젝트를 위한 위험방법론에서 발견될 수 있을 상세 수준을 보여주지 않지만 어떤 형태의 정보가 포함되어야 하는가의 센스(sense)를 제공한다. 방법론의 하위요소(下位要素; subelements)의 일부 다른 프로젝트에서는 다를 수도 있다. 경우에 따라서는 모든 이들 요소가 위험관리 계획에 포함되어야 한다.

2) 언제 적용되나?

이 기법은 모든 프로젝트를 위해 (그러나 방법론이 개발 중이거나 준비되어 있는 조직의 프로젝트에서만) 추천된다. 방법론이 전 프로젝트 조직의 축적된 관행을 대변하므로 그것은 일반적으로 가장 극단적인 환경에서만은 피해간다. 그것은 (방법론 자체가 그것이 적절하다고 말할 때마다 그것은 적절하다와 같이) 설명된 대로의 기준에서 적용될 수 있다.

[표 2.3.1] 표본 위험방법론

단계	과정 길잡이	시기선택	특별 고려사항
위험리뷰	이 단계는 같은 고객, 제품 또는 서비스의 과거프로젝트경험에 대한 표본 데이터 베이스의 철저한 탐색포함 산출물은 PM 사무실 지원폴더의 위험 리뷰산출 지침에서 문서화되어야 한다.	위험 모델화 전 및 아무 리뷰직전	주어진 기업체내의 모든 고객이 같지 않음에 주목 다른 프로젝트후원자가 근본적으로 프로젝트 위험의 수준과 기회를 바꿀 수도 있다.
위험모델화	표본 위험모델은 조직내에서 잠재적으로 경쟁하는 이해 관계를 대표하는 적어도 두 프로젝트팀멤버에 의하여 채점되어야 한다. 채점길잡이는 그 도구와 함께 제공됨	프로젝트수용에 앞서 그리고 위험 우발 자금 제공에 앞서	위험모델은 잠재적 프로젝트위험에 상대적 점수를 주기 위해 설계된다. 위험별 기준에 따른 길잡이를 마련할 의도는 없지만 조직에 일반적 수준에 대한 시각을 제공할 의도는 있다.
위험 식별	표본은 Clawford Slip 및 brainstorming 기법을 선호하지만 명목집단 및 Delphi 기법과 같은 다른 접근이 적절할 수도 있다. 식별은 적어도 고객조직으로부터 가급적이면 한 팀을 포함하여 적어도 네 팀 멤버를 요한다.	개념단계 초기, 재검토 직전에 그리고 프로젝트가 의미 있는 변화를 겪는 어느 때나	인원 및 필요물의 변화가 자주 프로젝트에 기술이나 물리적조건과 같은 외부영향의 변화처럼 해로우며 그만큼 많은 위험을 만들어 낸다.
위험검증	모든 식별된 위험은 영향 및 확률을 위한 표본척도에 따라 평가되어야 한다. 이들 점수는 프로젝트 사무실 보관소에 있는 프로젝트 위험 하위 디렉터리에 문서화 되고 기록되어야 한다.	위험식별 이후 및 규칙적 간격을 두고 (적어도 프로젝트 전 기간의 4분의 1에 한 번)	표본 척도가 확실히 높은 확률이나 큰 영향인 위험을 도외시한다면 관행에서의 결점을 식별하고 계량을 위한 아무 권고가 이들 결점을 극복하도록 프로젝트 사무소와 접촉하라.

단계	과정 길잡이	시기선택	특별 고려사항
위험정량화	모든 H-H 위험은 (위험 정성화에서 식별된 대로) 위험의 기대가치(확률 × 영향)와 그것들의 적용에 적절한 우발위험 준비금을 설정하기 위하여 정량화 될 것이다.	위험 자격조건 이후	영향 및 확률 데이터의 출처는 철저하게 문서화되어야 한다. 그런 데이터가 전문가 인터뷰나 기타 정량적 기법의 결과라면 이차(와 삼차) 의견을 구함으로써 가능한 수준까지 그 데이터를 입증하라.
위험대응	최소한도로 전략은 프로젝트 개발에서 상위 20 위험에 대해 개발되어야 한다. 전략은 적용범위의 일관성과 효과성을 보장할 전략대응 행렬과 비교하면서 면밀히 개발되어야 한다.	위험 정형화 및 정량화 이후	실행에 책임이 있는 개인들은 전략을 완벽하게 개발하여야 한다.
학습된 교훈 문서화	이 정보의 대부분이 위험의 다른 단계에서 포착되는 동안 학습된 교훈의 종합적 재검토와 함께 프로젝트를 마감하는 것이 중요하다. 이것은 장래노력에서 다른 프로젝트매니저가 추구할 수 있는 구체적이고 실행가능한 방책을 포함해야 한다.	정기적으로 그리고 프로젝트 종료시	학습된 교훈은 효과적 추적을 보장하기 위한 연락처 명, e-메일 및 전화번호를 확보하여야 한다.

3) 투입 및 산출

위험관리 방법론의 응용은 하나의 핵심 전제 조건 즉, 안내서나 편람(便覽; handbook) 또는 그 방법론이 어떻게 적용될지에 대한 설명서를 필요로 한다. 그런 안내책자가 없으면 어느 조직의 위험방법론에 대한 개발노력도 무의미하게 된다. 그 안내책자가 많은 전문가 인터뷰, 브레인스토밍, 모의분석(模擬分析; simulation analysis)이나 기타 이 책에서 논의된 다른 도구나 기법과 같은 것들을 내세울 수도 있다. 방법론을 가지는 핵심 이유는 그 응용에서의 일관성의 척도를 보장하기 위한 것이다. 그 과정에서 나오는 산출물은 방법론이 확인하는 과정의 각 단계에 대한 서류가 포함될 것이다. 산출물은 방법론 특유의 것일 것이다.

4) 기법 적용하기에서의 주요 단계

각 방법론이 다르므로 사용된 단계들 또한 변할 것이다. 그러나 일부 적당한 공통성(共通性; commonalities)이 적용될 것이다.

(1) 아무 단계나 적용하기 전에 모든 단계를 재검토

많은 단계가 다른 단계 여하에 의존하기 때문에 어떤 단일 단계의 적용을 시도하기 전에 포괄적 개관(概觀; overview)을 가지는 것이 중요하다. 단일 과정의 산출물이 많은 다른 과정에의 투입물 역할을 하므로 전체관적(全體觀的; holistic) 시각이 적당한 사용을 위해 필수적이다.

(2) 어느 정보 저장소도 점검

어느 투입물과 산출물도 둘 다 공통의 집을 가질 것이므로 방법론에서 식별된 정보 저장소가 통용이라는 것과 그것들은 방법론이 기술하는 정보의 변형과 유형을 내포하고 있다는 것을 확인하는 것이 중요하다.

(3) 형식(forms)과 구성(formats) 확인

빈번하게 함수가 형식을 따르므로 그 프로젝트를 위해 어떤 형식과 구성이 적절한지 그리고 이들 형식과 구성에서의 표본 적용이 사용가능인지를 아는 것이 중요하다. 그 관행이 아직도 적용 가능이고 유효한지를 보증하기 위하여 그 관행을 과거에 사용하였던 사람들과 적용관행을 재검토하는 것이 합리적이다.

(4) 기록 책임(archival responsibility) 확인

조직 내 누군가는 궁극적으로 형식을 완성하고, 정보를 기록하고, 그 방법론 하에서 필요한 정보를 추적하는 책임을 져야 한다. 기록보관 담당자는 그런 방법론의 가장 강한 사람이거나 가장 약한 사람 둘 중 하나일 수 있다. 방법론을 시행하려 노력하는 많은 조직에서 최초의 시행이 순조롭게 나아갔지만 빈약한 마무리에 이르고 약한 파일 보관이 장기간의 응용에 손상을 준다. 그에 더하여 기록보관담당자가 빈번하게 정보 격차(隔差; gaps) 식별에 대한 책임을 지게 되고 많은 방식에서 방법론에 대한 임시 직무대행자 역할을 떠맡는다.

(5) 정기적 재검토 확립

효과적인 기록보관담당자는 방법론의 제일 큰 힘일 수 있지만 정기적 재검토가 어떤 단일 발자취도 방법론을 통하여 만들어진 데이터에 너무 무겁게 각인되지는 않는다. 개발되고 유지된 정보에 대한 다른 시각이 조직이 한 개인의 깊이보다 조직 기억 넓이를 활용하게 하여 준다.

5) 결과의 사용

방법론은 역사에 근거를 둔다. 새로운 프로젝트에 대한 위험방법론은 과거 프로젝트에 대한 정보에서 생겨난다. 방법론이 관행에 더해지는 것처럼 그것들이 만들어내는 역사가 적용될 때만 가치가 있게 된다. 옛 격언, "역사에서 배우지 못하는 사람들은 그것을 반복하는 운명에 처하게 된다."는 그것이 정부와 문명사회에 적용될 때와 똑같이 사업 세계 및 프로젝트 세계 둘 다에도 손쉽게 적용된다.

방법론으로부터의 정보는 새 팀 멤버에 프로젝트에 더 빠르게 융화되게 하여 주는 배경과 역사를 마련한다. 그것은 또한 임시(臨時; replacement) 프로젝트 매니저가 일어난 넓이를 더 잘 이해하게 하여 준다. 정보는 관계의 강함뿐만 아니라 약함도 분명히 하여야 하며 프로젝트 팀이 다른 부서, 기능 및 같은 프로젝트를 위해 일하는 파트너들과 함께 계속되고 있는 것들에 대해 볼 수 있게 하여 준다. 방법론은 소통을 가능하게 하여 주고 조직 내 누구든 어디에 일정한 데이터 형태들이 저장되어 있고 그것들에 어떻게 거기에 접근할 수 있는지를 알 수 있게 하여 준다.

6) 소요 자원

방법론을 따르기 위한 소요자원이 방법론 특정이긴 하지만 두 중대한 역할이 시행 책임이 있는 매니저와 프로젝트 기록보관 담당자이다. 프로젝트 매니저는 이상적으로 방법론의 정보 소요와 그 정보를 수집하기 위한 근거를 분명하게 이해하는 사람이어야 한다. 왜 그 정보가 수집되고 있는지 분명하게 이해하지 못하면 그 프로젝트 매니저는 무엇이 시간-집약적인 과정 인지를 방어하기 어려울 것이다. 기록보관 담당자의 역할은 앞에서 언급한 대로 많은 방식에서 성공적인 방법론의 주춧돌 역할이다. 철저하게 그리고 때맞춘 방식으로 포착하는 정보는 훨씬 높은 성공확률을 보장한다.

7) 신뢰성(信賴性; reliability)

방법론들은 그것들의 사학자(historians)만큼 믿을 수 있다. 어느 조직이 방법론들의 관행에 보상하고 방법론으로부터의 정보를 사용한다면 그 방법론들은 매우 믿을 수 있다. 그 대신에 만일 정보가 데이터를 위한 데이터로 인식된다면 신뢰성은 상당히 줄어들 것이고 적은 팀 멤버만이 능동적으로 그 정보를 따를 것이다.

방법론들은 자기 충족적 예언 능력의 열매이다. 잘 유지되고 사용될 때 그것들은 더 좋은 정보와 더 철저한 투입물을 끌어 모으는 경향이 있다. 만일 잘 유지되지 않으면 사람들이 그것들의 가치를 별로 볼 수 없을 것이고 능동적으로 공헌하지 못할 것이다. 약한 투입물은 방법론이 회복할 수 없는 악순환으로 몰고 갈 수 있다. 만일 팀 멤버가 능동적으로 데이터 입력에 시간과 에너지를 투자하고 있는 증거가 있다면 그 방법론의 신뢰성은 전체적으로 높아질 것이다.

8) 선별기준

위험방법론 기법은 기법을 위한 소요자원, 적용 및 산출물과 관련된 선별기준을 사용하여 사정된다. 위험관행방법론과 다른 기법과의 비교를 위해서는 [표 2.3.1](표본 위험방법론)을 보자.

(1) 소요자원(resource requirement)

방법론 적용을 위한 일부 소요자원은 다른 도구나 기법을 위해서보다 실제로 다소 더 추상적이다. 분명히 방법론 인프라(infrastructure는 준비되어 있어야 하고, 관리 챔피언(champion)은 그 기반구조를 위해 존재하여야 하며, 시간과 인원이 그 방법론의 요구에 맞도록 할당되어야 한다.

인프라 소요는 물리적이고 문서에 기반을 둔다. 물리적 기반구조 소요는 위험정보를 위한 공동의 데이터저 장시설(그리고 이상적으로 그 시설을 유지할 데이터 관리자)을 포함한다. 서류 기반구조는 데이터 입력을 위한 도관(導管; conduits)이 되는 프로그램 구성과 형식을 포함한다.

두 번째 핵심 소요자원은 관리 챔피언이다. 간부의 지원 없는 위험방법론의 장기 영향은 프로젝트의 단기 요구로 쉽게 잃게 될 수 있다. 효과적인 경영 챔피언은 방법론 뒤에 있는 이유들과 그것을 파괴시키는 영향을 알 것이다. 그는 역경에 직면한 방법론의 적용을 방어할 것이고 똑같이 하려는 간부들을 격려할 것이다.

기타 핵심 자원은 시간과 인원이다. 데이터 수집 및 데이터 입력 책임이 있는 기록보관 담당자와 프로젝트 매니저는 방법론을 뒷받침할 무거운 책임을 지며 분명한 뒷받침과 시간이 없이 이들 책임을 이행할 수 없을 것이다.

방법론 시행을 위한 **비용**은 프로젝트에 크게 좌우된다. 대규모, 다년간의 노력에서 시행비용은 무시할 정도이다. 짧은 수주 간 간여해서 시행비용은 상당하다고 인식될 수도 있다. 조직이 방법론을 시행하기에서 더 일관될수록 그리고 그 조직이 빠르고 분명한 데이터 입력을 더 효과적으로 쉽게 한다면 같은 이득 수준을 만들어내는 데 더 작은 시간이 필요할 것이다.

방법론을 위한 적당한 시설과 장비는 일반적으로 일관된 데이터 수집과 저장을 가능하게 하는 네트워크(network) 서버(server) 또는 클라우드 기반(cloud-based) 인터페이스(interface)를 포함한다. 개발된 어떤 형식 및 구성방식도 필요할 것이지만 그것들은 궁극적으로 인터페이스 그 자체의 부분이 될 것이다. 시스템 및 조직의 시설에 대한 요구는 처음에는 보통이지만 시간이 지남에 따라 더 쉬워질 것이다.

위험방법론을 시행하는데 필요한 시간은 방법론에 따르지만 이상적으로는 프로젝트의 크기에 비례할 것이다. 인프라가 이미 준비되어 있다면 시행에 필요한 시간은 제한될 것이다.

방법론 사용의 쉬움은 중간정도이다. 단계들이 분명하게 설명되었으므로 실제 적용 및 문서의 소요 또한 모든 중대한 정보가 포착되었다는 것을 보장하기 위한 능숙한 솜씨를 필요로 한다. 준비된 방법론이 오래될수록 그리고 그 적용이 더 일관될수록 그것은 더 사용하기 쉽게 된다.

프로젝트 매니저의 **시간투입**은 크게 프로젝트 문서보관 담당자로 확인된 개인의 숙련과 능력에 기반을 둔다. 숙련된 문서보관 담당자는 아무 정보 간격도 메우도록 프로젝트 매니저를 이끌 것이고 연구 및 분석에 포함되는 시간과 에너지를 줄여줄 것이다. 덜 숙련된 문서보관 담당자는 프로젝트 매니저로부터 광범위한 지원이 필요할 수도 있고 프로젝트 매니저가 데이터 수집 및 기록에 투자하는 데 필요할 시간의 양을 상당히 증가시킬 수도 있다.

(2) 응용(applications)

방법론은 그것이 프로젝트에서 프로젝트로 그리고 프로젝트 매니저에서 프로젝트 매니저로 일관성을 가져다 줄 때 가장 효과적으로 적용될 수 있다. 방법론의 적용 가능성은 높은, 보통, 낮은의 척도로 사정된다.

프로젝트 상태 보고는 계획, 비용 및 일정 추적감시를 지칭한다. 추적감시 과정은 빈번하게 방법론의 핵심 함수이고 왜 그런 방법론이 시행되는지에 관한 기본적 이유이다. 프로젝트 상태 보고서는 특히 비교분석을 위한 방법론들에 심하게 의존한다.

주요 계획 결정은 역사에 뿌리를 두어야 한다. 역사는 방법론이 뒷받침하는 보관소(保管所; repositories)에 수집된다. 따라서 방법론과 주요 계획 결정은 뗄 수 없게 연결되어 있다.

계약전략 선별은 비록 여러 가지 형태의 응용에 대한 어느 문서 또는 역사도 계약전략 선별에 책임이 있는 사람들에게 이롭다고 증명될 수도 있지만 방법론에 심하게 의존하지 않는다. 아직 방법론과 계약전략 선별 간의 관계는 극히 제한적이다.

역시 방법론들은 **이정표 준비**에서 거의 관계가 없는 역할을 한다. 대부분의 방법론에서 포착된 이정표에 관한 제한된 정보만이 있을 뿐이며 그것이 문제 되는 방법론의 초점이 아니라면 아주 제한된 응용 가능성이 있을 것이다.

방법론은 비록 과거 지료 수집 노력으로부터의 통찰이 유익하다고 증명될 수도 있지만 **설계지침**을 직접 뒷받침하지는 않는다.

구매 또는 계약 과정을 다룰 방법론에 들어가 있는 특정한 요소들이 없다면 방법론은 **공급처 선별**(供給處選別; source selection)을 뒷받침하지 않는다.

우발 위험 준비금 구축 또는 예산상 관행 확립에 초점을 둔 방법론에 반영된 특정한 위험 관점이 있다면 그 방법론은 **예산 제출**을 뒷받침할 수도 있다.

방법론들은 다른 응용에도 도움을 준다. 아마도 기장 중요한 것은 그것들이 조직의 학습된 교훈에 기반을 둔다는 것이다. 그것들은 일관된 데이터 수집 및 위험 활동을 보고하고 특정한 프로젝트 위험 행동의 목록을 만드는 분명한 수단을 보장한다. 도구로써 방법론들은 조직이 그렇지 않으면 잃어버릴 정보를 포착하게 하여 준다.

(3) 산출(産出; outputs)

방법론의 산출물은 방법론 자체 안에 규정된 형식을 사용한다. 많은 조직들이 그런 정보를 전자카피(electronic copy) 안에 만들어내고 그것을 조직의 서버(server)나 클라우드(cloud) 데이터 저장 사이트에 저장한다. 산출물은 정성적 데이터와 정량적 데이터에 대한 개인적 시각 둘 다를 포함할 수 있다.

방법론에서 나온 정보의 **정확성**은 그것이 일반적으로 여러 가지 정성적 기법에서 탄생되지만 일반적으로 높다고 인식된다. 이 높은 정확성의 인식에 대한 이유는 그 정보가 일관된 방식으로 만들어지며 공용의 저장소에 저장된다는 것이다. 그것이 질서의식을 만들어내기 위하여 작동된다. (단 한 사람의 프로젝트 매니저가 단순하게 단 하나의 프로젝트를 위한 정보를 만들어냈다면 그런 의식은 존재하지 않을 수도 있을 것이다.)

상세의 수준(level of detail)은 방법론의 힘이다. 왜냐하면 방법론 안에 있는 단계들의 기술(記述; description)이 관련된 정보를 위해 적절한 상세의 수준으로 정보를 좌우하기 때문이다.

효용(效用; utility)은 투입된 노력과 정보의 가치 둘 다를 고려한 주관적 요인이다. 조직이 그 정보 하에서 모아진 어떤 정보든 간에 수집하기에 적합하다고 보았기 때문에 그 데이터의 효용은 높다고 생각될 수밖에 없다.

요컨대 방법론은 개별 프로젝트 매니저의 작업의 결과가 아니다. 투입물이 단일 프로젝트 경험을 반영하는 반면에 그 구조는 정보의 필요와 뒷받침하는 조직의 비전(vision)의 직접적 반영이다. 그리고 조직이 정보에 대한 장기목표가 없다고 할지라도 (여러 프로젝트 자원 관리나 우발 위험준비금 결정과 같은) 단기 이유가 방법론의 개발을 건전하고, 합리적인 사업관행으로 만들 수 있다.

4 문서 재검토(documentation review)

일부 프로젝트에서 문서 재검토는 프로젝트에 관하여 달리는 존재하지 않는 정보를 추리할 기회로 보인다. 그러나 다른 프로젝트에서는 그것은 어떤 주어진 활동에 내재하는 자연적 위험이 식별되는 것을 보장하기 위한 진정한 노력이다. 문서 재검토는 작업의 서술에서부터 그 작업의 명세 구조, 프로젝트 강령에 이르는 그 프로젝트의 지원 문서 폭을 철저하고 일관되게 분석하게 하여 준다. 근본적으로 어떤 프로젝트 문서화도 위험의 요소를 반영할 수도 있지만 전체적으로 프로젝트의 단순한 최선의 관행 평가로 재검토되어야 한다.

프로젝트 문서는 프로젝트에서 프로젝트로 변할 수도 있지만 의뢰인 편에서든 프로젝트 조직의 데이터 풀에서든 어떤 의미 있는 문서도 철저한 재검토 없이는 놓칠 위험정보를 숨길 수 있다.

프로젝트 문서 재검토는 프로젝트 문서의 단순한 읽기 이상이지만 그것이 프로젝트에 관하여 언제나 만들어진 모든 단어의 해부나 어구 분석은 아니다. 오히려 달리는 필요나 작업의 서술에 표시되지 않는 만들어진 전제, 천명된 일반론, 표현된 우려(憂慮; concerns)를 식별하기 위한 균형 잡힌 분석이다.

문서 재검토가 프로젝트에서의 다른 문서를 얼마든지 포함할 수 있지만 일정한 문서는 최소 즉, WBS(Work Breakdown Statement)(개발되었다면), 작업의 천명(또는 이해의 비망록), 프로젝트 강령 및 비용/일정 기록이 검토되어야 한다. 문서는 개발의 여러 단계에서 있을 수도 있다 할지라도 그것들이 프로젝트의 결과를 받아쓰거나 프로젝트의 의한 것을 반영한다면 그것들은 재검토되어야 한다.

1) 기법 서술

프로젝트 문서 재검토는 하나의 항상 진행 중인 중대한 문제 즉, 이 문서에 있는 정보가 이 프로젝트에 대해 우리가 직면할 수도 있는 잠재적 위험을 확인하여주는 문제와 관련 있는 문서를 철저하게 다시 읽는 것이다. 이 재검토는 그룹 설정에서 또는 개인들이 가장 친숙한 문서를 분석하게 함으로써 실현될 수 있다.

예를 들면 WBS(work breakdown statement)에서 문서 재검토는 (모든 수준에서) 모든 활동과 하나씩 죽 읽는 것 그리고 그 뒤 질문 “위험이 무엇이지?”라고 함께 묻는 것을 포함한다.

이 기법은 특수한 숙련이 필요 없으며 재검토 하의 문서에 의해 기술된 과정과의 친숙과 그 안에 어떤 잠재적 위험이 존재하는지가 필요할 뿐이다.

2) 언제 적용할 수 있을까?

이 기법은 프로젝트의 개시문서가 완성된 모든 프로젝트에 추천된다. WBS가 충분하게 개발되는 것이 필수적이지는 않지만 프로젝트 문서화가 진전되는데 따라 재검토를 계속하는 것은 도움이 된다. 하나의 문서화(또는 그 구성요소들)로부터의 발견의 원인이 되는 어느 위험도 목록이 작성되어야하고 그 문서와 일치되어야 한다.

3) 투입과 산출

문서화를 위한 투입물은 차라리 명확하다. 즉, “프로젝트 문서”. 프로젝트, 그 과정 또는 목적에 명확성을 주도록 설계된 어떤 문서화도 그런 재검토에 포함되어야 한다.

산출물은 분석 기간 동안 포착된 식별된 위험, 위험 출처, 그 계기일 것이다. 그것들은 문서화 되어야하고 목록이 작성되어야 하고 뒷날에 같은 문서화를 더 재검토를 하는 누구도 손쉽게 구할 수 있어야 한다.

4) 이 기법을 적용함에 있어서의 주요 단계

문서화 재검토가 일반적으로 쉽게 적용되므로 그 단계들은 진행 중인 재검토의 형태에 기반을 두고 어느 정도 변할 수도 있다. 그러나 이들 재검토 대부분을 포괄하는 일관성은 있어야 한다.

(1) 프로젝트 문서의 가용 풀(pool) 식별하기

이것에 모든 엔지니어의 노트(note)가 포함되는 것은 아니다. 그러나 그것은 프로젝트, 그것의 소요, 그리고 내부 및 외부의 실체들 간의 관계의 이해에 직접 기여하는 정보만은 꼭 포함되어야 한다.

(2) 문서를 재검토할 적절한 당사자 식별하기

일부 문서는 고도로 기술적이어서 단지 한 사람이나 두 사람의 직원만이 어느 요소들이 위험을 나타낼지에 대한 아이디어를 가질 것이다. 열쇠는 그 문서에 따라 책임이 있는 개인들을 맞추는 것이다.

(3) 위험과 문서를 보는 눈으로 문서 읽기

문서를 재검토하는 사람이 문서를 분석할 때 그 문서에 포함된 어떤 위험 정보가 만들어질지에 대한 시각을 일관되게 유지하는 것이 중요하다. 만일 그 맥락을 명심한다면 계획, 계약 및 내부지원 시각으로부터의 위험을 발견하기 위한 새로운 깊이를 파헤치는 훌륭한 기회가 있을 것이다.

(4) 어떤 위험문제도 목록 작성하기

새로운 위험, 도화선 또는 조짐이 식별되면 그 정보는 포착되고 최초의 문서에 연결되어야 한다. 그런 방식으로 그 문서를 재검토하는 어느 누구도 이미 강조된 우려를 발견할 수 있을 것이다.

(5) 어떤 새로운 위험도 소통하기

마지막으로 식별된 위험은 프로젝트 소통 계획이나 프로젝트 위험방법론에 설정된 어느 소통 통로를 통하든 공유되어야 한다. 만일 위험이 프로젝트에서의 다른 당사자들에게 소통되지 않는다면 그 정보가 효과적으로 사용될 기회는 낮을 것이다.

5) 결과의 사용

문서 재검토기간 동안 수집된 정보는 대부분 그 프로젝트에 대한 공동의 위험지식을 나타낼 수 있다. 만일 식별된 공동의 위험이 역사적으로 그 프로젝트조직에 최고수준의 우려의 원인이 된 것과 같은 위험이라면 이것이 요구되는 최저수준의 기술적 지원과 최고의 수율(收率; yield)을 가진 위험기법일 수도 있다.

이 기법이 제공하는 정보는 사실상 모든 분명한 프로젝트 위험을 포함하여야 한다. 그것은 또한 더 프로젝트 특정이고 더 직접 여러 프로젝트 당사자의 문서화된 이해에 관련된 위험정보의 두 번째 위험 정보 모음을 만들어 내야 한다. 모범경영조직에서 문서 재검토로부터의 산출물은 분석에서 사용된 최초문서에 직접 연결될 것이다.

6) 소요자원

문서 재검토를 위한 소요자원은 문서에 특정되지만 기본적으로 이례적인 것과 공동의 걱정거리를 식별하기에 충분한 그 문서를 이해하는 그리고 그 문서와 친숙한 개인들이다. 프로젝트 매니저가 정보가 적당하게 초점이 맞춰졌다는 것을 보증하는 책임을 공유할 것이지만 그 재검토인은 재검토에서의 기본적 역할에 책임을 져야 한다. 최상의 재검토인은 위험문제를 식별하고 프로젝트 팀에 전체로써 중요하고 의미 있는 방식으로 그 문제를 소통할 수 있는 사람들일 것이다.

7) 신뢰성

문서재검토는 그것들을 개발하기 위하여 사용된 정보만큼 신뢰할 수 있다. 만일 그 프로젝트가 풍부한 문서 풀(pool)을 가지고 있고 그 작업의 범위와 성질을 이해하는 사람들이 그 풀을 이용할 수 있다면 그 재검토인의 신뢰성은 극히 높을 것이다. 그러나 그 데이터 풀이 얕거나 그 재검토인이 아주 경험이 부족하다면 문서 재검토의 산출물은 신뢰하기 어려울 공산이 있다.

8) 선별기준

문서 재검토 기법은 그 기법을 위한 인적자원, 응용 및 산출물에 관련되는 선별기준을 사용하여 사정된다.

(1) 소요 자원

문서 재검토를 위한 기본적 소요자원은 문서와 인원을 포함한다. 문서는 중앙에 보관되고 재검토인들이 쓸 수 있어야 한다. 그리고 프로젝트, 그 접근 및 그것의 인원에 분명하게 연결될 필요가 있다.

그런 노력을 위한 문서화가

- 작업분할구도(作業分割構圖; work breakdown structure)
- 프로젝트 헌장(憲章; charter)
- 계약
- 양해각서(諒解覺書; memorandum of understanding)
- 업무기술서(業務記述書; statement of work)
- 소요문서 (所要文書; requirements documentation)
- 네트워크 도표(network diagrams)

를 포함할 수도 있지만 이것들에 제한되지 않는다.

문서 소요들 하나하나를 재검토하도록 배정된 인원은 그 문서에 대한 분명한 이해와 경험을 가진 개인들이어야 한다. 그들은 문서 안에 있는 어떤 상황이 위험으로 식별되는지 그리고 그렇게 하는 이유가 무엇인지를 소통하는 능력을 가진 개인들이어야 한다.

문서 재검토를 위한 **비용**은 특히 수율(收率; yield)과 대비할 때 상대적으로 작다.

문서 재검토를 위해 **적당한 시설과 장비**는 보통 일관된 데이터 수집과 저장을 허용하는 네트워크 서버 또는 클라우드 스토리지(cloud storage)와 같은 공동의 데이터 저장소로 구성된다.

문서 재검토를 **시행하는데 소요되는 시간**은 이 기법의 가장 매력적인 측면 중 하나이다. 그것은 보통 팀 멤버들이 그 작업을 수행하는데 쓸 수 있는 시간 안에 완료될 수 있는 단기간의 노력처럼 보인다.

사용의 쉬움(ease of use)은 문서 재검토가 일반적으로 단순히 읽고 재검토를 반복하기 때문에 그 정도가 높다. 그 과정의 가장 도전적이고 시간을 소모하는 측면이 재검토인의 통찰을 포착하는 데 요구되는 문서화이다.

프로젝트 매니저의 **시간 투입**(時間投入; time commitment)은 프로젝트 매니저가 과업을 독립적으로 수행하는 정도에 따른다. 팀 멤버에게 문서 재검토와 연계되는 과업에 대한 더 많은 책임이 주어질수록 프로젝트 매니저 편에는 시간이 덜 소요된다.

(2) 응용

문서 재검토는 데이터 풀이 깊고 손쉽게 접근할 수 있을 때 가장 효과적이다. 그 재검토들이 프로젝트 전체의 해석 그리고 어느 정도 프로젝트의 수명주기 동안에 만들어지는 일부 정보를 확인하게 하여 준다.

문서 재검토는 **프로젝트 상태 보고**를 강력하게 뒷받침한다. 왜냐하면 그 재검토가 보통 프로젝트 상태 정보(뿐만 아니라 어떤 흔치 않은 보고하기 소요도)의 존재 기반에서의 결점을 식별할 것이기 때문이다.

주요 계획 결정은 프로젝트 역사에 기반을 두고 있기 때문에 프로젝트 문서 재검토에 크게 의존한다. 그 재검토는 조직에 그런 결정을 위한 기초를 분명히 하고 평가되고 있는 문서의 명백한 해석이 있다는 것을 보장하기 위한 기회를 준다.

계약 전략 선별은 문서 재검토에 비록 그 둘이 불가분하게 연결되어 있지는 않다 할지라도 어느 정도 의존할 수도 있다. 문서 재검토가 일반적으로 계약을 포함하므로 일부 중복은 여기서 거의 피할 수 없다. 그러나 뒷받침의 정도는 잘해야 중간쯤이다.

이정표 준비하기는 그 재검토가 주요 프로젝트 제품 및 사건을 준비하기 위해 필요한 노력의 수준에 관하여 통찰하게 하여 줄 수도 있지만 문서 재검토로부터 오직 명목상의 뒷받침만을 받을 것이다.

그 재검토가 고객 기대, 전반적 프로젝트 목적들 및 상세 시행 접근법을 의미하여야 하기 때문에 설계 지침은 문서 재검토에 크게 의존하여야 한다.

비슷한 이유로 문서 재검토는 **공급원**(供給源; source) 선별을 뒷받침할 수 있다. 왜냐하면 프로젝트 작업의 본성이 그리고 비슷한 목표 달성에서의 성과 역사가 프로젝트 성과를 위해 최선의 가용 공급원을 확립하는데 크게 도움이 될 수도 있기 때문이다.

많은 같은 이유 때문에 문서 재검토가 **예산 제출**(豫算 提出; budget submittal)을 뒷받침한다. 문서는 과거성과, 쟁점들 및 우려에 관한 정보를 포함할 것이고 그런 의미에서 예산 제출을 강하게 뒷받침할 수도 있다.

문서 재검토는 프로젝트 관리의 업무처리 모범규준(best-practice)의 핵심 구성요소를 이룬다. 업무처리 모범 규준의 매니저는 장래 행동 방침을 정하기 위해 역사에 의존한다. 그들은 프로젝트 안에 존재하는 정보의 가치를 이해하고 새로운 노력과 씨름할 때마다 같은 방식으로 일을 하려고 생각하지 않는다. 같은 옛 접근법을 적절한 그리고 새로운 행위를 필요로 하는 상황들 사이에서 분별하기 위해 그들은 그 상황의 매개변수를 알고 이해해야 한다. 문서 재검토가 그런 이해의 정도를 제공한다.

(3) 산출물

문서 재검토의 산출물은 문서 이상의 것이다. 그것들은 위험을 분명히 하고 해석하고 식별하는 그리고 존재하는 문서의 공통의 이해를 확립하는 뒷받침 문서로 구성된다.

문서 재검토의 **정확성**은 크게는 재검토인에 달려있다. 정보 해석을 위한 문맥이 없는 피상적인 재검토는 조직을 가치가 낮은(그리고 덜 정확한) 정보를 가진 조직으로 남게 한다. 반면에 더 망라된 문서 분석이 훨씬 더 정확한 통찰을 만들어낼 수 있다.

상세함의 수준은 크게 재검토인에 달려있다. 일부 재검토인은 그 프로젝트의 이해에 추가될 위험 통찰을 위한 위험정보를 어떻게 조사하는지를 안다. 다른 사람들은 상세함을 의미 있는 가치를 가지는 수준보다 너무 높은 수준으로 유지하려 한다.

새로이 발견된 정보가 최초 문서와 함께 유지되고 보관되기 때문에 문서 재검토를 위해 **효용**은 높다. 그것은 조직의 위험가치 이해를 확장하고 위험을 위험이 때로는 이차적 문제로 (프로젝트 현장에서처럼) 보이는 정보와 함께 볼 수 있게 한다.

요컨대 어느 정도 문서 재검토는 일상적인 관행에 문서작업이 포함되는 일상적인 프로젝트의 지루한 일처럼 보인다. 어떤 점에서는 그것이 적절한 기술(description)일 수도 있다. 그러나 문서 재검토는 그것들의 한계 벽을 넘어선다. 문서 재검토는 우리가 달리는 포착할 수 없을 수도 있는 깊이와 명확성의 수준을 제공한다. 그것들은 프로젝트가 성취하려는 것과 어떻게 그리 할 것인지에 관한 더 명확한 비전을 준다.

5 유사점 비교(analogy comparison)

위험 식별, 검증, 정량화를 위한 유사점 비교 및 학습된 교훈 기법은 어떤 프로젝트도-아무리 앞서거나 유일하다 할지라도-전적으로 새로운 시스템이 아니라는 생각에 기반을 두고 있다. 대부분의 프로젝트는 기존 프로젝트에서 시작되었거나 진화되었거나 단순하게 기존의 구성요소들이나 하위 시스템의 새로운 조합에 해당한다. 이 전제의 논리적 확장이 프로젝트 매니저가 유사한 기존 또는 과거 프로젝트의 성공, 실패, 문제 및 해법을 조사함으로써 당면한 프로젝트의 위험의 여러 측면에 관한 가치 있는 통찰력을 얻을 수 있다는 것이다. 얻어진 경험과 지식 또는 학습된 교훈이 프로젝트에 있는 잠재적 위험 식별과 그 위험을 다루는 전략 개발 과업에 응용될 수 있다.

1) 기법 서술

유사점 비교와 학습된 교훈 기법은 당면한 프로젝트 노력과 유사한 과거나 기존 프로그램 식별, 위험 과정에 있는 이들 프로젝트로부터의 데이터 사용과 재검토를 포함한다. “유사한”이란 용어는 프로젝트를 정의하는 여러 특성의 공통성(共通性; commonality)을 지칭한다. 유사성은 기술, 기능, 계약전략, 제조공정 또는 기타 분야에서의 비슷할 수도 있다. 그 열쇠는 프로젝트 특성들과 조사되고 있는 프로젝트의 특별한 측면과의 관계를 이해하는 것이다. 예를 들면 많은 시스템 개발에서 역사적 비용 데이터가 기술적 복잡성과 강력한 긍정적 관계가 있다는 것을 보여준다. 따라서 비교를 위해 비용 위험을 분석할 프로젝트를 찾을 때 유사한 기능, 기술 및 기술적 복잡성을 가진 프로젝트로부터의 데이터를 조사하는 것이 이해가 된다. 과거 프로그램으로부터 학습된 데이터나 교훈의 사용이 그 시스템, 하위시스템 또는 구성요소의 수준에서 응용될 수 있다. 예컨대 비록 기존 시스템의 기능과 생산량이 다를지라도, 일부 핵심요소가 현행 프로젝트의 것과 성과 특성(成果特性; performance characteristics)에서 비슷할 수도 있으며 그 유사점이 그 특성을 유사성 비교를 위한 기반이 되게 만든다. 대체로 보아 몇 개의 다른 프로젝트가 여러 완성품 수준에서 현행 프로젝트와의 비교를 위해 사용될 수도 있다.

2) 언제 응용되나

프로젝트 매니저는 역사적 데이터가 유용한 아무 때나 프로젝트의 모든 단계와 측면에서 학습된 교훈을 사용하거나 기존 프로젝트와 새로운 프로젝트를 비교할 수 있다. 이들 기법은 시스템이 기본적으로 기존의 하위 시스템, 장비 또는 구성요소의 새로운 조합일 때 특히 가치가 있다. 최근의 완성된 역사적 프로젝트 데이터를 쓸 수 있을 때 그 가치가 상당히 증가한다. 적당하게 만들어지고 문서화되었을 때 유사점 비교가 어떻게 프로젝트 특성이 식별된 위험에 영향을 주며 다른 위험기법에의 투입물 역할을 하는지를 잘 이해하게 하여 준다.

3) 투입물 및 산출물

이 기법을 사용하기 위해 다음 세 데이터 형태가 필요하다.

새 시스템과 그 구성요소(또는 방법)의 서술과 프로젝트 특성
기존 또는 과거 프로젝트와 그 구성요소의 서술(또는 방법) 및 프로젝트 특성

재검토되고 있는 이전 시스템에 대한 상세 데이터(비용, 일정 및 성과)

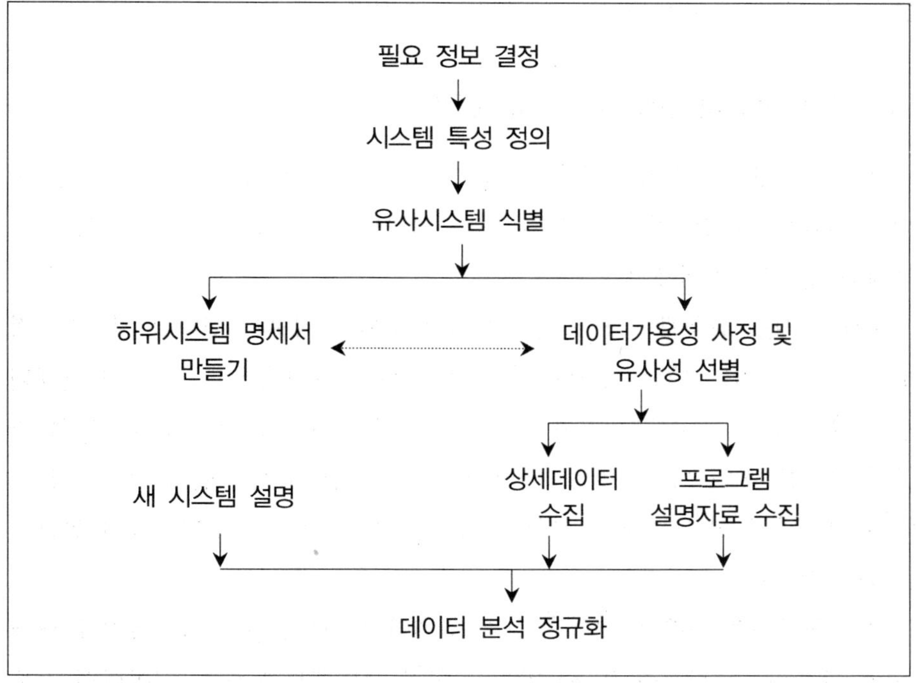

[그림 2.3.1] 유사점 비교

서술과 프로젝트 특성은 현행과 과거 프로젝트 간의 유효한 유사점을 도출하기 위하여 소용된다. 상세 데이터가 프로젝트 위험과 현행 프로젝트에의 그 잠재적 영향을 이해하고 평가하기 위해 필요하다.

자주 프로젝트 매니저는 적절한 비교를 하기 위하여 그리고 추정을 돕거나 새 프로젝트에 관해 추론하기 위하여 옛 프로젝트로부터의 데이터를 조

정하기 위해 기술적 전문가를 필요로 한다. 기술적 또는 프로젝트 판단이 복잡성, 성과, 물리적 특성 또는 계약 방법에서의 차이에 대하여 발견한 것과 데이터를 조정할 필요가 있을 수 있다.

유사한 프로젝트와 학습된 교훈 조사로부터의 산출물은 다른 위험 사정 및 분석기법에의 투입물이 된다. 프로젝트 학습 교훈 보고서는 프로젝트의 조사 목록(調査目錄; watch list)이나 위험 등록으로 통합될 다수의 문제를 식별할 수 있다. 과거 개발 프로젝트의 길이와 휘발성이 새 프로젝트의 개발 일정의 네트워크 분석에서의 현실적 지속기간 구성을 도와주는 정보를 제공한다. 학습된 교훈 재검토로부터의 데이터가 위험 식별, 자격조건, 정량화 및 대응 기법을 위한 정보의 원천이 된다.

4) 기법 적용하기에서의 주요 단계

유사 시스템 데이터와 학습된 교훈 사용의 주요 단계는 유사 프로그램 확인, 데이터의 수집, 수집된 데이터의 분석이 포함된다. [그림 2.3.1]이 이 과정의 진전된 명세를 보여준다.

첫째 단계는 위험관리의 이 단계에서 요구되는 정보를 정하는 것이다. 정보 요구의 범위는 핵심 접근에 대한 예비 위험 사정에서 그 노력에 연계되는 주요 위험의 프로젝트 전체 분석에 이른다. 둘째 단계는 새 시스템의 기본적 특성을 정의하는 것이다. 일반적으로 정의된 새 시스템을 가지고 분석인은 비교와 분석을 위해 유사한 속성들을 가진 과거 프로젝트를 확인하기 시작할 수 있다.

이 과정에서의 다음 단계들은 상호 의존적이므로 일반적으로 동시에 행해진다. 유용한 유사점 비교에의 열쇠는 과거 프로젝트에 대한 데이터의 이용 가능성(利用可能性; availability)이다. 새 시스템은 역사적 데이터의 이용 가능성을 사정하는 동안 비교를 위한 논리적 구성요소로 분해된다. 정보의 상세한 수준의 정도가 같은 것이 비교를 위해 필요하다. 데이터의 이용 가능성, 그 과정의 정보 필요성 및 그 프로젝트의 논리적 구조의 기반 위에서 유사한 시스템이 선택되고 데이터가 모인다.

비교를 위해 모아진 데이터에는 분석되고 있는 상세한 정보뿐만 아니라 과거 프로젝트의 일반적 특성 및 서술이 포함된다. 일반적 프로젝트 서술

데이터는 적당한 유사점들이 모아지고 있다는 것과 이들 특성과 모아지고 있는 상세한 데이터 간의 관계가 분명하다는 것을 보장하기 위하여 필수적이다. 효과적 유사점을 비교하기 위하여 사용되고 있는 특성과 조사되고 있는 프로젝트의 특정한 측면 사이에 무언가 관계가 존재하여야 한다.

데이터 수집 과정과 최초 사정(査定; assessment)이 비교 목적에 대한 진전된 시스템을 정의하게 하여 준다. 이것이 완료된 뒤에 그 과정에서의 마지막 단계는 역사적 데이터 정규화와 분석이다. 그러나 더 오래된 시스템에의 비교는 정확하지 않을 수도 있다. 그 데이터가 현행 프로젝트의 추정을 위한 기반으로 쓰일 수 있도록 조정될 필요가 있을 수 있다. 예를 들면 유사점 기반 비용 추정에서 비용 데이터는 확실한 비교를 위해 인플레이션(inflation), 간접비(間接費; overhead) 비율, 일반 및 관리비 비율 등등에 대해 조정되어야 한다. 결과적으로 프로젝트 매니저는 빈번하게 과거 및 현행 프로젝트 간의 차이에 대해 데이터를 조정하기 위하여 기술적 도움을 필요로 한다. 바라는 산출물들이 비슷한 과거 프로젝트의 관찰을 기반으로 하는 프로젝트의 비용, 일정 및 기술적 위험에로의 통찰력을 제공한다.

5) 결과의 사용

앞에서 언급된 대로 유사점과 학습된 교훈이 일반적으로 다른 위험 기법을 강화시킨다. 그 결과가 추정에서 사용될 문제나 다양한 비용요소들의 개발을 추적 감시할 요인의 체크리스트(checklists)를 제공한다. 유사점과 학습된 교훈이 위험정보를 만들어낸다. 정보가 상세 추정에서, 기술 절충 연구에서 또는 합리성의 빠른 검사를 위한 시스템 수준에서 사용되는지 여부와 관계없이 결과는 분석과 의사결정을 위한 통찰력을 분석가에게 제공되리라 생각된다.

6) 소요자원

위험 데이터를 수집하기 위한 유사점 데이터 및 학습된 교훈 연구를 사용하는 것은 비교적 쉬운 과제이다. 적당한 비교 선별과 수집된 데이터의 분석이 일부 기술적 도움 및 판단을 필요로 할 수도 있지만 그 과업은 아마도 프로젝트 매니저의 능력을 넘어서지는 않는다. 그러나 유사점 비교를 위해 요구되는 시간과 노력은 폭넓게 변할 수 있다. 필요한 자원은 데이터 모으기의 깊이, 다른 프로젝트의 수 및 역사적 데이터의 이용 가능성에 의존한다. 따라서 프로젝트 팀은 제한된 정보량에 대해 많은 노력을 해야 한다. 그것이 데이터 이용 가능성의 최초 사정(査定; assessment)이 비교할 유사 프로그램 선별에서 중요한 이유이다.

7) 신뢰성

유사점 비교와 학습된 교훈 사용하기는 두 가지 한계를 가지고 있다. 첫째 데이터의 이용 가능성은 이미 검토되었다. 만일 공동의 프로젝트 특성이 발견될 수 없거나 상세한 데이터가 오래된 또는 새로운 시스템 어느 쪽에서든 빠져있다면 수집된 데이터는 제한된 효용을 가질 것이다. 두 번째 한계는 추출된 유사점의 정확성에서 나온다. 더 오래된 시스템이 다소 비슷할 수도 있지만 기술, 제조하기, 방법론 등등에서의 빠른 변화가 비교를 부적절하게 만들 수도 있다.

8) 선별기준

유사점 비교는 이 기법을 위한 소요자원, 응용 및 산출물과 관련된 선별기준을 사용하여 사정된다.

(1) 소요자원

그 조직이 과거 프로젝트로부터의 정보 유지하기에 관하여 정성 들여왔다면 유사점 비교 기법에 연계된 **비용**은 비교적 적다. 정보를 추출해올 넓은 데이터베이스(database)가 있다면 새 프로젝트가 부분적으로 더 오래된 프로젝트에 유사하다고 전제하면 유사점 기법은 쉽게 적용될 수 있다. 불행하게도 대부분의 새 프로젝트는 부분적으로만 유사하며 단편적인 정보로 평가되어야 한다. 데이터가 이용 가능하다면 소모된 시간자원은 일주일이거나 그 이하만큼 적을 수도 있다. 그러나 그 데이터가 피상적(皮相的; sketchy)이라면 그 조직 내의 몇 개의 부서 또는 프로젝트로부터 데이터를 모으는데 수개월이 걸릴 수 있다.

적당한 시설 및 장비는 초보적이어서 역사적 프로젝트 데이터를 주관하는 서버(server)와 적절한 데이터베이스(database) 접근 도구, 워드프로세서(word processor) 및 프로젝트 관리 응용프로그램을 가진 클라이언트 컴퓨터(client computers) 정도로 이루어진다.

이 접근을 시행하는데 필요한 시간은 데이터를 이용할 수 있는 출처의 수와 그 활동에 배정된 팀 자원의 수의 직접 함수이다. 셋이나 네 명의 데이터 모으는 사람으로 이루어진 팀이 가장 복잡한 정보 세트조차도 일이 주의 짧은 기간 안에 편집하고 재검토할 수도 있다. 그 과업에 배당된 단 한 사람에게 조차 "비용" 범주(範疇; category)에 할당된 시간자원이 적용된다.

사용의 쉬움은 유사점 접근의 주요 이점(利點; advantage)이지만 그 쉬움은 보기와는 다를 수도 있다. 일부 프로젝트 매니저는 전체 프로젝트에 대해 일률적, 일대일의 유사점을 만들게 유혹될 것이다. 그러나 그것은 가장 드문 경우에만 적용될 수 있다. 하지만 이 기법은 고려 중인 새 프로젝트의 맥락에서 적용된다면 적절하다. 이것은 비교되고 있는 프로젝트의 규모, 프로젝트가 개발되는 시간 단위(時間單位; time frame) 또는 그 둘에 적용된 자원들이란 면에서 평가될 수 있다. 따라서 이 기법은 자주 사실보다 더 쉬어 보인다.

프로젝트 매니저의 이 기법에서의 **시간 투입**은 프로젝트 매니저가 데이터 분석하기에서 원하는 것이 얼마나 많이 포함되는가에 의해 정해진다. 만일 그 프로젝트 매니저가 그 팀의 작업을 승인하기에 가능한 한 작은 시간을 쓰기를 원한다면 노력의 수준은 별것 아닐 것이다. 프로젝트 매니저가 결론을 좌우하는 유사 프로젝트를 분석하는데 적어도 몇 시간을 투자하는 것이 바람직하다.

(2) 응용

프로젝트 상태 보고하기를 위해 유사점 비교 기법은 단지 프로젝트를 위한 기준치(基準値; baseline)를 설정하는데 사용되어온 일정한 숫자들을 지키는 역할만 할 수 있다. 그 외에는 유사점 비교는 새 프로젝트의 현재 상태를 사정하는 가치는 별로 없다.

주요 계획 결정은 조직의 학습된 교훈에 아주 많이 의존하여야 한다. 역사가 훌륭한 선생이며 유사한 프로젝트에서 얻은 조직의 역사적 경험 사용이 귀중하다는 것을 증명할 수 있다. 만일 확실한 방법들이 기도되었다면 그것들이 성공하였는지 실패하였는지 여부를 찾아내는 것은 필수적이다.

계획하기 결정에서처럼 계약 전략 선별 문제는 유사점 비교 기법을 사용하여 개발될 수 있다. 비슷한 의뢰인, 비슷한 프로젝트 또는 비슷한 자원을 가진 작업이 하나의 계약전략을 사용하여 부분적으로 실패하였다면 대체 전략을 고려할 가치가 있다.

이정표 만들기는 한 프로젝트가 부분적으로 이정표의 두드러진 사용 때문에 예외적으로 주목받지 않는다면 유사점 비교는 큰 가치가 없다. 일반적으로 이정표는 한 프로젝트의 성공이나 실패에 좀처럼 크게 영향을 주지 않는다. 이정표가 핵심 역할을 하는 드문 경우에 유사점 기법이 적용될 수도 있다.

비록 **설계지침**이 배타적으로 유사점 비교에 의존하지 않지만 유사점은 어떤 설계 결정에서도 필수적인 구성 요소이어야 한다. 아주 자주 조직들이 과거 프로젝트의 실패를 세심히 살피지 못하고 임박한 프로젝트가 일 년이나 이 년 전의 프로젝트와 같은 이유로 실패하려 한다는 것을 뒤늦게 배우는 경우도 있다. 유사점 비교는 설계지침에 대한 완전한 그림을 제공하지 않을 것이지만 회사 역사와 경험의 센스(sense)를 갖게 할 것이다.

많은 조직이 유사점 비교를 **공급처 선별**의 핵심 구성요소로 삼는다. "과거 성과", "성과 역사" 및 "선호되는 판매회사"와 같은 용어는 모두 일부 유사 프로젝트의 분석을 반영한다. 이것들은 조직이 허용하기 어려운 판매회사와 거래하는 과오를 반복하지 말아야 하기 때문에 귀중한 분석이다.

예산 신청에 대해 유사점 비교 기법은 예산에 포함되어 왔을 수도 있는 일부 숫자들을 위한 배경 이외에는 적용이 제한되어 왔다. 비록 유사점이 발견될 수 있다고 할지라도 일부 데이터의 독립적인 추정이나 평가 역시 행해져야 한다.

(3) 산출물

유사점 비교 기법의 정확성은 결코 이상적은 아니다. 이 기법은 과거 데이터에의 정확성뿐만 아니라 그들 데이터의 해석의 정확성에도 의존하므로 새 프로젝트를 위한 데이터의 전반적 사정에 이 두 변수를 함께 고려하여야 한다. 따라서 정확성의 정도가 문제가 된다.

이 기법이 만들어내는 **상세(詳細; detail)**의 수준은 현실적으로 조직이 저장하고 있는 데이터의 양의 직접 함수이다. 만일 조직이 그의 프로젝트 기록 보존에서 꼼꼼하다면 상세의 수준은 대단할 것이다. 그러나 만일 그 조직이 제한된 순수하게 일화적인 역사를 가졌다면 그 상세의 수준은 좋아 봐야 낮을 것이다.

산출물의 **효용**은 유사한 문서화의 질 그리고 유사점의 관련성 둘 다에 기반을 둔다. 만일 둘 다 질이 좋다면 얻어진 정보가 극도로 유용할 잠재성을 가진다. 그러나 만일 관련성과 질에서 다툼이 있다면 그 유용성은 상당히 감소할 것이다.

요컨대 한 조직을 위한 유사점 비교의 잠재적 사용 평가에서 그 첫 번째 단계는 언제나 최근에는 어떠했는지를 포함하여 유사점에 대하여 사용되어야 할 문서화의 양과 질의 사정이어야 한다. 만일 그 조직이 이 정보를 효과적으로 확보하지 못한다면 유사점 비교 기법은 사실상 어떤 응용에 대해서도 소용이 없음을 증명하게 될 것이다.

6 델파이(delphi) 기법

비록 특정 주제에서 경험을 가진 사람들이 전문가 인터뷰의 핵심 자원이라 할지라도 그들은 그런 인터뷰에 대해 아무 때나 쉽게 쓸 수 없으며 많은 경우 그들은 데이터 수집 과정에 참여할 시간 내기를 선호하지 않는다. Delphi 기법은 그들이 억지로 그들 자신의 편안함을 떠나게 하지도 않고 강제하지도 않는 방식으로 전문가로부터 정보를 끌어내는 수단을 제공함으로써 상황을 관리하는 일을 한다.

Delphi 기법은 그들의 바쁜 일정을 침해함이 없이 전문가로부터 직접 정보를 끌어내는 장점이 있다. 그것은 또한 그들의 오랜 동료들과 협의한 뒤에 전문가로부터 유도된 후속조치(後續措置; follow-ups)를 가능하게 한다. 그 과정에서 그것은 또한 다수 전문가의 참여에 의하여 나타나는 전문가의 많은 편향의 가능성을 제거한다.

1) 기법 서술

Delphi 기법은 그 이름이 Delphi에 있는 신탁(神託; oracle)에서 나왔다. 희랍 신화에서(신 Apollo의) 신탁은 문제를 받은 뒤에 신으로부터의 모든 지식과 교신한 성직자를 통하여 미래를 예시하였으며 그것은 해석자에 의하여 목록이 만들어지고 번역되었다. 현대 세상에서는 프로젝트 매니저나 간사(幹事; facilitator)가 해석자의 역할을 맡으며 전문가의 통찰을 공통의 용어로 번역하고 그의 재검토와 재사정(再査定; reassessment)을 가능하게 한다. 질문, 응답 및 반복의 순환이 구할 수 있는 최고 질의 정보가 전문가로부터 추출되도록 보장하기 위하여 몇 번 반복된다.

2) 언제 적용할 수 있나?

이 기법은 그 프로젝트의 전문가들이 그들의 일정을 조정할 수 없을 때 또는 지리적 거리로 그들이 떨어져 있을 때 추천된다. Delphi 기법은 또한 전문가를 공통의 장소에 모으는 것이 과도한 마찰을 일으킬 수도 있을 때 적절하다.

3) 투입 및 산출

Delphi 기법을 위한 투입물은 질문 또는 질문지이다. 설문지는 근심거리의 위험분야(들)를 다루며 일반적 의견 일치가 이루어질 때까지 주어진 답의 점진적은 개선을 가능하게 한다. 질문지는 전문가에게 특정한 답을 지시함이 없이 근심거리 분야에의 충분한 집중을 가능하게 한다.

그 과정으로부터의 산출물은 반복을 통하여 관련된 전문가를 의견 일치에 더 가깝도록 끌어내야 하기 때문에 점진적으로 상세하게 된다. 그 질문지에의 최초 대답은 일반적으로 그 전문가들의 가장 강한 편향을 반영할 것이다. 반복을 통하여 간사는 그들의 응답 안에 공동의 기반을 정의하려 할 것이고 의견 일치에 이를 때까지 응답을 개선할 것이다.

4) 이 기법 적용에서의 주요 단계

이 기법은 전문가에게 제출할 최초 질문을 만들어낼 그리고 받아들인 대로 전문가로부터의 정보를 뽑아낼 간사의 능력에 크게 의존한다. 그 과정은 단순하지만 어쩌면 시간이 소모된다.

전문가를 확인하고 그들의 참여를 보장하자. 전문가는 그 작업을 이미 한 또는 고려중인 위험을 다룬 바 있는 사람이 아닐 필요가 있지만 그들은 그 조직, 고객 및 그들 간의 상호 관심사에 잘 맞는 개인들이어야 한다. 전문가는 그 프로젝트와 그 프로젝트의 과정에 박식한 이해관계를 가진 누군가로 정의될 수 있다. 참여를 위한 약속은 전문가, 그들의 직접 상사 또는 둘 다로부터 나와야 한다.

Delphi 도구를 만들어 내자. Delphi 기법 하에서 행해진 질문은 가치 정보 도출에 충분하게 구체적이어야 할 뿐만 아니라 창조적 해석을 위해 충분하게 일반적이어야 한다. 위험관리는 본래부터 불확실한 과학이므로 과도한 정밀성을 만들어내려는 시도가 잘못된 가정으로 이끌어갈 수도 있다. Delphi 질문은 문화적 및 조직적 편향을 피해야 하며 (전체 프로젝트 영역(領域; spectrum)에 걸쳐서라기보다 바로바로의 위험을 식별하고/또는 평가할 필요가 없다면) 지시적이어서는 안 된다. 만일 그 답이 특정한 포맷(format; 구성 방식)에서 최선으로 마련된다면 그 포맷은 그 도구를 어떻게 완성하는가에 대한 지침의 한 구성 요소이어야 한다.

전문가가 그 기구에 대답하게 하자. 관례적으로 이것은 간접적으로 이루어지며 전문가가 그들의 대답에 대해 심사숙고할 시간이 허용된다. 그러나 일부 조직은 과정을 신속히 처리하기 위한 회의기간에 설문지를 집단으로 완성하도록 권장하는 것을 뒷받침하여 왔다. 방법과 관계없이 아이디어는 전문가의 모든 핵심 통찰을 추구하는 것이다. 전문가의 관찰을 모으기 위한 방법(e-mail, 우편 mail 또는 미팅)이 그 과정을 위한 타이밍(timing)을 결정할 것이다.

대답을 재검토하고 다시 천명하자. 간사는 주의 깊게 그 대답을 재검토할 것이며 공통 분야, 쟁점 및 우려를 식별하려 기도할 것이다. 이것들을 전문가들의 사정과 재검토를 위해 문서화하고 그들에게 돌려줄 것이다. 표준적 방법은 Delphi 방법을 간접적으로 시행하는 것이지만 메일에 의하여 또는 미팅에서 시행될 수도 있다.

전문가의 의견을 모으고 반복하자. 간사는 앞으로 나아가기 위해 필요한 대답을 끌어내는 데 적절하다고 여길 때까지 여러 번 반복하여야 한다. 최소한 세 번의 반복이 필요하다.

데이터를 배부하고 응용하자. 충분한 반복 순환이 완료된 후 간사는 문서의 최종판을 발행하여야 하고 어디서 언제 어떻게 그것이 적용될 것인지 설명하여야 한다. 이 단계는 전문가들이 그들이 얼마나 그 프로젝트의 필요에 기여할 것인지 그리고 어디에 그들이 제시한 문제점이 토론을 위한 위험의 큰 계획에 꼭 들어맞는지를 관찰할 수 있을 만큼 중요하다.

5) 결과의 사용

Delphi 기법은 그 프로젝트를 이해하는 전문가가 몇 안 될 때 빈번하게 사용된다. 그것은 또한 무시될 수 없는 그 프로젝트의 특별한 측면에 관하여 통찰을 가진 일정한 전문가가 있을 때 사용된다. 일부 다른 위험 확인, 사정 및 대응개발 도구가 광범위하게 응용된다 할지라도 Delphi 기법이 더 엄격한 도구이며 오직 바라는 대답과 대답의 형태만을 끄집어낸다. Delphi 기법으로부터 얻어진 정보는 위험 식별, 자격조건, 정량화 또는 대답 개발을 뒷받침하기 위하여 사용될 수 있다.

6) 자원 소요

Delphi 기법은 프로젝트가 그 과정을 뒷받침할 숙련된 Delphi 간사(幹事; facilitator)와 전문가 둘 다를 가지기를 요구한다. 그 간사는 Delphi 질문지의 전제를 분명하게 제시하는 능력을 가져야 하며 또한 참여자들로부터의 투입물을 다듬고 정제하는 능력을 가져야 한다. 결국 참여자가 그들이 상담에 응하고 있는 분야를 확인해야 한다.

7) 신뢰성

이 기법은 다수의 전문가가 정보를 적어도 세 번 반복하여 재검토하도록 하기 때문에 (정성적 분석을 위한) 비교적 신뢰할 수 있는 데이터를 만들어 낸다. 부적절한 전문가의 사용 또는 빈약하게 표현된 질문이 최적에 미치지 못하는 결과를 산출할 수도 있지만 그 과정의 반복성과 필수적 재검토가 정확성을 높여준다. 아직, 다수의 재검토자가 있기 때문에 일부 짜 넣은 안전장치가 신뢰성을 보장한다.

8) 선별기준

다른 기법에서와 같이 Delphi 기법은 자원 소요, 응용성 및 그 기법을 위한 산출물과 관련된 선별기준에 의하여 사정된다.

(1) 자원 소요

Delphi 기법은 기본적 사무용품보다 별로 더 필요한 것이 없다. 이 기법을 위한 기반시설은 최소이며 특별하게 처리된 전문가 인터뷰보다 더 필요한 것은 별로 없다.

개인적 시각에서 간사의 가장 큰 재능은 방법의 한 반복에서 다음 정보를 정제하기에, 제시된 정보의 균형 잡기에, 그리고 동시에 연관된 전문가를 소원하게 하지 않기에 있어야 한다.

Delphi 기법 분석에 참여자는 그들의 입력 자료가 다른 전문가에게 직접 제시되지 않기 때문에 그들의 기여는 대부분 무기명일 것이라는 사실에서 위안을 얻는다. 간사가 그것을 제일 먼저 여과하고 정제할 것이다. 그럼에도 불구하고 참여자는 Delphi 기법이 가치를 만들어내는 것이 그들의 기여이기 때문에 그들의 기여를 문서화하는 것에 합리적으로 숙련되어야 한다.

Delphi 기법을 위한 **비용**은 최소이다. 대부분의 참여자는 틈이 있을 때 질문지를 완성할 수 있기 때문에 참여자의 입장에서 사간의 압력이 별로 없다. 간사도 역시 일반적으로 이 관행에서 시간을 제한받지 않으며 따라서 그 일을 할 시간이 있을 때 이 노력을 완성할 일부 자유를 가진다. 비용이 최소라 할지라도 Delphi 기법 과정을 완성할 시간이 관리되지 않는다면 수 주일 계속될 만큼 연장될 수도 있다.

Delphi 기법을 위한 **적당한 시설 및 장비**는 참여자들이 기록하고 그들의 대답을 간사에게 보내는 사무용품 또는 e-메일 정도로 구성된다. 대부분의 조직은 이미 그런 기능을 내부에 가지고 있다.

Delphi 기법을 **시행하는데 필요한 시간**은 그 방법의 가장 중요한 유일한 단점이다. 그 작업을 완수하는데 더 빠른 길을 만들어 줌에도 불구하고 그 기법은 아직도 완료하는데 며칠이 걸릴 수도 있다. 그러나 일부 조직을 위해 만들어지는 데이터의 질이 이 절충을 가치 있게 만든다.

참여자들의 **사용의 쉬움**은 높지만 간사는 정보의 정제와 의역에 능숙해야 한다. 간사는 또한 과정이 반드시 궤도에 머물도록 하여야 한다. Delphi 기법은 시간 범위 및 관련된 거리로 인하여 불안정하게 되기 아주 쉽다.

프로젝트 매니저의 **시간 투입(時間投入; time commitment)**은 경미하다. 그러나 응답의 한 순환이 끝날 때마다 매번 집중적이지만 짧은 활동을 하게 된다.

(2) 응용

Delphi 기법은 전문가의 숙련과 통찰을 사용하기 때문에 넓은 효용을 가지고 있다. 그 기법의 적용 가능성은 높음, 중간, 낮음의 척도 위에서 평가된다.

프로젝트 상태 보고하기는 Delphi 기법이 다른 도구들이 할 수 있는 것보다 더 많이 균형 잡힌 통찰을 제공할 수 있다. 일부 프로젝트는 달성된 작업의 공통 이해가 없기 때문에 비틀거리기도 하지만 Delphi 기법은 그 자체의 특성상 팀에게 새로운 방향을 줄 수 있다. 그 도구가 전문가들 간의 의견 일치를 끌어내므로 그것은 프로젝트 상태의 심층 분석을 가능하게 한다. 여기서의 그 도구의 가치는 중간이다.

조직 내의 전문가들이 **주요 계획 결정**을 내리는 경향이 있으므로 델파이 기법이 실행 가능한 것으로 보일 수 있다. 특히 계획 결정에 상당한 갈등이 있는 상황에서 델파이 기법은 전문가 그룹으로부터 공통의 비전을 끌어내는 능력을 가지고 있기 때문에 높은 응용 가능성을 가지고 있다.

계약전략 선별은 전문가들이 빈번하게 결정을 내려야 할 그리고 또한 갈등이 상당히 있을 수 있는 분야이다. 계획 결정에서와 같이 델파이 기법은 이 분야에서 아주 잘 제 역할을 해낼 수 있으며 그 가치는 높을 것이다.

이정표 만들기에 델파이 기법을 응용하는 것은 아마도 제한되게 사용되며 그 가치는 낮을 것이다. 이정표 만들기가 필요성 분석의 함수인 반면에 통상 이정표를 위한 최선의 시간을 알아내는데 다수 전문가가 필요하지는 않다.

설계지침(design guidance)은 델파이 기법을 위한 주요 응용이다. 그것은 많은 관점을 필요로 하는 창조적 노력이다. 그와 같이 델파이 기법은 다른 방법들의 표면화와 최선의 가능한 방법을 선별하기 위한 최고 수준의 도구로써 높은 가치를 가진다.

공급처 선별에 델파이 기법이 응용될 수도 있다. 이 기법에서 전문가들이 구매 필요성에 익숙하다면 그리고 조직의 한계에 적응되었다면 델파이 기법이 적절할 수도 있다. 그러나 이 도구의 여기서의 효용은 잘해야 중간이다.

예산 제출(budget submittal)은 정량적 과정이므로 델파이 기법을 충분하게 이용할 수 없다.

델파이 기법은 주제의 사려 깊은 재검토를 위해 전문가의 통찰 용납하기에 있어 비할 데가 없다. 엄밀한 의미에서 조직이 이 기법을 위험 대응책을 수립하거나 위험을 식별하거나 지금까지의 위험성과를 사정하는 데 사용할 수도 있다. 그러나 그 과정의 타이밍(timing)과 연계된 결함은 그 효용을 제한하는 경향이 있다. 그러나 시간이 절대적으로 필요하지 않다면 델파이 기법은 그 프로젝트 매니저가 쓸 수 있는 가장 철두철미한 질적 분석의 일부를 만들어낼 수 있다.

(3) 산출물

델파이 기법의 산출물은 질문지에의 수정된 대답 세트이다. 참여자가 이들 대답을 만들어 내지만 간사는 주제 전문가로부터의 각 질문과 쟁점에의 대답들의 혼합물에 기반을 둔 마지막 산출물을 만들 최종 책임이 있다.

델파이 기법의 **정확성**은 질적으로 고정되어 있으며 아마도 그것이 결론을 내기 위해 다수의 전문가에 의지하기 때문에 단 하나의 가장 정확한 질적 도구이다.

상세의 정도(level of detail)는 전문가들이 공유할 수 있는 통찰에 드물게 한계가 있기 때문에 델파이 기법의 힘이다. 그 과정이 많은 반복을 거쳐 진행되므로 만일 그 질문들이 늘어나거나 후속조치(後續措置; follow-ups)가 특별하게 상세하거나 도발적이라면 그 상세의 정도는 확대될 것이다.

효용은 관련된 노력과 정보의 가치 둘 다를 고려한 주관적 요인이다. 델파이 기법은 결과물이 완결되기 전에 두서너 번 수정되는 만큼 고도로 실용적인 정보를 만들어내는 경향이 있다.

요컨대 델파이 기법은 시간 소모가 크지만 달리는 프로젝트의 지식 본체에 기여하지 않을 프로 직업인들로부터 통찰을 끌어내기 위한 믿을만한 체계적 관행이다. 그것은 간사가 델파이가 만들어내는 경향이 있는 중간 노선의 관점을 본격적으로 처리하기 전에 다수의 관점을 재검토할 기회를 제공한다. 이 기법은 여러 상황에 적용될 수 있지만 각각에 대해 시간 제약에 심각한 고려를 해야 한다.

7 Crawford Slip method(CSM)

데이터의 수집은 위험식별과 위험정보 수집이 팀 멤버 및 그들의 프로젝트에 관한 태도에 부정적 영향이 될 경향이 있으므로 위험관리에서 제일 큰 일 중 하나이다. CSM은 많은 위험 검토에 고유한 부정주의(不定主義; negativism) 없이 정보를 수집하기 위한 고전적 도구이다.

CSM은 다른 정보수집 기법에 대한 여러 가지 장점을 가지고 있다. 이들 장점에는 아주 짧은 시간 안에 다량의 정보를 종합하는 능력과 집단사고(集團思考; group-think)의 완전한 회피가 포함되는데 여기서 팀 멤버들은 특별한 접선(接線; tangent)에 휘말리게 되며 그들 스스로를 끌어낼 수 없다.

1) 기법서술

적당한 간이화(簡易化; facilitation)와 더불어 CSM은 적용하기 쉬운 기법이다. 기본적 접근법에는 분명한 전제(前提; premise)나 질문을 설정하고 나서 모든 참여자가 그 전제에의 응답을 종이쪽지에 서류로 남기게 하는 것이 포함된다. 모든 가용의 정보를 추출하기 위하여 같은 전제를 사용하여 그 과정을 10번 반복한다. 최초의 쪽지들 중에는 많은 유사성이 있을 수 있지만 나중에 만들어지는 것들은 다르게는 표면화되지 않은 쟁점과 위험을 식별하는 경향이 있다. 팀 멤버들이 빈번하게 각 전제에 10개의 응답을 만들어낼 인내력이 부족하기 때문에 위험관리를 위한 적용에서 자주 사이클 수가 다섯으로 준다.

2) 적용시기

팀 멤버들이 집단으로 정보를 공유하려는 열망에 한계가 있기 때문에 이 기법은 그들이 입력 자료를 마련할 수 있을 때 권장된다. CSM은 짧은 기간에 많은 양의 정보를 만들어내야 하는 필요가 있을 때 적절하다.

3) 투입 및 산출

CSM을 위한 핵심 투입은 분명한 전제이다. 그 구릅에 제기된 전제나 질문이 상세하지, 분명하지 그리고 잘 다듬어지지 않았다면 그 방법은 빈약하거나 잘못된 산출을 만들어낼 것이다. 전제는 찾아진 정보와 그 정보를 둘러싼 환경과 가정을 분명하게 천명하여야 한다. 이 맥락은 간사가 반복되는 그 과정을 통과하는 동안 참조할 수 있도록 문서화되어야 한다. 그 전제는 또한 그 응답이 모든 요구되는 정보가 수집되었다는 것을 보장하기 위하여 만들어질 수 있는 구성 방식(構成方式; format)을 포함하여야 한다.

그 과정으로부터의 산출은 제시된 전제에 따라 가급적 정리된 참여자들로부터의 상당한 수의 종이쪽지일 것이다. 참여자들은 실무회의 동안 그 쪽지들을 정리하거나 조직할 수도 있다 또는 간사가 시간이 조금 지난 뒤 정리할 수도 있다. 산출의 질은 그 전제가 천명된 정밀도와 참가자에게 제시된 방향과 직접적 상관관계가 있다. 위험 진술을 어떻게 쓸 것인지에 대한 또는 문제 되는 정보를 어떻게 식별하는지에 대한 빈약한 설명이 언제나 질 낮은 산출을 내놓게 한다.

4) 이 기법 응용에서의 주요 단계

이 기법은 간사의 기능과 간사의 그 과정을 따라가는 능력에 크게 의존한다. 그 과정은 간사가 구릅에 불특정한 또는 위협적이 아닌 질문을 하도록 각 참여자로부터 한 번에 하나씩 종이로 개인적 응답을 하게 하도록 요구한다. 이 과정이 각 참여자로부터의 투입의 일관된 수준을 보장하고 가능한 최대량의 정보를 구성한다. 그 과정은 가장 단순한 형식으로 여섯 단계로 구성된다.

목전의 쟁점을 알고 있는 참여자들을 집합시키자. 완벽한 주제 전문가가 필수적은 아니지만 아는 것이다. 아무 형태의 위험정보 수집 노력에 참여하는 사람들은 적어도 그 프로젝트에서의 관심의 피상적인 이해를 가지고 있어야 한다.

그 과정에 대한 기본적 원리를 확인하자. CSM이 위험 및 위험 방아쇠를 확인하고 위험 원천을 알아내고 위험 대응을 개발하는데 적용되어 있는지 여부와 관계없이 참여자들은 그들의 관여에 대한 이유를 알아야 할 필요가 있다. 그 과정이 그들의 지각(知覺; perceptions)을 끌어내도록 설계되므로 그들은 어떤 통찰을 공유할 것을 기대받고 있는지를 분명히 알아야 한다.

종이쪽지의 발행. CSM에 관한 문헌이 사용될 종이의 크기와 이 방법에 적절한 쪽지 수를 명시하고 있지만(Siegel & Clayton, 1996), 프로젝트 위험분석을 위해 이들 결정은 크게 프로젝트 매니저의 손에 달려있다. 많은 예에서 보통의 "붙일 수 있는 메모지(sticky notes)"이면 목적 달성에 충분하고 효과적이다. 쪽지의 수가 산출의 양을 결정할 것이다.

과정을 설명하자. 간사는 참여자에게 그들이 종이쪽지 한 장당 하나의 아이디어를 내놓기를 기대받고 있다는 것을 그리고 간사가 쪽지에 언제 어떤 정보가 올라야 하는지를 명시할 것임을 지시할 것이다. 대충 각각 일 분의 간격으로 간사가 한 질문이나 전제("A 프로젝트에 우리가 어떤 위험에 처하게 될까?"와 같은)를 말할 것이다. 참여자는 단일 생각을 쓰고 그 쪽지를 곁에 둔다. 그리고 다음 쪽지에 다른 아이디어를 적을 준비를 한다. 필요하다면 간사는 서술을 어떻게 해야 할 것인지 무엇이 적절한 응답을 구성할 것인지를 설명할 것이다. 위험 서술이 일어날 사건으로 구성된다는 설명과 그 결말이 (하나 아니면 두 단어로 된 전제에의 응답보다는 오히려) 그 서술이 적절하게 진술된다는 것을 보장하기 위하여 중요할 수 있다.

과정을 시작하고 그것을 되풀이하여 순환 진행한다. 간사는 참여지들 이끌고 과정을 진행한다. 참여자 각자는 쪽지당 하나의 응답을 해야 한다. 순환의 수가 얼마나 많은 정보가 만들어지는지를 결정한다.

데이터를 모으고 또는 분류하자. 충분한 순환이 완료된 후에 간사는 단순히 데이터를 모으고 회의를 종료할 수도 있다. 또는 그는 참여자들에게 그들의 쪽지를 미리 정해진 범주나 자연적 관련성을 가진 것으로 보이는 구릅으로 분류하도록 지시할 수도 있다.

5) 결과의 사용

CSM 결과의 사용은 프로젝트와 연계된 위험 사건의 최초 풀(pool) 또는 프로젝트 상의 위험에 대한 대응에 쓸 수 있는 옵션(options)을 수립하는데 일반적으로 적용된다. 정보의 본체는 때로는 예비 위험 보고서(한 프로젝트에 대한 위험 본체의 일반적 개관)로 충분할 것이다. 또는 그런 사용에 앞서 정제(精製; distillation)가 필요할 수도 있다.

6) 자원 소요

CSM은 아마도 많은 양의 정보수집 기법의 가장 단순한 것이다. 만일 간사가 그 회의의 전제를 알고 참여자들이 생산해낼 산출의 형태를 정밀하게 소통할 능력이 있다면 그 회의는 엄청나게 생산적일 경향이 있다. 자주 열쇠가 CSM 간사가 아니라 그 과정에 참여하기로 선정된 참여자들에 있다. 그들의 앎의 정도가 생산되는 정보의 질을 결정할 것이다. 만일 그들이 프로젝트 지식에 더하여 그 프로젝트가 직면할 위험(또는 어떻게 그것들을 해결할지)의 기본적 이해를 가지고 있다면 그들은 CSM을 통하여 상당한 기여를 할 수도 있다.

7) 신뢰성

이 기법은 주로 생산되는 정보의 양 때문에 고도로 가변적인 데이터를 생산하는 경향이 있다. 그것이 이 접근법의 약점으로 인식될 수도 있지만 이 상황에서 그것은 실제로 힘이다. 위험은 자주 그것들이 실제로 일어나기 전에는 "너무 동떨어지다"거나 "너무 터무니없다"라고 치부된다. 그 과정이 그렇게 많은 양의 위험 데이터를 만들어 내므로 그것은 절묘한에서 터무니없는까지의 아이디어를 포착하는 경향이 있으며 그 과정이 무기명이므로 그것은 브레인스톰(brainstorm)과 같은 더 공공장소에 쉽게 참여하지 않는 사람들로부터 빈번하게 정보를 수집한다.

8) 선별기준

다른 기법들과 마찬가지로 CSM은 기법에 대한 자원 소요, 응용 및 산출과 관련된 선별기준을 사용하여 평가된다.

(1) 자원 소요

CSM의 필수 자원은 극도로 제한되어 있다. 이 기법은 종이쪽지, 펜 또는 연필, 간사 및 참여자를 필요로 한다. 그것은 또한 정보를 분류하기 위하여 위험 또는 위험응답 범주(範疇; categories)의 사전에 결정된 세트를 해용할 수도 있지만 그것은 선택적이다.

CSM의 기본적 도구는 사무용품(office supplies)이다. 간혹 "집단면접기법(集團面接技法; mass interviewing technique)"라고 하는 것에 관한 책들이 종이에 대한 특정한 크기를 제안하지만 그런 결정은 크게 간사에 손에 달려있다. 종이는 요구되는 정보를 포착할 크기에 충분하여야 하고 나중에 요구되는 분류를 다룰 수 있어야 한다. 원한다면 종이의 다른 색깔이 특정한 질문 또는 응답자를 식별하기 위해 사용할 수도 있다.

앞에서 언급된 대로 CSM을 위해 필요한 진행의 촉진을 위한 기능은 아주 적다. 기본적 전제 질문이 분명하게 설정되고 참여자가 정밀하게 그들의 최종 응답이 어떤 구성 방식을 가져야 하는지를 듣는다면 진행의 촉진은 극히 쉽게 될 것이다. 간사의 필요한 유일한 관리는 그들의 쪽지를 완성하지 못하는 또는 서류화 과정에서 앞으로 점프하는 참여자를 지휘하는 것이다.

CSM 참여자는 그 과정에 기여할 것으로 기대되고 있다는 것을 알아야 하다. 다른 많은 더 공개적인 아이디어창출 기법에서 그런 압력이 더 과묵한 참여자가 참여를 포기할 때처럼 영향을 미치지는 않는다. 그러나 CSM에서 모든 참여자는 균등하게 이바지할 것을 기대받는다.

마지막으로 일부 CSM 회의는 회의 후에 데이터의 목록을 작성하기 위한 미리 정해진 분류기준을 포함할 것이다. 만일 그런 분류가 요구된다면 그 범주를 위한 정의(定義; definitions)는 분류가 시작되기 전에 분명하게 천명되어야 한다. CSM-특정의 필요를 넘어 이 기법에 대한 수요는 경미하다.

CSM을 위한 **비용**은 극히 적다. CSM 회의는 자주 시간보다는 오히려 분으로 측정된다. 다수의 참여자가 CSM의 성공에 필수적이지만 그 과정을 위한 시간투입은 반복의 회수에 기초하여 제한된다.

CSM을 위한 **시설과 장비**는 그 회의에 초대된 모든 참여자를 수용하기에 충분하게 큰 방으로 구성된다. 거기에는 제기된 질문(들)에 대한 모든 반복응답을 보증하기에 충분한 종이쪽지, 펜이나 연필이 있어야 한다.

CSM을 **수행하기 위해 필요한 시간**은 아마도 그것의 가장 매력적인 질(quality)일 것이다. 이 책에서 검토되는 어느 다른 기법과 비교하여 CSM이 더 많은 정보를 만들어 내기 위해 더 적은 시간을 요구할 것이다.

사용의 쉬움은 CSM이 적절한 사람들이 그 프로젝트에서 일하도록 모아진 다른 미팅에 포함될 수 있기 때문에 또 다른 매력적 특성이다. 그 열쇠는 그 회의를 위한 분명한 전제와 참여자에게 바라는 산출을 설정하는 데 있다. 그 정보가 그 회의가 시작될 때 분명하게 표현된다면 그 과정은 비교적 쉽게 전개될 것이다. 그러나 유일한 도전은 진지하게 참가하지 않는 개인들로부터 올 수도 있다. 간사는 그 회의에 대한 근거(根據; rationale)와 각 참여자의 투입의 가치를 강조해야 할 수도 있다.

프로젝트 매니저의 시간 투입은 극히 경미하다.

(2) 응용

CSM은 여러 다른 상황에서 사용될 수 있지만 전문가 인터뷰와 같은 더 일반적인 기법들의 광역의 효용을 가지고 있지는 않다. CSM의 응용성은 높음, 중간 및 낮음의 척도로 평가된다.

프로젝트 상태 보고하기가 CSM의 힘은 아니다. CSM이 일반적으로 접근법 또는 염려에 관한 통찰을 끌어내는데 집중하므로 프로젝트 상태 보고를 위해 필요한 특수한 일을 해내지는 않는다. 여기서의 그 가치는 극히 낮다.

주요 계획하기 결정은 질적 정보의 양보다 양적 데이터에 크게 의존한다. 이 과정을 위해 CSM의 가치는 낮다.

계약전략 선별은 양적 정보에 크게 의존한다. 이 점에서 CSM은 극히 제한된 가치를 가진다.

CSM의 이정표 만들기에의 적용은 크게 기법의 잘못 응용이 될 것이다. 이정표 만들기가 보통 조심스러운 필요성 분석에서 나오는 반면에 CSM은 분석의 도구가 아니라 상상하기의 도구이다.

설계지침은 설계개발이 빈번하게 옵션들 재검토와 가능성사정의 함수이기 때문에 CSM을 이용한다. 설계지침이 다양한 원천으로부터의 투입을 요구하는 창조적 노력이므로 CSM은 여기서 중간의 효용을 가진다.

공급처 선별은 CSM의 응용분야가 아니다. 공급처 선별은 사전에 정해진 기준 세트에 반해서 행해져야 하며 최선의 가용 공급처를 정하기 위하여 신선한 아이디어에 주로 의존하지 말아야 한다.

예산제출은 양적 과정이며 따라서 CSM을 이용하지 않는다.

그러나 CSM은 두 주요 응용에 쓰인다. 그것은 위험 식별에 단독으로 그리고 (작업명세구조와 같은) 다른 프로젝트 관리 기법과 함께 사용된다. 그 환경에서 그것은 위협적이지 않고 긍정적인 방법으로 많은 양의 위험진술을 만들어내는 그것의 능력에서 거의 비할 데가 없다. 이에 더하여 그것은 다양한 위험관리 전략과 대응을 포착하는 그것의 응력에서 인상적이다. 참여자를 소외감을 느끼지 않게 하면서 통찰을 끄집어내는 CSM의 능력은 아주 매력적이다.

(3) 산출(産出; outputs)

CSM의 산출물은 각 쪽지는 단일 아이디어나 정보 조각을 가진 많은 종이 쪽지 중 하나이며 그것들은 미리 정해진 범주로 분류될 수도 있고 되지 않을 수도 있다. 일반적으로 수집된 정보는 질적인 경향이 그리고 개인적 시각을 나타내는 경향이 있다. 궁극적으로 수집된 데이터는 위험목록이나 위험등록에 포함되어야 한다.

CSM의 **정확도**는 크게 과정 참여자의 통찰에 달려 있다. 그것은 가치가 있지만 고도로 정확하다고 생각되지 않는 질적 정보를 만들어낸다.

상세의 정도는 특히 투자된 시간의 양에 관련하여 CSM의 진짜 힘이다. 연속적으로 정보를 분류하는 구릅의 능력에 의하여 제한되는 다른 도구와 달리 CSM은 데이터의 상당한 양의 편리한 수집을 감안하고 다르게는 놓질 상세함을 생산한다.

효용은 관련된 노력과 결과로 나온 정보의 가치를 함께 감안한 주관적 요소이다. CSM 데이터의 효용은 부분적으로 참여자의 배경과 그들의 프로젝트 및 위험에 관한 지식에 뿌리를 두고 있다. CSM 데이터가 어떻게 정제되고, 분류되며 해석되는지는 역시 그것의 효용을 좌우한다. 관련된 정보의 양을 조건으로 데이터의 효과적인 해석은 산출물의 효용에 결정적이다.

요컨대 Crawford 쪽지 방법 성공의 열쇠는 제시된 전제의 명료성(明瞭性; clarity), 참여자의 배경 및 산출물의 정제이다. 그러나 과정의 효율성 때문에 가끔 필요한 것보다 더 긴 기간 동안 질질 끄는 경향이 있다. 그럼에도 불구하고 이 방법의 힘은 그 효율성이다. 적당하게 연출된 질문이나 전제를 가지고 CSM은 아주 짧은 기간에 상당한 양의 가치 있는 데이터를 구축한다.

8 SWOT 분석

Strengths(강함), weakness(약함), opportunities(기회) 및 threats(위협)-(SWOT 분석)-은 본질적으로 더 큰 조직의 맥락 언에서 위험과 기회를 식별하기 위해 설계된 유도된 위험분석이다. 이것과 다른 분석기법의 차이는 SWOT가 그저 프로젝트 공백 안에서부터 보다 조직 전체의 시각에서 위험과 기회를 돌아보는 필요성을 강조한다는 것이다.

1) 기법서술

이 기법은 다음 질문에의 답을 가지고 분석 문서화를 채우기 위해 열리는 네 개의 간략한 아이디어 창출 회의로 구성된다.

강점	약점
기회	위협

[그림 2.3.2] SWOT 격자 및 양식

우리 조직의 강함은 무엇일까?
우리 조직의 약함은 무엇일까?
그런 맥락에서 제시된 이 프로젝트는 어떤 기회가 될까?
그런 맥락에서 제시된 이 프로젝트는 어떤 위협이 될까?

이 네 질문에의 답을 사용하여 프로젝트 매니저는 문제가 되는 프로젝트를 가능하게 하거나 제구실을 못하게 할 수도 있는 아무 특정한 문화적, 조직적 또는 환경적 쟁점들을 알아차릴 수 있다.

2) 언제 응용되나

이 기법은 프로젝트의 초기에 전반적 분석으로써 또는 일반적 위험(및 기회) 환경을 설정하기 위하여 권장된다. SWOT 분석은 큰 그림 도구로 보이므로 그것은 상세 프로젝트 위험을 꺼내지는 않는다. 따라서 그것의 제일 큰 효용은 그 프로젝트의 시작 근처에 있다.

3) 투입과 산출

SWOT 분석은 네 개의 핵심 투입 형태를 가지고 있다. 그 투입은 위에서 인용된 질문으로 이루어진다. SWOT 간사는 이들 질문을 개인들이나 집단들에 제기하면서 가능한 한 많은 간결하고 날카로운 응답을 유도한다.

이들 응답은 분석과 상호 참조(相互參照; cross-reference)를 감안하여 설계된 4각 격자에 제시된다([그림 2.3.2]).

4) 기법응용에서의 주요 단계

SWOT 분석은 주관적 도구이다. 즉 그래서 SWOT를 완성하기 위한 실습이다. 그럼에도 불구하고 이 도구를 완성하기 위한 단계는 오히려 일관적이다.

SWOT 분석 자원을 확인하자. SWOT 분석을 완료하기 위한 정당한 주제 전문가의 선별이 중요하다. 이것은 조직이나 환경에 친숙하지 않은 누군가와 함께 사용하기에 좋은 도구가 아니다. 그러므로 프로젝트가 기능하는 문화를 이해하는 사람 개인들과 함께 일하는 것이 중요하다. 왜냐하면 그들이 그 분석의 강점과 약점 부분에 대한 더 좋은 센스를 가지고 있을 것이기 때문이다.

그 조직의 강함에 관하여 물어보자. 이것이 프로젝트 맥락 안에 있긴 하지만 어디에서 조직이 잘 성과를 내지 못하는지에 관하여 가능한 한 많은 정보를 끌어내는 것이 필수적이다. 정직과 허심탄회가 대단히 중요하다. 이것이 조직에 관하여 비난하는 기회로 사용되어서는 안 되지만 대신에 조직의 종업원, 고객 및 대중의 눈에 조직을 덜 유능하게 만드는 약점을 식별하는 기회로 삼아야 한다.

그 프로젝트가 주는 기회가 무엇인지 묻자. 이것이 오로지 금전적 문제이어서는 안 된다. 그 프로젝트의 재정적 가치가 중요하지만 그것이 어떤 일이든 하는 유일한 이유는 아니다. 그 프로젝트에 연계된 촉진 장려의 기회가 있는가? 고객층을 형성할 기회가 있는가? 조직 내에 정과 마음을 얻어낼 기회가 있는가? 내적으로 그리고 외적으로 잠재적으로 긍정적인 영향을 반드시 조사하자.

어떤 위협이 그 프로젝트를 위험에 빠지게 할 것인지 묻자. 변함없이 어느 프로젝트도 실패하는 시나리오는 있다. 열쇠는 이들 시나리오를 정의하는 것이고 그 프로젝트에 해를 끼칠 특정한 위협을 식별하는 것이다.

5) 결과의 사용

SWOT 분석은 보통 경영층에 프로젝트 정보를 설명하는 데 사용된다. SWOT 분석 뒤에 있는 아이디어는 (자주 일어나기는 하지만) 그 프로젝트를 찬성하거나 반대하기 위한 강한 사례를 마드는 것이 아니라 한 프로젝트의 찬반을 공개적으로 제시하는 것이다. SWOT 분석은 때로는 그 프로젝트에 직접 영향을 줄 강함 및 약함 부문으로부터 일부 환경적 요인을 바꾸도록 경영층을 고무하는 데 사용된다. 어떤 경우에는 프로젝트 매니저 역시 그것을 그들 환경적 영향이 그 프로젝트에 해가 된다면 경영층은 초기에 그것들에 경계를 게을리하지 않을 사전대책을 강구할 것을 보장하기 위한 자기-보호적 수단으로 사용한다고 인식한다.

6) 자원 소요

SWOT 분석은 대부분의 질적 도구와 함께 그 프로젝트의 적당한 지식만을 가진 개인들과 그것이 수행될 조직을 요구한다. 확실히 조직의 배경이 깊을수록 분석도 깊다. 간사의 주요 기능은 질문을 하고 철저하게 그 답을 문서화하는 데 있다.

7) 신뢰성

SWOT 분석들은 고도로 주관적이며 그런 의미에서 그것들은 어느 정도 믿을 수 없다. 그러나 그것들은 사업 관행으로 넓게 그리고 일반적으로 받아지기 때문에 그것들이 받을 만한 수용의 분위기를 누린다. 분석에 참여자가 더 믿을만하고 통찰력이 있을수록 그 분석은 더 가치 있고 믿을 만하게 된다.

8) 선별기준

SWOT 분석 기법 역시 자원 소요, 응용 및 그 기법을 위한 산출물에 관련된 선별기준을 사용하여 사정된다.

(1) 자원 소요

SWOT 분석 기법을 위한 자원 소요는 간사, 참여자들 및 격자 판이다. 성공의 열쇠는 참여자의 질이다. 간사에게는 두 개의 주요 역할: 경청과 문서화가 있다. SWOT 분석에서의 질문은 표준화되므로 간사의 주요기능은 참여자의 통찰력을 포착하는 것이다. 좋은 기록보관자는 정보를 공유하고 있는 대로 정보를 문서화하는 능력을 가지고 있다. 안전장치로 간사는 가끔 참여자들이 말한 것을 적당하게 반영하고 있다는 것을 보증하기 위하여 문서화된 것에 관해 피드백을 마련하여야 한다.

참여자의 주요 기능은 그 조직과 그 프로젝트에 관한 그들의 통찰을 공유하는 것이다. 결국 최선의 원천은 두 분야에 친숙한 사람들이 된다.

SWOT 분석을 위한 **비용**은 문서가 전문가로부터의 예리하고 짧은 진술을 포착하도록 설계되기 때문에 아주 적다. 특별한 진행 기능이 요구되지 않으므로 외부 간사를 위한 지출은 없다.

SWOT 분석을 위한 **적당한 시설과 장비**는 과정은 단지 그것을 시행할 공간만을 요구하기 때문에 매우 적다.

SWOT 분석을 수행하는데 필요한 시간은 이 기법의 유리한 측면이다. SWOT 분석은 보통 한 시간 이내로 지속되는 사건이다. 더 많은 참여자로 더 오래 걸린다 해도 더 긴 토론은 SWOT 분석 산출물이 네 분야에 대한 간략한 통찰이 들어가 있는 단일 격자로 설계되어 있기 때문에 아무 의미 있는 가치를 가지지 않는다.

SWOT 분석의 매력적 특성이 **사용의 쉬움**이다. 그것이 빠르며 특별한 도구를 요구하지 않고, 프로젝트의 친숙한 문서조각(한 격자)을 만들어내기 때문이다. 특별한 진행기능이 요구되지 않고 격자는 스스로 설명하여 주므로 SWOT 분석은 극히 사용하기 쉽다.

프로젝트 매니저의 **시간 투입**은 프로젝트 매니저가 SWOT 분석의 간사 역할을 맡는다 할지라도 경미하다. 분석이 간략하고 분석이 미리 정해져 있으므로 그 분석을 시행하는 사람들의 시간 투입 또한 제한된다.

(2) 응용

SWOT 분석의 핵심 응용은 그 프로젝트에 대한 조직의 또는 환경적 영향에 관심을 끌어내기 위해 프로젝트 초기에 이루어진다. 많은 방법에서 SWOT 분석은 분석도구 못지않게 설명 도구이다. SWOT 분석의 잠재적으로 프로젝트에 영향을 줄 조직의 쟁점과 염려에 관심을 끌어내는 능력 때문에 이 도구는 위험 단독의 분석보다 더 가치가 있다. 이 도구는 이 정보를 동시에 제시하므로 프로젝트 매니저가 위험을 더 큰 맥락에서 설명할 기회를 준다.

SWOT 분석은 일반적으로 **프로젝트 상태 보고**에 영향을 주지 않는다. 분석이 상태 보고 시점에서 갱신되지 않는 한 그 둘의 상관관계는 거의 또는 전혀 없다.

주요 계획 결정이 이 도구가 고위 정보 설명뿐만 아니라 고위 분석에 대해서도 좋기 때문에 SWOT 분석에 대해 약간 의존한다.

SWOT 분석이 특정한 계약형태 또는 특정한 계약 작업형태가 분석 내에서 강점과 약점으로 식별되었을 때만 **계약전략 선별**에 영향을 준다. 그렇지 않다면 그 둘은 상관이 없다.

이정표 만들기에서의 SWOT 분석 사용은 이 도구의 잘못된 응용일 것이다.

설계가 약간은 조직의 강함과 약함 그리고 어떻게 그것들이 그 프로젝트의 기회와 위협(威脅; threat)에 역할을 하는가의 함수이기 때문에 **설계지침**은 SWOT 분석을 이용할 수 있다. SWOT 분석은 설계 전략의 고위 방어 또는 이들 전략에의 도전을 감안한다.

계약전략 선별과 같은 **공급처 선별**은 특정한 공급처나 공급처 형태가 그 분석 내에서 강점이나 약점으로 확인될 때만 영향을 받을 것이다.

예산이 순전히 정량 가능한 데이터로부터 거의 독점적으로 도출되므로 SWOT 분석이 **예산 제출**에 영향을 줄 가능성은 없다.

SWOT 분석은 전체적으로 정보를 제시하는데 강력하다. 이 방법들은 달리는 제휴하여 조사될 수 없는 정보를 나란히 놓는다. 맥락이 빈번하게 위험에 영향을 주므로 그것이 중요한 것이다. 도구로써 SWOT 분석은 제한된 효용이 있지만 정보를 여기에서 기술된 대로 제시하기 위해 매우 귀중하다.

(3) 산출물

SWOT 분석의 산출물은 보통 사분면 격자를 제시하는 포스터(posters) 또는 그림표이다. 산출물은 보통 질적이며 간사 및 투입물을 제공한 사람들의 편향이나 염려를 반영한다.

SWOT 분석에 대한 정확도의 수준은 이 도구가 고도로 주관적이고 그것을 만들어낸 사람들의 지각에 의존하기 때문에 낮을 것이다. 그 분석이 가치 있는 통찰을 보여주지만 그 통찰의 정확도는 거의 독점적으로 투입을 마련한 사람들의 기능과 전문지식에 달려있다. 만일 그들이 정확한 정보를 제공한다면 그 산출물은 정확할 것이다. 그러나 만일 그들의 정보에 의문이 제기될 수 있다면 그 산출물도 역시 의문이 제기될 것이다.

SWOT 분석에 대한 **상세의 정도**는 이 도구가 주로 고위 분석을 위해 설계되었으므로 낮다. SWOT 분석은 프로젝트 내의 세부사항보다는 오히려 전면적인 조직의 쟁점을 다루기 위해 설계된다.

SWOT 분석의 **효용**은 발표가 장래 행위를 좌우하는 조직에서 높을 수 있다. SWOT 분석은 위험정보에 대한 받아들여진 발표 양식이며 따라서 위험 검토를 다른 접근법보다 더 구미에 맞게 만들 수도 있다.

요컨대 그것의 높은 수준이라는 성질 때문에 SWOT 분석은 제한된 효용을 가진다. 그러나 사업계에서의 일반적 받아들임 때문에 SWOT 분석은 경영층과 간부들을 달리는 관심을 끌 수 없는 위험 토론에 끌어드리는데 효과적일 수 있다. 만일 경영층이 대규모 수준에서 정보를 분석하는 경향이 있다면 SWOT 분석은 선택의 도구일 수 있다. 그렇지 않다면 SWOT 분석에서 평가된 데이터는 빈번히 추출될 것이고 다른 도구 사용하여 제시될 것이다.

9 위험 등록부(registers)/표(tables)

위험정보를 접근 가능하고 이해할 수 있는 구성 형식(構成形式; format)으로 포착하고 저장하는 것은 위험관리가 적용될 어느 프로젝트에도 매우 중요하다. 위험 등록부는 (위험 사건에서 최종 산출물에 이르기까지의 모든 것에 대한 데이터를 포함하여) 프로젝트 위험정보가 저장된 표이다. 위험 등록부는 진짜 또는 가상일 수도 있지만 그것들은 위험 관행의 필수적 요소인데 거기서 그것들은 모든 다른 방법과 기법을 사용하여 컴퓨터상으로 모은 정보를 위한 저장소들이다.

1) 기법서술

위험 등록부는 위험정보를 수용하기 위한 문서 작성(word processing)이나 스프레드시트(spreadsheet) 표로 구성된다. 위험 등록부는 위험 사건, 그 특성, 확률, 영향, 완화 전략, 책임자(責任者; owner)뿐만 아니라 다른 정보의 주관자(host)에 대한 라벨(label)을 포함할 수도 있다([그림 2.3.3]). 컴퓨터상으로 모든 위험 데이터는 주어진 프로젝트 상 위험의 넓이와 그것들이 어떻게 분석되고 취급되는지의 일관된 이해를 보장하기 위하여 이들 표들에 로그인된다.

2) 언제 적용되는가?

위험 등록부는 거의 언제나 적용된다. 그것들은 새 정보를 만들어 내지는 못하지만 그것들은 대신에 위험관리 과정의 다른 단계에서 얻은 정보를 포함한다. 위험 등록부는 프로젝트가 진전되는 대로 그리고 그들이 저장한 정보 세트가 계속해서 더 풍부하게 되는 대로 계속해서 더 응용될 수 있게 된다. 그것들이 착수에서 종료까지 전 프로젝트 위험의 역사 감각을 주기 때문에 그것들은 과거 프로젝트로부터의 역사적 문서로서 도움을 준다.

3) 투입물 및 산출물

위험 등록부에의 투입물은 다른 과정에서 수집된 그리고 표의 구성 형식으로 정리된 모든 정보로 구성된다. 투입물은 조직에 따라 다양하지만 다양한 유형의 데이터를 포함한다. 위험 등록부에서 포착될 수도 있는 일부 정보에는 다음과 같은 것이 포함된다.

위험사건

식별된 데이터

근본 원인
확률
영향
전반적 위험수준
우선순위
고려된 전략
선택된 전략
책임자
재검토일
해결목표일/해결된 날
결과

위험 사건	날자			근본원인
	식별된	재검토된	해결된/종결된	
"나쁜 일" 생길 수도. "영향" 초래	재인된 첫 날	예정된 날 또는 재검토기간	최종 검토 또는 전체 해결일	원인 또는 근본원인 분석에서 확인된 원인

확률	영향	전략		책임자	결과
		고려된	응용된		
발생 공산	영향의 심각성 가치	위험 해결을 위해 심각하게 고려된 접근	응용 방법	위험 사건 및 결과에 직접 책임이 있는 개인	영향 및 전략의 효능의 면에서 최종 결과의 특성

[그림 2.3.3] 표본 위험 등록부

위험 등록부의 넓이는 그것이 소속된 조직에 크게 의존한다. 그러나 위험 등록부에 포함된 모든 열(列; column)이 데이터의 수집, 평가 및 유지란 면에서 고려되어야 하는 또 다른 투입물을 나타낸다.

위험 등록부로부터의 산출물은 등록 그 자체이다. 대부분의 스프레드시트(spreadsheet)와 워드프로세싱 프로그램(word processing program)의 성능 때문에 데이터는 여러 가지 패션(fashions)으로 여과될 수도 있다. 그 열쇠는 표로부터의 데이터가 어떻게 응용될 것인가에 공통된 이해가 있다는 것을 보장하는 것이다. 앞에서 지적된 대로 산출물은 출력된 자료(hard copy)나 소프트웨어(software) 둘 중 하나로 유지된다. 소프트웨어는 워드프로세싱, 스프레드시트 또는 프로젝트 관리 프로그램을 포함할 수도 있다. 프로젝트 관리 소프트웨어에서 정보는 표에 연결될 수도 있거나 소프트웨어 자체 안에서 상주하는 텍스트 필드(text fields)에 들어있을 수도 있다. 특히 후자의 접근이 적용된다면 장기 지식관리 관행(일관된 보유를 위한 프로토콜(protocol), 인정된 필드 응용, 접근을 위한 프로토콜 등등)이 사용되어야 한다.

이들 필드에서의 데이터는 (조직의 정보제공 기대뿐만 아니라) 위험 역사와 위험을 다루기 위한 분명한 지침(指針; road map)을 확인된 대로 제공한다.

4) 기법 적용하기에서의 주요 단계

위험 등록부는 더 많은 정보가 사용 가능하게 되면서 시간을 거쳐 진전된다. 효과적인 위험 등록부 만들어내기의 열쇠는 전체 표를 바로 채워 넣으려 하지 말라는 것이다. 대신에 정보가 사용할 수 있게 됐을 때 그 도구에 채워져야 한다. 주요 응용 단계에는 다음이 포함된다.

위험을 확인하고 "위험 사건" 필드에 그것들을 통합시키자. 앞에서 천명된 대로 위험 사건은 원인과 영향이란 면에서 분명하게 확인할 수 있음을 보장하기 위하여 일관된 (컴퓨터) 문법(syntax)을 사용하여 확인되어야 한다.

위험이 확인된 최초의 날을 포착하고 "확인된 날" 필드에 로그인 하자.

위험의 다음 재검토할 날을 확인하고 "재검토된 날" 필드에 로그인 하자.

위험이 해결되거나 끝났다고 인정된 날을 확인하고 "해결된/종료된 날" 필드에 로그인하자.

위험 사건의 근본 원인을 사정하고 "근본 원인(들)" 필드에 로그인하자.

확률을 확인하자. 그리고 그 사건에 대한 상대적 확률을 "확률" 필드에 통합하자. 확률은 그것들의 실제적 확률적 공산에 따라 또는 높음/중간/낮음/희박의 분류에 따라 만들어져야 한다.

영향(影響; impact)을 확인하자. 그리고 사건에 대한 영향을 "영향" 필드에 통합하자. 영향은 그것들의 실제 영향 가치에 따라 또는 높음/중간/낮음 분류에 따라 만들어져야 한다.

전반적 위험을 확인하자. 그리고 (보통 결합된 확률과 영향의 평가를 통하여 정해진) 상대적 점수를 통합하고 "전반적 위험" 필드에 로그인하자.

(확인된 다른 위험과 그것들의 전반적 위험점수를 비교한) **상대적 우선순위를 확인**하고 "우선순위" 필드에 우선순위를 배당하자.

위험에 대한 잠재적으로 효과적인 전략을 확인하고 "고려된 전략" 필드에 로그인하자.

위험에 적용될 전략을 확인하고 "적용된 전략"에 로그인하자.

추적하기와 완화하기에 책임이 있는 **책임자를 확인**하고 "책임자(owner)" 필드에 로그인하자.

위험 사건의 결과를 정하고 "결과" 필드에 로그인하자.

역시 이들 단계는 모두 동시에 일어나지 않지만 대신에 정보 세트가 사용할 수 있게 되었을 때 장기간에 걸쳐 응용될 것이다. 열쇠는 정보가 일관된 양식으로 포착된다는 것 그리고 그 정보가 조직 내 다른 사람들이 조직의 기억, 지식 관리 및 학습된 교훈을 위해 그것에 접근할 수 있는 저장소에 보관되는 것을 보장하는 것이다.

5) 결과의 사용

위험 등록부가 다양한 응용 용도를 가지고 있다 할지라도 그것은 기본적으로 프로젝트 계획을 위한 도서관 및 정보 도구의 역할을 한다. 많은 조직에서 위험 등록부는 위험 계획의 기본적 표명(表明; manifestation)으로 생각된다. 그래서 위험 등록부는 그 조직의 프로젝트 방법에 관한 위험, 전략,

책임소재(責任所在; ownership patterns) 및 기타 필수 정보의 소통에 사용된다. 역사적 관점에서 결과는 역시 주어진 프로젝트에 대해 어떤 위험이 예상되는지와 그것들이 어떻게 취급되는지의 공문서 그리고 그것들의 최종 결과의 기록보관소로 사용된다. 위험 등록부 또는 그것의 최신판은 위험관리 계획이 수립된 이후 위험관리 과정의 매 단계의 중대한 산출물로 생각된다.

6) 자원 소요

위험 등록부를 위한 자원에는 표를 만들기 위해 (그리고 영구보존을 위해 정보를 저장하기 위해) 요구되는 소프트웨어와 많은 다른 과정으로부터의 정보의 목록을 작성하고 분류하는 능력을 가진 개인들이다. 대체로 경영능력(經營能力; administrative competence)만이 요구된다.

7) 신뢰성

위험 등록부는 일관되고 효과적인 정보 저장을 조장하기 때문에 보관소로서 고도로 신뢰할 수 있다. 그것이 다른 과정들과 분석들로부터 얻어진 정보에 의지하는 점을 고려하면 "데이터 창고"로서의 그것의 역할이 그것을 고도로 신뢰할 수 있게 만들어준다. 주기적 정보 뒷받침(backups)이 있고 그것들이 비교적 안전한 환경에서 보존되는 한 위험 등록부는 고도로 신뢰할 수 있는 도구이다.

8) 선별기준

위험 등록부도 역시 자원 소요, 응용 및 산출물과 관련된 선별기준을 사용하여 사정된다.

(1) 자원 소요

위험 등록부 시행 **비용**은 낮다. 표에 정보를 만들어내는 것과 저장하는 것이 기본적으로 관리 기능(管理機能; administrative function)이기 때문에 관리인원이 그 작업을 할 수 있다. 그들의 시간 투자는 그 정보를 기록하는 시간이다. 또한 그 과정이 제한된 수의 개인들의 참여를 요구하므로 여기서의 비용 역시 제한된다.

이 기법이 기본적으로 관리 부담이기 때문에 그것을 위한 어떤 특별한 장비 필요성도 존재하지 않는다. **적당한 시설과 장비**를 위해 유일한 요구는 데이터와 표를 파일화하기 위한 소프트웨어를 가지는 것이다.

위험 등록부를 **시행하는데 필요한 시간**이 의미는 있지만 프로젝트의 전 수명 기간 중 아주 작은 증분(增分; increments)에서 발생한다. 모든 작업이 단일 경험으로 일괄하여 다루어진다면 소요 시간이 높을 수도 있을 것이다. 그러나 데이터가 정기적으로 낮은 단계에서 등록부에 투입되어야 한다는 사실이 그들 낮은 단계에서 시간이 소요되게 만든다.

위험 등록부가 기본적으로 데이터 입력 기능이므로 **사용의 쉬움**(ease of use)은 높다.

프로젝트 매니저의 위험 등록부에의 **시간 투입**(time commitment)은 전체적으로 고려될 때 의미를 가진다. 그러나 사용-당 증분 기준으로 프로젝트 매니저의 이 기법에의 시간 투입은 아주 적다.

(2) 응용

프로젝트 상태 보고를 위해 위험 등록부는 해결된 위험이나 주어진 위협의 수준(영향이나 확률 또는 둘 다)에 있는 위험을 강조하기 위해 여과될 수 있다.

주요 계획 결정을 위해 프로젝트 전체 맥락에서의 위험의 이해와 위험 등록부가 감당할 수 있는 시각을 요구한다.

만일 “위험사건”과/혹은 “위험 출처” 데이터 저장 지정영역(fields)이 용어 “계약”이 오직 계약과 계약형태에 관련된 위험들만을 강조하기 위하여 여과된다면 위험 등록부는 **계약전략 선별**을 뒷받침할 수 있다.

위험 등록부는 **이정표 만들기**를 지원하지 않는다.

만일 “위험 사건”과/또는 “전략” 필드가 용어 “설계”가 설계과정과 직접 관계가 있을 수도 있는 어떤 위험 사건 또는 전략을 강조하기 위하여 여과된다면 위험 등록부는 **설계지침**을 뒷받침할 수 있다.

계약전략에서와 같이 위험 등록부는 “판매인(vendor)”이 여과 용어가 된다면 **출처 선별**을 뒷받침할 수 있다.

위험등록부는 “위험 사건”과 “전략” 열(列; column)이 용어 “비용”, “예산” 및/또는 “할당”에 포함된 것들을 위해 여과된다면 **예산 제출**(budget submittal)을 지원할 수도 있다.

(3) 산출물

위험 등록부로부터의 산출물은 모든 위험정보를 위한 마스터 리포지토리(master repository)의 역할을 하는 스프레드시트 또는 표이다. 그 스프레드시트나 표가 어떻게 분석되는가에 따라 그 산출물은 완성될 수도 있고 위의 응용에서 검토된 대로 특정한 용어를 위해 여과될 수도 있다.

위험 등록부의 정확도(accuracy)는 그것이 많은 다른 과정으로부터 집계(集計; aggregated)된 정보를 반영하므로 높다. 그 과정들로부터의 산출물이 정확하다는 전제 하에서의 운영은 위험 등록부에 반영되어야 한다.

위험 등록부에서의 **상세의 수준**(level of detail)은 그것이 프로젝트에서의 위험정보의 전 넓이를 포괄하므로 극도로 높다.

위험 등록부의 효용(utility)은 그것이 아주 적은, 약간의 또는 모든 다른 도구들과 함께 응용될 수 있으므로 극히 높다. 위험 등록부는 다른 과정들을 통하여 수집된 다른 위험정보를 위한 표로 정리된 집(home)이다.

요컨대 위험 등록부는 그것이 프로젝트의 일생 동안 진화하는 기록(記錄; documentary) 도구이기 때문에 다른 프로젝트 관리 과정들에서도 흔히 사용된다. 프로젝트가 진행하고 위험 등록부가 점점 더 완성됨에 따라 그것 또한 그 프로젝트의 (위험이란 면에서) 역사를 마련하는 그리고 효과적이었던 (뿐만 아니라 그렇지 못했던) 위험 전략과 책임자를 반영하는 역할을 한다.

10 결정 분석: 기대금전가치(expected monetary value; EMV)

결정 분석은 의사결정자가 몇 개의 결정 대안들과 불확실하거나 미래 사건의 위험이 가득 찬 양태(樣態; patterns)에 직면할 때 전략을 선택하는데 사용될 수 있다. 특정한 결정 분석 기법을 선택하기 전에 상황의 종류를 고려하여야 한다. 의사결정 상황의 분류는 의사결정자의 통제 밖에 있는 (자연 상태; state of nature라고 알려진) 그들 미래사건에 관하여 얼마나 알려져 있는가에 기반을 두고 있다. 상황의 두 유형은 다음과 같다.

확실성 하 의사결정(자연 상태가 알려졌을 때)
불확실성 하 의사결정(자연 상태가 알려지지 않았을 때)

위험 식별, 정량화 및 우선순위 결정을 위해 적절한 결정 분석 기법들은 어느 정도의 불확실성 하에서 내려지는 결정을 고려하는 것들이다.

자연 상태를 위해 좋은 확률이 개발될 수 있는 상황일 때 기대금전가치 방법은 결정을 내리기 위한 인기 있는 기법이다. 불확실성 하 의사결정의 일부 사례에서 의사결정자는 여러 자연 상태의 확률을 확신을 가지고 사정하는 능력을 가지지 못할 수도 있다.

1) 기법 서술

일반적으로 EMV 방법을 사용하여 결정이론 문제를 공식화하는데 세 개의 단계가 있다. 즉

문제의 정의

의사결정자가 고려할 대안들 확인(실현가능 대안을 d_i라 표기) 발생할 그리고 의사결정자의 통제 밖에 있는 관련 미래사건 확인(s_j로 표기)

결정이론 용어들에 특정 결정에서 나오는 결과(outcome)와 특별한 자연 상태의 발생을 귀결(歸結; payoff)(V라 표기)이라고 한다. 공식 $V(d_i, s_j)$는 결정 대안 d_i와 자연 상태 s_j에 연계된 귀결을 나타낸다.

예를 들어보자. 한 프로젝트 매니저가 사업 출장을 위해 어떤 방법을 사용할 것인지를 정해야 한다. 승용차 여행은 한 시간 이상 늦을 확률이 5%이며 4시간이 걸린다. 비행기 여행은 2시간 이상 늦을 확률이 30%이며 공항 왕복 시간을 포함하여 3.5시간 걸린다. 이 시나리오에서 d_i는 프로젝트 매니저의 여행 결정이다. 기대가치를 근거로 항공기 여행은 4시간 6분 [3.5시간 + (120분(0.3))] 걸린다. 기대가치에 따라 승용차 여행은 4시간 3분 [4시간 + (60분(0.05))] 걸린다. 선택된 대안(s_j)과 그것의 결말은 프로젝트 매니저가 지연 없이 4시간에 도착한다는 것이다. 특징에 주목해보자. 결정 대안 d_i는 아무 때나 결정될 수 있다. 자연 상태 s_j는 위험이 왔다 갈 때까지 모르는 채 남아 있다. 귀결, $V(d_i, s_j)$는 성공적으로 끝난 4시간 여행이다.

2) 언제 응용되나

EMV 방법은 특히 특별한 행동방향과 연계된 확률 및 상대 비용을 확인하기 위해 프로젝트 시작 때 만들어지지만 어떤 프로젝트 단계에서도 적용된다. 결정 분석 모델은 결정 나무(decision tree)로 묘사될 수 있기 때문에 네트워크(network) 분석에 적용될 수 있다. 네트워크에서의 확률을 기반으로 하는 분지(分枝; branching)는 네트워크 분석 틀에서 결정 분석을 사용한 예이다.

3) 입력 및 출력

EMV 방법에의 입력은 고려될 결정 대안들(프로젝트 매니저가 가진 옵션들(options)), 결정 대안들에 연계된 자연 상태들(일어날 수 있는 것들) 및 각 자연의 상태들의 확률(주어진 시나리오가 일어날 확률들)로 구성된다. EMV 방법의 출력은 고려 중인 각 결정 대안들에 대한 기대 귀결 가치이다.

4) 기법 적용에서의 주요 단계

EMV 기준은 분석자가 최선의 기대가치를 산출하는 선택을 선별하기 위해 각 대안에 대한 기대가치를 계산할 것을 요구한다. 궁극적으로 오직 하나의 자연 상태(또는 결과)에서만 일어날 수 있기 때문에(즉 오직 하나의 시나리오만 발생할 수 있으므로), 연계된 확률들은 다음 조건을 충족하여야 한다.

모든 자연 상태들에 대해 $P(s_j) \leq 0$

$$\sum_{j=1}^{n} P(s_j) = P(s_1) + P(s_2) + P(s_3) + \cdots + P(s_n)$$

이 방정식에 대해
$P(s_j)$ = 자연 상태 (s_j)에 대한 발생 확률
n = 있을 수 있는 자연 상태의 수

결정 대안 d의 기대금전가치는 다음 방정식을 통하여 도출된다.

$$\text{EMV}(d_i) = \sum_{j=1}^{n} P(s_j) V(d_i, s_j)$$

다시 말해서 결정 대안의 EMV는 귀결과 그 귀결이 일어날 확률의 적(積; product)이다. 더 단순하게 말하면 즉석복권을 사는 결정의 EMV는 그것들의 확률과 그 결과의 합이다. 단일 복권이 다음과 같은 확률을 가진 예를 생각해보자.

당첨금	확률	기대가치
1,000원	0.25	250원
10,000원	0.01	100원
100,000원	0.001	100원
1,000,000원	0.0001	100원
0	0.7389	0원
EMV		370원

모든 확률의 합은 1이고 모든 자연의 상태는 해명되며, 모든 기대가치의 합은 370원이다. 위의 표에서 370원 당첨자의 단일 복권은 없으므로 시간에 걸쳐서 많은 복권이 구매된다면 그 평균 가치는 궁극적으로 약 370원일 것이다.

확률은 각각의 잠재적 자연 상태(결과)에 대해 백분율로 표시된다. EMV 방법이 결정을 내리는 데 사용될 수 있는 상황의 예(미국 예)를 보기로 하자.

고장률, 운전 첫해의 상대적 보전비(保全費, maintenance cost) 및 구매가격을 근거로 하여 회사 전체 소유 400대의 트럭용 물 펌프를 위해 Acme와 Nadir 중 어느 것을 구매할지를 결정하는 문제이다. 역사적으로 트럭회사는 회사 내 전 트럭의 모든 물 펌프를 동시에 교체함으로써 시간, 에너지 및 위험을 줄여왔다.

Acme 물 펌프는 한 개 당 $500이며 운전 첫해의 고장률이 5%이다. Acme 펌프의 재 설치에 $150이 든다. 고장 나지 않은 펌프의 보전비는 연간 $100이다. Acme는 고장 난 펌프의 모든 보전비를 변상한다.

Nadir 물 펌프는 단지 $485이지만 운전 첫 해의 고장률은 15%이다. 고장 난 Nadir 펌프를 재 설치하는데 $200이 든다. 고장 나지 않은 펌프의 보전비는 일 년에 $100이다. Nadir도 고장 난 펌프의 보전비를 변상한다.

우리는 이 문제를 두 결정 대안과 각각의 자연 상태에 관하여 나타내는 결정 표로 구성할 수 있다. [그림 2.3.4]가 이 문제에 대한 결정표와 관련 분석을 보여 준다.

분석가는 개인적 선호에 따라 표 또는 결정 나무를 구성하거나 둘 다를 만들어 내거나 할 수 있다. 결정 나무는 그림으로 고려중인 결정을 나타낸다. (그림 2.를 보라) 나무 자체를 그리지 않더라도 모든 관련 사건은 과정이 각 결정 포인트에 도달할 때 일어날 수 있는 문제를 정하기 위하여 모두 나열되고 분석되어야 한다. 결과(outcome)마다 고려하여야 하며 매 있을 수 있는 결과 또는 귀결에 이르는 나무를 통한 통로가 있어야 한다. 여러 가지 문제와 결과에 확률을 할당하기 위하여 뿐만 아니라 각 각의 문제와 있을 수 있는 결과를 확인하기 위하여 전문가에 자문을 받아야 한다.

5) 결과의 사용

결정 대안들의 기대금전가치들을 전제로 분석가가 적절한 선택을 하는 목적이 이익을 극대화하고 비용을 극소화하기 위한 것이어야 한다. 표본 문제에서 목적이 비용을 최소화하는 것이었으므로 분석가는 가장 낮은 EMV를 가진 대안을 선별할 것이다. 그러나 결정 대안 간의 차이가 미미할 때는 다른 프로그램적인 요인들이 고려될 수도 있다.

제시된 예에서 두 펌프 간의 뚜렷한 가격차 $6,000(오직 구매 가격만 고려할 때의 차이)에 (기대금전가치_기대가치라고도 함_를 감안한) $1,000로 줄어들었다. 그것이 의사결정자로 하여금 Acme 펌프가 해낼 수 있는 추가되는 품질에 조직이 $1,000의 추가적인 지출을 할만한 가치가 있는지 여부에 대한 의문을 가지게 한다.

6) 자원 소요

자원 소요에 대하여 EMV 기법은 통상 간단하며 모델에의 입력 자료가 확보된 뒤에는 쉽게 계산될 수 있다. 입력 자료를 수집하기 위한 자원 소요가 더 중요하다. 결정 대안과 자연 상태의 수가 증가함에 따라 결정 문제가 더욱 복잡해지기 때문에 결정표나 결정 나무를 만들어내는데 필요한 시간 또한 증가한다.

결정 대안	자연상태	
Acme 구매 $d_1 = \$200,000$	고장 $P(s_1) = 0.05$ 400대 (0.05 고장률) (수리 당 $150)	보전 $P(s_2) = 0.95$ 400대 (0.95 보전율) (보전 사건 당 $100)
Nadir 구매 $d_2 = \$194,000$	$P(s_1) = 0.15$ 400대 (0.15 고장률) 수리 당 $200	$P(s_2) = 0.85$ 400대 (0.85 보전율) 보전 사건 당 $100)

분석	
EMV (ACME 구매)	EMV (Nadir 구매)
$200,000 400 대 (대당 $500) 3,000 400대 (0.05 고장률) (수리 당 $150) 38,000 400대 (0.95 보전율) 대당 $100 $241,000	$194,000 400대 (대당 $485) 12,000 400대 (0.15 고장률) (수리 당 $200) 34,000 400대 (0.85 보전율) 대당 $100 $240,000
만일 목적이 일 년간과 비용만을 근거로 한다면 Nadir 구매	

[그림 2.3.2] 결정표 및 분석

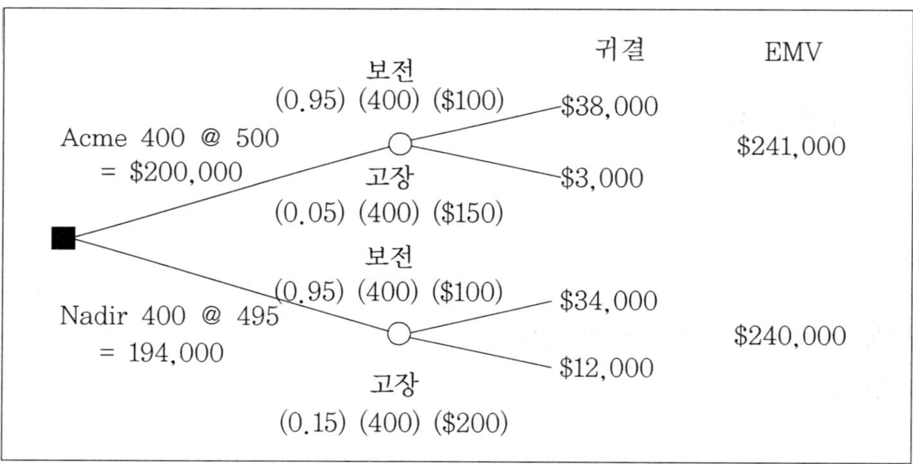

[그림 2.3.3] 결정나무

7) 신뢰성

결정분석의 EMV 기법의 가장 매력적인 특성 중 하나는 모델에의 관련 입력 자료를 구한 뒤에는 분석에 관해 아무런 모호성(模糊性; ambiguity)이 존재하지 않는다는 것이다. 만일 분석자가 모든 관련 결정 대안과 자연 상태 및 관련 확률을 현실적으로 정의할 수 있다면 그 모델은 현실을 반영할 것이다.

질적 조항에 일관된 확률이 할당될 때 신뢰성은 질적 환경에서의 확률 관점에서 향상될 수 있다. 질적 영역에서 EMV 신뢰성을 향상시키는 열쇠는 질적 항목에 대해 일관된 수적 가치를 확립하는 것이다.

EMV 방법의 또 다른 중요한 혜택은 그것이 쉽게 그림으로 묘사될 수 있으며 문제, 대안들 및 분석의 개념적 이해를 가능하게 하여 준다는 것이다.

8) 선별기준

다른 기법들과 마찬가지로 결정분석이 기법을 위한 자원 소요, 응용 및 산출물과 관련된 선별기준을 사용하여 사정된다.

(1) 자원 소요

결정 분석 **비용**에는 단지 데이터를 수집하고 분석하는 시간만이 포함된다. 숙련된 분석가는 단순하게 구할 수 있는 데이터를 평가하고 그 정당성을 재검토하는 한정된 시간이 필요할 뿐이다.

적절한 시설 및 장비 소요는 정보를 개발함에 있어 분석가를 뒷받침할 수 있도록 충분하게 컴퓨터에 접근하는 것에 한정된다.

이 **방법을 실행하는데 필요한 시간**은 요구되는 심도(深度; level of depth)와 조직이 요구하는 산출물의 질에 크게 의존한다.

결정 분석에서의 **사용의 쉬움**은 분석가의 숙련 수준에 기반을 둔다. 다른 기법에 대항하여 검토할 때 이 방법은 상당히 짧은 학습곡선을 가지며 연장된 기간을 넘어 결정 분석을 지휘하는데 경험이 있는 누군가를 요구하지 않는다. 이 기법은 효과적으로 배울 수 있으며 결과가 양적이므로 결함이 있는 분석을 재검토하기 쉽다.

이 특별한 기법에의 프로젝트 매니저의 **시간 투입**은 아주 제한된다. 프로젝트 매니저는 보통 산출물의 마지막 재검토에 대해서만 칙임이 있다.

(2) 응용

결정 분석은 프로젝트를 위한 비상대책 준비자금 조달의 적절한 수준을 설정하기 위한 도구로서 자주 사용된다. EMV를 프로젝트의 위험에 적용함으로써 그리고 프로젝트의 주요 위험에 대해 EMV를 확립함으로써 이 기법은 결정 분석을 적절한 비상대책 예산을 확정하는 데 사용할 수 있게 하여준다. 이상적으로 그런 예산은 잠재적인 문제와 잠재적인 이득기회와의 균형을 잡기 위하여 프로젝트의 위험뿐만 아니라 공존하는 기회의 EMV도 필요하게 된다.

결정 분석은 모든 다음 응용에 크게 도움이 된다.

프로젝트 상태 보고를 위해 결정 분석은 프로젝트 매니저가 장래 사건에 대한 양적 정보를 마련하게 하여 준다. 기법들이 그런 정보를 별로 공급하지 못하기 때문에 결정 분석이 위험관리의 질에 필수적인 가치가 있는 데이터를 제공할 수 있게 하여 준다.

주요 계획하기 결정은 전적으로 성공 가능성에 의존한다. 결정 분석은 성공 가능성을 재검토하기 때문에 매우 유용하다. 때로는 비상대책 준비금이 주요 계획하기 결정에서 주요 결정요인이 되기 때문에 그 점에 있어 EMV의 역할이 부각된다.

계약전략 선별은 관련된 구매자, 판매자, 계약자 또는 하도급업자의 성공 가능성의 열쇠가 된다. 금전적 결정이 흔히 계약을 좌우하므로 EMV와 결정나무가 그 계약전략이 계약 가치에 적당한지 여부를 결정하는 데 도움을 줄 수 있다.

계약전략 선별과 같이 **이정표 만들기**는 가장 자주 프로젝트 시초에 시행되는 단계이다. 여기에 결정 분석은 예정이라는 면에서 성공 가능성을 정하기 위하여 이 기법이 응용되지 않는다면 제한된 효용만 가지게 된다. 그러나 그 이정표가 예산에 좌우된다면 결정 분석은 훨씬 더 적절하게 된다.

설계지침은 여러 가지 설계가 이익 가능성과 기술적 성공 가능성이란 면에서 여러 영향을 주기 때문에 결정 분석에서 직접 생겨날 수 있다.

공급처 선별에서 고려 중인 판매처에 대한 역사 또는 데이터 기록이 존재한다면 결정 분석이 응용된다. 그런 정보를 구할 수 있다면 결정 분석이 효과적으로 응용될 수 있다. 그러나 그런 증거는 주로 일화적(逸話的; anecdotal)이기 때문에 이 기법과 잘 어울리지 않는다.

결정 분석은 일부 조직이 결정 분석을 예산 할당을 위해 고려 대상으로 사용하기 때문에 **예산 제출**에 직접 영향을 준다.

(3) 산출물

결정 분석으로부터의 산출물은 이례적으로 도움이 되거나 전혀 소용이 없거나 할 수 있다. 그럼에도 불구하고 그것의 산출물이란 면에서의 결정적 가치는 투입물의 질을 간직한다는 데 있다.

정확성은 분석가 및 데이터에 매우 종속적이다. 프로젝트가 정확하게 모델화될 수 있다면 산출물은 오류가 없을 것이며 그 역(逆; inverse)도 참이다. 효과적이고 정확한 정보를 만들어내기 위하여 데이터는 정당하고 믿을 수 있는 출처에서 나와야 하며 이 기법의 함의(含意; implications)를 분명하게 이해하는 누군가에 의하여 분석되어야 한다.

상세의 수준(level of detail)은 프로젝트 매니저가 필요하다고 생각하는 것에 기반을 둔다. 결정 분석은 전적으로 확장 가능하다. 그것은 큰 규모로 상세한 수준에서 실시될 수 있다. 이와 같이 그것은 범위의 한쪽 끝에서 적용될 수 있는 기법들보다 강점을 나타낸다.

결정 분석의 **효용**은 그것이 산출물과 같은 다양성을 제공하거나 다른 기법이 하는 수많은 의문을 다루지 않기 때문에 많은 다른 기법만큼 높지 않다. 대신에 단일 문제에 강열하게 집중할 때 가장 효과가 있다.

요컨대 결정 분석은 프로젝트 매니저가 단일 문제를 다양한 관점에서 분석할 수 있게 하여 준다. 그것은 넓고 지대한 영향을 미치는 프로젝트 관리 문제에 답을 주지 않는다. 대신에 그것은 더 큰 그림에서 미묘한 차이(뉘앙스; nuances)를 채우기 위하여 세부사항을 그린다. 결정 분석은 또한 프로젝트 매니저에게 중요한 갈등이 있을 경우 내놓을 양적 정보를 준다. 만일 결정 분석이 과거에 적당한 입력 자료를 사용한 적절한 질문을 조사하여왔다면 프로젝트 매니저를 위해 강력한 도구가 될 수 있다. 결정 분석을 효과적으로 만들기 위한 열쇠는 그 도구를 적당하게 사용하고 분석되고 있는 정보가 통용되고 타당하며 정확하다는 것을 보장하는 것이다.

11 긴급성 사정(緊急性査定; urgency assessment)

여러 상황에서 문제는 특정한 위험이 다루어져야 하느냐 여부가 아니라 오히려 그것이 지금 다루어져야 하느냐 여부이다. 위험을 사정하기 위한 중대 기준이지만 긴급성은 보통 확률 및 영향의 사정 이후 분석과정으로 분류된다. 그러나 긴급한 낮은 위협(low-threat)의 위험은 일반적으로 강압적인 환경에서 큰 관심을 받지 못하기 때문에 그런 위험은 특별히 긴급성 사정의 주제가 되지 않는다. 그에 반해서 고 확률, 고 영향 위협 중 어느 위협 사건이 첫째로 다루어져야 하는 지를 정하기 위해 긴급성을 사정할 필요가 생긴다. 그렇기 때문에 긴급성 사정은 관습적으로 위협의 긴박성에 더하여 적시 대응이 전략 효능에서 가질 효과에 기반을 둔다.

1) 기법서술

긴급성 사정은 높은, 중간 또는 낮은 긴급성이 되는 기준을 기록하기 위하여 서식 또는 보기 판(template)에 그 결과를 나타낸다. 체크리스트 서식 또는 빈자리 채우기(fill-in-the-blank) 보기 판에 기록되면 긴급성 사정은 그 조직으로 하여금 어떤 환경이 즉각적인 또는 이에 가까운 행위에 대한 진짜 필요성을 만들어내고 정당화하는지 또는 기다려보기(wait-and-see) 태도가 더 지능적인 대응일 수도 있는지 결정하게 하여 준다. 이 기법은 긴급성에서 더 낮은 위험을 여과할 실제 필요성이 없으므로 전반적으로 "높다"라고 여겨지는 위험사건들만 사정에 포함된다.

2) 언제 적용하나

긴급성 사정은 프로젝트팀이 그것들을 모두 효과적으로 다룰 가능성이 없는 그런 충분히 높은 위험(고 확률 고 영향 또는 중간 확률 고 영향)이 있을 때에만 적용 가능하다. 따라서 긴급성 사정은 어떤 높은 위험이 자원 제한 환경에서 즉각적인 주의를 받을 만한 지를 정의하기 위한 도구로서 적절하다.

3) 투입 및 산출

긴급성 사정이 조직의 보기 판에 근거를 두기 때문에 두 세트의 투입물이 고려되어야 한다. 그 첫째가 보기 판 또는 체크리스트 자체를 만들어내는 투입물로 구성되고 둘째는 보기 판이나 체크리스트를 차지하는 투입물로 구성한다.

보기 판을 만들어내는 투입물은 어떤 환경적 조건이 위험 사건과 관계가 있는 진짜 긴급성을 만들어 내는가에 관한 정보를 포함한다. 산악구조 환경(긴급성 사정의 적용에 대한 가장 일반적인 환경)에서 보기 판은 나이, 체력, 복장, 경험 및 길 잃은 도보여행자(hiker)에 관계되는 조건들에 관한 정보를 포함한다. 예를 들면 셔츠만 입은 젊은 도보여행자(hiker)는 분명히 모든 장비를 갖춘 베테랑 도보여행자보다 더 긴급한 경우이다. 프로젝트 관리에서 긴급성은 프로젝트 마감일 및 이정표, 고객 민감도(敏感度; sensitivity), 팀 멤버 전문지식 및 프로젝트 복잡성과 같은 문제들을 강하게 결부시킨다. 그 형식(型式; form)은 위험 사건을 더 긴급하게 만드는 구성요소들을 포함하여야 하며 위험 중에서 긴급성의 상대적 수준을 알아내는 능력을 제공하여야 한다.

긴급성 사정의 보기 판 만들어내기로부터의 산출물은 보기 판 그 자체일 것이다. 그 보기 판은 [그림 2.3.6]에서 보여주는 것처럼 체크리스트의 형식을 취할 수도 있거나 문제 되는 위험 사건에 대한 긴급성의 상대적 수준을 만들어내는 채점 척도를 제공할 수도 있을 것이다.

그 기준과 그것들의 상대적 가중치들은 조직에 의하여 변할 것이지만 그럼에도 불구하고 그 보기 판은 그 조직이 그것을 긴급성 사정에 적용할 때 그것들의 위험관리 적용에 일관성의 척도를 심어 넣을 기회를 제공한다.

확인 이후에 보기 판에의 투입물은 보기 판에 있는 질문에 대한 대답에 의하여 좌우되는 대로 단순하게 채점 열(列, column(s))에 있는 값을 구성한다. 그들 대답 조성하기에서 만들어진 어떤 가정들도 그것들이 평가에서의 일관성을 위하여 포착됨을 보장하기 위한 형식으로 기록되어야 한다. 그러나 다른 가정들이 그 질문에 다양한 대답을 좌우할 수도 있고 어느 위험이 가장 긴급한지라는 면에서 다른 결과를 함께 조성할 수도 있다.

프로젝트명			위험사건		
긴급성 사정					
평가기준	1	2	3	4	점수
이 형태 위험 다루기에서의 프로젝트 팀의 경험	이 형태에 대한 차선책 및 즉석 마련 해법의 알려진 역량	이 형태 위험 다루기에서의 일부 경험	이 형태 위험에서의 일부 경험을 가진 한두 팀 멤버	이 형태 위험에서의 경험 아무 팀 멤버도 없음	
확률위험 다음 단계 문전에 발생할 것	프로젝트 나중에 그리고 재검토 뒤에 확률 더 높다.	확률은 프로젝트 나중이 다음 재검토 전 만큼 높다.	확률은 재검토 전에 높다.	확률은 다음 두 기간(예: 주, 월)에 제일 높다.	
고객 민감도	고객이 위험에 관해 기대 없고 그것이 해결될 것이라 가정	고객이 형태 위험 지체 없이 해결되리라 기대	이 위험이 임박되었을 시 사전안내 기대	고객이 위험이 일어날 것 결코 기대 안함	
프로젝트 복잡성/집중	이 위험 사건은 프로젝트의 오직 한 모듈에만 영향을 주고 그 모듈은 독립적으로 다루어질 수 있다.	이 위험 사건은 여러 모듈에 영향을 주지만 프로젝트에 영향을 주지만 프로젝트수명 주기 끝을 향해 집중된다.	이 위험 사건은 여러 모듈에 영향을 주며 프로젝트 초기에 집중된다.	이 위험 사건은 여러 모듈에 영향을 주며 그것들은 아주 독립적이다.	
가시성	그 위험 사건은 발생 전에 쉽게 식별될 수 있고 막바지행위와 해결을 허용한다.	그 위험 사건은 초기 확인을 허용할 수도 있는 탐지 가능 단서를 가진다.	그 위험 사건은 실제로 발생이 시작하고 있을 때만 탐지 가능하다.	그 위험 사건은 발생 이후에만 탐지 가능하다.	
총계					

[그림 2.3.4] 긴급성 사정 보기 판의 표본

보기 판으로부터의 산출물은 개별 위험 사건에 대한 긴급성 점수일 것이다. 긴급성과 함께 위험을 다루는 조직의 자원 능력에 기반을 둔 여러 가지 위험 사건의 여과가 허용된다. 확률과 영향 때문에 고위험 범주로 나뉜 위험들은 긴급성으로 선별될 수 있으며 프로젝트 팀이 고-긴급성, 고-위험을 첫째로 해결하는 방향으로 일하게 허용된다. 다른 위험 사건은 보기 판에서 가장 높은 점수를 받은 위험들과 연계된 높은 수준의 긴급성이 없다고 해서 무시되지는 않지만 나중 해결로 밀릴 수도 있다.

4) 기법 적용하기에서의 주요 단계

긴급성 사정 보기 판 구성하기에서의 첫째 단계는 다른 하나보다 더 긴급한 한 위험 사건이 되게 하는 기준을 정하는 것이다. 그런 기준 밝혀내기에는 위험 긴급성과 연계된 공통의 요소들을 알아보는 경험이 있는 프로젝트 요원과의 협의가 포함된다. 이들은 정상적으로는 위험 사건이 임박하였는지 여부를 정하기 위하여 고려하여야 하는 것이 무엇인지를 충분하게 알기 위하여 그 조직의 환경을 이해하는 개인들이다. (앞서 언급된 산악구조의 경우와 유사한 해당자는 문제가 된 지역에 익숙한 전문 등반가일 것이다) 이들 개인은 영향 수준과 관계없이 임박한 위험을 가장 잘 일관되게 보여주는 조직 내에서의 기준을 평가하여야 한다. 그 기준들이 적당하게 확인될 수 있는 한 긴급성에 알맞은 어떤 조건이 존재하는지 그 정도를 정하기 위한 기준 안에서 측정기준이 설정될 수 있다.

기준 확인. 위험 사건이 임박했을 수도 있음을 나타내는 조건을 만들어내는 기준을 확인하고 모록에 올릴 필요가 있다.

기울기 척도 확인. 각 기준에 대해 범위가 큰 수(긴급성이 높은 수준)에서 작은 수(긴급성의 영향이 낮은 수준)에 이르는 긴급성에 주는 영향의 수준을 나타내는 기울기 척도를 숫자로 확인하자. 고르게 가중된 최종 산출물을 만들려고 하는 긴급성에의 영향의 상대적 수준에 기반을 두고 척도를 필요에 따라 조정하자.

보기 판의 타당성 확인. 타당성 확인은 알려진 긴급한 그리고 긴급하지 않은 여러 가지 위험을 기준에 따라 검사함으로써 이루어진다. 보기 판은 그들 위험과 연계된 긴급성의 역사적 수준을 반영하여야 한다. 그러나 그렇지 않다면 그 점수 매기기 평가기준은 더 정확하게 긴급성의 상대적 수준을 반영하도록 조정될 필요가 있을 수 있다.

모든 의미 있는 위험 평가. 보기 판의 타당성이 확인된 후 모든 의미 있는 (고-확률 고-영향 및 중간-확률, 고-영향의) 위험은 그것들의 긴급성의 상대적 수준을 정하기 위한 보기 판 안에서 평가되어야 한다.

위험사건 우선순위 정하기. 고-위험의 긴급한 사건은 대응 개발에서의 우선순위가 주어져야 한다.

긴급성 사정이 이루어진 이후 위험 사건은 위험 등록부에 목록을 올려야 한다. 어느 평가과정에서나 긴급성 사정은 위험의 사정이 있을 때마다 시행되어야 한다.

5) 결과의 사용

긴급성 사정의 기본적 응용은 최고 우선순위 위험을 정하는데 있다. 다른 사정과정이 제일 높은 위험의 풀(pool)을 만들어낼 수 있지만 긴급성 사정은 첫 번째로 다루어져야 하는 그런 위험들을 설정하기 위한 등급 매기기 과정의 역할을 한다. 게다가 역사적 시각에서 그것들 보면 그 결과는 역시 프로젝트 후 재검토에서 그들 위험이 당초 "높다고" 생각되었으며 실제로 "긴급"하였는지를 정하기 위하여 사용된다.

6) 자원 소요

긴급성 사정을 위한 자원에는 상대적 긴급성을 설정하기 위한 기준을 식별할 수 있는 고위급(高位級; senior-level) 전문가가 포함된다. 그들이 개발한 보기 판이 궁극적으로 장래 위험사정에서 비교를 위한 조직의 자산이 된다.

7) 신뢰성

긴급성 사정은 가장 긴급한 위험을 정하기 위한 일관된 방법 적용하기에서 신뢰할 수 있다. 그 신뢰성은 역시 가장 긴급한 위험을 첫째로 다루기 위한 등급 매기기 과정의 개발에 있다. 기준이 정확하게 긴급성을 좌우하는 환경을 반영하는 한 이 기법은 고도로 신뢰할 수 있다.

8) 선별 기준

긴급성 사정은 이 기법을 위한 자원 소요, 응용 및 산출물과 관련된 선별 기준을 사용하여 사정된다.

(1) 자원 소요

긴급성 사정 시행하기의 **비용**은 중간 정도일 수 있다. 이 기법이 조직의 깊은 경험과 지식을 가진 인적 자원을 요구하기 때문에 그 자원은 프로젝트에 가용인 더 비싼 인적자원 중에 있을 수도 있다. 그러나 보기 판이 만들어진 뒤에 그 비용은 낮게 내려간다.

적당한 시설 및 장비란 면에서 이 기법을 위해 특별한 장비는 필요 없다.

긴급성 사정 **시행에 필요한 시간**은 착수 때 높지만 보기 판이 만들어지고 제 자리에 있게 된 뒤에는 시간 소요는 아주 많이 낮아질 것이다.

보기 판이 만들어지고 난 뒤에는 긴급성 사정은 아주 **사용하기 쉽게** 된다. 그것이 기본적으로 데이터 사정 기능이므로 아주 사용하기 쉽다.

만일 프로젝트 매니저가 보기 판 만들기에 책임이 있다면 프로젝트 매니저의 긴급성 사정에의 **시간 투입**은 높다. 그러나 만일 보기 판을 만드는 전문가에 PM이 포함되지 않는다면 프로젝트 매니저의 시간 투입은 낮다.

(2) 응용

프로젝트 상태 보고하기를 위해 긴급성 사정이 관례적으로 상태 보고의 부분이 아니기 때문에 긴급성 사정은 제한된 효용을 가진다.

주요 계획하기 결정이 부분적으로 눈앞 위험의 이해에 달려 있는데 그것은 효과적인 긴급성 사정에 의하여 가장 잘 식별된다.

긴급성 사정은 계약전략 선별을 직접 지원하지 않는다.

긴급성 사정은 일정한 이정표가 일정한 수준의 긴급성이 통과한 점들을 나타내는 때를 표시할 수 있다는 점에서 **이정표 만들기**를 지원할 수 있다.

긴급성 사정은 그 설계가 일정한 위험의 상대적 긴급성을 조정하기 위하여 변경될 수 있다면 **설계지침**을 지원할 수 있다.

긴급성 사정은 판매회사가 직접 상대적 위험 긴급성에 영향을 주지 않는다면 일반적으로 **공급처 선별(source selection)**을 지원하지 않는다.

긴급성 사정이 언제 어떻게 우발성(偶發性; contingency)이 (장기든 단기든) 적용되어야 하는지를 확인함으로써 **예산 제출(budget submittal)**을 지원할 수 있다.

(3) 산출물

긴급성 사정으로부터의 산출물은 각 "높은" 위험에 대해 완성된 그리고 어느 위험 사건이 가장 긴급한지 정하기 위한 상대적 긴급성 점수를 표시하는 서식과 보기 판이다.

긴급성 사정의 **정확성**은 높다. 그 점에서 그것이 가장 의미 있는 프로젝트 위험을 위한 상대적 긴급성 수준을 설정한다.

긴급성 사정에서 **상세의 수준**은 낮다. 왜냐하면 그것이 단지 긴급성 사정 형식 위에 설정된 기준을 다루기 때문이다.

긴급성 사정의 **효용**은 의미 있는 수의 고위험과 그것들 모두를 다루는데 자원이 제한된 프로젝트에서 높다.

요컨대 위험 사정은 고위험의 의미 있는 본체(本體; body)가 존재하는 환경을 위해 하나 더 여과장치를 제공한다. 그런 환경에서의 보충 여과장치의 필요성은 순수한 위험의 양과 그것들 모두를 다루는 것과 관련된 그 팀의 무능에 의하여 좌우된다. 긴급성 사정은 첫 번째로 다루어져야 하는 위험을 평가하는 능력을 제공한다. 그것은 결과적으로가 아니라 지금 무엇이 관리되어야 하는지에 대한 분명한 이해를 준다.

부 록

위험 출처의 축약 목록

부록: 위험 출처의 축약 목록

망라된 위험 출처 목록은 사전만큼 길 것이다. 표 부록 1에 나와 있는 출처는 있을 수 있는 출처의 극히 일부이다. 그러나 이 위험 출처 목록에는 그것을 만들어내는 사회에서 가장 공통되고 일반적인 위험이 포함되어 있다. 이 목록은 대규모 하드웨어와 소프트웨어의 현장 배치에 초점을 맞추어 관료적 조직을 위해 만들어졌으며 예고 없는 긴장된 활동에 쓰인다. 이것이 당신 조직의 환경을 기술할 수도 안 할 수도 있다. 그러나 이 배경 정보는 왜 이들 출처들이 모든 다른 것들 위에 선택되었는지에 대한 관점을 제공할 것이다.

위험 출처는 위험이 시작된 곳이다. 위험 출처는 그것들을 범주로 다루는 것이 다른 위험을 식별하고 정의하는 것을 도와주거나 위험 세분 구조 개발을 쉽게 하여주기는 하지만 범주는 아니다. 범주는 식별을 돕기 위해 위험을 분류한다.

시설용량 – 설비 용량 부족이 생산 흐름을 바라는 수준에 도달하지 못하게 한다.

개념; 개념 탐색 기간에 물류지원 분석(LSA) 적용 실패 – 시스템 개념 정의에 참여하지 못한 것이 지원능력 목적에 안 맞는 그리고 준비 완료 목적에 맞추기 위해 초과되거나 대기 어려운 운전 및 지원(O&S)비 그리고 인건비를 필요하게 할 수도 있다.

동시 실행(concurrency) – 생산을 위한 동시 개발이나 생산 준비가 편차를 가져올 수 있다. 동시 실행이 자주 문제를 해결하고 프로젝트를 당초 일정에 맞추기 위해 추가 비용을 지불해야 할 때 문제를 발견하게 한다.

구매 제품 형상 통제 – 조직은 시장에서 구매하는 제품의 형상을 통제 않는데 이것이 당초 디자인과 예비품의 가용성에서 잠재적 위험을 초래할 수 있다.

계약하기; 부적절한 지원 준비 – 그 발생 영향과 확률의 면에서 통합 물류지원(ILS) 계약하기에서의 주요 위험분야는 데이터, 물자, 용역에 대해 적당하게 계약하는데 실패하는 것이다.

도급업자; 소통 – 하도급업자와 도급업자의 직원들이 원도급업자와 프로젝트 관리조직에게 시기적절하게 문제와 잠재적 문제의 정보를 제공하지 못하였을 때 소통에 문제가 발생한다. 한편 소통 문제는 경영층이 시기적절하게 프로젝트에 관련된 모두와 충분히 방향을 소통하지 못하였을 때도 일어난다.

도급업자; 재무능력 부족 – 도급업자가 프로젝트에 필요한 자금을 적절하게 조달할 수 없다면 필요한 작업이 지연되거나 축소될 것이다.

도급업자; 생산 준비성 – 도급업자가 생산을 위해 적절하게 준비하지 못하였을 때 발생

도급업자. 하도급업자 통제 – 원 도급업자가 하도급업자의 수, 일정 및 비용관리능력을 통제 못할 수도 있다.

도급업자의 염가 입찰 – 도급업자가 계약을 따려고 염가로 입찰하거나 사들일 경우 일정에 맞추어 예산 내에서 바라는 제품과 서비스를 공급 못할 수도 있다.

조정; 부적절한 – 조직이 자주 구매부서와 다른 부서와의 조정에 실패하는데 이것이 쓸 수 있는 물류지원과 규모의 경제를 최소화할 수도 있다.

데이터; 부적절한 이용계획 – 상세한 사용 계획이 없는 데이터 수집이 데이터 수집정보 요구들 간에 짝을 잘못 짓게 만들 수도 있고 의도된 사정의 목적을 그 사정의 의도된 목적을 달성하지 못하게 할 수도 있다.

데이터; 불완전하거나 접근할 수 없는 – 각각의 검사로부터 구할 수 있는 그리고 다음 검사계획을 위해 적당하게 사용된 충분한 데이터가 없다면 그 시스템이 모든 준비태세 요구에 맞는지 적절성을 평가하기가 불가능하다. 정확한 실패율 없이 시스템 및 구성요소의 신뢰성을 결정할 수 없다. 필요한 데이터가 부족하면 시스템 설계와 ILS(Integrated Logistics Support; 종합물류지원)의 진척이 이루어질 수 없고, 문제 확인이 불가능하며, 추가 검사가 요구될 수도 있다.

설계; 물류 기준의 정의 지연 – 신뢰성 및 보전력 요구에 대한 결정 지연이 최적 미달 지원을 가져올 수 있을 것이다. 설계에 회부된 후 옵션이 제한된다.

설계; 엔지니어링 변경의 영향 – 개발기간 중 이루어진 많은 수의 설계변경이 ILS 계획을 압도할 수 그리고 엔지니어링 변경결정에서 ILS 및 O&S(Operation and Support; 운영 및 지원) 비용에 대한 고려를 충분히 반영하지 못하게 할 수 있을 것이다.

설계; 구성요소(component)의 R&M(Reliability and Maintainability; 신뢰성 및 정비성) 데이터의 부당한 적용 – 별개로 볼 때 설계와 제조가 구성요소의 평균수명과 고장률을 결정한다. 부적절하게 계산된 자재 대체율의 결말은 부당한 노무 소요, 부정확한 공급 지원 재고목록 및 부당한 수리 수준 분석이다.

설계; 설계 및 물류 지원과정에 주는 LCC(Life Cycle Cost; 수명주기비용) 영향의 부족 – LCC는 그것이 설계 및 물류 엔지니어링을 선택하게 하는 엔지니어링 및 관리과정에 통합될 때 가장 효과적이다. 이 통합은 프로젝트 개시 때 시작되어야 한다. LCC를 죽 시행하지 못하면 대가가 큰 재작업(再作業; reworking), 검사 실패, 계약 종료 비용, 증가된 O&S 비용을 초래하게 된다.

설계; 비현실적 R&M 요구 – 비현실적 R&M 요구가 과도한 설계 반복의 결과로 발생되는 설계 및 개발 비용의 증가를 초래할 수 있을 것이다.

설계 안정성 - 생산단계 기간에 설계 안정성이 떨어질 수 있다.

엔지니어링; 늦은 준비성 및 보전력 목적의 확립 - 시스템 엔지니어링 과정이 현실적 준비성 및 보전력 목적의 확인 및 달성에서의 핵심 열쇠이다. 잘 조직된 과정이 프로젝트 개시 때 시작되지 않고 개발단계 내내 계속된다면 설계, 개발 및 O&S 비용, 일정 지연 그리고 뒤떨어진 준비성 요인이 그 프로젝트 위험이 될 것이다.

엔지니어링; 부지 조사 결과 - 역사적 또는 고고학적 부지 조사 발견 사항들이 부지 조성을 지연시키고 중요한 배치 문제의 원인이 될 수 있을 것이다.

환경영향 – (화재, 홍수, 폭풍우, 지진과 같은) 자연재해가 일어날 수도 있다.

장비; 공통 지원 - 그 시스템을 운전하고 보전하기 위한 공통 지원 장비를 구하지 못할 수도 있다.

LSA(Logistics Support Analysis; 물류 지원 분석) 요구의 구성 및 맞추기 실패 - 물자 시스템의 필요에 특별히 맞도록 설계된 LSA 계획 수립의 실패가 과도한 비용, 요구되는 연구 완성에 실패하는 사이 원치 않는 분석 실행 및 중대한 정보의 필요성을 간과하는 사이 과도한 서류 만들어내기를 초래할 수 있다.

숙지시키기(familiarization) – 도급업자 직원이 시스템이나 장비에 익숙하지 않은 수도 있고 유사한 시스템이나 장비 만들기에 경험이 부족할 수도 있다.

숙지시키기; 허용오차 수준(tolerance levels) – 통상적인 허용오차 수준보다 더 가깝게 되기 어려울 수도 있다.

결함검지(缺陷檢知; fault detection) – 설계 성능 얻기 결함을 검지할 수도 있다.

자금조달; 선행 구매 허가 제한(advanced buy authorization limitation) – 프로젝트의 필요에 의한 선행 구매 자금도달이 충분하지 않은 경우 오랜 리드타임(lead-time) 요구가 문제를 일으킬 수 있다.

자금조달; 제약 - 프로젝트 자금의 적기 수령의 보족이 지연을 일으길 수도 있다.

자금조달; 장기 - 일정 시간의 기간 동안 매 회계년 합의를 통하여 마련된 자금으로 프로젝트를 집행해야 하는 요구가 제약조건이 될 수도 있다.

인플레이션 - 당초 예상보다 상당히 더 높은 인플레이션 수준이 비용을 증가시킬 수도 있다.

통합/인터페이스(integration/interface) – (적응성(adaptability), 친화성(compatibility), 인터페이스 표준 및 해석 능력(interpretability)과 같은) 새롭고 독특한 요구가 프로젝트를 지연시킬 수도 있다.

공동 파트너 프로젝트 결정 - 축소된 공동 파트너 참여 또는 다른 사용자 결정의 결과에서 오는 문제와 지연이 프로젝트에 지장을 줄 수 있을 것이다.

노동분쟁 – (파업, 직장폐쇄, 태업과 같은) 노동 쟁의가 비용을 증가시키고 일장을 지연시킬 수 있을 것이다.

법적 쟁의 - 급여인상 및 성과 금 분쟁과 이에 관련된 법적 행위가 프로젝트를 지연시킬 수 있을 것이다.

법률 제정 – 더 높은 세금, 급료 및 복리후생에 영향을 주는 새로운 노동법, 사회보장

연금 인상 등등이 비용을 증가시킬 수 있을 것이다.

보전성(保全性; maintainability) – 확립된 보전절차와 호환성이 있는 설계를 사용하여 보전성을 확보하지 못할 경우 보전업무에서 변경을 하지 않을 수 없게 될 수도 있다.

자재물성 – 통상적으로 기대되는 것 이상의 자재물성 요구가 비용을 증가시킬 수도 있다.

타당성 모델화(modeling validity) – 수학적 및 물리적 예측을 만들어내기 위해 사용된 모델에서의 부정확함이 프로젝트에 지장을 줄 수도 있다.

목적과 전략 – 목적과 전략의 변경이 프로젝트 지장을 줄 수도 있다.

운영 환경 – 평상 시와 달리 혹독한 환경에서 실행하기가 기술적 어려움을 증가시킬 수 있을 것이다.

운영정책 – 운영정책 변경이 시스템 및 시스템 지원 요구에 영향을 줄 수도 있다.

직원: 가용 기량(器量; skills) – 내부 및 도급업자 활동을 수행하는데 필요한 기술, 관리 및 기타 가량을 가춘 직원의 부족이 프로젝트에 지장을 줄 수도 있다.

직원; 인원 삭감 및 업무 일원화 – 인원 삭감 및 업무 일원화에 대한 선도(先導; initiatives)가 프로젝트 매니저뿐만 아니라 설계 인에게 초기 요구조건의 정의에 제한을 가할 수 있다. 비용을 줄이고 능률을 개선하려는 의도라 할지라도 그런 지침의 임시 적용은 표준화의 상실, 부대비용의 증가 및 문서화된 교훈 경험의 상실을 가져올 수 있을 것이다.

직원; 강제적 배치 – 그 프로젝트가 몇몇 부적절한 직원 및 매니저가 내부든가 핵심 도급업자 밑에 있다면 심각하게 비생산적인 사건이 일어날 수 있을 것이다.

직원; 비밀정보사용허가(security clearance) – 요구되는 어떤 개인 비밀정보 사용허가 획득의 지체가 일정을 지연시킬 수 있을 것이다.

물성(physical properties) – 기대 역학, 응력(應力; stress), 열(熱; thermal), 진동 요구조건보다 다를 때 비용이 증가할 수 있을 것이다.

계획하기; 지연된 설비 – 적시에 시설계획을 하지 못하였을 때 상당한 배치 지연이 초래할 수 있을 것이다.

계획하기; 생산 후 지원의 지연 – 생산 후 지원 시간대에 존재하는 산업기반에 의한 자재 시스템의 계속된 지원이 경제적으로 실현 가능하지 않을 수도 있을 것이다.

계획하기; 배치 새롭게 하기 – 보고되지 않고 틀린 그대로의 배치 문제가 새롭게 된 배치계획에서 심각한 결함을 만들어 낼 수 있을 것이다.

우선순위 – 프로젝트에 할당된 우선순위의 변경에서 오는 문제와 그렇게 함으로써 시설, 자금, 자재 등등의 적시 점검이 일정을 지연시킬 수 있을 것이다.

프로젝트 임금 인상 없는 노동 강화(stretchout) – 당초 계획으로부터 프로젝트 일정을 끼워 넣기 지시가 프로젝트에 지장을 줄 수도 있다.

방사선 속성 – 증가된 방사선 스트레스 저항 요구가 기술적 어려움의 원인이 될 수 있다.

신뢰성 – 시스템 신뢰성을 적당하게 예측하는데 실패하면 예측된 신뢰성 성장이 영향을 받을 수도 있다.

희귀한 자원 – 중요한 자재, 구성요소 또는 부품의 부족이 프로젝트에 지장을 줄 수도 있다.

일정관리: 가속화된 취득 – 비 개발 품목 특히 재고품(in-stock items)의 납품을 위한 기한(期限; lead-times)이 극도로 짧을 수 있을 것이다. 이것이 불완전하거나 부적절한 물류지원과 종업원의 질이 떨어진 준비성과 더불어 배포(配布; deployment)의 기본적인 위험을 제기한다.

일정관리; 가속화된 프로젝트 – 가속화된 시스템 개발 프로젝트가 기존의 능력에서의 중대한 결함을 극복하지 않을 수 없게 만들 수도 있다. 이 "簡素化; streamlining"이 최근 진전에서 발생하는 빈번한 환경설정 변경에 따르는 설계 원숙(設計圓熟; design maturation)을 지체시키는 위험을 제기할 수 있을 것이다.

일정관리; 가속화된 프로젝트 – 압축된 일정이 통상의 자산부족 기간에 중요한 자산에 대한 수요가 증가하며 이것이 회복할 수 없는 지체를 일으킬 수 있을 것이다.

일정관리; 결정 지연 – 프로젝트 일정의 중단이 계약 체결하기, 다음 단계로 나아가기 등등의 상부 승인 취득 지연에서 초래될 수도 있다.

일정관리; 과도한 소요시간(lead time) – 기대보다 더 긴 기본적 구성요소나 서비스에 대한 소요시간이 일정을 지연시킬 수도 있다.

일정관리; 어긋남 – 한 기능 요소의 어긋남이 얼마나 다른 요소에 영향을 주는가에 대하여 이해하지 못하면 궁극적으로 전 프로젝트가 지연될 수 있을 것이다.

서비스 역할 및 임무 변경 – 시스템의 계획된 사용을 상당히 바꾸는 서비스 역할 및 임무 변경에서 초래되는 프로젝트의 탈선을 일으키는 문제가 생길 수도 있다.

소프트웨어 설계 – 독특한 소프트웨어 검사 요구와 불만족스러운 소프트웨어 검사 결과가 기본 프로젝트에서의 변경을 가져올 수 있을 것이다.

소프트웨어 언어 – 새 컴퓨터 언어나 소프트웨어 계획하기 및 쓰기 책임이 있는 것들과 익숙하지 않은 것이 일정 지연의 원인이 될 수 있을 것이다.

최신의 발전(state-of-the-art advances); 지원 부족 – 기대하지 않았을 수도 있는 다른 프로젝트에서의 발전이 당장의 프로젝트에 상당히 영향을 줄 수 있을 것이다.

주요 최신의 발전 – (미팅 요건에서의 복잡성/어려움, 백분율로 증명된 (percent proven) 기술, 유사 프로젝트에서의 실적 부족, 특별한 자원의 필요, 조업 환경, 이론적 분석의 필요 및 기존 기술과의 차이 정도와 같은) 예상보다 더 큰 기술의 발전과 개발에서 나오는 문제가 프로젝트에 지장을 줄 수 있을 것이다.

최신 현장 고장 – 프로젝트로의 통합을 위해 준비될 것으로 전제되었던 장비 타입

(types)의 현장 고장이 기술적 어려움의 원인이 될 수 있을 것이다.

생존 가능성(survivability) – 핵 경화(nuclear hardening), 화학적 생존가능성 등등에 대한 새로운 필요성이 당초 또는 새 목표에 맞게 수정된 계획을 요구할 수도 있을 것이다.

검사하기; 보외법(補外法; extrapolation)의 필요 – 현장검사 결과를 사용하는 폭넓은 보외법에 대한 필요성이 실제 전개 조건하에서 프로젝트의 사정을 방해할 수 있을 것이다.

검사하기; 시설 적합성(facility compatibility) – 요구되는 시간 프레임 동안 쓸 수 있는 적합한 검사 시설을 가지지 못하는 것이 일정 지연의 원인이 될 수 있을 것이다.

검사하기; 검사를 위한 미완성된 또는 지연된 지원 패키지(package) – 현지 그리고 예정된 검사를 지원하기로 준비된 적절한 검사지원 패키지 없이 검사를 시작할 수도 있을 것이지만 일정에 맞게 계속할 확률은 낱을 것이다.

검사하기; 일관성이 없음(inconsistency) – 일관성이 없는 현장검사 결과는 증가된 기술적 위험의 원인이 되고 재검사를 요할 수 있을 것이다.

검사하기; 안전 – 검사가 비 파괴적이라는 또는 검사가 다른 활동에 의해 방해 방해받지 않는다는 요건에서 문제가 생길 수 있을 것이다.

검사하기; 보안의 필요성 – 분류된 장비의 검사하기가 취급 인가(clearance), 데이터 이송 및 대중의 관심과 연계된 일정관리 근심의 원인이 될 수 있을 것이다.

검사하기; 비현실적 시나리오 – 특히 개발 검사 기간 중의 감지하기 어려운 위험, 그리고 프로젝트의 실행 가능성에 지속적인 영향을 미칠 수 있는 것이 비현실적인 시나리오에 검사하기이다. 현실적 접근이 반드시 시험 중에 있는 시스템에 주어진 스트레스가 실제 서비스의 검사를 다시 하여야 하는 것을 의미하지는 않는다. 왜냐하면 대부분의 경우 이는 실용적이지 않기 때문이다. 그러나 그 검사가 주의 깊게 문서화된 치와 더불어 가능한 한 밀접하게 조건을 모의하도록 계획된다는 것을 의미한다.

감사하기; 날씨 – 날씨와 관련된 사건이 검사 지연의 원인이 될 수 있을 것이다.

조짐; 변화 – 있을 수 있는 변화가 일정 및 성능 목적에서의 변경을 필요로 할 수 있을 것이다.

독특하게 엄격한 요구 – 새 시스템의 성공에 필요한 것과 상당히 다른 기존의 설계기술이 기술적 어려움의 원인이 될 수 있을 것이다.

판매회사 기반(vendor base) – 자격을 갖춘 판매회사의 부족이 적절한 가격경쟁과 만족스러운 공급량 기반에 영향을 줄 수 있다.

참고문헌

Accidents Facts. Chicago: National Safety Council, 1973.

Acton, J P. Evaluating Public Programs to Save Lives: The Case of Heart Attacks (Report R-590-RC). Santa Monica, CA: Rand Corporation, January, 1973.

Aczel, A. D. Chance A Guide to Gambling, Love, the Stock Market, and Just about Everythin Else. New York: ThundersMouth Press, 2004.

Alpert, M. & Raiffa, H. A Progress Report on the Training of Probability Assessors. Unpublished Manuscript. Cambridge, MA: Harvard University. 1968. Also in D. Kahneman, P. Slovic, & A. Tversky (eds) Heuristics and Biases Cambridge University Press, 1982, pp.294-305.

Arents, J. LETTERS, Science, Vol. 190, Oct. 24, 1975.

Arrow, K., Social Choice and Individual Values, 2nd ed. New Haven, Conn.: Yale University Press, 1963.

Bakan, P. Response Tendencies in Attempts to Generate Random Binary Series. American J. of Psychology, 73, 1960, pp.127-131.

Barranger, S.. B. Judd & O. North. The Economic and Social Costs of Coal and Nuclear Electric Generation: A Framework for the Coal and Nuclear Fuel Cycles, STI Project MSU-4133, as discussed in Proceedings of Quantitative Environmental Comparison of Coal and Nuclear Generation and Their Associated Fuel Cycles Workshop, MTR-7010, Vol. 1, McLuan, Va.: Aug. 1975, pp.15-94.

Basel Committee on Banking Supervision. Sound Practices for the Management and Supervision of Operational Risk. BIS (www.bis.org/publ/bcbs96.htm). 2003.

Becker, G. M., De Groot, M. H. & Marschak, J. Measuring Utility by a Single-Response Sequential Method. Behavioral Science, 9, 1964, pp.226-232.

Behrendt, R. Einfuehrung in die Entwicklungsszialogie, Manuscript. Berlin, Free University, 1966.

Berkson, J, Hogarth, T B & Hurn, M. The Errorm of Estimate of the Blood Cell Count as Made with the hemocytometer. American J. of Psychology, 128, 1940, pp.309–323.

Berman, M. How Cheap is a Lufe? International J. of Health Science, 8, 1978, pp.79–99.

Berne, E., The Structure and Dtnamics of Organizations and Groups, Philadephia: Lippincott, 1963.

Bernstein, P. L., Against the Gods. New York: John Wiley & Sons, 1996.

Bernstein, P. L., Capital Ideas Evolving. Hoboken, NJ: Jojhn Wiley & Sons, 2007.

Bick, T, Kasperson, R E. Pitfalls of Hazard Management. The Cosumers product commission Experiment. Environment, 20, 9, October, 1978. pp.30–42.

Bion, W., Group Dynamics: A Re–review, International J. of Psychanalysis, Vol. 33, 1952.

Boertz, C. The Interpretation of Cultures, Selected Essays. New York: Basic Books, 1973.

Boyd, D. W. et al. Decision Analysis of Hurricane Modification (Final Report: Project 8503). Menlo Park, CA: Standard Research Institute(This Report is Available through the National Rwchnical Information Service, US Department of Commerce, Washington, DC Accession Number COM–71–00784.) 1971.

Brehmer, B. Hypotheses about Relations between Scaled Variables in the Learning of Probabilistic Inference Tasks. Organizational Behavior and Human Performance, 11, 1974, pp.1–27.

Brown, R V., Kahr, A S. & Peterson, C. Decision Anakysis for the Manager. New York: Holt Rinehart & Wilson, 1974.

Bruno, J S, Goodnow, J J & Austin, G A. A Study of Thinking, 1956, New York: Wiley.

Burrow, T., The Basis of Group Analysis, British J. of Medical Psychology Vol. 8, 1928.

Burton, I. & Kates, R. W. The Perception of Natural Hazards in Resource Management. Natural Resources Journal, 3, 1964, pp.412–414.

Burton, I., Kates, W. & White, F., The Human Ecology of Extreme Geophysical Events (Natural Hazards Working Paper No. 1), Toronto University, Department pf Geogtaphy, 1968.

Byrne, D., The Attraction Paradigm, New York: Academic Press, 1971.

Carlson, J. Evaluation of Life Saving. Unpublished Ph.D. dissertation, Havard University, April 1963.

Casper, N. Technology Policy and Democracy. Science, 194, 1976, pp.29-35.

Castore, C., Diversity of Group Member Preferences and Commitment to Group Decisions, Annals of New York Academy od Science, No. 219, 1973.

Castore, C. & DeNinno, D., The Role of Relevance in the Choice of Comparison Others, Paper presented at the American Psychological Association Meeting in Honolulu, Hawaii, Sept. 1972.

Castore, C. & DeNinno, D., The Role of Relevance in the Choice of Comparison Others; Some further findings, Purdue University, ONR Technical Report No. 4 March 1973. (Contract N00014-67-A-0226).

Castore, C. & Roberts, J., Subjective Estimation of Relative Riskiness and Risk Taking Following A Group Discussion, Organizational Behavior and Human Performance, Vol. 7, 1972.

Chapanis, A. Random Number Guessing Behavior [Abstract]. American Psychologist, 8, 1953, p.332.

Chapman, L. J. & Chapman, J. P. Illusory Correlation as an Illusion to the Use of Valid Psychodiagnostic Signs. J. of Abnormal Psychology, 74, 1969, pp.271-280.

Cloudy, M., Galai, D., & Mark, R. Risk Management. New York: McGraw-Hill, 2001.

Cloudy, M., Galai, D., & Mark, R. The Essentials of Risk Management. New York: McGraw-Hill, 2006.

Cohen, L. Before It's Too Late: A Scientist's Case for Nuclear Energy, New York: Plenum, 1983.

Cohen, J. & Hansel, G. E. M. Risk and Gambling. London: Longmans Green, 1956.

Coleman, J., Assistant Director, Division of Environmental Health, Minnesota Department of Health, Private Communication to Professor Rowe, W., May 9, 1975.

Colemam, T S A Practical Guide to Risk Management. Research Foundation of CFA Institute, 2011.

Coleman, T. S. Quantitative Risk Management. New York: Jojn Wiley & Sons, 2012.

Coleman, T S & Siegel, L. B. Compensating Fund Managers for Risk-Adiusted Performance, J. of Alternative Investment, 2-3 (Winter), 1999, pp.9-15.

Covello, V. & Abernathy, M., Risk Analysis and Technokogical Hazards: A Policy Related Bibliography, In P. F. Ricci, I. A. Sagan & C. G. Whipple (eds), Technological Assessment pp.283-363, Nijhoff: The Hague 1984.

Cramer, H. Mathematical Methods of Statistics. Princeton, NJ: Princeton University Press, 1974.

Crouhy, M, Galai, D. & Mark, R. Risk Management. New York: McGraw-Hill, 2001.

Cyert, R. M. & March, J. G. A Behavioral Theory of the Firm. Englewood Cliffs, NJ: Prentice-Hall, 1963.

Dacy, D C & Kunreuther, H C. The Economics of Natural Disasters. 1969, New York: Free Press.

Davis, B., Social Determinism and Behavior Genetics, Science, Vol. 189, No. 4209, Sept. 26, 1975.

DeLuca, R., Stolwijk, A., & Horowitz, W. Public Perceptionspf technological Risk: A Methodological Study, In V. Covallo, J. Menkes& J. Mumpower (eds), Risk evaluation and Assessment, New York: Plenum, 1986, pp.25-67.

Denenberg, H., Nuclear Power: Uninsurable. Congressional Record. Washington DC US Government Printing Office 25 November, 1974.

Denenberg, H., Eilers, R., Hoffman, W., Kline, C., Melone, J., and Snider, W. Risk and Insurance. Englewood Cliffs, N. J.: Prentice-Hall, 1964.

Denenberg, H., Eilers, R., Melone, J., Selten, R., Risk and Insurance, 2nd ed. Englewood Cliffs, N. J.: Prentice-Hall, 1974.

Dion, K., Baron, R., & Miller, N., Why Do Goups Kake Riskier Decisions than Individuals? in Berkowit, L. (Ed.), Advances in Experimental Social {sychology, Vo. 5, New York: Academis Press, 1970.

Douglas, M. & Wildavsky, A., Risk and Culture: An Essay on the Selection of Technological and Environmental Dangers, Berkeley: University of California Press, 1982.

Duffey, B. & Saull, W. Underground Coal Mining Safety - Worldwide Trends and Learning Curves in Fatal Accidents and Injuries, J. of Mines, Metals & Fuels, Mining Industry Annual Review for 2002,

India, December, pp. 424–429 and 438. Editor: Prof. Ajoy Kumar Ghose; Publisher: Books@Satyan.net. in, 2002.

Dupont, R. The Nuclear Power Phobia, Business Week 7, September, 1981, pp.14–16.

Eatwell, J. Milgate, M. & Newman, P. (ds) The New Palgrave: A Dictionary of Economics. Princeton, NJ: princeton University Press, 1987.

Edwards, W., Behavioral Decision Making, In P. Farnsworth, O. McNemar & Q. MacNemar (eds), Annual Review of Psychology(Vol.12, pp.473–498), Palo Alto, CA: Annual Reviws, Inc. 1961.

Edwards, W. Conservatism in Human Information Processing. In B. Kleinmuntz (ed) Formal Representation of Human Judgment, New York: Wiley, 1968, pp.17–52.

Edwards, W. & von Winterfeldt, D. Public Values in risk debate, Risk Analysis, 7(2), 1987, pp.141–158.

Electric Power Research Institute (EPRI), Assessment: The Impact And Influence of TMI, EPRI Journal, 5(5), 1980, pp.24–33.

Ellsberg, D. Risk, Ambiguity, and the Savage Axioms. Quarterly J. of Economics, 75, 4, (November), 1961, pp.643–669.

Fay, J. At the Engineering Foundation Conference on Risk Benefit Methodology and Application, Asilomar, Calif., September 21, 1975.

Faqrris, D. & Sage, A., Introduction and Survey of Group Decision Making with Application to Worth Assessment, IEEETransactions on Ststem, Man, and Cybernetics, Vol. SMC–5, No. 3, May 1975.

Fischhoff, B., Hindsight: Thinking Backward? Hebrew University of Jerusalem, Oregon Research Institute, Office of Naval Research Contract N00D14–73–C–0438, 1974.

Fischhoff, B. Hindsight ≠ Foresight: The Effect of OUcome Knowledge on Judgment under Uncertainty. J. of Experimental Psychology: Human Perception and Performance, 1, 1975, pp.288–299.

Fischhoff, B. Cost–Benefit Analysis and the art of Motorcycle Maintenance, Policy Science, 8, 1977, pp.177–202.

Fischhoff, B. & Beyth, R. "I Knew It Would Happen": Remembered Probabilities Once–Future Things. Operational Behavior and Human Performance, 13, 1975, pp.1–16.

Fischhoff, B, Hohenemser C, Kasperson R E & Kates R W. Can Hazard Management Be Improved? Environment, 20–7, 1978, pp.16–20,

32–37.

Fischhoff, B., Slovic, P., Lichtenstein, S. Weighing the Risk: Which Risks Are Acceptable. P. Slovic (ed) Perception of Risk, Earthscan, London & Sterling, VA: 2000.

Fischhoff, B., Slovic, P., Lichtenstein, S. Read, S. & Combs, B., How Safe is Safe Enough? A Psychometric Study of Attitudes toward Technological Risks and Benefits, Policy Science, 9. 1978.

Fischhoff, B., Slovic, P. & Lichtenstein, S. Knowing What you Want: Measuring Labile Values. In T. Wallsten (ed) Cognitive Process in Choice and Decision Behavior Hillsdale, NJ: Erlbaum, 1980, pp.117–141.

Fischhoff, B., Lichtenstein, S. Slovic, P., Derby, L., & Keeny, L., 185 Acceptable Risk, New York: Cambridge University Press 1981.

Fischhoff, B., Watson, S. & Hope, C. Defining Risk, Policy Science, 17, 1984, pp.123–139.

Fox, R. L. The Classical World. New York: Basic Books, 2006, p.49

Fraser, J. & Simkins, B. J. (eds.) Enterprise Risk Management. Hoboken New Jersy: John Wiley & Sons, 2010.

Gardner, T, Tieman, R. Gould, C. DeLuca, R. Doob, W. & Stolowijk, J. Risk and Benefit Perception, Acceptability Judgment, and Self - reported actions toward Nuclear Power, J. of Social Psychology, 116, 1982, pp.179–197.

Gigerenzer, G. Calculated Risks: How to Know When Numbers Deceive You. New York: Simon & Schuster, 2002.

Gillette, R & Walsh, J. San Fernando Earthquake Study: NRC Panel Sees Premonitory Lessons. Science, 172, 1971, pp. 140–143.

Gladwell, M. Blink: The Power Thinking of the Unconscious. New York: Little, Brown and Company. 2005.

Gladwell, M. Cocksure: Banks, Battles, and the Psychology of Overconfidence. New Yorker 27, July: www.newyorker.com /reporting/2009/07/27/090727fa-fact-gladwell, 2009

Glenda, Y. Nogami & Siegfried Streufort. Time Effects on Perceived Risk Taking. Purdue University Technical ReportNo. 11, Lafayette, Ind., July 1973.

Goodenough, W. On Cultural Theory. Science, Nov. 1, 1974.

Goodwin, R. Uncertainty as an Excuse for Cheating Our Children: The Case of Nuclear Wastes. Policy Science, 208, 1978, pp.25–43.

Grimshaw versus Ford Motor Co. No. 19776 Superior Court, Orange County, CA. February 6, 1978.

Guerrera, F. & Larsen, P. T. Gone by the Board? Financial Times 26, June, 2008. www.ft.com/cms/s/0/cc02b7d0-4318-11dd-81d0-000779fd2ac.html#axzz1Uc29u.

Hacking, I. An Introduction to Probability and Inductive logic. New York: Cambridge University Press, 2001

Hammerton, M. A Case of Radical Probability Estimation. J. of Experimental Psychology, 101, 1973, pp.252-254.

Harris, C, Hohenemser, C & Kates, W. Our Hazardous Environment. Environment, September, 1978, p.6.

Harris, L., Risk in a Complex Society (Public Opinion Poll), New York: for the Marsch and MacClennan Company. 1980.

Heinrich, H., Industrial Accident Prevention, 3rd ed. New York: McGraw-Hill, 1950.

Henrion, M. & Fischhoff, B., Uncertainty Assessment in the Estimation of Physical Constants, American Journal of Physics, 54, 1986.

Herrero, S. Human Injury Inflicted by Grizzly bears. Science, 170, 1970, pp.593-597.

High, C. & Richards, P. The Random Wall Damage Simulation Model as Teaching Exercise. J. of Geography, 71, 1972, pp.41-51.

Hohenemser, C, Goble, R. Kasperson, J X. Kasperson, R. E. Kates, R W. Collins, P & Goldman, A. Methods for Analyzing and Comparing Technological Hazards: Definitions and Factor Structures (CENTED Research Report No. 3) Worchester, MA: Clark University, Center for Technology, Environment, and Development, October, 1983.

Hohenemser, C, Kates, R. & Slovic, P. The Nature of Technological Hazard. In Slovic, P. (ed) Perception of Risk. 2000, Earthscan Publication, London & Sterling, Va. 2000.

Holdren, P. Energy Hazards: What to Measure, When to Compare. Technology Review, 83(3) 1982, pp.32-38.

Holmes, R. A. Composition and Size of Flood Losses. In G. F. White (ed) Papers on Flood Problems (Research Paper No 70, 1961, pp.7-20)

Holmes, R. A. On the Economic Welfare of Victims of Automobile Accidents. American Economic Review, 60, 1970, pp.143-152.

Homans, G., The Human Group, New York: Harcourt Brace Jovanovich 1950.

Howard, R A. The Foundation of Decision Analysis. IEEE Transaction on Systems Science and Cybernetics, 4, 1968a, pp.211–219.

Howard, R A. Decision Analysis: Applied Decision Theory. In D B Hertz & J Melese (eds), Proceedings of the Fourth International Conference on Operational Research. New York: Wiley, 1968b.

Howard, A., Matheson, E. & Miller, E. Readings in Decision Analysis. Menlo Park, CA: Stanford Research Institute, 1976.

Howard, R A, Matheson, J E & North, D W. The Decision to Seed Hurricanes. Science, 176, 1972, pp.1191–1202.

Howlett, H, HC The Industrial Operator's Handbook. Techester/ Gary Jensen, Pocatello, ID, 1995.

Inhaber, H. Risk of Energy Production (Report AECB 1119, Ed 4). Ottawa, Ontario: Atomic Energy Control Board, 1979.

Jarvik, M. E. Probability Learning and a Negative Recency Effect in the Serial Anticipation of Alternative Symbols. J. of Experimental Psychology, 41, 1951, pp.291–297.

Johnson, J. & Tversky, A. Representations of Perceptions of Risk, J. of Experimental Psychology: General, 113, 1984, pp.55–70.

Jorion, P. Value at risk: The New Benchmark for Managing Financialn Risk, 3rd ed. New York: McGraw–Hill, 2007.

Kahn, H. Summary Briefing on Non–Millitary Forces for Changes' in the Seventies and Eighties . Croton–on the Hudson, N. Y.: Hudson Institute, February 11, 1970.

Kahn, H. Basic Public Policy Issues, Vol. 11, HI–DFCC–I–I, Hudson Institute, Croton–on–Hudson, N. Y. Dec. 1969.

Kahneman, D., Slovic, C. & Tversky, A., (eds) Judgment under Uncertainty: Heuristics and Biases, New York: Cambridge University Press, 1982.

Kahneman, D. & Tversky, A. Subjective Probability: A Judgment of Representativeness. Cognitive Psychology, 3, 1972, pp.430–454.

Kahneman, D. & Tversky, A. On the Psychology of Prediction. Psychology Reviews, 80, 4 (July), 1973, pp.237–251.

Kaiser Aluminum News, On Motivation, Vol. 26, No. 2, 1968.

Kaplan, M. & Kaplan, E. Chance Are … Adventures in Probability. New York: Viking Penguin, 2006.

Kasper, R G, Perceptions of Risk and Their Rffects on Decision Making. In R C Schwing & W A Alberts, Jr. (eds), Societal Risk

Assessment: How Safe Is Safe Enough? New York: Plenum, 1980, pp.71–84.

Kates, R. W. Hazard and Choice Perception in Flood Plain Management (Research Paper No. 78). University of Chicago, Dept. of Geography, 1962.

Kates, R. W. Risk Assessment of Environmental Hazard. SCOPE Report No. 8, International Council of Scientific Unions, Scientific Committee on Problems of the Environment, Paris, 1976.

Kates, R. W. Summary Report. In R. W. Kates (ed) Managing Technological Hazards: Research Needs and Opportunities Boulder: University of Colorado, Institute of Behavioral Science, 1977, pp.1–48.

Kidner, R. & Richard, K. Compensation to Dependents of Accident Victims. Economic Journal, 84, 1974, pp.130–142.

Kindleberger, Charles P. Manias, Panics, and Craches: A HIstory of Financial Crises, 2nd ed. Houndmills, Basingstoke, Hampshire, UK: Palgrave Macmillan, 1989.

Kirkby, A. V. Perception of Rainfall Variability and Agricultural and Social Adaptation to Hazard by Peasant Cultivators in the Valley of Oaxaca, Mexico. Paper Presented at the 22nd International Geographical Congress, Calgary, AL, Canada, 1972.

Knight, F. Risk, Uncertainty, and Profit. Boston: Houghton Miffin, 1921.

Knight, F. Uncertainty, and Profit. New York: Harper & Row, 1965, p.227.

Krantzberg, M. & Purcell Jr., W. (eds.) The Emergence of Modern Industrial Society, Earliest Times to 1900, in Technology in Western Civilization, Vol. 1, New York: Oxford University Press, 1967.

Kraus, N. & Slovic, P. Taxonomic Analysis of Perceived risk: Modeling Individual and Group Perceptions within Homogeneous Hazard Domains, Risk Analysis, 8(3), 1988, pp.435–455.

Kunreuther, H C, The Case for Comprehensive Disaster Insurance. J. of Law and Economics, 11, 1968, pp.133–163.

Kunreuther, H. C. Risk Taking and Farmer's Crop Growing Decisions (Report NO 7219). University of Chicago, Centerfor Mathematical Studies in Business and Economics, 1972.

Kunreuther, H C. Recovery from Natural Disasters: Insurance or Federal

Aid? Washington DC: American Enterprise Institute for Public Policy Research. 1973a.

Kunreuther, H. C. Economic Analysis of Natural Hazards: An Orderd Choice Approach. In G. F. White (ed) Natural Hazard: Local, National, Global. 1974, pp.206-214. New York: Oxford University Press.

Kupperman, R., Wilcox, R. & Smith, H. Crisis Management: Some Opportunities. Science, Vol. 187, Febr. 7, 1975.

Lagerfeld, S. "Editor's Comment" Wilson Quarterly, Autumn. 1999.

Langer, E. The Illusion of Control. J. of Personality and Social Psychology, 32, 24 (August): 1975, pp. 311-328.

Langer, E. & Roth, J. Heads I Will Win Tail Its Chance. J. of Personality and Social Psychology, 32, 6 (December), 1975, pp. 951-955.

Lavalle, I., A Solution Concept for Group Decision Problems, Tulane University Working Paper Series no. 64, August 1970.

Lave, L B. Safety in Transportation: The Rule of Government. Law and contemporary Problems, 33, 1968, pp.512-535.

Lave, L. Conflicting Objectives in Regulating the Automobile. Science, 212, 1981, p.893.

Lave, L B & Weber, W E. A Benefit-Cost Analysis of Auto Safety Features. Applied Economics 2, 1970, pp.265-275.

Lawless, E W. Technology and Social Shock, 1977. New Brunswick NJ: Rutgers University. Press.

Leavitt, H. Managerial Psychology, fev. ed.Chicago University of Chicago Press, 1964.

Lederberg, J. Squaring an Infinite Circle, Bulletin of the Stomic Scientists, Vol. 27, No. 7, Sept. 1971.

Lleo, Sebastien. Risk Management: A Review. Research Foundation Literature Reiviews, 4, 1, February, 2009 pp 1-51.

Lichtenstein, S. & Slovic, P. Reversals of Preference between Bids and Choices in Gambling Decisions. J. of Experimental Psychology, 89, 1971, pp.46-55.

Lichtenstein, S. & Slovic, P. Response-induced Reversals of Preference in Gambling: An Extended Replication in Las Vegas. J. of Experimental Psychology, 101, 1973, pp.16-20.

Lichtenstein, S, Slovic P, Fischhoff, B, Layman, M & Combs, B. Judged Frequency of Lethal Events. J. of Experimental Psychology, 89,

1978, pp.551–578.

Lichtenstein, S, Slovic P. & Zink, D. Effect of Instructionn in Expected Value on Optimality of Gambling Decisions. J. of Experimintal Psychology, 76, 1969, pp.236–240.

Lindblom, C. E. The Science of Muddling Through. In W. J Gore & J. W. Dyson (eds), The Making of Decisions: A Reader in Administrative Behavior, New York: The free Press, 1964, pp.155–169.

Lindell, K. & Earle, C. How Close is Close Enough: Public Perception of the Risk Of Industrial Facilities, Risk Analysis, 3, 1983, pp.245–254.

Linnerooth, J. The Evaluation of Life-Saving, A Survey. RR-75, Laxenburg, Austria: International Institute of Applied System Analysis March 1975.

Linnerooth, J. The Evaluation of Life-Saving, A Survey. RR. 75-21, Laxenburg, Austria: International Institute of Applied System Analysis, July 1975.

Linstone, H. Planning: Toy or Tool. IEEE Spectrum, Vol. 11, NO. 4, April 1974.

Litai, D., Lanning, D. D. & Rasmussen, N. C. The Public Perception of Risk. In V. T. Covello, G. W. Flamm, J. V. Rodricks & R. G. Tardiff, The Analysis of Actual vs Perceived Risks, New York: Flenum, 1983, pp.213–224.

Litterer, J., The Anakysis of Organizations, New York: Wiley, 1965.

Litterman, R. Hot Spots and Hedges. J. of Portfolio Management. Special Issue (December), 1996.

Lleo, S. Risk Management: A Review. Research Foundation Literature Review, 4, 1 (February), 2009, pp.1–51.

Lock, G. The Role of Technology Assessment in Northern Canada, Technology Assessment, Vol. 2, No. 4, 1975.

Lowenstein, R. When Genius Failed: The Rise and Fall of Long-term Capital Management. New York: Random House, 2000.

Lowrance, W. W, Of Aceeptable Risk: Science and the Determination of Safety, Los Altos CA: William Kaufman 1976.

Lyon, D & Slovic, P. Dominance of Accuracy Information and Neglect of Base Rates in Probability Estimation. Acta Psychologica, 40, 1976, pp.287–298.

Maier, N. Assets and Liabilities in Group Problem Solving: The Need for

Integrative Function, Psychologyl Review, Vol. 74, No. 4, July 1967.

Markowitz, H. M. Portfolio Selection, 1st ed. Malden, MA: Blackwell Publishers, 1959.

Markowitz, H. M. de Finetti Scoops Markowitz. J. of Investment Management, 4, 3, 2006. pp.5–8.

Marrison, C. 2002. The foundation of Risk Measurement. New York: McGraw–Hill.

Matheson, J E. Decision Analysis: Examples and Insights. In J Lawrence (ed) Proceedings of the Fifth International Conference on Operational Research, 1969–1970, London: Tavistock.

Mauboussin, M. & Bartholdson, K. On Streaks: Perception, Probability, and Skill. Credit Suisse First Boston's Consilient Obserber 2, 8(22 April), 2003.

Maugh, H. Chemical Carcinogen: The Scientific Basis for Regulation. Science, 201, 1978, pp.1200–1205.

McNeil, A., Frey, R. & Embrechts, P. Quantitative Risk Management. Princeton, NJ: Princeton University Press, 2005, p.327.

Meehl, P E & Rosen, A. Antecedent Probability and the Efficiency of Psychometric Signs, Ptterns, or Cutting Scores. Psychological Bulletin 52, 1955, pp.194–216.

Miller. G A. The Magical Number Seven, Plus or Minus Two: Some Limits on Our Capacity for Processing Information. Psychological Review, 63, 1956, pp.81–97.

Mirrlees, J. Notes on Welfare Economics, Information, and Uncertainty in Essays in Equilibrium Behavior under Uncertainty. Edited by M. S. Balch, D. L. McFadden & S. Y. Wu. Amsterdam: North Holland, 1974.

Mirrlees, J. The Optimal Structure of Incentives and Authority within an Organization. Bell J. of Economics 7–1, Spring, 1976, pp.105–131.

Mishan, E. Education of Life and Limb. A Theoretical Approach. J. of Political Economy, July–August 1971.

Mlodinow, L. The Drubkard's Walk: How Randomness Rules Our Lives. New York: Pantheon Books, 2008.

Mole, R. Accepting Risks for Other people, Proceedings of the Royal Society's Medicine, Vol. 69, Febr. 1976.

Moore, G. The Business of Risk, Cambridge University Press, 1983, p.152.

Munch, P. Agents and Media of Change in a Maritime Community: Tristan da Cunha. Presented at the 34th Annual Meeting of the Society for Applied Anthropology, Amsterdam, March 21, 1975.

Murphy, A. H. & Winkler, R. H. Forecasters & Probability Forecasts: Some Current Problems. Bulletin of the American Meteorological Society 52, 1971, pp.239-247.

Nader, R. Unsafe at Any Speed, Houghton Mifflin, Boston, 1962.

Najarian, T. The Controversy over the Health Effects of Radiation. Technology Review, 81, 1978, pp.74-82.

National Research Council; Committee on Water. Alternatives in Water Management: A Report (National Research Council Publication 1408). Washington DC: National Academy of Sciences-National Research Council. 1966.

Newell, A & Simon, H A. Human Problem Solving. Englewood Cliffs, NJ: Prentice Hall, 1972.

Nisbett, R E, Borgida, E. Crandal, R & Reed, H. Popular Induction: Information Is Not Necessarily Informative. In J S Carroll & J W Payne (eds), Cognition and Social Behavior, 1976 pp 113-133, Hillsdale, NJ: Erlbaum.

Nisbett, R. & Ross, L., Human Influence: Strategies and Shortcomings of Social Judgment, Englewood Cliffs, NJ: Prentice hall, 1980.

O'Riordan, T. The New Zealand Natural Hazard Insurance Scheme: Application to North America, In G. F. White (ed) Natural Hazards: National, Global, 1974, pp.217-219, New York: Oxford University Press.

Osgood, C. & Tannenbaum, P., The Principle of Congruity in the Prediction of Attitude Change, Psychological Review, Vo. 52, 1955.

Otway, J. & Fishbein, M. The Determinants of Attitude Formation: An Application to Nuclear Power (Technical Report No. Rm-76-80), Laxenburg, Austria: International Institute for Applied Systems Analysis, 1976.

Parra, C. G. Perception of Past Thoughts in Ticul, Yucatan. In Prooceedings of the Great Plains_Rocky Mountain Meeting of the American Association of Geographers, Colorado Springs, 1971.

Patton, D. J. (ed) From Geographic Discipline to Inquiring Student: Final Report on the High School Geography Project. Whashington, DC: Association of American Geographers, 1970.

Piehler, R, Twerski, D, Weinstein, A & Donaher, A. Product Liability and the Technical Expert. Science, 186, 1974, pp.1089–1093.

Pritchard, C. R. Risk Management 5th ed. An Auerbach Bool, CRC Press, 2015.

Raiffa, H. Decision Analysis Introductory Lectures on Choice under Uncertainty, 1968 Reading, MA Addison Wesley.

Rasmussen, N C. An Assessment of Accident Risks in US Commerial Nuclear Power Plants (WASH–1400). Washington DC: US Atomic go byEnergy Commission, 1974.

Rappaport, B. Economic Analysis of Life–and–Death Decision Making (Appendis 2 in Report No Eng 7478) November, 1974. University of California, Los Angeles, School of Engineering and Applied Science.

Rappaport, B. The Demand for Improvement in Mortality Probabilities. Unpublished Doctoral Dissertation, University of California, Los Angeles, 1981.

Rasmussen, N C. An Assessment of Accident Risks in US Commercial Nuclear Power Plants (WASH–1400), 1974. Washington DC: US Energy Commission.

Reactor Safety Study: An Assessment of Accident Risk in U.S.Commercial Nuclear Power Plants, WASH–1400 (NUREG–75/014). Washington D.C.: Nuclear Regulatory Commission, Oct. 1975, Executive Summary Report, p.2.

Reinhart, C M & Rogoff, K S. This Time is Different: Eight Centuries of Financial Folly, Princeton, NJ: Princeton Press, 2009.

Renn, O & Swaton, E., Psychological and Sociological approaches to Studying Risk Perception, Environment International, 10, 1984, pp.557–575.

Rescher, N. Luck: The Brilliant Randomness of Everyday Life. Pittsburgh: University of Pittsburgh Press, 2001.

Roberts, J. & Castore, C., The Effects of Conformity, Information, and Confidence Upon Subjects' Willingness to Take Risky Decisions Following a Group Discussion, Organizational Behavior and Human Performance Vol. 8, 1972.

Roberts, J. & Castore, C., Group Engendered Attitude Change, Purdue University ONR Technical Report No. 16, JUne 1974 (Contract N00014–67–A–0226).

Ross, S. The Economic Theory of Agency: The Principal's Problem.

American Economic Review, 63–2, May 1973, pp.134–139.

Ross, B. M. & Levy, N. Patterned Predictions of Chance Events by Children and Adults. Psychological Reports, 4, 1958, pp.87–124.

Rowe, W. Anatomy of Risk, Malabar, Florida: Robert E. Krieger Publlshing Company, 1988.

Sarnoff, I., Anxiety, Fear and Social Affiliation, Kaiser Aluminum News, Vol. 26, No. 2, 1968.

Scheibe, K., Five Views on Values and Technology, IEEE Transaction on Systems, Man, and Ctbernetics, Vol. SMC–2 No. 5 Nov. 1972.

Schlaiffer, R. Analysis of Decision under Uncertainty, 1969, New York: McGraw–Hill.

Schumacher, E. Small Is Beautiful. New York: Harper Colophon Books, Harper & Row, 1973.

Selvidge, J. A Three–Step of Procedurefor Assigning Probabilities to Rare Events. In D White & C A Vlek, J. (eds) Utility, Subjective Probabilities, and Human Decision Making, 1975, pp.199–216, Dordrecht, Holland: Reidel.

Shannon, R. LETTERS, Science, Vol. 190, Oct. 24, 1975.

Shekking

Shelling, T. The Life May be Your Own. Problems on Public Expenditure Analysis, Samuel B. Chase (Ed.), Whshington, DC: The Bookings Institutions, 1968. The Social Judgment– Involvement Approach, Philadelphia: Saunders, 1965.

Short, F., Jr., The Social Fabric at Risk: Toward the Social Transformation of Risk Analysis, American Sociological Review, 49. 1984.

Siekevitz, P. LETTERS, Science, Vol. 190, Pc. 24, 1975

Simon, H. A. Rational Choice and the Structure of the environment. Psychological Review, 63, 1956, pp.129–138.

Simon, H A. Models of Man, New York: Wiely, 1957.

Simon, H. A. Theories of Decision Making in Economics and Behavioral Science. American Economic Review, 49, 1959, pp.253–283.

Simon, H A. The New Science of Management Decision. New York: Hatper & Row, 1960.

Sinsheimer, R L. The Brain of Pooh: An Essay of of the Limits of Mind. American Scientist, 59, 1971, pp.20–28.

Slovic, P. From Shakespeare to Simon: Speculation – and Some Evidence

– about Man's Ability to Process Information. Oregon Research Institute Research Monograph, 12(2), 1972.

Slovic, P. Choice between equally valued alternatives. J. of Experimental Psychology, Human Perception and Performance, 1, 1975, pp.280–287.

Slovic, P. Informing and Educating the Public about Risk, Risk Analysis, 6(4), 1986, pp 403–415.

Slovic, P. The Perception of Risk. Earthscan Publications Ltd. London and Sterling, VA, 2000.

Slovic, P., Fischhoff, B., & Lichtenstein, S. Rating the Risks. Environment, 21(3), 1979, pp.14–20, 36–39.

Slovic, P., Fischhoff, B., & Lichtenstein, S., Facts versus Fears: Understanding Perceived Risk, In R. Schwing & W/. Albert, Jr., W. (eds) Societal Risk Assessment: How Safe is Safe Enough? New York: Plenum, 1980. pp. 181–216.

Slovic, P. Fischhoff, B. & Lichtenstein, S., Perception and Acceptability of Risks fron Energy System. In A. Baum & J. Singer(eds), Advances in Environmental Psychology (vol. 3, pp.157–169) Hillsfale NJ: Earlbaum, 1981

Slovic, P. Fischhoff, B. & Lichtenstein, S., facts and Rears: Understanding Perceived Risk. In R C Schwing & W A Albers, Jr(eds) Social Risk Assessment: How Safe Is Safe Enough? 1980 NY: Plenum

Slovic, P. Fischhoff, B. & Lichtenstein, S., Behavioral Decision Theory Perspectives on Risk and Safety, Acta Psychologicaq, 56, 1984.

Slovic, P., Fischhof, B., & Lichenstein, S., Characterizing perceived Risk, In R. Kates, C. Hohenemser, S. & J. Kasperson (eds) Perilous Progress as Hazard, Boulder CO: West view, 1985, pp.21–123.

Slovic, P., Fischhof, B., & Lichenstein, S. Cognitive Processes and Societal Risk Taking. In P. Slovic, The Perception of Risk, 2000, Earthscan, VA: London and Sterling, pp. 32–50.

Slovic, P, Kunreuther, H C & White G. Decision Processes, Rationality and Adustment to National Hazards. In G. R White (ed), Natural Hazards: Local, National, Global, 1974, pp.187–205, New York: Oxford University Press

Slovic, P., Lichtenstein, S. & Fischhoff, B., Images of Disaster: Perception and Acceptance of Risks from Nuclear Power, In G.

Goodman & W. Rowe (eds) Energy Risk Assessment, London: Academic, 1979, pp.223–245

Slovic, P., Lichtenstein, S. & Fischhoff, B., Facts and Fears: Understanding Perceived Risk, In R C Schwing & W A Albers, Jr(eds), Societal Risk Assessment: How Safeis Safe Enough?, 1980, New York: Plenum, pp.181–216.

Slovic, P., Lichtenstein, S. & Fischhoff, B., Modeling the Societal Impact of fatal Accidents, Management Science, 30, 1984, pp.464–474.

Slovic, P., Lichtenstein, S. & Fischhoff, B., Characterizing Perceived Risk. In R W Kates, C Hohenemster, & J K Kasperson (eds), Perilous Progress: Technology as Hazard, 1985, pp.91–123, Boulder, C): Westview.

Slovic, P., MacGregor, G. & Kraus, N N. Perceptions of Automobile Safety Defects, Accidents Analysis and Prevention, 19(5), 1987, pp.359–373.

Slovic, P. & MacPhilamy, D. J. Dimensional Commensurability and Cue Utilization in Comparative Judgment. Organizational Behavior and Human Performance, 11, 1974, pp.172–194.

Starr, C. Social Benefit versus Technological Risks. Science, 165, 1969, pp.1232–1238.

Starr, C. Benefit–cost studies in sociotechnical systems. In Perspectives on Benefit–risk Decision making (Report of the Committee on Public Engineering Policy, 1972, pp.17–42). Washington DC: National Academy of Engineering.

Starr, C. At the Engineering Foundation Conference on Risk Benefit Methodology and Application, Asilomar, Calif., September 21, 1975.

Starr, M., Management: A Modern Approach, New York: Harcourt Brace Javanovich, 1971.

Steinberger, K. V., McClure, F. E. & Snow, A. J. Studies in Seismicity and Earthquake Damage Statistics (Report COM–71–00053, Appendix A) Washington DC: US Department of Commerce. 1969.

Stetten, Jr., D. Freedom of Inquiry, Science, Vol. 189, Sept. 19, 1975.

Stetten, Jr., D., LETTERS, Science, Vol. 190,)c. 24, 1975.

Stiglitz, J. E. Incentives and Risk Sharing in Sharecropping. Review of Economic Studies, 41–2, April, 1974, pp.219–255.

Stiglitz, J. E. Incentives, Risk, and Information: Notes Towardsa Theory of Hierarchy. Bell J. of Economics, 6–2, Autumn, 1975, pp.552-579.

Stokey, E. & Zecjhauser, R. A Primer for Policy Analysis. New York: Norton, 1978.

Streufort, S. & Taylor, E. Objective Risk Levels and Subjective Risk Perception. Purdue University Technical Report No. 40Lafayette Ind., Aug. 1971.

Swalm, R., Utility Theory Insight into Risk Taking, Havard Business Review, Nov.-Dec. 1966.

Taleb, N. Fooled by Randomness, 2nd ed. New York: Random House, 2004.

Taleb, N, The Black Swan. New York: Random House, 2007.

Tedie, J. & Abraham, C. Economic Aspects of Road Accidents. Traffic Engineering and Control, Vol. 2, No. 10, February 1961.

Thaler, R. & Rosen, S. The Value of Saving a Life: Evidence from the Labor Market. In N. Terlecjyj (ed) Household Production and Consumption. Studies in Income and Wealth, vol 40, New York: National Bureau of Economic Research, 1976.

Torrance, G W. A Generalized Cost Effectiveness Model for the Evaluation of Health Programs (Research Series No 101). Hamilton Ontario: McMaster University, Faculty of Business, 1970.

Torrance, E. & Ziller, R., Risk and Life Experience: Development of a scale for Measuring Risk-Taking Tendencies. Research Report AFPTRC-TN-21, Armed Services Technical Information Agency Document No. 098926, Randolf Air Force Base, Texas Air Force Personnel and Training Center, Febr. 1957.

Tremper, Fruce. Staying Alive in Avalanche Terrain, 2nd. ed. Seattle: Mountaineers Books, 2008.

Trotter, R., Watergate: A Psychological Perspective, Service News, Vol. 106, July 1975.

Tuller, J. Economic Costs and loses. In R. Kates, C. Hohenemser & J. Kasperson (eds), Perilous Progress: Managing the Hazards of Technology, 1985, Boulder, CO: Westview, pp.157-174.

Tversky, A. Intransitivity of Preferences. Psychological Review, 76, 1969, pp.31-48.

Tversky, A. Elimination by Aspects: A Theory of Choice. Psychological Review 79, 1972, pp.281-299.

Tversky, A. & Kahneman, D. Belief in the Law of Small Numbers.

Psychological Bulletin, 76, 1971, pp.105–110.

Tversky, A. & Kahneman, D. Availability: A Heuristic for Judging Frequency and Probability. Cognitive Psychology, 5, 1973a pp.207–232.

Tversky, A. & Kahneman, D. Anchoring and Calibration in the Assessment of Uncertain Quqntities. Oregon Research Institute Reasearch Bulletin, 1973b.

Tversky, A. & Kahneman, D. Judgement under Uncertainty: Heuristics and Biases, Science 185 (September), 1974, pp. 1124–1131.

Tversky, A. & Kahneman, D., The Framing of Decisions and the Psychology of Choice, Science, 211, 1981.

UK Department for Transport, The Future of Transport: A Network for 2030, Presented to Parliament by the Secretary of State for Transport by Command of Her Majesty, HMSO, Chapter 4 Transforming our Railways, July, 2004 (Available: http//www.dft.gov.uk/about/strategy/ whitepapers/fot/)

U.S.A Nuclear Regulatory Commission, NRC Studies Need for Security Agency, Release No. 75–220, September 9, 1975.

US Department of Labor, Mine Safety and Health Administration (MSHA), Statistics: Historical Data 2001, http//www.msha.gov/STATS/ PART50/WQ/1931.

US Nuclear Regulatory Commission 7590–01, Fed Reg 4865 (10 CFR 245 Parts 19 and 20) 6 February, 1978.

Preference, Variance Preference, and Expected Value on Strategy in Gambling. Acta Psychologica Vol. 21, 1963.

Vaughan, E J. Fundamental of Risk and Insurance 4th ed. N Y: Wiley & Sons, 1986, pp.13–18.

Velimirovic, H. An Anthropological View of Risk Phenomena, HASA Research Memorandum RM–75–55, Laxemburg, Austria: International Institute for Applied System Analysis, November 1975.

Vlek, J. & Stallen, J., Judging Risk amd Benefits in the Small and in the large, Organizational Behavior and Human Pweformance, 28, 1981, pp.235–271.

von Winterfeldt, D., John S., & Borcherding, K.. Cognitive Components of Risk Ratings, Riskn Analysis, 1, 1981, pp.277–288.

Warfield, J., Structuring Complex Systems, Columbus, Ohio: Battelle Memorial Institute, April 1974.

Watson, J., Kuchnel, R. & Golden, J. A Preliminary Study of A Concept for Categorizing Benefits. MTR-6569, McLean, Va: The MITRE Corp., Jan. 1974 under Environmental Protection Agency Contract 68-01-0490.

White, G. F. Human Adjustment to Floods: A Geographical Approach to the flood problem in the United States (Department of Geography Research Paper No 29) Chicago: University of Chicago. 1945.

White, G. F. The Choice of Use in Resource Management. Natural Resources Journal, 1, 1961, pp.23-40.

White, G. F. Choice of Adjusment to Floods (Department of Geography Research Paper No 93), University of Chicago, 1964.

White, G. F. Optimal Floo9d Damage Management: Retrospect and Prospect. In A V Knees & S C Smith (eds) Water Research, 1966, pp.251-269. Baltimore, John Hopkins Press

White, G. F. Flood-loss Reduction: The Integrated Approach. J. of Soil and Water Conservation, 25, 1970, pp.172-176.

White, G. F., Bradley, D. & White A. Drawers of Water: Domestic Water Use ib East Africa. Chicago: University of Chicago, 1972.

Wiggins, J H, Jr. Earthquake Safety in the City of Long Beach Based on the Concept of Balanced Risk. In Perspective on Benefit-Risk Decision Making, 1972, pp.87-95, Washington, DC: National Academy of Engineering

Wiggins, J H. Toward a Coherent Natural Hazards Policy. Civil Engineering_ASCE, 1974, pp.74-76.

Wildavsky, A., No Risk Is the Higher Risk of All, American Scientist, 1979, 67, 32-37.

Williams, C. & Heinz, R., Risk Management, 1976, 武井勳 譯 [リスク・マネジメント (上), (下) 海文堂, 昭和53年

Williams, C., George, I., Horn, R., & Giendenning, G., Principles of Risk Management and Insurance, Vol. 1, 2nd ed., Malvern, Penn.: American Institute for Property and Liability Underwriters, 1981.

Woo, G. The Mathematics of National Catastrophes, Imperial College Press, London, UK, 1999.

York, H. Race to Oblivion: A Participant's View of the Arms Race. New York: Simon & Schuster, 1970.

찾아보기

저자약력

강 성 안

- 서울대학교 공과대학 공학사
- 숭실대학교 중소기업대학원 경영학석사
- 숭실대학교 대학원 경영학박사
- 인제대학교 경영학과 겸임교수

- 한국화인키미칼(주) 전문이사
- (주)진양 부사장
- 한국포리올(주) 부사장
- 한림인텍(주) 부회장
- 세일인텍(주) 부회장

위험관리 (Risk Management)

초　판 1쇄 인쇄 —— 2019년 7월 1일
초　판 1쇄 발행 —— 2019년 7월 5일
지은이 —— 강 성 안
펴낸이 —— 전 두 표
펴낸곳 —— 도서출판 두남
서울시 강동구 성내로6길 34-16 두남빌딩
신 고 : 제25100-1988-9호
TEL : 02) 478-2065~7, 2311
FAX : 02) 478-2068
E-mail : dunam1@unitel.co.kr
http://www.dunam.co.kr

정가 25,000원

ISBN 978-89-6414-843-3　93320